Rolf Zick · Die CDU in Niedersachsen

Rolf Zick

Die CDU in Niedersachsen

Eine Chronik

Herausgegeben von der
Konrad-Adenauer-Stiftung e.V.
Sankt Augustin

Bildquellen:

Umschlagseiten:	CDU in Niedersachsen
S. 84	Bundespresse- und Informationsamt der Bundesregierung, Bundesbildstelle, Berlin

Alle anderen Abbildungen:
Archiv für Christlich-Demokratische Politik, Sankt Augustin

Bei einigen Fotos gelang es trotz intensiver Nachforschungen nicht, die Urheber ausfindig zu machen. Honoraransprüche bleiben bestehen.

Konrad-Adenauer-Stiftung e.V.

Redaktion: Helga Berben, Günter Buchstab, Andreas Grau, Denise Lindsay, Dorothea Oelze

Gesamtherstellung: !PS Paul Schrader Print + Media Service, Sankt Augustin
ISBN 978-3-940955-28-9

Inhaltsverzeichnis

VORWORT 7

EINLEITUNG 11

I. GRÜNDUNG UND AUFBAU 1945–1956
1. Wiederaufbau aus den Trümmern 15
2. Die Gründung der Landesverbände 18
3. Auf dem Weg der Konsolidierung der CDU in Niedersachsen 31
4. Auf dem Weg zur CDU in Niedersachsen 47
5. Der erste Dachverband der CDU in Niedersachsen 54
6. Die 50er Jahre 63
7. Neue Hoffnungen nach der verlorenen Wahl 72
8. Hermann Ehlers früher Tod 83
9. Der Wahlkampf 1955 87
10. Landtagswahl 1955 und die Regierung Hellwege 92
11. Das Ende der Ära Hellwege 106

II. DER WEG ZUR VOLKSPARTEI 1956–1968
1. Adolf Cilliens Tod und der Zerfall der Deutschen Partei 113
2. Turbulente 60er Jahre 119
3. Die Ära „Kaiser Otto" 125

III. DIE ÄRA HASSELMANN – CDU-REGIERUNG ALBRECHT 1968–1988
1. Der Generationswechsel 133
2. Wechsel der Generalsekretäre – von Fratzscher zu Haaßengier 142
3. Das Ende der großen Koalition 147
4. Die 70er Jahre 150
5. CDU setzt neue Zeichen für Niedersachsen – Das Lauterberger Programm 157
6. Die Sensation von 1976 167
7. Das Gespann Albrecht/Hasselmann „an einer Deichsel" 174
8. Hasselmann zehn Jahre Landesvorsitzender 181

9. Die 80er Jahre 185
10. Zehn Jahre CDU-Landesregierung 192

IV. Von Albrecht zu Wulff 1988–1994
1. Dunkle Wolken am CDU-Himmel 200
2. Die letzten Schlachten 205
3. Das Ende der Regierung Albrecht 209
4. Der Kampf ums Erbe 213
5. Josef Stock führt die CDU in Niedersachsen 217
6. Der Bruderkampf 222
7. Revolutionärer Reformkurs der CDU in Niedersachsen 229

V. Die Ära Wulff beginnt 1994–2000
1. Kohl: „Eines der größten politischen Talente" 233
2. Als Auftakt die verlorene Landtagswahl 1994 238
3. Optimismus vor der Landtagswahl 246
4. Zum zweiten Mal gescheitert 250
5. Christian Wulff im Bundesvorstand 257
6. Der CDU-Landesvorsitzende auf rauer See 266

VI. Mit Christian Wulff in das neue Jahrtausend
1. Es geht wieder aufwärts 271
2. Nach der Wahl ist vor der Wahl 273
3. Christian Wulff endlich Regierungschef 280
4. Die CDU regiert wieder das Land 290
5. Die Bundespolitik bestimmt das Bild 298
6. Nach der Bundestagswahl 2005 301
7. Niedersachsen wird weiter von der CDU regiert 309

Anhang
Die CDU-Landesgeschäftsstellen 323
Vorsitzende, Generalsekretäre, Landesgeschäftsführer 334
Wahlen und Regierungsbildungen in Niedersachsen 1947–2008 335
Literatur 338
Abkürzungsverzeichnis 339
Personenregister 341
Der Autor 349

VORWORT

Nun liegt die Chronik der CDU in Niedersachsen vor. Zum ersten Male ist die über 60-jährige Erfolgsgeschichte unserer Partei mit allen Höhen und Tiefen dokumentiert worden. Es ist faszinierend, zu lesen, unter welchen Voraussetzungen die Partei 1945 nach dem Krieg und dem völligen Zusammenbruch Deutschlands in einem in Trümmern liegenden Land überhaupt gegründet werden konnte. Welcher Mut und welche Kraft haben die Männer und Frauen der ersten Stunde beseelt, die bereits wenige Wochen nach Kriegsende zusammenkamen und über die Zukunft Deutschlands sprachen? Obwohl nur die Besatzungsmächte regierten und die Deutschen von der Politik ausgeschlossen waren, fanden sich überall im Lande Gründungszirkel der CDU, auch bei uns in Niedersachsen.

Am Anfang ging es nicht um Leistungen, nicht um Programme oder Personen. Am Anfang war nur eines wesentlich: der Wille zum Neuanfang. Den christlichen Werten verpflichtet, mit Mut, Tatkraft, Entschlossenheit und hohem Verantwortungsbewusstsein haben Männer und Frauen nicht nur unser Land, sondern auch die CDU aufgebaut. Es hieß nicht: Was wird aus mir? Was wird aus meiner Partei? Sondern: Was wird aus unserem Land? Was wird aus uns Deutschen? Die Gründer der CDU wollten Brücken bauen: von der Weimarer Republik über den Abgrund der Hitler-Diktatur, über konfessionelle Grenzen, soziale Schichten und landsmannschaftliche Unterschiede hinweg. Der Begriff „Union" wurde daher bewusst ausgewählt. Es ging von Anfang an darum, althergebrachte Gegensätze, die unversöhnlich schienen, zu überwinden. Die historische Leistung der CDU als Volkspartei war doppelt erfolgreich: Sie überwand konfessionelle sowie soziale Gegensätze. Das waren mutige Weichenstellungen und eine Leistung, wie es sie in der deutschen Parteiengeschichte zuvor noch nicht gegeben hatte: Die „Erfindung" der

Volkspartei CDU ist eine der entscheidenden und bedeutenden Neuerungen des 20. Jahrhunderts.

Eine Partei lebt nicht nur aus der Alltäglichkeit, aus den aktuellen politischen Aufgaben. Sie lebt auch aus ihrer Geschichte, aus den Ideen und Triebkräften ihrer Gründung. Umso wichtiger ist es, dass wir immer wieder neu versuchen, einen Eindruck von den Hoffnungen, von den Ideen und den Überzeugungen der Gründer unserer Partei und unserer Republik zu vermitteln – und nicht zuletzt von Erfahrungen, die sie bewegten.

Die Geschichte der CDU in Niedersachsen ist auch ein wichtiger Teil der Geschichte unseres Landes Niedersachsen. Die Gestaltungskraft der CDU hat die Gesellschaft, Land und Leute in Niedersachsen entscheidend geprägt. „Wir sind die Niedersachsen" – dieses Zusammengehörigkeitsgefühl verdankt unser Land maßgeblich auch der integrierenden Arbeit der CDU in Niedersachsen.

Der hannoversche Journalist Rolf Zick hat es übernommen, die Chronik der CDU in Niedersachsen zu schreiben. Der „Nestor" des niedersächsischen Journalismus der Nachkriegszeit, der die Partei und die Landespolitik über mehr als ein halbes Jahrhundert begleitet, beobachtet, beschrieben und kommentiert hat, macht aus über 60 Jahren niedersächsischer CDU-Geschichte ein unverwechselbares Stück deutscher Geschichte. In mühevoller Kleinarbeit, in monatelangen Recherchen in Archiven und alten Aufzeichnungen, in vielen Gesprächen mit Zeitzeugen hat Rolf Zick zusammengetragen, was in mehr als 60 Jahren in der politischen Landschaft Niedersachsens geschehen ist. Er legt ein Buch vor, das nicht nur Wissenswertes und Unwiederbringliches sachlich und anschaulich vermittelt, sondern das alle Höhen und Tiefen unserer Partei, Tragisches und Erfreuliches, Menschliches und Allzumenschliches in journalistischer Klarheit, gewürzt mit persönlichen Erlebnissen und vielen Anekdoten, dokumentiert. Manche seiner Erinnerungen provozieren auch.

Wir danken Rolf Zick von Herzen für diese großartige Leistung, die uns jetzt und kommenden Generationen einen klugen Einblick in die Parteigeschichte der CDU in Niedersachsen gibt, der sonst nicht möglich wäre. Rolf Zick übernimmt die journalistische Verantwortung für einzelne höchst persönliche Wertungen und Bewertungen.

Viel Freude beim Lesen dieses spannenden Nachschlagewerkes.

David McAllister
Vorsitzender der CDU
in Niedersachsen
(seit 2008)

Christian Wulff
Vorsitzender der CDU
in Niedersachsen
(1994 bis 2008)

Einleitung

Über 60 Jahre CDU in Niedersachsen – das heißt mehr als 60 Jahre Politik für Niedersachsen, für das Land und seine Bürger. Parteipolitik ist Landespolitik. Parteigeschichte ist Landesgeschichte. Deshalb sind auch in dieser Chronik die beiden Seiten derselben Medaille nicht von einander zu trennen. Immerhin heißt es in Artikel 21 des Grundgesetzes: „Die Parteien wirken bei der politischen Willensbildung des Volkes mit."

Diese Chronik „Die CDU in Niedersachsen" ist kein historisches Dokument mit exakten Abläufen und genauen Quellenangaben. Sie ist nicht das Werk eines Historikers, sondern sie ist das Buch eines Journalisten, der selbst über ein halbes Jahrhundert die niedersächsische Landespolitik und die Parteienlandschaft Niedersachsens als Beobachter hinter der landespolitischen Bühne hautnah miterlebt, in Tausenden von Artikeln beschrieben, kritisiert, kommentiert und dokumentiert hat. Es ist entstanden nach der Auswertung einer Reihe von Archiven und nach dem Studium vieler Protokolle, Festschriften, Zeitungsartikel und einschlägiger Literatur. Aus der ersten Nachkriegszeit sind nur wenige authentische Unterlagen, Aufzeichnungen, Protokolle, Tagebücher oder andere Schriften in den Archiven zu finden. Es gab sie meistens einfach nicht. Papier war ohnehin eine Kostbarkeit, und nur wenige Beteiligte von damals dachten daran, dass sich später einmal nachkommende Generationen gerade für die Anfänge des Neuaufbaus einer Parteienlandschaft in Deutschland interessieren würden.

Es ist deshalb eine Chronik entstanden; geschrieben mit den Stilmitteln des Journalismus, angereichert mit eigenen Erlebnisberichten, Interviews, Zitaten und vor allem auch Anekdoten. Wo eigene Erinnerungen noch nicht vorhanden sein konnten – bei der Gründung der CDU und des Landes Niedersachsen war ich noch in russischer Kriegsgefangenschaft, um in sowjetischen Straf- und Arbeitslagern für das in deutschem Namen angerichtete Unheil zu schuften und zu büßen – und wo die Erinnerungen nicht ausreichten, habe ich gern auf die Berichte von Zeitzeugen zurückgegriffen. Dabei waren die Aufzeichnungen des langjährigen Generalsekretärs der CDU in Niedersachsen, Arnold Fratzscher, außerordentlich hilfreich. Geradezu eine Fundgrube waren die Erinnerungen und Berichte der persönlichen Referenten mit ihren Intimkenntnissen von Personen und Ereignissen. So kommen in dieser Chronik Menschen zu Wort, die aus eigenem Erleben berichten, die damals etwas niedergeschrieben haben und die sich an „ihre" Zeit erinnern. Eine Reihe von Interviews und viele Gespräche mit Politikern, die die jeweiligen Epochen miterlebt und mitgestaltet haben, vervollständigen das Buch.

In dieser Chronik „Die CDU in Niedersachsen" geht es um die CDU in Niedersachsen, um die Gesamtheit der Partei in unserem Land. Es geht nicht um einzelne Kreisverbände, Bezirksverbände, auch nicht um die drei selbständigen Landesverbände Hannover, Braunschweig, Oldenburg. Diese können ihre eigene Geschichte viel besser selbst schreiben und interpretieren. Sie haben es auch größtenteils getan und haben mir damit dankenswerterweise viele Informationen gegeben. Dadurch konnte natürlich auch das Thema Zusammenführung oder gar Verschmelzung der drei selbständigen Landesverbände Hannover, Braunschweig und Oldenburg zu einem wirklichen einheitlichen Landesverband der „CDU in Niedersachsen", das sich wie ein roter Faden durch die sechs Jahrzehnte der Parteigeschichte zieht, von verschiedensten Seiten beleuchtet werden.

Ich habe mich bemüht, so objektiv wie möglich zu berichten. Doch wenn auch das Herz spricht, bleibt manchmal der Verstand auf der Strecke. Ich habe versucht, so wahrheitsgetreu wie möglich zu schreiben, niemanden zu schonen, aber auch niemanden zu verletzen. Weil vieles aus der eigenen Erinnerung kommt und der Mensch im Allgemeinen dazu neigt, das Schlechte und Unangenehme leicht zu vergessen und das Schöne und Gute im Gedächtnis zu behalten, mag sich auch etwas, vielleicht mit der Weisheit des Alters, verklärt dargestellt haben.

Wollte man über alle Ereignisse und Entwicklungen, Pläne, Gedanken und Vorhaben von mehr als 60 Jahren CDU in Niedersachsen berichten, würde das viele, viele Bände füllen. Ich war deshalb gezwungen, auszuwählen. So musste natürlich allzu vieles unerwähnt und unberücksichtigt bleiben. Politiker, Akteure, Zeitzeugen, die nicht erwähnt wurden oder nach deren Meinung „alles ganz anders gewesen" oder das Wichtigste zu kurz gekommen ist, mögen mir verzeihen. Es ist sicher nicht die letzte Chronik, die über die CDU in Niedersachsen geschrieben wird.

I. Gründung und Aufbau 1945–1956

1. Wiederaufbau aus den Trümmern

Als Deutschland nach dem verlorenen Krieg in Trümmern lag, materiell, aber auch geistig und politisch, gab es bereits im Sommer 1945, wenige Wochen nach der bedingungslosen Kapitulation, Männer und Frauen, die an den politischen Wiederaufbau unseres Landes dachten. Während die große Mehrheit der Bevölkerung von der totalen Niederlage und dem Zusammenbruch noch völlig betäubt war und täglich um das nackte Überleben kämpfte, hatten diese Männer und Frauen offenbar zwölf Jahre auf diesen Augenblick gewartet: Es waren durchweg Politiker aus der Weimarer Republik, die während der Zeit des Nationalsozialismus „kalt gestellt", eingesperrt oder untergetaucht waren. Sie wollten nun dort weitermachen, wo sie 1933 nach Hitlers „Machtübernahme" aufhören mussten. Während die ehemaligen Mitglieder der SPD, KPD, des Zentrums oder der liberalen Deutschen Demokratischen Partei an alte Strukturen anknüpfen konnten, standen die Vertreter christlich-konservativ orientierter Kreise vor politischem Neuland.

In der Weimarer Republik war es wegen der scheinbar traditionell unüberbrückbaren Gegensätze zwischen Katholiken und Protestanten zu keiner gemeinsamen Partei der Christen gekommen. Jetzt bot sich die Chance für ein konfessionelles Sammelbecken. Auf dieser Grundlage gab es in vielen Teilen Deutschlands, völlig unabhängig von einander, gleiche oder ähnliche Bestrebungen. Aus allen Schichten der Bevölkerung, aus den verschiedensten Berufsgruppen, unter Einheimischen und Flüchtlingen und Vertriebenen fanden sich Persönlichkeiten für den Gedanken eines demokratischen Neubeginns aus christlicher Verantwortung. So entstanden auf unterster Ebene überall kleine Zellen Gleichgesinnter. Parteigründungen waren von den Besatzungsmächten zunächst nicht zugelassen.

Erst am 6. August 1945 kündigte der oberste Militärgouverneur der britischen Besatzungszone, General Montgomery, an, dass in seinem Bereich „demnächst" politische Parteien zugelassen werden sollten. Am 15. September 1945 kam dann auf einen Schlag gleich eine ganze Reihe von Ausführungsbestimmungen. Darunter war vor allem die Verordnung Nr. 12. Sie betraf die „Bildung politischer Parteien", die zunächst nur auf „Kreisgrundlage" zugelassen werden sollten, aber mit der Aussicht, später auch auf „größere Gebiete" ausgedehnt zu werden.

Allerdings bestimmte die Besatzungsmacht immer noch, wo es politisch lang zu gehen hatte. So ließ beispielsweise der hannoversche Stadtkommandant den einzelnen Parteien über den Rat der Stadt Hannover eine Verwarnung zugehen, in der es hieß: „Bitte setzen Sie sämtliche Parteien davon in Kenntnis, daß Redefreiheit so viel bedeutet wie die Freiheit, die Aufmerksamkeit auf die täglichen Ereignisse zu richten und seine Meinung zu äußern zu den sich ergebenden Folgerungen usw. Redefreiheit bedeutet jedoch nicht, daß verleumderische Behauptungen aufgestellt werden dürfen. Das Vorbringen grundloser Anklagen und falscher Behauptungen muß aufhören." Selbstverständlich bestimmte die örtliche Militärregierung, was eine grundlose Anklage oder falsche Behauptung war und was nicht. Parallel zu den Bemühungen um eine Neugestaltung des politischen Lebens durch die Wieder- oder Neugründungen von Parteien ging der staatliche Wiederaufbau des Landes einher.

Das Land Hannover wurde am 23. August 1946 geschaffen, als der stellvertretende Befehlshaber der britischen Besatzungszone im Neuen Rathaus der Stadt Hannover den von der Militärregierung entsprechend den Vorschlägen deutscher Stellen ernannten Mitgliedern des Hannoverschen Landtages bekannt gab, dass die bisherige preußische Provinz Hannover fortan die staatsrechtliche Stellung eines Landes besitzen solle. Durch die Verordnung Nr. 46 der Militärregierung wurden die Provinzen des Landes Preußen bzw. die in der britischen Besatzungszone liegenden Teile davon als solche aufgelöst und vorläufig mit der staatsrechtlichen Stellung von Ländern ausgestattet – am 20. September 1946 auf den Tag genau 80 Jahre nach der Unterzeichnung des Prager Friedensvertrages von 1866, durch den nach der verlorenen Schlacht bei Langensalza gegen die Preußen praktisch das Schicksal des Königsreiches Hannover entschieden worden war. Das alte Königreich wurde eine preußische Provinz. Der britische stellvertretende Oberbefehlshaber der Besatzungszone erklärte: „Wir sind der Meinung, daß die Zeit nunmehr gekommen ist, nicht mehr von der Provinz Hannover zu sprechen, sondern ihrer Verwaltung den Namen und die staatsrechtliche Stellung eines Landes zu geben."

Da also hatte die Geburtsstunde des Landes Niedersachsen geschlagen. Sie wurde dokumentiert durch die Verordnung Nr. 55 der britischen Militärregierung, im „Amtsblatt der Militärregierung Deutschland - Britisches Kontrollgebiet" Nr. 15 veröffentlicht und trat gemäß ihrem Artikel VIII am 1. November 1946 in Kraft. Allerdings hatte die Militärregierung für die Region Hannover die Verordnung Nr. 55 erst mit Schreiben vom 8. November 1946 dem Vorsitzenden des „Gebietsrates Niedersachsen" mit dem Ersuchen zugesandt, sie „allen beteiligten Personen mit möglichst geringer Verzögerung" zu übermitteln. Der „Gebietsrat Niedersachsen" war am 18. Oktober 1945 durch einen „Befehl zur Erleichterung engerer Zusammenarbeit zwischen der Militärregierung Hannover und der Provinz Hannover, dem Lande Braunschweig und dem Lande Oldenburg" geschaffen worden. Ihm gehörten die Ministerpräsidenten der Länder Braunschweig und Oldenburg und der Oberpräsident der preußischen Provinz Hannover an; später kam noch der Präsident des Senats der Hansestadt Bremen dazu. Sie hatten sich darauf verständigt, die Funktionen der nicht mehr existierenden obersten Reichsbehörden im Auftrag der Militärregierung wahrzunehmen und vertraglich geeinigt, regelmäßig zusammenzukommen und grundsätzliche Angelegenheiten zu beraten. Dieser „Gebietsrat Niedersachsen" wurde, nachdem er großartige Vorarbeit geleistet hatte, nach der Bildung des Landes Niedersachsen Ende 1946 aufgelöst.

In der Verordnung Nr. 55, die zweisprachig, links englisch, rechts deutsch, verfasst worden war, heißt es im Artikel I: „Mit Inkrafttreten dieser Verordnung verlieren die in der Anlage zu dieser Verordnung bezeichneten Länder ihre Selbständigkeit als Länder und werden Teile eines neuen Landes, welches die Bezeichnung ‚Niedersachsen' führt." Und im Artikel II: „Die Hauptstadt Niedersachsens ist Hannover."

Als der Gebietsbeauftragte der britischen Militärregierung dem Ministerpräsidenten des Landes Hannover, dem Sozialdemokraten Hinrich Wilhelm Kopf, am 23. November 1946 die Bestätigung seiner Ernennung zum Ministerpräsidenten des Landes Niedersachsen übergeben und die von ihm vorgeschlagenen acht Persönlichkeiten zu niedersächsischen Staatsministern genehmigt hatte, war das Land Niedersachsen „geboren". Kopf war bereits am 1. Mai 1945 zum Regierungspräsidenten in Hannover, am 18. September 1945 zum Oberpräsidenten der Provinz Hannover und später zum Ministerpräsidenten des Landes Hannover ernannt worden. Am 9. Dezember 1946 wurde der erste Niedersächsische Landtag von der Besatzungsmacht ernannt; am 20. April 1947 fanden die ersten freien Landtagswahlen statt, nach denen sich ein Landtag und eine Landesregierung mit einem Allparteien-Kabinett konstituierten.

Da es, wie wir gesehen haben, zunächst die selbständigen Länder Hannover, Braunschweig und Oldenburg gab, entstanden hier natürlich auch eigene Landesverbände der CDU. Von Anfang an entwickelten sie ein Eigenleben, wie es offensichtlich konservative Eigenart und Tradition dieser Länder ist. So sind alle im Laufe der Jahrzehnte immer wieder unternommenen Versuche, zu einer einheitlichen niedersächsischen CDU zu kommen, stets gescheitert – bis heute. Auch nach über 60 Jahren haben wir – ein einmaliger Zustand in Deutschland – immer noch in einem Bundesland drei selbständige CDU-Landesverbände, wenn inzwischen auch unter einem gemeinsamen Dach.

2. DIE GRÜNDUNG DER LANDESVERBÄNDE

Die CDU in Niedersachsen ist von unten nach oben gewachsen. Erst gab es Kreis- und Bezirksverbände, dann kamen die Landesverbände. Aus diesen wiederum entstand die Bundespartei. So hat die Union von vornherein den einzelnen Landesverbänden und auch den Orts- und Kreisverbänden ein sehr großes Maß an Selbständigkeit und Eigenverantwortung überlassen. Dem entspricht auch das Statut der CDU, das heute die Kreisverbände als kleinste selbständige organisatorische Einheit der Partei kennt. Die Ortsverbände sind hierzu nur Untergliederungen.

Da es zunächst noch die selbstständigen Länder Hannover, Braunschweig und Oldenburg gab, entstanden hier natürlich auch eigene Landesverbände der CDU. Das Land Schaumburg-Lippe kann in diesem Zusammenhang vernachlässigt werden, da es hinsichtlich der Gründung von Parteien von Hannover mit „abgedeckt" wurde. Der Landesverband Hannover, der weitaus größte in Niedersachsen, gliederte sich in sechs Bezirksverbände, die sich mit den damaligen staatlichen Regierungsbezirken Hannover, Hildesheim, Lüneburg, Stade, Aurich und Osnabrück decken. Im Bereich der CDU in Niedersachsen bestehen heute rund 50 Kreisverbände.

Es soll in dieser Chronik nicht um die einzelnen Landesverbände gehen, sondern im Wesentlichen um die „CDU in Niedersachsen", also um die Gesamtheit der CDU in diesem Lande. Bis es allerdings so weit gekommen ist, hier erst einmal ein Blick auf die Entstehung der einzelnen Landesverbände. Besonders Braunschweig und Oldenburg haben hervorragende eigene, ausführliche Dokumentationen und Jubiläumsschriften zusammengestellt. Wir werden sie in dieser Chronik natürlich sehr gern zitieren, wenn sie in den Zusammenhang mit der CDU in Niedersachsen passen.

Aus Aufzeichnungen von damals geht auch klar hervor, dass die Christlich-Demokratische Union in Deutschland unmittelbar nach dem Krieg eine ganze Reihe von Gründungszentren aufzuweisen hatte. Eines der wichtigsten war Köln, wo der damalige Zentrumspolitiker Konrad Adenauer, von 1917 bis 1933 Oberbürgermeister von Köln und ab 1921 Präsident des Preußischen Staatsrates und zeitweise Kandidat für die Reichskanzlerschaft, unentschlossen war, ob er sich der neuen überkonfessionellen Sammelbewegung anschließen sollte. Er tat es am 31. August 1945, aber dann auch mit der ihm eigenen politischen Begabung und Durchsetzungsfähigkeit, die ihn schon Anfang 1946 zum Vorsitzenden des rheinischen Landesverbandes und bald darauf des CDU-Zonenausschusses für die Britische Zone machte.

In Norddeutschland und vor allem in Niedersachsen waren die Verhältnisse recht schwierig. Hier hatte das katholische Zentrum schon bald eine große Anhängerschaft gefunden. Ähnlich war es mit der evangelischen Deutsch-Hannoverschen Partei, auch Welfen-Partei genannt, deren Anhänger sich nach der Zerschlagung des von ihnen immer noch verhassten Preußen große Hoffnung auf ein wieder selbständiges Hannover machten. Die Welfen, angeführt vom hannoverschen Adel und gefördert von der lutherischen Landeskirche, waren schon im Kaiserreich die beherrschende politische Macht im Hannoverschen. Sie hatten über den ehemaligen hannoverschen Justizminister Ludwig Windthorst, eine der bedeutendsten Persönlichkeiten des seinerzeit gegründeten Zentrums, zu dieser starken katholischen Partei Verbindung im Emsland, im oldenburgischen Münsterland, im Eichsfeld und auch in den Umgebungen der Bischofssitze von Osnabrück und Hildesheim. Diese bewährte sich vor allem bei gemeinsamen Kandidatenaufstellungen in den konfessionell gemischten Wahlkreisen. Allerdings waren Ansehen und Einfluss schon in der Zeit der Weimarer Republik stark zurückgegangen. Als Nachfolgepartei wurde 1945 die Niedersächsische Landespartei (NLP) in ihren damaligen Hochburgen Hannover, Celle und Stade gegründet. Zu ihren ersten Führungspersönlichkeiten gehörte unter anderem Heinrich Hellwege, der 1946 zum Vorsitzenden gewählt wurde.

Die Gründung des CDU-Landesverbandes Hannover

Eine Reihe damals führender Zentrumsmitglieder in Niedersachsen wollte Lehren aus der Weimarer Zeit ziehen und das Gegeneinander von evangelischen und katholischen Christen überwinden. Ihnen schwebte statt einer wiederum rein katholischen Partei eine gemeinsame christliche, demokratische Partei vor. Wie Konrad Adenauer tendierten auch sie zu dem „christlichen Sammelbecken". Einer ihrer Wortführer in Hannover war der Rechtsanwalt Dr. Bernhard Pfad. Er wurde später erster Vorsitzender des Landesverbands Hannover der CDU.

Arnold Fratzscher schreibt über ihn: „Er war bis 1933 der Vorsitzende des Zentrums in Hannover gewesen und fühlte sich als typischer Niedersachse der Tradition verpflichtet. Maßgebliche Sozialdemokraten bedrängten ihn, das Zentrum wieder aufleben zu lassen. Gerade in der Diaspora werde eine kleine, aber geschlossen operierende Zentrumsgruppe als Regierungspartner der SPD eine über ihre zahlenmäßige Bedeutung hinaus gehende Rolle spielen können. Aber Dr. Pfad nahm zusammen mit seiner politisch sehr interessierten Frau nach einer Tagung bei Münster, bei der es um die Wiedergründung des Zentrums gegangen war, nach intensiven Gesprächen mit hannoverschen Freunden, erste Kontakte mit evangelischen Politikern auf. Dazu hatte Dr. Pfad den Landesbischof der lutherischen Landeskirche in Hannover, D. August Marahrens, in einem Brief gebeten, ihm für die erste Fühlungnahme geeignete Persönlichkeiten zu nennen. Der in politischen Dingen sonst so zurückhaltende Landesbischof hatte unter dem Eindruck der ersten Konferenz der evangelischen Kirchen nach dem Kriege in Treysa in Hessen im August 1945 den Oberkirchenrat Adolf Cillien und Assessor Arnold Fratzscher, die beide auch an der Tagung in Treysa teilgenommen hatten, genannt.

Das Gespräch fand statt. Es wurde von Dr. Pfad zunächst nur tastend geführt. Er taute dann aber auf, als er merkte, daß beide Gesprächspartner ernsthaft an einer Zusammenarbeit beider Konfessionen interessiert waren."

Adolf Cillien (1893–1960)

Adolf Cillien war im Elsass als Sohn eines deutschen Beamten aufgewachsen. Er hatte als Kriegsfreiwilliger am Ersten Weltkrieg teilgenommen und dann in Göttingen sein Theologiestudium fortgesetzt. In der Zeit der großen Arbeitslosigkeit in den 20er Jahren hatte er in der kirchlichen Betreuung der Arbeitslosen Vorbildliches geleistet, und während des Dritten Reiches war er unter immer schwierigeren Verhältnissen für die Öffentlichkeitsarbeit der hannoverschen Landeskirche verantwortlich gewesen. Adolf Cillien hat später von 1947 bis 1951 die CDU-Fraktion im Niedersächsischen Landtag geführt.

Arnold Fratzscher war als Gerichtsreferendar Mitbegründer des Christlich-Sozialen Volksdienstes in seiner Heimat Mecklenburg gewesen, um dann nach dem Assessorexamen eine Dozentenstelle an einer höheren Fachschule der Inneren Mission in Hannover anzunehmen. Arnold Fratzscher war von 1950 bis 1968 Generalsekretär der CDU in Niedersachsen.

Doch im Lande Hannover zogen sich die Verhandlungen bis zur Gründungsversammlung des Landesverbandes in die Länge. Im August 1945 war Konrad Adenauer zur ersten Fühlungnahme in Hannover gewesen, um bei Dr. Pfad auf die schnelle Konsolidierung der CDU zu drängen. Er berichtete seinen rheinischen Freunden, dass die Aussichten in Hannover mäßig seien. Die politisch interessierten evangelischen Kreise dächten an die Wiederbegründung einer welfischen Heimatpartei und die Katholiken überwiegend noch an das alte Zentrum, so war sein flüchtiger Eindruck. Erst am 1. Oktober 1945 beantragten Dr. Bernhard Pfad, Hans Wellmann, bis 1933 Sekretär der christlichen Gewerkschaften, und einige andere für Hannover bei der örtlichen Militärregierung „die Zulassung der Christlich-Demokratischen Partei", unter Berufung auf die von Konrad Adenauer initiierten „Kölner Leitsätze", die dem Antrag neben einem Satzungsentwurf beigefügt wurden. Wegen der üblichen Formfehler – die Besatzungsmacht war außerordentlich bürokratisch und pingelig – musste das Gesuch am 3. Oktober 1945 wiederholt werden. Den ersten fünfköpfigen Vorstand bildeten Dr. Pfad als Vorsitzender, Hans Wellmann als Geschäftsführer, der Rechtsanwalt Herbert Blank als Schriftführer, der Techniker Franz Blume als Kassierer und der Mechaniker Wilhelm Argendorf als Beisitzer.

Später, am 15. Januar 1946, hat Dr. Pfad im *Neuen Hannoverschen Kurier* unter der Überschrift „Christlich-Demokratische Union" seine Vorstellungen, die im Forderungskatalog des Satzungsentwurfes enthalten waren, noch einmal der Öffentlichkeit unterbreitet. „Echtes Christentum" und „wahre Demokratie" sollten die Grundlage einer staatlichen, politischen und gesellschaftlichen Neuordnung bilden. Von der „neuen Volksgemeinschaft" war ebenso die Rede wie von der „Familie als Grundlage der sozialen Lebensordnung", von der „Gerechtigkeit als dem Fundament des Staates", vom „Gesetz des christlichen

Naturrechts" oder von der Notwendigkeit, die Selbständigkeit, Freiheit und Rechte der Kirchen und Religionsgemeinschaften zu erhalten. Als Eckpfeiler nannte Dr. Pfad noch die Förderung der Familie, des elterlichen Erziehungsrechts und der Bekenntnisschule, Stärkung der föderativen Struktur des künftigen Deutschen Reiches und Anerkennung des persönlichen Eigentums als einer wesentlichen Grundlage gesunden Wirtschaftens. Wenn man bedenkt, dass diese Grundsätze auch nach mehr als 60 Jahren noch ihre Berechtigung haben und praktisch in jedem CDU-Parteiprogramm ihren Platz finden könnten, kann man ermessen, wie damalige Politiker vom Format eines Dr. Pfad weitsichtig und geradezu prophetisch Politik zu gestalten versuchten.

Weitere wertvolle Zeit für die geplante Gründung eines Landesverbandes Hannover war auch noch vergangen, weil der gerade aus dem Lager entlassene letzte Oberbürgermeister Hannovers aus der Zeit vor 1933, Dr. Arthur Menge, ein gemeinsames Vorgehen aller nichtsozialistischen Kräfte zu erreichen versuchte. Das scheiterte dann aber daran, dass die Vertreter der späteren FDP auf keinen Fall die Bezeichnung „christlich" akzeptieren wollten. Sie schlugen vor, nach dem Beispiel von Ostfriesland und Nordoldenburg eine „Demokratische Union" ins Leben zu rufen. Das schien den Freunden der CDU und der späteren Deutschen Partei jedoch zu wenig. Aber Dr. Menge wollte auf eine Parteienbildung ohne die Liberalen nicht verzichten. So verliefen die Verhandlungen schließlich im Sande.

Bei der ersten öffentlichen Kundgebung am 1. Dezember 1945 in Hannover-Döhren sprach sich Dr. Pfad noch einmal nachdrücklich für ein Zusammengehen der evangelischen und katholischen Christen aus. Als am 14. November 1945 der CDU-Landesverband Hannover aus den inzwischen in vielen Orten entstandenen CDU-Gruppen gegründet wurde, war Dr. Bernhard Pfad sein erster Landesvorsitzender. In der hannoverschen Wilhelmstraße fand man die erste provisorische Unterkunft der Partei.

Die Gründung der CDU im Lande Braunschweig

Der frühere Landesvorsitzende der Braunschweiger CDU, Heinrich-Wilhelm Ronsöhr (1994–2006), schrieb dazu in einem Rückblick: „Die geistigen Wurzeln der CDU im Lande Braunschweig gehen in die Kriegszeit zurück. Ab 1943/44 trafen sich in Wolfenbüttel und Salzgitter katholische und evangelische Christen, die angesichts des absehbaren Endes des Dritten Reiches die Schaffung einer überkonfessionellen, bürgerlich-liberalen Partei andachten. Sofort nach Kriegsende begannen Pfarrer Wilhelm Unverhau (Wolfenbüttel), Dr. Georg Strickrodt (Salzgitter) und Clemens Recker (Wolfenbüttel/Salzgitter) mit den Vorarbeiten zur Gründung der neuen Partei. Weitere Männer und auch Frauen ließen sich von dieser Idee begeistern und arbeiteten mit: Heinrich Rönneburg (Wolfenbüttel), Dr. Wilhelm Höck (Salzgitter), Dr. Werner Hofmeister (Braunschweig), Dr. Otto Fricke (Goslar), Robert Hasenfuß (Helmstedt), Dr. Günther Schöne (Bad Gandersheim), Carl Schönfeld (Salzgitter), Otto Meyer (Braunschweig), Pfarrer Felix Hardt (Bad Gandersheim), Kurt Rißling (Salzgitter), Else Brökelschen (Goslar) u.v.a. Sie gründeten Orts- und Kreisverbände."

Auch nach den Erinnerungen von Arnold Fratzscher handelten die Gründer der CDU in Wolfenbüttel für den Braunschweiger Raum am schnellsten. Gleich zu Beginn tat sich vor allem der Geistliche Rat Wilhelm Unverhau hervor. Ihm gelang es, so unterschiedliche Persönlichkeiten wie den ersten Oberstadtdirektor von Salzgitter, Clemens Recker, den früheren Reichstagsabgeordneten der Deutschen Demokratischen Partei, Heinrich Rönneburg, den damaligen Leiter der Reichswerke und späteren Finanzminister Dr. Georg Strickrodt, den Grubensteiger Hermann Weber und den Fabrikanten Curt Mast an einen Tisch zu bringen. Dabei hatte Wilhelm Unverhau keine Bedenken, sich trotz der Bestimmungen des Reichskonkordats als katholischer Geistlicher aktiv zu betätigen. Seinem frühen Einsatz ist es neben Dr. Otto Fricke in Goslar, der später von 1948 bis 1950 niedersächsischer Wirtschaftsminister in der SPD/CDU-Landesregierung und ab 1952 Präsidierender Vorsitzender der CDU in Niedersachsen war, und Dr. Werner Hofmeister in Braunschweig, vor 1933 Mitglied der Deutschen Volkspartei (DVP) und von 1947 bis 1949 niedersächsischer Minister für die Entnazifizierung, von 1947 bis 1950 und von 1957 bis 1959 niedersächsischer Justizminister sowie von 1955 bis 1957 Landtagspräsident und von 1959 bis 1967 Vizepräsident, zu danken, dass im Lande Braunschweig, wo die Konkurrenz der späteren Deutschen Partei aus historischen Gründen geringer war, die CDU gleich zu Beginn des neuen politischen Lebens bedeutsame Erfolge erringen konnte. Die CDU erreichte bei den ersten Landtagswahlen im Lande Braunschweig 30 % der Stimmen.

Zu den ersten und aktivsten Ortsverbänden der CDU gehörte auch der in Goslar. Ein Zeitzeuge ist mein alter Freund und Klassenkamerad vom Martino-Katharineum in Braunschweig, Günter-Helge Strickstrack. Er erinnert sich noch gut daran, dass er im August 1945 ausgerechnet auf einer SPD-Versammlung in Salzgitter-Lichtenberg Dr. Georg Strickrodt kennenlernte. Der imponierte ihm als Redner gegen die Sozialdemokraten so stark, dass Strickstrack spontan beschloss, der CDU beizutreten, die gerade in Goslar gegründet wurde. Noch heute ist er stolz auf seinen Parteiausweis vom 10. August 1945 mit der Mitgliedsnummer 3688. Zu den engagierten Verfechtern einer Christlich-Demokratischen Partei gehörte damals in Goslar der 43-jährige Dr. Otto Fricke, seit 1925 im Baustoffhandel und später auch in der Baustoffindustrie führend tätig. Von ihm, der über zwei Jahrzehnte die niedersächsische CDU prägte und beherrschte und, mehr oder minder, respektvoll „Kaiser Otto" genannt wurde, wird noch viel die Rede sein.

Unmittelbar nach der Gründung des CDU-Kreisverbandes Goslar erfolgte im Oktober 1945 die des CDU-Landesverbandes Braunschweig mit Heinrich Rönneburg als Vorsitzenden und Clemens Recker als Stellvertreter. Der Motor der Christlich-Demokratischen Bewegung im Land Braunschweig war zweifellos Heinrich Rönneburg. Er war von 1918 bis 1928 als Vertreter der Deutschen Demokratischen Partei (DDP) Fraktionsvorsitzender im Braunschweiger Landtag und von 1924 bis 1930 Reichstagsabgeordneter der DDP. Ende Juli 1945 kam er schwarz über die Zonengrenze nach Bad Harzburg und wurde am 1. August 1945 als Landrat des Kreises Wolfenbüttel eingesetzt. Nach der Gründung des CDU-Landesverbandes Braunschweig im September 1945 wurden Heinrich Rönneburg und der ehemalige Zentrumspolitiker und christliche Gewerkschaftssekretär Clemens Recker die ersten Vorsitzenden. Doch schon am 14. November 1945 wurde eine neue Landesversammlung notwendig, weil die beiden Vorsitzenden inzwischen zu Beamten ernannt worden waren und damit nach Vorstellung der britischen Besatzungsmacht keine politischen Ämter mehr ausüben durften. Neuer Vorsitzender wurde Dr. Georg Strickrodt, dem nach dessen Fortzug aus Niedersachsen im Jahre 1951 Dr. Otto Fricke aus Goslar im Amt folgte. Als zweiter Vorsitzender stand ihm der aus Schlesien vertriebene Buchdruckereibesitzer Edelhard Rock zur Seite. Carl Schönfeld nahm bis zu seinem frühen Tod die Geschäftsführung wahr, ihm folgte Carl Schultheiß.

Die politische Landschaft in Niedersachsen aus Sicht der Union

In der alten Bischofsstadt Hildesheim stand der Anfang einer Neugründung von Parteien ganz im Zeichen des Zentrums. Doch als Rechtsanwalt Dr. Hans Beitzen entschlossen zugunsten der Christlich-Demokratischen Union das Steuer herumwarf, war für lange Jahre gesichert, dass die CDU in dieser Stadt dominierte und zunächst mit dem Fabrikanten Albin Hunger und später mit dem Oberstudiendirektor und Präsidenten der lutherischen Landessynode, Martin Boyken, den Oberbürgermeister stellten.

Unter den evangelischen Bauern in der Lüneburger Heide, die im Gegensatz zu den meisten ihrer Berufsgenossen in Niedersachsen schon im Anfang zur CDU kamen, nannte Arnold Fratzscher vor allem den Bauern Wilhelm Brese aus Marwede bei Celle und Hinrich Holsten aus Bötersen bei Rotenburg. Bauer Brese hat sich später im Deutschen Bundestag einen besonderen Namen gemacht durch die Beharrlichkeit, mit der er als Bauer auf die gebotene Sparsamkeit in der öffentlichen Verwaltung achtete. Er war einer der mutigsten Kämpfer für die deutsche Landwirtschaft und einer der gefürchtesten agrarpolitischen Redner.

Ein außerordentlich fruchtbarer Boden für die CDU war das rein katholisch geprägte Eichsfeld unmittelbar an der Zonengrenze. Zwei Männer aus der Schule der alten christlichen Gewerkschaften leisteten hier die Pionierarbeit für die CDU: Landesrat a. D. Franz Ehrhard und Karl Diedrich. Er war damals in seiner Art der „ungekrönte König des Eichsfelds", später eingeholt von dem langjährigen unumstrittenen Landrat des damaligen Kreises Duderstadt und danach des Landkreises Göttingen, Willi Döring, allseits geachtet und bekannt als „der gute Mensch vom Eichsfeld".

Im Emsland war es im Kreis Lingen den Anhängern des Zentrums gelungen, den stärksten Einfluss auszuüben. Gerade umgekehrt war es in den Kreisen Meppen und Aschendorf-Hümmling, wo die CDU schon bald dominierte. In der überwiegend und sehr bewusst evangelischen Grafschaft Bentheim mobilisierte der Kaufmann Heinrich Barlage den vor 1933 sehr starken Evangelischen Volksdienst, dessen Mitbegründer in der Weimarer Republik Arnold Fratzscher gewesen war, für die CDU, die dann im ersten gewählten Kreistag gleich die absolute Mehrheit erreichen konnte.

Aus den Unterlagen von Arnold Fratzscher geht weiterhin hervor, dass in der Bischofsstadt Osnabrück, die historisch und politisch anders gelagert war als das Emsland, zwei bekannte Männer der Wirtschaft, Dr. Paul Otto und Dr. Emil Rasch, früh zu Persönlichkeiten aus dem alten Zentrum, unter ihnen Dr. med. Philipp Rüschemeier und Frau Carla Woldering, Verbindung fanden und sich für eine Christlich-Demokratische Union engagierten. Dr. Otto war dann auch maßgeblich an der Gründung des von Dr. Pfad geleiteten CDU-Landesverbandes Hannover beteiligt und wurde zweiter Vorsitzender.

In Ostfriesland und in Nordoldenburg war die Bereitschaft für die CDU am Anfang gering. Hier dominierte bei den örtlichen Gründungen, genau wie in Bremen, unter Führung liberaler, freisinniger Kreise eine Union, die sich demokratisch, aber auf keinen Fall christlich nennen wollte, nämlich „Demokratische Union".

Die Gründung des CDU-Landesverbandes Oldenburg

Und damit kommen wir zur Gründung des CDU-Landesverbandes Oldenburg. Kernzellen waren das südoldenburgische Münsterland, wo es Persönlichkeiten wie Dr. Hermann Siemer und Carl Egbring im Kreis Vechta und Sparkassendirektor August Dobelmann, Eduard Möller und Hermann Bitter aus dem Kreis Cloppenburg gleich in den ersten Stunden gelang, alle politisch entscheidenden Kräfte dieses Raumes für die CDU zu gewinnen. Aus Löningen im Kreis Cloppenburg kam dann 1949 als jüngster Abgeordneter aus den Reihen der Jungen Union Kurt Schmücker in den Deutschen Bundestag, der spätere Bundeswirtschaftsminister und Nachfolger Ludwig Erhards.

Im gesamten Oldenburger Land war es für die CDU zunächst nicht einfach, Fuß zu fassen. In der vom CDU-Landesverband Oldenburg herausgegeben Chronik (Vechta 1980) ist die Entwicklung eingehend dargestellt. Wir werden daraus einige Angaben entnehmen. Im Laufe des Jahres 1946 hatten sich in allen Landkreisen und Städten des Landes CDU-Kreisverbände gebildet, doch als politische Kraft wurden sie nicht überall akzeptiert. Während der katholisch geprägte Süden die CDU schneller annahm und das wieder gegründete Zentrum nach wenigen Jahren verdrängte, hatte es die CDU in den protestantisch geprägten Gebieten wesentlich schwerer. Hier herrschten einerseits liberale Traditionen. Die FDP feierte zunächst große Erfolge. Andererseits spielte die protestantisch-konservative Deutsche Partei eine große Rolle. Erst später gelang es der CDU im Oldenburger Land, ähnlich der Entwicklung im Bundesgebiet, die Anhänger der liberalen und konservativen Parteien zu integrieren. Vor allem den Gründern der CDU im südoldenburgischen Raum ist es zu verdanken, dass die CDU in Niedersachsen hier von Anfang an ein sicheres Wählerpotential hatte, mit Ergebnissen, die es sonst im Bundesgebiet kaum noch gab – bis heute.

Ein genaues Datum der Gründung des CDU-Landesverbandes Oldenburg ist heute nicht mehr festzustellen. Bekannt ist jedoch, dass erst am 25. September 1946 eine Sitzung des Landesausschusses stattfand, auf der die Delegierten der Kreisverbände eine Satzung für den Landesverband beschlossen. Vor allem in Nordoldenburg hatte sich, kurz bevor am 21. Januar 1946 in Herford der Zonenausschuss der CDU in der britischen Besatzungszone gegründet worden war, die Trennung der „Demokratischen Union" vollzogen, so dass der Weg für eine Gründung der CDU auch hier frei wurde. Die Anmeldung des Oldenburger Landesverbandes als Verein erfolgte am 2. Dezember 1946.

Lange vorher jedoch hatte Dr. Hermann Siemer aus Strohe-Deindrup für den 11. März 1946 eine Sitzung nach Oldenburg einberufen. Bis auf Delmenhorst, Ammerland und Friesland, wo die CDU entweder erst in Bildung begriffen oder noch nicht organisiert war, waren die CDU-Vertreter aus allen Kreisen des Oldenburger Landes gekommen, um einen Landesvorstand zu wählen. Das war nötig, um mit der britischen Besatzungsmacht überhaupt über die Gründung eines CDU-Landesverbandes verhandeln zu können. Zum ersten Vorsitzenden wurde Fritz Söhlmann aus Oldenburg gewählt. Er war ein gebürtiger Hannoveraner und hatte 1934 zusammen mit dem späteren hannoverschen Landesbischof Hanns Lilje die Zeitschrift *Junge Kirche* gegründet, die den Kampf der Bekennenden Kirche tapfer begleitete. Es war Fritz Söhlmann gelungen, bis in den Krieg hinein die Zeitschrift mit immer wachsendem Leserkreis fortzuführen. Als er aus dem Krieg zurückkehrte, fand er sein Berliner Haus zerstört vor. So war er mit seiner Familie erst in die Wesermarsch und dann nach Oldenburg gekommen, wo er zunächst in der „Demokratischen Union" mitwirkte. Seine Trennung von dieser Partei legte er in einem Rechenschaftsbericht im Januar 1946 ausführlich dar.

Während also Fritz Söhlmann, Hermann Siemer und ihre Mitstreiter noch an der Gründung eines CDU-Landesverbandes Oldenburg arbeiteten, hatte die Militärregierung das selbständige Land Oldenburg schon längst wieder aufgelöst. Es wurde ein Verwaltungsbezirk des Landes Niedersachsen. Von der Bildung eines eigenständigen CDU-Landesverbandes Oldenburg wurde dennoch nicht Abstand genommen.

In der Gründungsphase wechselten jedoch wegen erheblicher Differenzen die Führungspersönlichkeiten zunächst in kurzer Abfolge. Im Sommer 1947 trat Fritz Söhlmann als Landesvorsitzender zurück. Nach zwei Monaten gab auch sein

Stellvertreter Hermann Siemer die Führung kommissarisch an Wilhelm Nieberg ab. 1948 übernahm Walther Diekmann den Vorsitz. 1952 folgte der ihm nahestehende Oldenburger Oberkirchenrat Hermann Ehlers. Nach dessen plötzlichen Tod im Oktober 1954 wurde der ehemalige Verwaltungspräsident von Oldenburg, August Wegmann, zum neuen Landesvorsitzenden der Oldenburger CDU gewählt. Damit begann eine Phase personeller Kontinuität an der Spitze des Oldenburger CDU-Landesverbandes.

Es ging den Gründungsvätern der CDU aber nicht nur um die Gründung der Partei, sondern sie wollten natürlich auch politisch mitgestalten und den demokratischen Aufbau des Landes wesentlich mitbestimmen. So waren bereits in den ersten, ernannten Landtagen in Hannover, Braunschweig und Oldenburg CDU-Minister in den Landesregierungen vertreten. In Hannover war es Innenminister Dr. Bernhard Pfad, in Braunschweig Finanzminister Dr. Georg Strickrodt und Landwirtschaftsminister Kurt Rißling, in Oldenburg Innenminister August Wegmann. Nach der Gründung des Landes Niedersachsen 1946 saßen in der ersten niedersächsischen Landesregierung unter Ministerpräsident Hinrich Wilhelm Kopf als stellvertretender Ministerpräsident und Verkehrsminister Theodor Tantzen (FDP) und Finanzminister Georg Strickrodt (CDU); nach der ersten Landtagswahl am 20. April 1947 gehörten der ersten Niedersächsischen Staatsregierung in einem Allparteienkabinett weiterhin unter dem SPD-Ministerpräsidenten Hinrich Wilhelm Kopf Dr. Strickrodt als Finanzminister und Dr. Werner Hofmeister (Braunschweig) als Justizminister und Minister für die Entnazifizierung an. Nach der ersten Umbildung 1948 kam Dr. Otto Fricke (Goslar) als Minister für Wirtschaft und Verkehr sowie Dr. Günther Gereke (Hannover) als Minister für Ernährung, Landwirtschaft und Forsten hinzu.

Die Frauen standen den Männern nicht nach

Bei dem Blick zurück hat Arnold Fratzscher dankenswerterweise nicht vergessen, dass auch Frauen damals eine bedeutsame Rolle spielten, als es darum ging, in den einzelnen Orten die

CDU zu gründen. Frauen waren von Natur aus oft schneller bereit, über Gräben der Vergangenheit zu springen und das Neue und Zukunftsträchtige zu sehen. Sie halfen dann oft den Männern über die Hürden. Als Frau Dr. Martha Pfad, Gattin des ersten hannoverschen CDU-Landesvorsitzenden Dr. Bernhard Pfad, ihre Entscheidung zugunsten der CDU und nicht des Zentrums gefällt hatte, suchte und fand sie ohne Zögern Verbindung zu der weit über Hannover hinaus bekannten Leiterin der Wohlfahrtsschule des Deutsch-Evangelischen Frauenbundes, Frau Dr. Auguste Jörns. Sie setzte ihre reichen politischen Erfahrungen dann bei der Frauenarbeit der CDU voll ein. Gleiches galt für Frau Else Brökelschen aus Goslar, die später viele Jahre dem Deutschen Bundestag angehörte. Und – wir eilen den Ereignissen voraus – als es dann galt, im rechten Augenblick von Bonn aus die Vereinigung der Deutschen Partei mit der CDU durch eine sichtbare Tat auszulösen, war es wieder eine Frau, von der damals in Kreisen der Journalisten gesagt wurde, sie sei der einzige Mann unter den noch unentschlossenen Männern gewesen: Margot Kalinke.

3. AUF DEM WEG DER KONSOLIDIERUNG DER CDU IN NIEDERSACHSEN

Aus fast allen erhaltenen Unterlagen und Schriften geht hervor, dass die Zusammenarbeit der drei CDU-Landesverbände in Niedersachsen nicht immer ohne Konflikte abging. Die Partei musste ihre politischen Aktivitäten koordinieren, die parlamentarische Arbeit abstimmen und in personalpolitischen Fragen zu gemeinsamen Entscheidungen kommen. Besonders die beiden kleinen Landesverbände Braunschweig und Oldenburg sahen ihre Unabhängigkeit durch den übermächtigen Landesverband Hannover gefährdet. Befürworter und Gegner eines gemeinsamen Landesverbandes waren zahlenmäßig etwa gleich stark. Der im Juli 1947 konstituierte Zentralausschuss der CDU Niedersachsen übernahm erste Planungen und die Durchführung landespolitischer Aufgaben. Daraus sollte die „CDU in Niedersachsen" mit immer noch selbständigen Landesverbänden hervorgehen.

Katholische und evangelische Christen endlich unter einem Dach

Der Weg der CDU in Niedersachsen war, ähnlich wie der Weg der CSU in Bayern, nicht so selbstverständlich vorgezeichnet, wie es rückschauend manchem Betrachter erscheinen könnte. Von den Männern, die dafür kämpften, katholische und evangelische Christen endlich unter einem Dach zusammenzuführen und Verantwortung zu übernehmen, seien nur einige genannt: Anton Storch in Osnabrück, der spätere erste Bundesarbeitsminister, und Hans Wellmann, der erste Landesgeschäftsführer der CDU in Hannover. Beide hatten schon vor 1933 die reibungslose Zusammenarbeit von Christen beider Konfessionen in den Christlichen Gewerkschaften erlebt. Dazu kommt der Oberkirchenrat Adolf Cillien in Hannover. Hier müssen wir uns wieder auf den Zeitzeugen Arnold Fratzscher verlassen, der mit diesen Vorkämpfern die Geschicke einer CDU in Niedersachsen maßgeblich mitgeprägt hat.

Es war vor allem der Überzeugungskraft von Anton Storch zu verdanken, dass auch in Niedersachsen die Weichen in der CDU nicht falsch gestellt wurden. Sie durfte, so betonte Anton Storch immer wieder, nicht in den Fehler verfallen, eine Sammlungspartei werden zu wollen, die nur aus der Negation des Sozialismus zu leben versuche. Anton Storch und seinen Freunden ging es um eine aus christlicher Verantwortung handelnde, sozial verpflichtete und moderne Union mit eigener Zielsetzung. Er traf sich hierin mit Männern wie dem Textilkaufmann Wilhelm Naegel in Hannover, der als junger Student in Berlin in den 20er Jahren von Carl Sonnenschein, dem Schöpfer und Leiter der katholisch-sozialen Studentenbewegung, geprägt worden war. Naegel starb 1954 als Mitglied des Bundestages im gleichen Jahr und im gleichen Alter wie Hermann Ehlers, der unvergessene Präsident des Deutschen Bundestages.

Wilhelm Naegel hatte schon bald nach dem Gründungstag des hannoverschen Landesverbandes mit einigen Freunden aus Hannover und Hamburg darauf gedrängt, ein eigenes Parteiprogramm zu entwerfen und nicht einfach das abzuschreiben, was es vor allem in Köln unter Konrad Adenauer und auch in Berlin unter dem ersten Vorsitzenden der Berliner CDU, Andreas Hermes, schon gab. Naegel schlug vor, ein Christlich-Demokratisches und soziales Manifest zu schreiben, das bei dem nun beginnenden Neubau eines deutschen Staates seine Aussagekraft für einen längeren Zeitraum behalten könne. Die im Hause des Kaufmanns Otto Werner in Hannover zunächst mit Eifer angepackte Arbeit kam jedoch über verheißungsvolle Ansätze nicht hinaus. Allerdings fanden sich eine Reihe von Gedanken in dem „Aufruf" wieder, der nach der Gründung des Zonenausschusses der CDU in der britischen Zone unter der tatkräftigen Führung von Konrad Adenauer im Februar 1946 anlässlich der zweiten Tagung in Neheim-Hüsten verabschiedet wurde, nachdem das erste offizielle „Programm" der CDU diskutiert worden war.

Anton Storch (1882–1975)

In dem „Aufruf", der aus Niedersachsen die Unterschriften von Anton Storch, Christian Blank, Arnold Fratzscher, Wilhelm Naegel, Paul Otto, Dr. Bernhard Pfad, Dr. Hermann Siemer und Fritz Söhlmann trägt, heißt es in der für heutige Verhältnisse etwas pathetischen, wenn nicht gar schwülstigen Ausdrucksweise: „Wir sind verloren, wenn wir uns nicht selbst helfen. Es ist eine Lehre der Geschichte, daß ein Volk eine Katastrophe überstehen und meistern kann, wenn es den Mut zur geduldigen Arbeit und zur Wiedergewinnung des Selbstvertrauens aufbringt. Darum fort mit den Schlagworten einer überwundenen Zeit, fort mit der Lebens- und Staatsmüdigkeit. Die gleiche Not zwingt uns alle, anzupacken. Es wäre Verrat an der eigenen Familie und am deutschen Volk jetzt in Nihilismus oder Gleichgültigkeit abzusinken.

Die CDU ruft alle neubauwilligen Kräfte auf, in unerschütterlichem Vertrauen auf die guten Eigenschaften des deutschen

Volkes und in unbeugsamer Entschlossenheit den christlichen Gedanken und das hohe Ideal wahrhafter Demokratie zur Grundlage der Erneuerung zu machen.

Zum ersten Mal in der deutschen Geschichte finden wir uns unter Ablehnung jeder Zersplitterung in unserem Volk zusammen zur Union aller christlichen Demokraten. Der Ruf zur Freiheit und zum Stolz des eigenen Gewissens hat viele zum christlichen Kulturbewußtsein zurückgeführt, dessen Lebenskraft Jahrtausende überwand und die Entwicklung der Menschheit mit ewig junger Kraft bestimmte. Die Rückbesinnung auf diese unverlierbaren Werte wird uns die Kraft geben, verschüttete Quellen zu erschließen, einen großen und wertvollen Beitrag zum Glück und Fortschritt der Menschheit zu leisten wie jedes andere Volk."

Und in der Präambel des gleichzeitig verabschiedeten ersten CDU-Programms heißt es unter anderem: „Eine sittliche Erneuerung ist notwendig, wenn die ungeheuren Belastungen, die jedem Deutschen auferlegt worden sind, getragen und die dadurch entstehenden Spannungen ausgeglichen werden sollen. An die Stelle der materialistischen muß wieder die christliche Weltanschauung treten, an die Stelle der sich aus dem Materialismus ergebenden Grundsätze die Grundsätze der christlichen Ethik (...). Wir betrachten die hohe Auffassung des Christentums von der Menschenwürde und vom Wert jedes einzelnen Menschen als Grundlage und Richtschnur unserer Arbeit im politischen, wirtschaftlichen und kulturellen Leben unseres Volkes."

In die gleiche Richtung zielt auch die Rede von Oberkirchenrat Adolf Cillien auf der Gründungsversammlung der CDU in Hannover. Dort sagte er unter anderem: „Die evangelische Kirche hat sich bisher niemals für eine bestimmte politische Partei entschieden oder gar eingesetzt, sie wird dies auch in der neuen politischen Situation nicht tun. Ihr Dienst gilt in gleicher Weise allen Parteien, Klassen und Ständen, sie ist in Liebe und Verantwortung dem ganzen Volk verbunden.

Der evangelische Christ trifft auch auf politischem Gebiet eigene Entscheidungen; er trägt für sein gesamtes Handeln eigene Verantwortung. Der evangelische Christ weiß um die Fehlsamkeit der eigenen Gewissensentscheidungen und allen menschlichen Handelns."

Weiter heißt es dann: „Diese klare Erkenntnis befreit ihn jedoch nicht von der Pflicht zum politischen Handeln."

Und dann fragt Adolf Cillien: „Was kann, ja vielleicht muß den evangelischen Christen dazu bestimmen, sich für die Christlich-Demokratische Partei zu entscheiden?" Er gibt dann auch gleich selbst die Antwort: „Eine solche Entscheidung bedeutet zunächst ein klares und bewußtes Zusammengehen und Zusammenstehen mit den katholischen Christen. Ein solcher Zusammenschluß der Katholiken und Evangelischen in der jetzt erstrebten Form ist etwas Neues in der Geschichte unseres Volkes. Der Wille hierzu brach fast gleichzeitig in allen Teilen unseres zerrissenen Vaterlandes auf. Geringfügige Verschiedenheiten hier und dort ändern nichts an dem einmütigen Willen zum gemeinsamen christlichen Handeln für unser geschlagenes und am Boden liegendes Volk."

Und weiter: „Evangelische und katholische Christen waren in den vergangenen Jahren eine Leidensgemeinschaft: Die gleiche Bedrückung und Verächtlichmachung, die gleiche Unsicherheit und Rechtlosigkeit war unser Los; ferner eine Kampfgemeinschaft: An verschiedenen Fronten und unter verschiedener Führung erfolgte derselbe männliche Einsatz für die Erhaltung des christlichen Erbes und die Geltung göttlicher Gebote. Und heute sind wir, bei aller treuen Gebundenheit an die eigene Kirche, Gefolgschaft unter demselben Herrn des Himmels und der Erde, Jüngerschaft unter demselben Meister, Hörerschaft auf dasselbe ewige Gotteswort."

Abschließend sagte Adolf Cillien unter anderem: „Dies alles hat in dem Programm der Partei schon irgendwie einen Niederschlag gefunden. Aber alle die, welche von dem Parteigetriebe enttäuscht und angewidert sind, alle die, welche abseits stehen, und die, welche voller Mißtrauen und Zurückhaltung den neuen Parteibildungen zusehen, sie wollen Taten sehen. Danach werden sie sich entscheiden. Das gilt zur Stunde auch noch von der Mehrzahl der evangelischen Christen."

Dass sich die überkonfessionelle Idee so klar durchgesetzt hat, ist mit Sicherheit auch auf die Bemühungen evangelischer Kirchenführer zurückzuführen, wie jene des hannoverschen Landesbischofs August Marahrens oder eben des Oberkirchenrates Adolf Cillien, der später, von 1947 bis 1951, Fraktionsvorsitzender der CDU-Fraktion im Niedersächsischen Landtag war. Bereits im August 1945 hatte die evangelische Kirche auf ihrer ersten Konferenz nach dem Kriege in Treysa, an der aus Hannover unter anderem auch Arnold Fratzscher teilgenommen hatte, die politische Zusammenarbeit der beiden Konfessionen ausdrücklich bejaht.

Schon 1946 hatte die britische Besatzungsmacht darauf gedrängt, dass die in ihrer Zone zugelassenen Landesparteien sich auf Zonenbasis organisieren. So wurde für den 22./23. Januar 1946 zu einer Zonentagung der CDU nach Herford eingeladen. Als Alterspräsident übernahm Konrad Adenauer die Leitung. Vom Landesverband Hannover nahmen der Vorsitzende Dr. Pfad, Naegel, Dr. Otto, Fratzscher und Blank teil, für Oldenburg Dr. Siemer und Söhlmann und für Braunschweig Dr. Strickrodt und Schönfeld. Nachdem hier noch keine Vorstandswahl zustande kam, aber Einigkeit darüber bestand, dass der Vorstand des Zonenausschusses das maßgebende CDU-Gremium für die gesamte britische Besatzungszone wird und „Autorität gegenüber den einzelnen Landesleitungen haben muß", fand die nächste Tagung vom 26. Februar bis zum 1. März 1946 in Neheim-Hüsten statt. Dr. Adenauer wurde zum Vorsitzenden gewählt, Friedrich Holzapfel aus Herford wurde Stellvertreter, und aus Niedersachsen wurden Anton Storch und Heinrich Rönneburg in den Vorstand gewählt. Im Mittelpunkt stand, wie oben erwähnt, die Verabschiedung des „Aufrufs" und des ersten Programms der CDU.

Der Zonenausschuss der CDU hat etwa drei Jahre lang eine führende Rolle für die politische Willensbildung der Partei gespielt. Wie sich Arnold Fratzscher erinnert, hat vor allem Konrad Adenauer das Zepter fest in der Hand gehabt. Er hat es meisterhaft verstanden, alle zu Wort kommen zu lassen, um dann zum Schluss seine eigenen Überlegungen und Vorstellungen als die Meinung des Gremiums zum Beschluss erheben zu lassen. Seine Führungsrolle wurde dankbar von allen anerkannt. Adenauer verstand es auch, aufmerksam zuzuhören und dann doch seine Meinung zur Geltung zu bringen. Der überschaubare Kreis wuchs in monatlichen Zusammenkünften zu einer Arbeitsgemeinschaft zusammen, die auf die einzelnen Landes- und Kreisverbände in der Weitergabe des Beschlossenen mehr Wirkung hatte, als es später die größere Zahl der Bundestagsabgeordneten haben konnte. Als 1949 der erste Deutsche Bundestag gewählt worden war und am 20. Oktober 1950 der erste Bundesparteitag in Goslar mit neu gegründeten Organen stattgefunden hatte, beendete der Zonenausschuss der CDU seine Tätigkeit.

Die Partei und die Politik

Weil die Partei und die Parteipolitik nicht von der Landes- und Kommunalpolitik zu trennen sind, sondern im Gegenteil, durch ihre gegenseitige Abhängigkeit einen ganz wesentlichen Teil ihres Daseins darstellen, wollen wir noch einmal darauf zurückkommen. Der erste niedersächsische Landtag, wie die vorhergehenden Landtage der Länder Hannover, Braunschweig und Oldenburg, von der britischen Besatzungsmacht ernannt, war am 9. Dezember 1946 zusammengetreten. Ihm gehörten 38 Vertreter der SPD, 20 der CDU, 17 der Niedersächsischen Landespartei (NLP), sechs der FDP, vier Kommunisten und einer des neuen Zentrums an. Zum Ministerpräsidenten war der Sozialdemokrat Hinrich Wilhelm Kopf ernannt worden. Er bildete ein Allparteienkabinett. Von der CDU gehörten ihm Dr. Georg Strickrodt als Finanzminister und Dr. Günther Gereke als Innenminister an. Mit dem „doppelten Doktor", wie ihn Freunde und Gegner halb bewundernd, halb ironisch lächelnd nannten, trat ein Mann auf die politische Bühne in Niedersachsen, der dank seiner politischen Erfahrungen aus der Weimarer Republik und auch im Dritten Reich und dank seiner Geschicklichkeit der CDU vor allem am Anfang viel Nutzen stiftete. Später gab es aber um und mit ihm noch viel mehr Ärger und Skandale, bis zum Parteiausschluss. Fraktionsvorsitzender der CDU-Landtagsfraktion wurde Adolf Cillien. Das letzte Wort im Landtag hatten nicht die Abgeordneten, sondern stets die Besatzungsmacht.

In der Tat, die Arbeit im ersten Niedersächsischen Landtag war außerordentlich mühsam. Die Bevölkerung hungerte, die Demontagen der Siegermächte waren noch in vollem Gange, das Geld hatte seinen Wert verloren, Millionen von Flüchtlingen und Vertriebenen aus den deutschen Ostgebieten suchten eine Bleibe in dem sehr zerstörten kleinen Westdeutschland.

Dennoch arbeitete das Parlament unverdrossen „zum Wohle des Volkes". Am 20. April 1947 fanden die ersten freien Landtagswahlen in Niedersachsen statt. Bei fast vier Millionen Wahlberechtigten betrug die Wahlbeteiligung 65 %. Die SPD erhielt 43,3 % und 65 Mandate, die CDU 19,9 % und 30 Mandate, die DP (NLP) 17,9 % und 27 Mandate, die FDP 8,8 % und 13 Mandate, die KPD 5,6 % und acht Mandate, das Zentrum 4,1 % und sechs Mandate.

Da keine Partei im neu gewählten Landtag die absolute Mehrheit hatte, kam es, wie der erste Landespressechef, Botschafter a. D. Walter Zechlin, zu berichten wusste, zu einem Kuhhandel um die Verteilung der Ministersitze, obwohl feststand, dass – wie schon vorher bei der ernannten Landesregierung – nur wieder ein Allparteienkabinett auch mit den kleinsten Parteien, den Kommunisten und dem Zentrum, infrage kam. Klar war allerdings, dass an Hinrich Wilhelm Kopf als Ministerpräsidenten keiner vorbeikam.

Das Allparteienkabinett regierte kein Jahr lang. Im März des nächsten Jahres trat es wegen Uneinigkeit in der geplanten Bodenreform, die letztlich im Sande verlief, zurück. Die Ernährungslage war zu katastrophal, um Experimente zu gestatten. Selbst bei der Entnazifizierung wurden die Landwirte von den Engländern glimpflich behandelt. Es dauerte volle drei Monate, ehe wieder eine neue Regierung unter derselben Führung gebildet wurde. Die KPD schied auf Befehl Moskaus aus. Die FDP und die DP traten nicht wieder ein. Niedersachsen hatte einen Rekord in der Dauer einer Kabinettskrise auf die Beine gestellt.

Ein Jahr später trat dann auch die CDU aus dem, wie sie sagte, „sterbenden Kabinett" aus. Aber Totgesagte leben lange, und so blieb die Führung auch nach der nächsten Landtagswahl im Mai 1951 bei der SPD, die verstärkt durch den im Jahr zuvor gegründeten Gesamtdeutschen Block/BHE (Bund der Heimatvertriebenen und Entrechteten) Niedersachsens Geschicke und Geschichte lenkte.

Inzwischen hatte die CDU in Niedersachsen in den Jahren 1946 bis 1949 sowohl auf kommunaler Ebene als auch auf Bundesebene zeigen können, wie weit sich ihr Einfluss allmählich gefestigt hatte. Die ersten Kommunalwahlen 1946 fanden noch nach einem komplizierten britischen Wahlmodus statt und verliefen für die CDU nicht gerade erfolgreich. Aber bei der nächsten Wahl, zwei Jahre später, die nach eigenem niedersächsischen Wahlrecht vonstatten ging, konnten sich die Erfolge der CDU schon sehen lassen. Die große Bewährungsprobe brachte dann die Wahl zum ersten Deutschen Bundestag im Jahr 1949.

Der Bundestagswahlkampf wurde auch in Niedersachsen klar im Sinne der im Frankfurter Wirtschaftsrat eingeschlagenen Richtung für eine Soziale Marktwirtschaft und damit gegen die SPD geführt. Die CDU hatte auf Bundesebene einen überzeugenden Erfolg und konnte sich auch in Niedersachsen mit dem Erreichten sehen lassen. In vier Wahlkreisen in Niedersachsen brachte die CDU ihren Kandidaten direkt durch, wobei der Sieg des späteren Bundesarbeitsministers Anton Storch in dem für die CDU durchaus nicht sicheren Wahlkreis Osnabrück besondere Beachtung verdiente. Weitere acht Bundestagsmandate erreichte die CDU in Niedersachsen über die Liste. Unter denen, die nun für Niedersachsen in den Bundestag einrückten, waren Kurt Schmücker, Wilhelm Naegel und Wilhelm Brese, ferner Fritz Mensing, Oskar Wackerzapp und Ernst Kuntscher als Vertriebene sowie als einzige Frau Dr. Else Brökelschen. Dazu kam der oldenburgische Kirchenrat Hermann Ehlers, ein gebürtiger Berliner, aber von seinen Eltern her ein Kind der Lüneburger Heide, der bald als Bundestagspräsident von sich reden machte. Leider starb er, 50-jährig, im Jahre 1954. Er ist im Heimatort seiner Eltern, Sülze im Kreis Celle, begraben. Die Hoffnung der CDU, mit ihm als Kandidaten für den Posten des Ministerpräsidenten die Landtagswahlen im Jahr 1955 in Niedersachsen gewinnen zu können, wurde damit jäh zerstört.

Die CDU hatte in Niedersachsen bei der Bundestagswahl 1949 17,6 % der Stimmen bekommen und lag damit ganz knapp hinter der DP mit 17,8 %; an der Spitze lag klar die SPD mit 33,4 %. Die FDP kam auf 7,5 %, die DRP auf 8,1 %, das Zentrum auf 3,4 % und die KPD auf 3,1 %. Im Bund wurde die CDU zusammen mit der bayerischen CSU zur stärksten Partei.

Die CDU und die Deutsche Partei

In das Kapitel Parteipolitik und Landespolitik gehört vor allem auch das Verhältnis der CDU in Niedersachsen zur Deutschen Partei. Sie war aus der ehemaligen Niedersächsischen Landespartei hervorgegangen und machte der Union lange Zeit das konservative Wählerpotential in Niedersachsen streitig, bis sie nach 15 Jahren - endlich - in der CDU aufging.

Am 10. April 1945, dem Tag des Einmarsches amerikanischer Truppen in Hannover, tauchte bereits ein Flugblatt auf, das dazu aufrief, gelb-weiße Fahnen, die Farben des Welfenhauses, aus den Fenstern zu hängen. Die Verfasser waren der Landwirt Karl Biester und der Rechtsanwalt Wolfgang Kwiecinski. Der damals 67-jährige Biester, der einen Hof in Langenhagen bei Hannover bewirtschaftete, war ehemaliges Mitglied der Deutsch-Hannoverschen Partei, auch Welfen-Partei genannt, und hatte von 1921 bis 1933 dem Preußischen Landtag angehört. Schon im Juni 1945 beantragte er bei der britischen Militärregierung die Gründung der Niedersächsischen Landespartei (NLP). Sie empfand sich als Nachfolgepartei der 1933 aufgelösten Deutsch-Hannoverschen Partei, die als Verfechterin der Tradition des 1866 von den Preußen verjagten welfischen Königs von Hannover gegründet worden war. Neben Hannover hatte sich ein weiterer „Welfen-Schwerpunkt" in Stade gebildet. Beide schlossen sich zusammen und beantragten im September 1945 noch einmal gemeinsam die Gründung der Niedersächsischen Landespartei unter dem Vorsitz von Karl Biester und seinem Stellvertreter Heinrich Hellwege aus Neuenkirchen im Alten Land. Er war bis 1933 Vorsitzender der Deutsch-Hannoverschen Partei für Hamburg und Jork gewesen und hatte in der NS-Zeit die illegale „Niedersächsische Freiheitsbewegung" geleitet. In den bei der Militärregierung eingereichten „Richtlinien" der neuen Partei waren „die Loslösung des Landes Hannover aus dem preußischen Staatsverband, Zusammenschluß der einzelnen Landesteile zu einem ‚Gesamtniedersachsen' innerhalb eines föderal strukturierten deutschen Staates" die Kernpunkte. Es heißt in den „Richtlinien" weiter, dass man „im Hinblick auf die gemeinsame Tradition einer jahrhundertelangen Geschichte und die gemeinsamen wirtschaftlichen und politischen Interessen die engste Verbindung mit dem britischen Imperium" anstrebe.

Noch bevor Pläne zur Neugliederung Nachkriegsdeutschlands, besonders des norddeutschen Raumes, gereift waren, schickten Vertreter der alten Deutsch-Hannoverschen Partei eine Abordnung zum Kommandeur der britischen Militärregierung in Hannover, um den Vorschlag zu unterbreiten, das ehemalige Königreich Hannover, die damalige Provinz Hannover, zu einem Teil des britischen Empires zu machen. Immerhin war das Königreich Hannover jahrhundertelang mit England verbunden gewesen und hatte viele englische Könige gestellt. Aber die britische Besatzungsmacht zeigte den Welfen die kalte Schulter und lehnte ab. Sie wollten lieber den Deutschen helfen, sich selbst zu regieren.
Das kam offensichtlich dem Baron von Reden auf Gut Rethen bei Hannover, einst Kammerherr des Herzogs Ernst-August zu Braunschweig-Lüneburg, zu passe. Ernst-August war ein Nachkomme des Kurfürsten von Hannover und Königs von England, verheiratet mit der einzigen Tochter des letzten deutschen Kaisers Wilhelm II., Viktoria Luise, und bei Kriegsende vor den sowjetischen Truppen auf den Stammsitz der Welfen, die Marienburg bei Hannover, geflüchtet. Der Baron verstand sich gut mit der Besatzungsmacht und schlug den Engländern als ersten Oberpräsidenten den früheren Landeshauptmann von Hannover, Eberhard Hagemann, vor. Dieser wiederum holte Hinrich Wilhelm Kopf, der noch mit der Freiin von Behr verheiratet war, als Regierungspräsidenten. Schon vorher stand der in Neuenkirchen, Kreis Land Hadeln, geborene und bei Kriegsende aus Schlesien geflüchtete Kopf dem Welfenhaus nahe. Nicht umsonst hing dem eingefleischten Sozialdemokraten der Ruf des „Roten Welfen" an.
Weil Hagemann den Kurs des Anschlusses Hannovers an Großbritannien nicht mitmachen wollte, legte er aus Protest sein Amt nieder. Da lud Baron von Reden Hinrich Wilhelm Kopf auf Gut Rethen ein und trug ihm das Amt des Oberpräsidenten an. Kopf schlug ein, und die Engländer stimmten zu. Das war im September 1945.

Ein weiteres ehemals führendes Mitglied der Deutsch-Hannoverschen Partei war der frühere hannoversche Oberbürgermeister Arthur Menge, der 1933 die nationalsozialistische Machtübernahme politisch überlebt hatte, später entmachtet wurde, 1944 zu den Männern des 20. Juli gehörte und im Februar 1945 zu drei Jahren Gefängnis verurteilt worden war. Er war nach Kriegsende auf abenteuerliche Weise aus dem Zuchthaus Brandenburg nach Hannover gelangt und hatte sich der NLP angeschlossen. Am 28. November 1945 war er in Hameln zum ersten Landesvorsitzenden der Partei gewählt worden, trat aber schon eine Woche später vom Amt zurück und machte den Weg frei für Heinrich Hellwege. Der wurde am 23. Mai 1946 endgültig zum Vorsitzenden der NLP gewählt. Er blieb es rund 15 Jahre bis zum Ende dieser Partei, die sich schon bald, als sie bundesweit zu agieren versuchte, in Deutsche Partei (DP) umbenannt hatte.

Schon damals waren die CDU und die Niedersächsische Landespartei in ihrem politischen Wollen nicht weit von einander entfernt. Um sich in den Wahlkreisen nicht gegenseitig die Wähler abzujagen, schlug Dr. Günther Gereke, damals CDU-Innenminister im Kabinett Kopf, vor, dass in jedem Wahlkreis entweder nur ein Kandidat der CDU oder der NLP aufgestellt wird. Das Wahlgesetz ließ ein solches Verfahren damals noch zu. 1947 wurde dann auf dem Hof des Bauern Wilhelm Brese in Marwede das zwischen CDU und NLP getroffene Abkommen, die „Marweder Übereinkunft", von Günther Gereke und Heinrich Hellwege feierlich unterzeichnet. CDU-Generalsekretär Arnold Fratzscher erinnert sich, wie Gereke in einer launigen Tischrede die Hoffnung aussprach, dass dieser Tag in Marwede ein Markstein werden möge auf dem Weg zu einem völligen Zusammenwachsen der beiden Parteien. Hellwege zeigte sich liebenswürdig, hüllte sich aber in Schweigen. Niemand ahnte damals, dass die NLP vorher noch als „Deutsche Partei" den Weg in die bundesdeutsche Weite suchen würde.

Aber Hellweges Ehrgeiz ging weiter. Ihm schwebte vor, dass sich wie in Bayern die Bayern-Partei auch in anderen Bundesländern Heimatparteien bilden würden, mit denen die NLP dann kooperieren könnte. Damit sollte dann im Bund eine „dritte Kraft" neben CDU und SPD entstehen. Deshalb beschloss der zweite Landesparteitag der Niedersächsischen Landespartei im Mai 1947 in Celle, bundesweit zu agieren und die NLP in „Deutsche Partei" umzubenennen. Heinrich Hellwege blieb ihr Vorsitzender, stellvertretender Vorsitzender war Hans-Christoph Seebohm. Selbst Dr. Gereke, der immer das politische Gras wachsen hörte, wurde von dieser Namensänderung völlig überrascht, notierte Arnold Fratzscher.

Bis Mitte der 50er Jahre blieb die Deutsche Partei in vielen Gebieten Niedersachsens eine feste Größe. Nachdem Konrad Adenauer 1949 erster deutscher Bundeskanzler geworden war, holte er sich den „bundesdeutschen Welfen", wie er Hellwege nannte, als jüngsten Minister in sein Kabinett. Desgleichen auch den stellvertretenden Vorsitzenden der DP, Hans-Christoph Seebohm, als Bundesverkehrsminister. Doch der Traum von der bundesweiten dritten Kraft scheiterte.

Die SPD wollte das bürgerliche Lager spalten

Allerdings verteilten sich die konservativen politischen Strömungen, die im übrigen Westdeutschland weitgehend in der CDU zusammengeflossen waren, in Niedersachsen noch auf die CDU, die DP und teilweise auch auf das Zentrum. Hier witterte die SPD eine Chance, das bürgerliche Lager zu spalten, wegen der starken christlich-sozialen Orientierung der CDU im Gegensatz zur stark konservativen Ausrichtung der DP. Das kam besonders bei der Regierungskrise im März 1948 zum Ausdruck. Der SPD-Ministerpräsident Hinrich Wilhelm Kopf, der beim britischen Gebietskommandeur General Lingham große Rückendekkung hatte, wollte eine SPD/CDU-Regierung ohne DP und FDP. Der Hintergrund war, dass die britische Politik dahin tendierte, nach ihrer Meinung „radikale" Parteien von den Regierungen in ihrem Besatzungsgebiet fernzuhalten. Das richtete sich sowohl gegen die Kommunisten als auch gegen die nach Meinung der Engländer rechtsstehende DP.

Aber die Trennung von CDU und DP stieß auf Bedenken bei der CDU, die die beiden Parteien nicht auseinander manövrieren lassen wollte. Besonders bei dem Goslarer Dr. Otto Fricke waren die Vorbehalte am stärksten. In einem zweistündigen

Gespräch mit General Lingham wies er darauf hin, dass CDU und DP auf Grund des „Marweder Abkommens" ein Wahlbündnis geschlossen und immer gemeinsame Wahlkämpfe geführt hätten, so dass sich die Wähler nun düpiert fühlen müssten, wenn sie auf einmal wieder getrennt würden. Nach Dr. Frickes Meinung hat die Unterredung den britischen „Aufpasser" nachdenklich gestimmt. Dr. Fricke führte weitere Gespräche mit dem stellvertretenden DP-Vorsitzenden Seebohm und berichtete dem CDU-Landtagsfraktionsvorsitzenden Adolf Cillien sowie Dr. Gereke, der inzwischen Landesvorsitzender des hannoverschen CDU-Landesverbandes war. Gereke wollte auf die DP, der er gram war, weil sie ohne Fühlungnahme mit der CDU ihren Namen geändert hatte, keine Rücksicht mehr nehmen, sondern die Chance wahrnehmen, in einem SPD/CDU-Kabinett mehr politische Bedeutung zu gewinnen. Er hatte dabei die Zustimmung der Mehrheit der CDU-Landtagsfraktion.

Dagegen fürchtete Dr. Fricke, der schon damals besonders gute Kontakte zu Dr. Adenauer hatte, durch eine Spaltung negative Auswirkungen für den sehr einflussreichen Frankfurter Wirtschaftsrat. Dort hatten im Juli 1947 bei der Wahl der Direktorenstellen CDU, CSU und DP gemeinsam das wichtige Wirtschaftsressort besetzen können. Damit wurden frühzeitig die Weichen gestellt für die wirtschaftliche Entwicklung der Westzonen und der späteren Bundesrepublik, nämlich zur Sozialen Marktwirtschaft gegen die zentralistische und planwirtschaftliche Auffassung der SPD.

Offensichtlich auf Druck der britischen Besatzungsmacht wurde in Niedersachsen schließlich doch eine Einigung über die Regierungsbildung der SPD mit der CDU erzielt. Es gab zwar keine „Koalition", aber die CDU war bereit, „Persönlichkeiten" für ein neues Kabinett unter Hinrich Wilhelm Kopf freizugeben – unter der Bedingung: CDU und Zentrum bekommen „mindestens" die Hälfte der Ministersitze. Und die CDU forderte weiterhin, dass Dr. Otto Fricke als Wirtschaftsminister ins Kabinett eintritt. Aber das lehnten der SPD-Parteiausschuss und die SPD-Landtagsfraktion einstweilen noch ab.

Der Preis für die SPD war also außerordentlich hoch: Sie akzeptierte alle CDU-Forderungen und opferte nicht nur Kubel mit dem Wirtschaftsministerium, das einen besonderen Prestigewert besaß, sondern überließ der CDU auch noch das Finanz- und Landwirtschaftsministerium, also nahezu alle wirtschaftspolitisch orientierten Ressorts. Damit saßen den vier SPD-Ministern vier der CDU und einer des Zentrums gegenüber – und das bei einer Sitzverteilung im Landtag von 64 SPD zu 30 CDU und sechs Zentrum. Die SPD hatte ihr Ziel der Trennung von CDU und DP nicht erreicht, im Gegenteil, bei der Landtagswahl 1951 kandidierten CDU und DP auf der gemeinsamen Liste Niederdeutsche Union. Das ist ihr aber, wie wir später noch sehen werden, überhaupt nicht gut bekommen.

Das neue SPD/CDU/Zentrum-Kabinett Kopf regierte Niedersachsen vom 9. Juni 1948 bis zum 17. August 1950. Dann zog die CDU ihre Minister zurück. Denn nach Konrad Adenauers Wahl zum ersten deutschen Bundeskanzler und der Bildung einer bürgerlichen CDU/CSU/DP/FDP-Koalition in Bonn im September 1949 veränderte sich auch das politische Klima in den Bundesländern. So brachte die Bonner Politik zusätzliche Reibereien in der Koalition in Niedersachsen. Sie wurden noch verstärkt durch Adenauers Bemühungen, wegen der Bundesratsmehrheiten möglichst auch in anderen Ländern Koalitionen nach dem Bonner Vorbild zu schaffen und speziell in Niedersachsen die Verbindung von CDU und DP zu stärken. In diesem gespannten politischen Umfeld und durch Minister Kubels scharfe Kritik an der Wirtschafts- und Finanzpolitik Ludwig Erhards wackelte die Zusammenarbeit zwischen SPD und CDU in Niedersachsen immer stärker. So stand die niedersächsische Landesregierung Anfang 1950 wiederum am Rande des Scheiterns. Aber das war ganz im Sinne Adenauers. Allerdings war sich die CDU in Niedersachsen nicht einig. Es gab Auseinandersetzungen zwischen den Befürwortern der bisherigen Koalition mit der SPD und den Anhängern einer großen Koalition eines Bürgerblocks.

Verschärft wurde die Lage noch durch einen von Minister Kubel heraufbeschworenen Eklat: In einer Rede in Wilhelmshaven hatte er erklärt, ein wesentlicher Teil der Arbeitslosen sei gewollt oder von Adenauers Bundesregierung „gern gesehen". Adenauer beschwerte sich bei Ministerpräsident Kopf und deutete an, dass die CDU in Niedersachsen Konsequenzen ziehen werde. Doch nach Kubels Entschuldigung zog CDU-Fraktionschef Cillien den zuvor gestellten Misstrauensantrag zurück, so dass die SPD/CDU-Regierung einstweilen noch gerettet war. Nach dem stenographischen Bericht über die Landtagssitzung sagte der KPD-Abgeordnete Landwehr: „Und in den Armen lagen sich beide" – unter dem Lachen der DP.

Aber schon belastete ein neuer spektakulärer Vorfall das politische Klima, als bekannt wurde, dass CDU-Landwirtschaftsminister Dr. Gereke mit DDR-Staats- und Parteichef Walter Ulbricht in Ost-Berlin zusammengetroffen sei und sich für die Anerkennung der Oder-Neiße-Grenze ausgesprochen habe. Gereke war damit im Kabinett Kopf nicht mehr tragbar. Er trat am 22. Juni 1950 zurück. Weil weder CDU noch SPD die Koalition fortsetzen wollten, wurde kein Nachfolger mehr benannt. Die Koalition wurde schließlich wegen Meinungsverschiedenheiten über das Wahlrecht beendet.

Da war der Wahlkampf für die Landtagswahl am 6. Mai 1951 bereits in vollem Gange. Besonders unter dem Einfluss des SPD-Bundesvorsitzenden Kurt Schumacher wurde der Wahlkampf in Niedersachsen von der SPD vorwiegend unter bundespolitischen Gesichtspunkten geführt, also in erster Linie gegen die CDU. So zog die CDU am 9. August 1950 ihre Minister aus dem Kabinett von Ministerpräsident Kopf zurück.

Die CDU und DP verzichteten auf eigenständige Kandidaten und bildeten eine gemeinsame Wahlorganisation: Die Niederdeutsche Union. Sie erlebte aber ein schreckliches Debakel bei der Landtagswahl 1951. Von den 57 Mandaten der ersten Wahlperiode blieben nur noch 35 übrig. Offensichtlich waren die Anhänger der protestantischen DP nicht mit dem Zusammenschluss mit der überwiegend katholischen CDU einverstanden, während CDU-Wähler nicht die Zusammenarbeit mit der konservativen DP begrüßten. Der Gewinner der Wahl war der erstmals angetretene Gesamtdeutsche Block/Bund der Heimatvertriebenen und Entrechteten (GB/BHE). Er gewann auf Anhieb 21 Sitze im Niedersächsischen Landtag und konnte gleich mit in eine Landesregierung einsteigen, die Hinrich Wilhelm Kopf nun aus SPD, die mit 64 Sitzen etwa gleich stark geblieben war, GB/BHE und Zentrum (vier Sitze) bildete. Die CDU war wieder einmal außen vor.

4. AUF DEM WEG ZUR CDU IN NIEDERSACHSEN

Nach der Gründung der drei Landesverbände der CDU in Hannover, Braunschweig und Oldenburg und nach den äußerst turbulenten Jahren der Staatsgründung sowie der Politik des Landes ging es um den Ausbau der Parteiorganisation, um die Festigung der CDU und um den Weg zur „gemeinsamen" CDU in Niedersachsen. Auch hier können wir uns vorwiegend auf die Aufzeichnungen von Arnold Fratzscher stützen.

Weil Hannover, der größte niedersächsische CDU-Landesverband, nach Meinung von Konrad Adenauer und Anton Storch am schlechtesten durchorganisiert wurde, drängten die beiden Politiker darauf, dass in Hannover ein Generalsekretär eingesetzt wird. Zur Wahl standen Wilhelm Naegel und Arnold Fratzscher. Letzter wurde mit der Aufgabe betraut und hat sie, wie er selbst sagt, „unter nicht immer einfachen Umständen" vom 1. Mai 1946 bis zum 30. November 1969, also fast 25 Jahre, wahrgenommen. Auch die niedersächsischen CDU-Landesverbände Braunschweig und Oldenburg konnten ihre anfänglichen guten Organisationserfolge nicht so ausbauen, wie sich das der Bundesvorsitzende Konrad Adenauer erhofft hatte. Am 30. Juli 1949 schrieb er mit Blick auf die unmittelbar bevorstehende Bundestagswahl fast resignierend: „Die Verhältnisse in Niedersachsen machen mir große Sorgen. Das gilt sowohl von Oldenburg wie von Hannover wie von Braunschweig. Man wird wohl nichts mehr daran ändern können?"

Arnold Fratzscher (1904–1987)

Parteiarbeit von unten

Zu den wichtigsten Aufgaben des neuen Generalsekretärs gehörte es, den Ausbau der Organisation voranzutreiben. Da die Demokratie auf der kommunalen Ebene beginnt, galt es, hier zunächst anzusetzen. Arnold Fratzscher schreibt dazu, wo die CDU in ihren Kerngebieten von Anfang an mit eindrucksvollen Mehrheiten bei Wahlen rechnen konnte, kam es darauf an, dass die zunächst von den Besatzungsoffizieren ernannten Bürgermeister und Landräte miteinander Verbindung hielten und sich in oft schwierigen Situationen untereinander beraten konnten, um ein einheitliches Vorgehen im Sinne der von der CDU zu erarbeitenden Grundgedanken sicherzustellen, soweit dies im Rahmen der von den Besatzungsmächten gesteckten Grenzen möglich war. Dort aber, wo die Ausgangslage für die CDU nicht so günstig war, galt es vor allem, in oft mühevoller Kleinarbeit die richtigen Persönlichkeiten aus allen Bevölkerungsschichten ausfindig zu machen, die zugleich auch vor den oft eigenwilligen Besatzungsoffizieren bestehen konnten. Nach dem Regierungswechsel in Großbritannien war das für die CDU nicht immer einfach. Wer sich nicht zu SPD oder im Anfang auch zur KPD zählte, wurde als „Konservativer" unter die Lupe genommen, ob er auch genügend progressiv sei. Im ehemaligen Generalkommando in Hannover, wo der für die Region Hannover zuständige britische Offizier sich einmal in der Woche mit Vertretern der zugelassenen Landesparteien traf, hing an der Wand eine große graphische Zeichnung, auf der in entsprechend wachsenden Säulen die Anzahl der inzwischen von den Briten genehmigten Kreisvorstände der Parteien aufgezeigt wurde. Die Säulen der SPD und der KPD erreichten lange Zeit schon fast die Spitze, über die hinaus nichts mehr möglich war, während CDU, FDP und DP (damals noch Niedersächsische Landespartei) tief darunter in beschämendem Abstand zu sehen waren. Das äußerte sich dann auch bei den ersten Kommunalwahlen 1946 sogar in der unterschiedlichen Papierzuteilung an die Parteien.

Eine der weiteren wichtigen Aufgaben jener Zeit war eine umfassende Information und Rednerschulung der vielen politisch aktiven CDU-Mitglieder und des Führungspersonals auf der untersten Parteiebene. Denn wenn die CDU bekannt werden, wenn sie wachsen und wenn sie nach außen wirken sollte, brauchte sie Orts- und Kreisvorsitzende, die erst einmal selbst ein politisches Fundament bekamen, bevor sie vor ihre eigenen Mitglieder oder gar vor eine breite Öffentlichkeit treten oder als Debattenredner an Veranstaltungen anderer Parteien teilnehmen konnten. Für diese Aufgabe stellten sich vor allem die erfahrenen Politiker aus der Weimarer Republik, von den Landesvorsitzenden und ihren Vorstandsmitgliedern angefangen bis zu den Ministern, Abgeordneten, Landräten und Bürgermeistern, zur Verfügung. Auch der neue Generalsekretär Arnold Fratzscher war hier in seinem Element.

Während anfänglich noch alles mit der Schreibmaschine mühselig getippt und mit Blaupapier ein halbes Dutzend Durchschläge fabriziert werden musste, gab die britische Militärregierung im Juni 1946 den Parteien erstmals auch Lizenzen für kleine Wochenblätter. Es waren die ersten politischen Schriften nach dem Kriege, die nicht von den Militärbehörden herausgegeben wurden, und sie wurden den Kreisparteien bald aus der Hand gerissen. Die CDU in Hannover nannte ihr Blättchen *Niedersächsische Rundschau*. Den ersten längeren Artikel schrieb Frau Dr. Pfad, die Gattin des CDU-Landesvorsitzenden. Sie wandte sich vornehmlich an die Frauen und warb um deren Mitarbeit in Partei und Politik. Erster Redakteur war der gerade aus der Kreisgefangenschaft zurückgekehrte Journalist Kurt Naujek, der zwei Jahre später zur neuen Tageszeitung der CDU wechselte und nach dem Wiedererscheinen der *Hannoverschen Allgemeinen Zeitung* dort viele Jahre landespolitischer Redakteur war. Nachfolger der *Niedersächsischen Rundschau* wurden die *Niederdeutschen Stimmen*, die dann in dem ersten Partei-„Magazin", der *Niedersachsen-Zeitung*, aufgingen. Vor der Währungsreform 1948 hat das Blättchen neben seiner Funktion als Mitteilungs- und Informationsorgan viel zur Finanzierung der Parteiarbeit beigetragen. „Nach der Währungsreform hatten wir große Mühe, die nötigen Gelder für das weitere Erscheinen aufzubringen. Mit den neuen Illustrierten konnten wir eben nicht konkurrieren. Und das politische Interesse nahm auch mit dem wachsenden Wohlstand ab", erinnert sich Generalsekretär Fratzscher.

Die Währungsreform

Im August 1947 fand der erste Parteitag der CDU der britischen Besatzungszone in Recklinghausen statt. Im Mittelpunkt stand der Bericht des vorherigen Leiters des Zentralamtes für Ernährung der britischen Zone und gerade frisch gewählter Direktor des Verwaltungsamtes für Ernährung, Landwirtschaft und Forsten in Frankfurt, Dr. Schlange-Schöningen, über die katastrophale Versorgungslage der Bevölkerung. Zuvor war es zu schwerwiegenden Auseinandersetzungen zwischen ihm und dem niedersächsischen SPD-Ministerpräsidenten Hinrich Wilhelm Kopf wegen der Einkellerung der Winterkartoffeln gekommen. Kopf sah wegen angeblicher Transportschwierigkeiten keine Möglichkeit, das gewünschte Kontingent ins Ruhrgebiet zu verladen und gab deshalb für die niedersächsische Bevölkerung statt einem Zentner zwei Zentner pro Person zur Einkellerung frei. Schlange-Schöningen drohte mit Kürzungen der Brotrationen in Niedersachsen, der Ministerpräsident erklärte im Landtag, nicht nur der bayerische Löwe verstehe sich zu wehren; auch das niedersächsische Wappentier (das Pferd) könne einmal nach hinten auskeilen.

Eine positive Veränderung brachte die Währungsreform am 20. Juni 1948. Sie gab Ludwig Erhard die Möglichkeit, mit einem kühnen Entschluss von heute auf morgen die ganze Bezugsscheinwirtschaft über Bord zu werfen und jene Entwicklung einzuleiten, die man dann im In- und Ausland das Deutsche Wirtschaftswunder zu nennen pflegte. Erhard hat später häufig geschildert, wie auch die Amerikaner mit diesem kühnen Entschluss nicht gerechnet hatten und wie deshalb niemand auf den Gedanken gekommen war, ihm einschränkende Vorschriften zu machen.

Die ersten Auswirkungen wurden schon bald spürbar. Man konnte auf einmal wieder Dinge kaufen, die man viele Jahre lang vermisst hatte. Allerdings, 40 D-Mark pro Person waren nicht viel Geld. Einige Mitbürger hatten überhaupt keine Probleme. Sie hauten das erste neue Geld, ohne viel zu fragen, einfach auf den Kopf und machten sich endlich mal wieder einen schönen Tag. Danach würde es irgendwie, wie bisher, schon weitergehen. Andere Menschen aber überlegten lange, wie und wofür sie das neue Geld am besten ausgeben könnten.

Der Parlamentarische Rat und das Grundgesetz

Der staatliche Neuaufbau mit den elf Bundesländern in den drei westlichen Besatzungszonen war inzwischen abgeschlossen. Nun fehlte noch das Dach über dem Ganzen. Mehrfach hatten die Ministerpräsidenten der Länder darüber beraten. Da kamen ihnen die Besatzungsmächte entgegen. Denn die Konferenzen der Außenminister der vier Besatzungsmächte 1947 in Moskau und London hatten die unvereinbaren Auffassungen der Siegermächte in Bezug auf Deutschlands Zukunft offenbart.

Die Ministerpräsidenten der elf Bundesländer wurden am 1. Juli 1948 von den Militärgouverneuren ermächtigt und beauftragt, zum 1. September 1948 eine Verfassunggebende Versammlung einzuberufen, die eine demokratische Verfassung mit bundesstaatlichem Aufbau ausarbeiten sollte. Vom 8. bis 10. Juli 1948 fand eine Beratung der Ministerpräsidenten im Hotel Rittersturz bei Koblenz statt. Dabei betonten die Regierungschefs das Provisorische einer solchen Neuordnung, da sie weder ganz Deutschland einbeziehen noch auf Grund voller Souveränität geschaffen werden konnte. Aus diesem Grund lehnten sie unmittelbare Volkswahlen zu der Verfassunggebenden Versammlung ab und bezeichneten die Versammlung als „Parlamentarischen Rat" sowie die in Aussicht genommene provisorische Verfassung als „Grundgesetz". Die Länderparlamente wählten die Mitglieder des Rates nach einem bestimmten Schlüssel, der sich an der Größe und Einwohnerzahl der Länder orientierte. Niedersachsen entsandte als Vertreter der CDU zunächst Heinrich Rönneburg aus Wolfenbüttel und Ernst Wirmer aus Oldenburg, ein Bruder des im Zusammenhang mit dem Hitler-Attentat vom 20. Juli 1944 hingerichteten Josef Wirmer. Als Rönneburg später sein Amt aus gesundheitlichen Gründen aufgeben musste, rückte Dr. Werner Hofmeister aus Braunschweig nach.

Am 1. September 1948 trat der Parlamentarische Rat in Bonn zu seiner ersten Sitzung zusammen. Er wählte Dr. Konrad

Adenauer zu seinem Präsidenten. Der Parlamentarische Rat beendete am 8. Mai 1949, dem vierten Jahrestag der bedingungslosen Kapitulation des Dritten Reiches, seine Beratungen, indem er in dritter Lesung den auf der deutschen wie auf der alliierten Seite sehr umkämpften Entwurf des Grundgesetzes annahm. Dieser wurde am 12. Mai 1949 von den Besatzungsmächten unter gewissen Vorbehalten genehmigt und nach der Ratifizierung durch die westdeutschen Länderparlamente am 23. Mai 1949 vom Präsidenten des Parlamentarischen Rates, Dr. Konrad Adenauer, rechtskräftig verkündet. Nur Bayern lehnte das Grundgesetz mit 101 gegen 63 Stimmen ab, akzeptierte jedoch die Geltung des Grundgesetzes auch für Bayern unter der Bedingung, dass es von mindestens zwei Dritteln der Bundesländer angenommen würde.

Nachdem das Grundgesetz also mit Ablauf des 23. Mai 1949 in Kraft getreten war, wurden die Organe der Bundesrepublik Deutschland gebildet. Die Wahlen zum Bundestag, dem ersten frei gewählten Parlament seit dem Ende der Weimarer Republik, fanden am 14. August 1949 statt. Bundestag und Bundesrat, d.h. das Bundesorgan, durch das die Länder bei der Gesetzgebung und Verwaltung des Bundes mitwirken, traten zum ersten Male am 7. September 1949 zusammen. Der erste Bundespräsident, Prof. Dr. Theodor Heuss, wurde am 12. September, der erste Bundeskanzler, Dr. Konrad Adenauer, am 15. September 1949 gewählt. Die erste Bundesregierung übernahm ihr Amt am 21. September 1949.

Die Vorläufige Niedersächsische Verfassung

Die niedersächsische Landesregierung hatte erst die Verabschiedung des Grundgesetzes abgewartet, bevor sie sich an die Arbeit der eigenen Landesverfassung machte. Im Herbst 1949 begannen die Beratungen, für die Ministerpräsident Kopf einen eigenen, recht eigenwilligen Entwurf, an dem Experten jedoch eine Reihe von Änderungen vorgenommen hatten, vorlegte. Schon bei diesen Beratungen hat Justizminister Dr. Hofmeister, gewitzt durch die Erfahrungen im Parlamentarischen Rat, dem

Regierungsentwurf seinen Stempel aufgedrückt. Wie Arnold Fratzscher schreibt, war Dr. Hofmeister als Mitglied der CDU zutiefst davon überzeugt, dass in Verfassungsfragen das allgemeine Wohl Vorrang habe vor jeglichem Parteiinteresse. Insofern war er, vor allem bei Wahlrechtsfragen, ein Feind von ad hoc gefällten Nützlichkeitserwägungen. Er hat es seiner eigenen CDU-Fraktion nicht immer leicht gemacht. Einer seiner Freunde meinte einmal lächelnd, Hofmeister baue sich auch im Flachrennen noch Hindernisse auf, um gelegentlich dabei dann zu stolpern.

Am 26. Mai 1950 legte die SPD/CDU-Regierung, aus der Dr. Gereke inzwischen ausgetreten war, dem Landtag den Verfassungsentwurf vor. Als es im September des gleichen Jahres zur ersten Lesung im Landtag kam, hatten inzwischen auch die CDU-Minister das Kabinett verlassen, und Kopf war als Ministerpräsident bei einem gegen ihn gerichteten Misstrauensantrag mit Hilfe der SPD, des Zentrums und der kleinen Parlamentsgruppe um Gereke gerade noch einmal über die Runden gekommen. Auch die Kommunisten hatten für Kopf gestimmt, aber er konnte mit einem gewissen Stolz dem Landtag vorrechnen, dass er diese Stimmen zur Mehrheit nicht benötigt hätte. Es war nun zweifelhaft, ob in der Kürze der Zeit bis zur turnusmäßigen Landtagsneuwahl 1951 und in der gespannten Atmosphäre im Parlament das Verfassungswerk noch gelingen würde. Aber es gelang.

Schon bei der Bildung des Landes Niedersachsen hatte die Besatzungsmacht es zur Pflicht gemacht, dass die Erhaltung und Förderung der ideellen und materiellen Interessen der ehemaligen Länder zu sichern seien. So erhielten die Artikel 55 und 56 der Vorläufigen Niedersächsischen Verfassung die zwingende Weisung, dass Rechte, die in den ehemaligen Ländern verfassungsrechtlich geregelt waren und in ihrem Bereich weiter galten, nur mit einer qualifizierten Mehrheit geändert oder aufgehoben werden dürften, und dass die kulturellen und historischen Belange dieser ehemaligen Länder zu fördern und zu erhalten seien. Neben dem Braunschweiger Dr. Werner Hofmeister hat sich sein CDU-Fraktionskollege Dr. Siemer aus Oldenburg, der erst nach Erfüllung dieser Aufgabe vom Landtag in Hannover zum Bundestag in Bonn überwechselte, bei diesen

Beratungen im Verfassungsausschuss große Verdienste erworben.

Nachdem die Verfassung mit 107 Stimmen gegen 28 im Landtag angenommen war – von der DP hatten 16 und von der CDU vier Abgeordnete dagegen gestimmt, weil ihnen der Staatscharakter des Landes Niedersachsen nicht klar genug herausgestellt schien – bedankte sich der Ministerpräsident für die sachliche, ausgeglichene und abgeklärte Atmosphäre bei den Beratungen, wobei vielleicht vergessen würde, „daß die im Verfassungsausschuß vorgetragenen Auffassungen oft bereits auf einem Meinungsaustausch aufbauten, von dem kein Heldenlied und kein stenographischer Bericht der Nachwelt Kunde geben wird". Dr. Hofmeister hatte vorher schon hervorgehoben, dass es sich um eine echte Gemeinschaftsarbeit aller, die guten Willens gewesen seien, gehandelt habe. Oberstes Ziel sei des Landes Wohlfahrt gewesen.

5. DER ERSTE DACHVERBAND DER CDU IN NIEDERSACHSEN

Das erste historische Datum für eine gemeinsame CDU im neuen Land Niedersachsen ist der 20. Oktober 1950. An diesem Tag, ausgerechnet am Vorabend des ersten Bundesparteitages der CDU Deutschlands in Goslar, verabschiedeten die drei selbständigen, vor der Gründung des Landes Niedersachsen gebildeten CDU-Landesverbände Hannover, Braunschweig und Oldenburg eine „Vereinbarung". Mit ihr wurde die Gründung eines „Dachverbandes" der drei Landesverbände unter der Bezeichnung „Christlich-Demokratische Union in Niedersachsen" mit dem Sitz in Hannover beschlossen. Dieses Organ sollte ein gemeinsames Handeln in allen Fragen niedersächsischer Politik möglich machen. Erster Präsidierender Vorsitzender wurde Adolf Cillien, seit 1949 Vorsitzender des CDU-Landesverbandes Hannover. Arnold Fratzscher, Generalsekretär in Hannover, übernahm den gleichen Posten nun auch für die CDU in Niedersachsen. Sie repräsentierte unter dem gemeinsamen Dach 76 Kreisverbände.

Einer, der dabei und maßgeblich beteiligt war, war Generalsekretär Fratzscher. Hier ist sein Augenzeugenbericht: „Am

Nachmittag des 20. Oktober 1950 versammelten sich kurz vor Beginn des ersten Bundesparteitages der CDU in der alten Kaiserstadt Goslar die Vertreter der drei niedersächsischen Landesverbände Hannover, Oldenburg und Braunschweig, um die ‚CDU in Niedersachsen' als Dachverband zu gründen. Die abschließenden Verhandlungen waren nicht einfach gewesen. Niemand wußte, ob die ehemaligen Länder Hannover, Oldenburg, Braunschweig und Schaumburg-Lippe in dieser Form als Bundesland Niedersachsen erhalten bleiben würden. Niemand wollte auch der gerade zu gründenden Bundespartei gegenüber auf die dreimal zwei Stimmen in der Spitzenvertretung verzichten. Andererseits hatten die Landtagswahl 1947, die zudem zu leistende Fraktionsarbeit im Landtag, die bevorstehenden Verhandlungen mit der DP und die Aufstellung der Landesliste für die Bundestagswahl gezeigt, wie notwendig auch in Niedersachsen eine satzungsmäßige Regelung der innerparteilichen Zuständigkeit sein würde."

Nicht nur quantitativ unterschied sich die neue Vereinbarung mit dreizehn Punkten von der alten; entscheidend war vielmehr, dass die Goslarer Vereinbarung Satzungscharakter hatte. Vier Organe wurden in Punkt 3 genannt: der gemeinsame Parteitag, der Zentralausschuss, der Zentralvorstand und die Landesleitung. Festgeschrieben wurden die Zusammensetzung und die Aufgaben des Parteitages, des Zentralausschusses, des Zentralvorstandes und der Landesleitung. Ähnlich wie in den Landesparteisatzungen hieß es in Punkt 8, dass in allen Organen Frauen, die junge Generation und die Vertriebenen „angemessen" vertreten sein sollten. 13 Ausschüsse unterstützten die Arbeit des Dachverbandes der niedersächsischen CDU. In weiteren Punkten wurden die Tätigkeit des Generalsekretärs und des Schatzmeisters genannt sowie die des Schlichtungsausschusses bei internen Meinungsverschiedenheiten. Im letzten Punkt wurde festgelegt, dass eine Änderung der Vereinbarung der Zustimmung der satzungsmäßigen Organe der drei Landesverbände bedürfe. Das Abkommen vom 20. Oktober 1950 war als weiterer Schritt auf dem Wege zum Landesverband Niedersachsen gedacht. Tatsächlich aber blieb die Selbständigkeit der Landesverbände unangetastet; sie wurde sogar in der Präambel verankert. Der Dachverband war mit Blick auf die traditionellen Besonderheiten des Landes ein realistisches Konzept und sollte es auch in Zukunft bleiben.

In Oldenburg wies man darauf hin, dass bisher alles nur provisorisch war: Zunächst hatte die Militärregierung die Selbständigkeit des Landes Oldenburg im Frühjahr 1946 anerkannt. Eine Regierung und ein Ernannter Landtag wurden nach Maßgabe der britischen Besatzungsmacht gebildet. Von den Anfangs 45 Abgeordneten stellte die CDU damals 14. Mit der Staatlichkeit Oldenburgs war es dann aber ebenso schnell wieder vorbei. Während Fritz Söhlmann, Hermann Siemer und ihre Mitstreiter noch an der Gründung eines CDU-Landesverbandes arbeiteten, lösten die Besatzer das selbständige Land Oldenburg im November des gleichen Jahres schon wieder auf. Oldenburg wurde ein Verwaltungsbezirk des neuen Landes Niedersachsen. Von der Bildung eines eigenständigen CDU-Landesverbandes wurde dennoch nicht Abstand genommen. Allerdings organisierte man sich im Oktober 1950 mit den CDU-Landesverbänden Braunschweig und Hannover unter dem Dach der „CDU in Niedersachsen", um auf Landesebene geschlossen auftreten zu können. Im Vordergrund stand der Grundsatz: soviel Gemeinsamkeit wie nötig, soviel Autonomie wie möglich. Das Festhalten an der Selbständigkeit hat sich in der Oldenburger CDU zu einer prägenden Konstante ausgebildet, und nicht selten wurde – und wird – dies mit Unverständnis betrachtet.

Die drei niedersächsischen CDU-Landesverbände waren also „souverän" unter einem niedersächsischen Dach vereint. Die Beratungen des Vorstandes wurden vom Präsidierenden Vorsitzenden, Adolf Cillien, dem Vorsitzenden des größten Landesverbandes Hannover, geleitet. Er achtete sorgfältig darauf, dass nicht kontrovers abgestimmt wurde, also niemals Beschlüsse mit zwei gegen eins gefasst wurden. Dabei zog Cillien, vom Generalsekretär Fratzscher unterstützt, oft den Vorsitzenden des CDU-Stadtverbandes Braunschweig, Dr. Werner Hofmeister, hinzu. Er war einer der versiertesten Politiker Niedersachsens. Bis 1950 war Hofmeister Justizminister, dann stellvertretender Vorsitzender der von Cillien geführten CDU-Landtagsfraktion. Dr. Hofmeister, der ein bemerkenswertes Potential an politisch-parlamentarischer Erfahrung in die Landesleitung einbrachte, war als kooptiertes Mitglied aus dem

Vorstand bald nicht mehr wegzudenken, ohne dass seine Stellung offiziell festgeschrieben wurde.

Der in Goslar 1950 gebildete Dachverband CDU in Niedersachsen blieb zunächst nur eine Arbeitsgemeinschaft. In hannoverschen Journalistenkreisen wurde diese Konstruktion als Fehllösung bezeichnet. Hier wurde einer einheitlichen Organisation das Wort geredet. Aber die Presseleute in der Landeshauptstadt verkannten offensichtlich völlig die Mentalität der Braunschweiger und Oldenburger, die ihre Selbständigkeit nie aufgeben würden und ihre Eigenständigkeit „mit Klauen und Zähnen" verteidigten.

Auch Generalsekretär Arnold Fratzscher teilte nicht die Meinung der hannoverschen Journalisten. „Was hätte eine einheitliche Struktur mit ihrem Zwang zum Zentralismus schon gebessert in einem Augenblick, als an den verschiedenen Fronten unterschiedlich gefochten werden mußte, um die CDU in Niedersachsen zu dem wachsen zu lassen, was sie heute ist?" fragte er.

Der erste Bundesparteitag in Goslar

Nachdem am Nachmittag die CDU in Niedersachsen gegründet worden war, fand anschließend vom 20. bis 22. Oktober 1950, vom Freitag bis Sonntag, der erste Bundesparteitag der CDU Deutschlands ebenfalls in Goslar statt. Hier sollte endlich auch die gesamtdeutsche Organisation der Christlichen Demokraten auf Bundesebene feste Gestalt annehmen. Erste vorbereitende Maßnahmen waren bereits auf der von Konrad Adenauer zum 11. Mai 1950 nach Königswinter einberufenen Sitzung der Landesvorsitzenden und weiterer Führungsmitglieder der Partei besprochen worden. Dabei wurde auf der Grundlage des schon am 20. August 1948 in Königstein beschlossenen Statuts ein „vorläufiger Entwurf des Statuts der CDU Deutschlands" beraten und angenommen. Ein Ausschuss unter Aloys Zimmer sollte es in die endgültige Fassung gießen und Vorbereitungen für den ersten Bundesparteitag treffen. Am 11. September einigten sich die Landesfürsten der CDU nach langer, oft kontroverser Debatte auf die alte Kaiserstadt Goslar als Tagungsort.

Gründungsparteitag der CDU in Goslar (20.–22. Oktober 1950)

Für Kenner der Geschichte war es nicht schwer zu erraten, warum ausgerechnet Goslar, die Heimat von „Kaiser Otto" Fricke, ausgewählt wurde. Ein Zeitzeuge, der seit 1945 an Dr. Frickes Seite und viele Jahre sein persönlicher Referent war, Günter Strickstrack, kann sich noch genau daran erinnern: „Dr. Fricke war schon damals die ‚graue Eminenz' der niedersächsischen CDU. Er verstand sich großartig mit Konrad Adenauer und hatte zu ihm ein besonders gutes Verhältnis. Vor allem aber war Dr. Fricke ein guter Freund von Bundeswirtschaftsminister Ludwig Erhard. Er hielt große Stücke auf ihn und schätzte seine Meinung, zumal Dr. Fricke, seit 25 Jahren Inhaber einer großen Baustoffhandlung in Goslar, damals Präsident des Zonenverbandes des Baustoff-Großhandels und Präsident des deutschen Groß- und Außenhandelsverbandes sowie niedersächsischer Wirtschaftsminister war. Otto Frickes Rat bedeutete Konrad Adenauer und Ludwig Erhard sehr viel."

Und der Goslarer Journalist Georg Metz, Korrespondent regionaler Tageszeitungen, wusste zu berichten, wie er im Frühjahr 1950 im Hotel „Der Achtermann" in Goslar mit Dr. Fricke zusammengesessen hatte. Dr. Fricke „verriet" dem Journalisten damals, dass er Dr. Adenauer Goslar als Tagungsort vorgeschlagen habe. Einmal habe Goslar als Deutschlands alte „Kaiserstadt" in der deutschen Geschichte eine hervorragende Bedeutung, außerdem könne die im Krieg verschonte und völlig unzerstörte Stadt mit einer intakten Hotel-Infrastruktur und guten Tagungsräumen im Hotel „Der Achtermann" und im Odeon-Theater aufwarten. Schließlich würde eine große Bundestagung an historischer Stätte der CDU gut zu Gesicht stehen und sie würde das Bemühen Goslars unterstützen, eine interessante Tagungsstätte zu werden. Das käme dann der Stadt unmittelbar an der Zonengrenze und dem gesamten Harzer Zonengrenzland zugute. Das seien wichtige Argumente gegenüber den Mitbewerbern Berlin und Heidelberg gewesen, habe Otto Fricke gesagt.

So also wurde Goslar die Ehre zuteil, Gründungsstadt der CDU Deutschlands zu werden. In der *Niedersächsischen Rundschau – Monatsblatt für Christlich-Demokratische Politik* – hieß es in der Nummer 22 vom November 1950 unter anderem: „Als sich am Sonntagmorgen die Sonne im Osten über den Harzbergen aus leichten Frühnebeln strahlend erhob und die Glokken der tausendjährigen Stadt die Delegierten zu den Gottesdiensten riefen, konnte dem sinnenden Betrachter deutlich werden, daß die dringenden ernsten Probleme unserer aus den Fugen geratenen Zeit nur von dem gelöst werden können, der nicht in Nervosität oder Furcht, sondern mit einem ruhigen und fröhlichen Herzen an die Beseitigung dieser Probleme geht. Dieses fröhliche Herz wünschte der Präsident des Parteitages, Oberkirchenrat Cillien, der Vorsitzende der niedersächsischen CDU, bei der Eröffnung des Parteitages den Delegierten."

Der Höhepunkt des CDU-Bundesparteitages in Goslar, an dem rund 1.200 Delegierte und Gäste aus 16 Landesverbänden teilnahmen, darunter allein drei aus Niedersachsen und die Exil-CDU aus der Sowjetzone, war ohne Zweifel die Wahl Konrad Adenauers zum Bundesvorsitzenden der CDU Deutschlands. Er erhielt 302 von 335 Stimmen. Zu Stellvertretern wurden Friedrich Holzapfel und Jakob Kaiser gewählt. Einstimmig wurde das zehn Punkte umfassende Parteistatut angenommen. Als oberste Organe waren darin festgehalten: der Bundesparteitag, der Bundesparteiausschuss und der Bundesparteivorstand. Der Bundesvorsitzende und die Stellvertreter werden vom Parteitag gewählt, die übrigen Vorstandsmitglieder und ihre Stellvertreter vom Parteiausschuss. Als Vertreter Niedersachsens kam der Braunschweiger Landesvorsitzende Minister Dr. Georg Strickrodt in den ersten Bundesparteivorstand.

Es war auch die Zeit, als Begleitschutz für Politiker oder „body guards", wie das heutzutage so schön heißt, völlig unbekannt und ganz und gar unnötig waren. Allerdings wurde Günter Strickstrack zur persönlichen Begleitung des Bundeskanzlers abgestellt. Wenn „der Alte", wie er respektvoll genannt wurde, in der Mittagspause ein Nickerchen machen wollte, begleitete Strickstrack ihn vom Tagungslokal zu Dr. Frickes Privathaus quer durch die Stadt und holte ihn nach etwa einer Stunde dort wieder ab. Wenn die Goslarer auf der Straße den Bundeskanzler erkannten, blieben sie stehen und klatschten Beifall. Adenauer zog den Hut und bedankte sich jovial.

Die Eskapaden des „doppelten Doktors"

Der Vollständigkeit halber gehört in dieses Kapitel der Gründerjahre der CDU in Niedersachsen auch das Thema „Dr. Dr. Günther Gereke". Der „doppelte Doktor" gehörte zu den schillerndsten, abenteuerlichsten Gestalten, die die niedersächsische CDU jemals gehabt hat.

Hier zunächst der nicht gerade gewöhnliche Lebenslauf: Günther Gereke wurde 1893 in Sachsen geboren, studierte Rechts- und Staatswissenschaften sowie Nationalökonomie, war in den 20er Jahren Reichstagsmitglied der Deutschnationalen Volkspartei, später Fraktionsvorsitzender der von ihm mitgegründeten Christlich-Nationalen Bauern- und Landvolkpartei, gründete 1928 den Verband der preußischen Landgemeinden und wurde sein Präsident (zur gleichen Zeit war Kölns Oberbürgermeister Konrad Adenauer Präsident des Deutschen Städtetages), war nach dem Sturz Brünings 1932 Reichskommissar für die Arbeitsbeschaffung im Kabinett Schleicher, wurde zunächst auch noch in Hitlers erste Reichsregierung übernommen, dann aber in einem NS-Schauprozess zu zweieinhalb Jahren Gefängnis verurteilt, zu Kriegsbeginn „unter verschärfter polizeilicher Überwachung" als „Pferdeaushebungskommissar" des Kreises Torgau tätig. Hier endet zunächst der Lebenslauf des Dr. Dr. Gereke, um lapidar fortgesetzt zu werden: Dezember 1945 Präsidialdirektor bei der Provinzialregierung von Sachsen-Anhalt. 1946 „Übersiedlung" in die britische Zone, Mitglied der CDU seit 1946, Frühjahr Vorsitzender des CDU-Landesverbandes Hannover, Mitglied des Zonenvorstandes der CDU in der britischen Zone, Mitglied des Ernannten Niedersächsischen Landtags sowie des Landtags der ersten und zweiten Wahlperiode, 9. Dezember 1946 Niedersächsischer Innenminister (CDU) bis 12. Februar 1947 (beurlaubt), am 11. April 1947 zurückgetreten, 1948 bis 1950 Minister für Ernährung, Landwirtschaft und Forsten, zugleich stellvertretender Ministerpräsident, 1950 Ausschluss aus der CDU, 1951 Gründer der Deutschen Sozialen Partei (DSP). Dann heißt es im Lebenslauf des Dr. Dr. Gereke weiter: 1952 Übersiedlung in die DDR, von 1953 bis 1969 Präsident der Zentralstelle für Zucht und Leistungsprüfungen der Vollblut- und Traberpferde, Mitglied des Präsidiums des Nationalrates der Nationalen Front der DDR.

Schillernder kann ein politischer Lebenslauf kaum sein. Aber die politische Tätigkeit ist noch abenteuerlicher. Das würde uns in dieser Chronik sicher nicht interessieren, wenn die Eskapaden nicht ausgerechnet bei uns in Niedersachsen stattgefunden hätten.

Im Sommer 1946 tauchte auf dem Landesparteitag der hannoverschen CDU im Hanomag-Saal in Hannover-Linden unerwartet ein „Herr Dr. Dr. Gereke" auf. Er kam in Begleitung seines alten Freundes aus den früheren Tagen des Landgemeindeverbandes, Bauer Wilhelm Brese aus Marwede. Dr. Dr. Gereke meldete sich in Hannover bei Dr. Pfad, bot seine Mitarbeit an, wurde in die CDU aufgenommen und machte auf geradezu wunderliche Weise Karriere. Bauer Brese bürgte für die Zuverlässigkeit dieses „verdienstvollen großen politischen Talentes". Als Konrad Adenauer auf der Rückreise von Berlin in Hannover Station machte und morgens beim Landesvorsitzenden Dr. Pfad am Frühstückstisch von einem gewissen Dr. Dr.

Gereke hörte, war er geradezu entsetzt. Nicht nur, dass sich beide aus ihrer Weimarer Zeit als Präsidenten kommunaler Spitzenverbände nicht mochten und nicht schätzten, sondern weil sich Adenauer an die „dunklen Geschäfte“ erinnerte, die Gereke 1932 als Vorsitzendem des öffentlichen Ausschusses zur Wiederwahl des Reichspräsidenten von Hindenburg angelastet wurden. Mit Eilpost schickte Adenauer das Archivmaterial einer Kölner Zeitung nach Hannover. Doch hier legte man offenbar keinen gesteigerten Wert darauf. Im Gegenteil: Gereke, dessen „Markenzeichen“ ein langer dunkelgrüner Lodenmantel und ein Jägerhut waren, „eroberte“ schon bald die CDU, führte die sehr beliebten „Sprechtage“ ein, bastelte als Innenminister die 95 niedersächsischen Wahlkreise zusammen und brachte das „Marweder Abkommen“ unter Dach und Fach, in dem er und der Landesvorsitzende der NLP, Heinrich Hellwege, beschlossen, dass Kandidaten der CDU und NLP nicht gegen einander antreten, sondern dass die Wahlkreise zwischen beiden Parteien aufgeteilt würden.

Als die SPD im Landtagswahlkampf zum Frontalangriff auf Gereke wegen dessen angeblicher Nazi-Vergangenheit im ersten Kabinett Hitler blies, bat er um seine Beurlaubung, kandidierte aber mit Billigung der britischen Besatzung für den Landtag und gewann den Wahlkreis Uelzen mit über 50 % der Wählerstimmen. Und Gereke wurde sogar CDU-Landesvorsitzender.

Doch der „doppelte Doktor“, der auf so abenteuerliche Weise aus der sowjetischen Zone gekommen war, nahm ohne Wissen seiner Partei Kontakt zum russischen Botschafter Semjonow auf und verhandelte mit ihm in Ost-Berlin darüber, wie man Adenauers „Westkurs“ bremsen könnte. Dazu sollte das ehemalige braunschweigische Blankenburg am Harz, das jetzt in der sowjetischen Zone lag, an Niedersachsen zurückgegeben werden, damit eine Nachwahl zum Bundestag stattfinden müsste. Gereke würde hier als Bundestagskandidat aufgestellt und das Mandat gewinnen. Immerhin ging es um eine, vielleicht entscheidende, Stimme. Nach einem Gespräch unter vier Augen mit dem Landtagsfraktionsvorsitzenden Adolf Cillien im Jahr 1950 gelobte Gereke, in Zukunft alle geheimen Wege zu unterlassen und seine Pläne in den jeweiligen Parteigremien zur Sprache zu bringen. Aber der „doppelte Doktor" konnte es nicht lassen. Er sorgte für eine neue Sensation, die völlig gegen seine eigenen Erwartungen sein Ende in der CDU und als Minister einleitete. Er, der immer eine Spürnase bewiesen hatte für das, was auch in der Bevölkerung ankam, reiste, ohne seine politischen Freunde zu informieren, als Ernährungsminister nach Ost-Berlin, um dort über einen Vertrag zur Lieferung niedersächsischer Konserven in die russisch besetzte Zone zu verhandeln. Ein abschließendes Gespräch wurde mit dem Staatschef Walter Ulbricht geführt. Als diese Nachricht bekannt wurde, brachte sie das Fass endgültig zum Überlaufen. Der Vorsitzende des größten niedersächsischen CDU-Landesverbandes musste vor das Ehrengericht der Bundes-CDU. Gereke schied aus der CDU aus und wurde auf seinen Antrag vom Ministerpräsidenten als Minister entlassen.

Dr. Dr. Günther Gerekes parlamentarischer Weg führte ihn noch ein paar Jahre weiter über eine Drei-Mann-Fraktion, die von ihm mitgegründete Fraktion des BHE, dessen zweiter Vorsitzender er wurde, bis er 1951 zur Landtagswahl die eigene Deutsche Soziale Partei (DSP) gründete und über die Landesliste als einziger seiner Partei noch einmal in den Landtag einrückte.

So überraschend und abenteuerlich Dr. Dr. Günther Gereke 1946 aus der sowjetischen Zone nach Niedersachsen gekommen war, so heimlich, still und leise verschwand er 1952 zurück in die „alte Heimat", wo er zunächst unter Hausarrest gestellt wurde, aber dann sein Leben als Präsident der Zentralstelle für Zucht- und Leistungsprüfungen der Vollblut- und Traberpferde und als hoher DDR-Funktionär, als Mitglied des Präsidiums des Nationalrates der Nationalen Front der DDR, fristete. 77-jährig ist er einsam gestorben.

6. DIE 50ER JAHRE

Die 50er Jahre waren von drei großen politischen Ereignissen geprägt:

1954 riss der plötzliche Tod von Hermann Ehlers, Präsident des Deutschen Bundestages, außerdem CDU-Hoffnungsträger in Niedersachsen und Kandidat für das Amt des Ministerpräsidenten als Gegengewicht gegen den nahezu „allmächtigen Landesvater" Hinrich Wilhelm Kopf, eine nicht zu schließende Lükke.

1955 gab es die entscheidenden Landtagswahlen, die die politischen Kräfteverhältnisse unmittelbar verändert haben. Erstmals seit fast zehn Jahren wurde in Niedersachsen die Vorherrschaft der SPD gebrochen. Der DP-Vorsitzende, Bundesminister Heinrich Hellwege, wurde Ministerpräsident einer bürgerlichen Regierung aus DP, CDU und GB/BHE und FDP. In dieser Konstellation hielt sie allerdings nur zwei Jahre. Ab 1957 regierte die SPD wieder mit. Hinrich Wilhelm Kopf wurde Innenminister unter Heinrich Hellwege. Er blieb vier Jahre Regierungschef. Danach waren alle anderen Regierungswechsel bis 1990 nicht oder nur sehr mittelbar das Ergebnis von Landtagswahlen.

Das dritte Ereignis war die Veränderung der Parteienlandschaft in Niedersachsen mit der Reduzierung von 14 Landtagsparteien im Jahre 1951 auf acht Parteien im Jahre 1959. Das traf vor allem das Zentrum und die KPD. Allerdings war mit dem Gesamtdeutschen Block/Bund der Heimatvertriebenen und Entrechteten (GB/BHE) eine neue politische Kraft aufgetaucht, die gleich 1951 fast 15 % der Stimmen errang. Sie lebte jedoch nicht viel länger als ein Jahrzehnt. Dramatisch waren vor allem die „schleichende" Auflösung der Deutschen Partei und der Übertritt vieler Mitglieder und der meisten Führungspersönlichkeiten zur CDU, denen sich später auch viele des BHE anschlossen. Ein plötzlich auftauchender rechtsradikaler Spuk mit der Sozialistischen Reichspartei (SRP) war nach ihrem Verbot 1952 durch das Bundesverfassungsgericht schnell wieder vorbei.

Doch das politische Geschehen wurde im Wesentlichen von der Bundespolitik geprägt, vor allem von den Auseinandersetzungen um Deutschlands Wiederbewaffnung und die Pariser Verträge, sowie von dem Bemühen Adenauers, in den Bundesländern die gleichen Verhältnisse wie im Bund zu schaffen, um im Bundesrat eine qualifizierte Mehrheit zu bekommen. Auch wenn die schlimmsten Jahre der ersten Nachkriegszeit vorbei waren, ging es in den 50er Jahren immer noch um den staatlichen, politischen und vor allem wirtschaftlichen Aufbau Deutschlands.

Der Reinfall mit der Niederdeutschen Union

Das neue Jahrzehnt begann mit einem politischen Debakel für die CDU in Niedersachsen. Die Landtagswahl am 6. Mai 1951 ging, nicht unerwartet, „mit Pauken und Trompeten" daneben. Der Hintergrund dafür war, dass die SPD in der sterbenden Regierungskoalition mit der CDU ihre Macht dadurch zu erhalten versuchte, dass sie auf eine Änderung des Wahlgesetzes pochte. Sie wollte unbedingt das „Marweder Abkommen" außer Kraft setzen und damit verhindern, dass sich CDU und DP die 95 neuen Wahlkreise bei der nächsten Wahl wieder untereinander aufteilten, um sich nicht gegenseitig Konkurrenz zu machen. Als die SPD-Fraktion, trotz eines einvernehmlichen Gesprächs zwischen dem CDU-Fraktionsvorsitzenden Adolf Cillien und SPD-Ministerpräsident Kopf, das Wahlgesetz durchdrücken wollte, zog die CDU ihre Minister Dr. Georg Strickrodt, Dr. Otto Fricke, Dr. Günther Gereke und Dr. Werner Hofmeister aus der Regierung Kopf zurück.

Adolf Cillien erklärte am 7. September 1950 vor dem Niedersächsischen Landtag: „Das, was zur heutigen Situation geführt hat, ist der – und hier gebrauche ich ein starkes und klares Wort, wie ich es in all den Monaten getan habe – unverantwortlicher Vorstoß der SPD. Es widerspricht jeder Demokratie, dass eine fiktive Mehrheit eines sterbenden Landtages durch ein neues Wahlgesetz die Macht für sich zu erhalten sucht. Es ist dann besonders unfair, wenn man mit demselben Wahlgesetz die Partei zu treffen sucht, die in Kameradschaft durch lange Zeit eine gemeinsame Politik für das Land gemacht hat. Als dann – und das ist der entscheidende Punkt – in einem besonders kritischen Augenblick Herr Ministerpräsident Kopf und ich noch einmal zusammengesessen haben, um zu überlegen, wie man die Sache meistern könnte, da haben wir beide völlig übereinstimmend abgemacht, daß durch ein kurzfristiges Arbeitsprogramm die Legislaturperiode des Landtags gesichert werden sollte. Dieses Arbeitsprogramm enthielt zwei Punkte: Der neue Landtag wird nach dem alten Wahlgesetz gewählt und die vorgelegte Verfassung wird ohne wesentliche Änderung – der Herr Ministerpräsident war sogar der Meinung ohne jede Änderung – verabschiedet, und zwar mit einer qualifizierten Mehrheit."

Aber es half alles nichts, Ministerpräsident Kopf bildete eine neue SPD-Regierung mit Dr. Otto Krapp als einzigem Zentrumsabgeordneten, und die SPD konnte gegen die Opposition von CDU, DP und FDP mit knapper Mehrheit die Wahlgesetzänderung durchboxen.

Nun war für CDU und DP guter Rat teuer. Das neue Wahlgesetz verbot die Stimmenverteilung nach dem „Marweder Abkommen". Lange wurde diskutiert, wie man es anstellen könnte, nicht gegen einander kandidieren zu müssen. Nach unendlichen Verhandlungen kam schließlich die Gründung einer neuen Partei mit dem Namen Niederdeutsche Union (DP-CDU) heraus. Vorsitzender wurde Heinrich Hellwege (DP), zweiter Vorsitzender Adolf Cillien (CDU). Außerdem vereinigten sich am 28. März 1951 27 Abgeordnete der Deutschen Partei und 30 der CDU zur Landtagsfraktion DP/CDU-Niederdeutsche Union – unter dem Vorsitz des DP-Abgeordneten Pastor Dr. Werner Schönfelder. Nicht nur hier ließ sich die CDU „überfahren", sondern auf dem gemeinsamen Parteitag der Niederdeutschen Union in Hannover setzte Hellwege durch, dass auf der gemeinsamen Landesliste nach zwei Kandidaten der DP jeweils einer der CDU folgte. Das sollte noch bittere Konsequenzen haben. Generalsekretär Arnold Fratzscher bemerkte hierzu, „was vorher nicht abgesprochen war und nun die Freunde der CDU mit Recht verdroß". Er setzte allerdings hinzu: „Wie wenig im übrigen dies unter dem Zwang des Wahlgesetzes zustande gekommene Gebilde der Niederdeutschen Union von den Stammparteien CDU und DP ernstgenommen wurde, ergab sich schon daraus, daß die beiden Generalsekretäre der Stammparteien Arnold Fratzscher und Walter Bockenkamp fast mit Augenzwinkern gegeneinander darauf achteten, daß die eigenen Parteiorganisationen getrennt erhalten blieben, nachdem Hellwege und Cillien einen Vertrauten Hellweges, Dr. Ehrich, zum Wahlkampfleiter eingesetzt hatten."

Im Frühjahr 1951, schon vor der Landtagswahl, hatte der Bundestagspräsident Hermann Ehlers, der mit den niedersächsischen Verhältnissen bestens vertraut war, warnend seine Stimme erhoben. Mehrfach hatte er in vertrautem Kreise erklärt, er halte es für bedenklich, wenn die bayerische CSU sich im Namen und in der Organisation von der CDU zu unterscheiden versuche. Ganz schlimm aber würde es werden, wenn nun in Niedersachsen, oder gar darüber hinaus im niederdeutschen Raum, mit Rücksicht auf die DP ein weiterer neuer Name für die Union gesucht werde. Komme es, wie doch alle hoffen müssten, in naher oder auch erst in ferner Zukunft zu einer Wiedervereinigung des deutschen Vaterlandes, dann würde ein geänderter Namen der Union in Niedersachsen an der jetzigen Demarkationslinie wie ein Sperrriegel für die CDU unnötige und ärgerliche Schwierigkeiten bereiten. Aus Hermann Ehlers sprach eine gesamtdeutsche Sorge, die nicht zu überhören war. Der Weg zu einem Zusammenwachsen der CDU mit der DP müsste also mühsamer, aber am Ende auch erfolgreicher im gesamten Bundesgebiet gefunden werden, meinte Hermann Ehlers.

Landtagswahl 1951 „mit Pauken und Trompeten" verloren

Am 6. Mai 1951 fand die Landtagswahl statt. Die aus wahltaktischen Gründen zusammengezimmerte Niederdeutsche Union, an die vor allem konservative Kreise große Erwartungen geknüpft hatten - man rechnete mit 50 bis 60 Mandaten -, erlebte ihr großes Debakel. Von den bisherigen 57 Mandaten, die CDU und DP im Landtag zusammen gehabt hatten, blieben nur noch ganze 35 für die Niederdeutsche Union übrig, zwölf für die CDU und 23 für die DP. Die SPD erzielte dank ihrer Wahlrechtsänderung wegen der Überhangmandate für mehr direkt gewonnene Wahlkreise, als der Partei nach der Gesamtstimmenzahl „zugestanden" hätten, zwar einige Direktmandate mehr - der Landtag hatte jetzt 158 Abgeordnete statt bisher 149 -, erhielt aber mit 64 insgesamt einen Sitz weniger als im vorherigen Landtag. Ähnlich erging es auch fast allen anderen „alten" Parteien: Die FDP bekam nur noch zwölf statt 13 Sitze, die Kommunisten nur noch zwei statt acht und das Zentrum vier statt sechs. Die Gewinner waren der erstmals angetretene Block der Heimatvertriebenen und Entrechteten (BHE) mit 21 Mandaten und die Sozialistische Reichspartei (SRP) mit 16 Mandaten; auch die Deutsche Reichspartei (DRP) bekam noch drei Sitze.

Die Wahlstrategen von Niederdeutscher Union und SPD hatten aber bald noch einen anderen Grund für den sensationellen und geradezu peinlichen Ausgang der Landtagswahl von 1951 ausfindig gemacht: Die rechtsradikale Sozialistische Reichspartei (SRP) hatte wie ein überraschend aufziehendes Gewitter das niedersächsische Wählervolk durcheinander gerüttelt. Aber das politische Gewitter war ebenso schnell wieder abgezogen, wie es gekommen war. Schon vor dem Verbot durch das Bundesverfassungsgericht 1952 befand sich die SRP in voller Selbstauflösung.

Und noch eine Erklärung für die Wahlniederlage fand die CDU: Man hatte vor der Wahl die Tücken der von der SPD durchgesetzten Wahlrechtsänderung nur bei den Direktwahlkreisen gesehen, deshalb auch die panische Angst der SPD vor einer Absprache über die Wahlkreisaufteilung zwischen CDU und DP. Der Landesliste wurde weniger Aufmerksamkeit geschenkt. Als dann aber in der Wahlnacht deutlich wurde, dass die SRP gerade in der Heide und im Stader Raum bisher „bombensichere" Wahlkreise der DP gewonnen hatte und nun die Landesliste für die Niederdeutsche Union zum letzten Rettungsanker für die Gewinnung von Mandaten wurde, rächte es sich für die CDU, dass Heinrich Hellwege bei der Aufstellung der Landesliste, sozusagen im Handstreich, seinen Stellvertreter, den CDU-Vorsitzenden Cillien, überfahren hatte, als er durchsetzte, dass auf der Landesliste immer nach einem Kandidaten der CDU zwei Kandidaten der DP folgten. So war es möglich, dass die DP die doppelte Zahl von Kandidaten aufstellen konnte.

Kopf holte den BHE ins Boot

Mit diesem Wahlergebnis war eine vom bürgerlichen Lager erhoffte „Bonner Koalition" nicht möglich. Auch eine von der CDU und DP angestrebte Koalition mit dem BHE und der FDP nach dem Muster von Schleswig-Holstein wäre nur mit stillschweigender Duldung durch die rechtsradikale SRP möglich gewesen. Aber das wurde von allen Parteien kategorisch abgelehnt. Die Mitte-Links-Koalition SPD/CDU konnte nicht wiederholt werden, weil die CDU natürlich auf dem Erhalt des Wahlbündnisses mit der DP bestand und die SPD eine Zusammenarbeit mit dieser Partei grundsätzlich ablehnte.

So musste also die SPD als stärkste Kraft wieder die Regierung bilden. Das ging nur mit dem BHE im Boot und unter Fortsetzung der Zusammenarbeit mit dem Zentrum. Eine solche Dreier-Koalition hätte über 89 der 158 Landtagsmandate verfügt. Aber die Verhandlungen der SPD mit dem BHE gestalteten sich außerordentlich schwierig. Das lag weniger an den Gesprächen auf der Landesebene, als an den Hindernissen auf der Bundesebene. Der BHE, gestärkt durch den Wahlerfolg in Niedersachsen sowie mit der guten Aussicht, auch in den nächsten Bundestag einzuziehen, gab sich sehr selbstbewusst. Er verlangte von der SPD eine grundsätzliche Zustimmung zu seiner Forderung nach einem „quotalen" Lastenausgleich, also nicht nur nach sozialen Gesichtspunkten, sondern auch unter Einbeziehung des früheren, nun verlorenen Besitzes. Die Hindernisse konnten nur in Spitzengesprächen auf höchster Ebene beiseite geräumt werden – auf der Seite der SPD Kurt Schumacher, Erich Ollenhauer und Hinrich Wilhelm Kopf, auf der Seite des BHE der Bundesvorsitzende Waldemar Kraft und für Niedersachsen Friedrich von Kessel, der bald stellvertretender Ministerpräsident werden sollte. Der BHE setzte sich mit dem Lastenausgleichsgesetz durch, und für Kopf wurde der Weg frei für eine Koalition der SPD mit dem BHE.

Landtagskonstituierung ohne Wahl des Ministerpräsidenten

Aber die Schwierigkeiten mit dem BHE, der einmal „Blut geleckt" hatte, waren noch längst nicht beseitigt. Ursprünglich sollte er zwei Ressorts bekommen, Landwirtschaft und Vertriebene, das Justizministerium war weiterhin für das Zentrum vorgesehen. Aber der BHE, einmal auf den Geschmack gekommen, wollte nun auch noch Alfred Kubel aus dem Wirtschaftsministerium hinausdrängen, den mächtigsten Mann in Kopfs Kabinett. Das machte die SPD-Fraktion nicht mit. Der Streit war also vorprogrammiert. Der Landtag trat zusammen und konstituierte sich, aber – und auch das war ein Novum in der parlamentarischen Geschichte – ohne Wahl des Ministerpräsidenten und ohne Minister.

Die *Hannoversche Allgemeine Zeitung* titelte: „Landtag vor leeren Regierungsbänken". Erst als Kubel selbst die Initiative ergriff und vor dem SPD-Landesausschuss erklärte, mit dem Einverständnis Kopfs sei er bereit, künftig das Finanzministerium zu übernehmen, konnte die Regierungsbildung vonstatten gehen. Der BHE bekam drei Ressorts. Und Kubel notierte in seinem Tagebuch: „Der BHE ist sofort friedlich gewesen, als ihm drei Minister zugebilligt wurden." Es waren Hermann Ahrens (Wirtschaft und Verkehr), Friedrich von Kessel (Landwirtschaft und Forsten), Erich Schellhaus (Vertriebene, Flüchtlinge und Kriegssachgeschädigte).

Als sich bei der Regierungsbildung in Hannover herausstellte, dass Hinrich Wilhelm Kopf wieder, mit Hilfe des BHE, Ministerpräsident werden würde, zog sich Heinrich Hellwege, der Vorsitzende der Niederdeutschen Union, enttäuscht nach Bonn auf sein Ministeramt unter Adenauer zurück. Für ihn rückte als nächster Kandidat auf der so seltsam im Verhältnis eins zu zwei zustande gekommenen Landesliste, gleichsam wie eine verspätete Wiedergutmachung, ein CDU-Kandidat nach: der hannoversche Rechtsanwalt Dr. Aloys Scherf. Er wurde später viele Jahre, bis zu seinem Tode, Vorsitzender der CDU-Landtagsfraktion und einer der angesehensten Abgeordneten des Landesparlaments.

Dr. Otto Fricke nahm der SPD den Wahlkreis Goslar ab

Die CDU saß nun also auf den harten Bänken der Opposition und leckte ihre Wunden. Aber sie hatte auch bald Grund zur Freude; denn sie gewann einige „Nachwahlen" in Bund und Land. Nachwahlen nach dem Tode eines direkt gewählten Abgeordneten waren nach britischem Vorbild damals vorgeschrieben. Erst später wurden die Wahlgesetze so geändert, dass die Nachwahlen wegfielen. Dann rückte einfach der nächste Anwärter auf der Landesliste nach, selbst wenn er nicht aus dem verwaisten Wahlkreis stammte. Der Fortfall der Nachwahlen wurde zunächst sehr bedauert, weil sich einmal die Möglichkeit eines unverhofften Mandatsgewinns ergeben konnte und weil zum anderen auch ein sich manchmal ergebender Wechsel des Wählerwillens frühzeitig erkennbar wurde.

So kam es am 16. März 1952 zur Nachwahl, als der SPD-Bundestagsabgeordnete des Wahlkreises Goslar plötzlich gestorben war. Überraschend, aber gewiss nicht unverdient, gewann nun die CDU den Wahlkreis. Das war vor allem „Kaiser Otto", Dr. Otto Fricke, dem in Goslar ansässigen Mitglied der Landesleitung der CDU in Niedersachsen, zu verdanken. Ihm war es gelungen, die Harzer Kreisverbände von CDU, DP, FDP und schließlich auch des BHE davon zu überzeugen, dass im Harzwahlkreis nur ein gemeinsamer Kandidat eine Chance gegen die bis dahin übermächtige SPD haben würde. Als fairer Makler schlug Dr. Fricke jedoch keinen CDU-Mann vor, sondern den Syndikus der Industrie- und Handelskammer Hannover (IHK), Dr. Hans-Joachim Fricke (nicht verwandt oder verschwägert mit Dr. Otto Fricke), der der DP angehörte. Die CDU, die über die beste Organisation verfügte und deshalb die Hauptlast des Wahlkampfes trug, die FDP und der BHE verzichteten auf eigene Kandidaten, und Namensvetter Dr. Fricke wurde gewählt. Adenauer verfügte nun in Bonn über eine Stimme mehr, die SPD über eine Stimme weniger. Und die Union hatte ein Erfolgserlebnis. Als sie dann noch im Sommer 1952 im Wahlkreis Grafschaft Bentheim eine Nachwahl für den verstorbenen SPD-Landtagsabgeordneten allein gegen alle anderen Parteien überzeugend gewann, war das verloren gegangene Selbstvertrauen wiederhergestellt.

Die CDU hatte nun im Landtag 13 Abgeordnete. Sie nannten sich, wie sich Arnold Fratzscher gern erinnerte, in Abwandlung der Novelle von Gottfried Keller, in vertrautem Kreis „das Fähnlein der 13 Aufrechten". Ihr Fähnleinführer, um im Bilde zu bleiben, war der frühere Justizminister Dr. Werner Hofmeister aus Braunschweig. Als bei zwei weiteren Nachwahlen auch noch die bisherigen SPD-Wahlkreise in Leer und Osnabrück von der CDU gewonnen wurden, standen die Zeichen wieder auf Hoffnung. In Leer wurde der Generalsekretär des Landwirtschaftlichen Hauptvereins Ostfriesland, Dr. Hermann Conring, und in Osnabrück der Berufschuldirektor Theo Schmidt gewählt.

7. NEUE HOFFNUNGEN NACH DER VERLORENEN WAHL

Nach dem Debakel der verlorenen Landtagswahl von 1951, als die CDU sogar noch weit hinter der Deutschen Partei gelandet war, kam natürlich die Frage auf, wer denn nun in Niedersachsen die politische Kraft ist, die der scheinbar allmächtigen SPD mit ihrem allseits beliebten Landesvater Hinrich Wilhelm Kopf Paroli bieten könnte. Die nächsten Wahlen, zuerst die Bundestagswahl 1953 und dann die Landtagswahl 1955, sollten zumindest eine Vorentscheidung bringen.

Den ersten Etappensieg für die CDU gab es mit dem geradezu sensationellen Wahlergebnis der Bundestagswahl 1953: Sowohl im Bund mit 45 % als auch in Niedersachsen – und hier erstmals in der Nachkriegszeit – mit 35,2 % der Wählerstimmen wurde die CDU stärkste Partei. Die SPD blieb hier bei 30,1 % hängen, die DP, die mit zwei Bundesministern im Kabinett Adenauer saß, erhielt nur noch 11,9 % und der BHE 10,8 %, die FDP 6,9 %, das Zentrum 3,5 % und die KPD 1,1 %. Bei 88,3 % Wahlbeteiligung glich die Bundestagswahl praktisch einem Volksentscheid für die Politik Adenauers. Die CDU in Niedersachsen hatte den Wahlkampf in völlig neuer Form, mit Filmwagen und Massendiskussionen, wie keine andere Partei geführt, und mit einem Schneid und Engagement, das es später, als der Wohlstand einsetzte, kaum wieder gegeben hatte. Kurz vor der Bundestagswahl hatte ein Mitarbeiter des amerikanischen Büros, das dem amerikanischen Konsul in Hannover unterstand, zum Generalsekretär Fratzscher gesagt: „Sie glauben ja selbst noch nicht, welchen Erfolg diesmal die CDU auch in Niedersachsen haben wird!"

Die CDU in Niedersachsen hat ihre Spitzenstellung auch bei den nachfolgenden Bundestagswahlen halten können, wenn auch nicht mit dem sensationellen Erfolg von 1953. Ihr Kummer war jedoch, dass es bei den Landtagswahlen nicht so gut lief. Offensichtlich fehlten ihr in Niedersachsen solche herausragenden Persönlichkeiten wie Adenauer und Erhard auf Bundesebene. Die Hoffnung auf Hermann Ehlers war durch dessen plötzlichen frühen Tod jäh zerstört. Selbst nach dem Tode von Hinrich Wilhelm Kopf 1961 brauchte die CDU in Niedersachsen lange, bis sie mit herausragenden Persönlichkeiten der SPD

Paroli bieten konnte. Einer der damals bekanntesten Parteienforscher, Prof. Dr. Günther Franz, der schon 1950 die umfangreiche Dokumentation „Die Wahlen in Niedersachsen 1867 bis 1949" vorgelegt hatte, kam bei aller Würdigung des CDU-Erfolges von 1953 zu der Erkenntnis: „Konrad Adenauer, nicht seine Partei, wurde gewählt!"

Die niedersächsische CDU sah das aber völlig anders. Bei ihr war Siegeszuversicht eingekehrt. Nun wollte sie bei der nächsten Landtagswahl in Niedersachsen auch die SPD ablösen. Sie wurde bestärkt, als sich Bundestagspräsident Hermann Ehlers überraschend bereit erklärte, als CDU-Spitzenkandidat in den Wahlkampf zu gehen. Die CDU sah in ihm schon den neuen „Landesvater", den einzigen, der Hinrich Wilhelm Kopf ebenbürtig schien. Sein überraschender Tod dämpfte alle Hoffnungen.

Aber die CDU in Niedersachsen setzte dennoch auf Sieg. Vor allem die Landesparlamentarier, das „Fähnlein der 13 Aufrechten", durch Nachwahlen inzwischen auf 16 angewachsen, war sowieso in seiner Mehrheit der Meinung gewesen, nicht ein Bonner Parlamentarier - und sei es selbst der Bundestagspräsident - sei berufen und in der Lage, Kopf den Rang abzulaufen. Das sollte einem CDU-Mann vorbehalten bleiben, der die Landespolitik aus der Erfahrung der vergangenen Jahre seit 1947 bestens kenne. Hinter vorgehaltener Hand nannten einige Dr. Werner Hofmeister aus Braunschweig.

Der „Präsidierende" wollte nicht Spitzenkandidat werden

Aber die Landesleitung der CDU in Niedersachsen wich dieser Kernfrage aus. In aller Regel wäre ja der Präsidierende Vorsitzende der CDU in Niedersachsen und frühere Vorsitzende der CDU-Landtagsfraktion, Adolf Cillien, der richtige Mann für die Spitzenkandidatur gewesen. Nicht nur - wie der Historiker Klaus Müller ihn beschreibt - die äußere Erscheinung dieses schmalen, hochgewachsenen, über 1,80 Meter großen Mannes mit den durchdringenden hellen Augen und der kräftigen melodischen Stimme, der durch sein gemessenes Auftreten, wohlüberlegtes Sprechen, kluge Wortwahl und geschulte Intelligenz überall zu überzeugen wusste, sondern auch seine Führungsqualitäten als

Vorsitzender der CDU in Niedersachsen und der Landtagsfraktion sowie seine über neunjährige politisch-parlamentarische Erfahrung prädestinierten ihn geradezu, die CDU in den Landtagswahlkampf zu führen, Kopf herauszufordern und zu schlagen. Aber Adolf Cillien, der kaum jemanden in sein Inneres blicken ließ, strebte kein höheres Amt an, weder im Bund noch im Land. Er lehnte eine Kandidatur für das Amt des niedersächsischen Ministerpräsidenten frühzeitig und so unmissverständlich ab, dass Adenauer und selbst Kopf und auch Hellwege nicht damit rechneten, er könne doch noch umgestimmt werden.

Adolf Cillien ließ niemals, auch nicht durch die leiseste Andeutung gegenüber Vertrauten, erkennen, dass er „hoch hinaus" wollte. Natürlich wurde ihm diese Haltung in Hannover nicht ausschließlich als kluge Selbstbeschränkung angerechnet. Es gab Politiker in der eigenen CDU und auch in anderen Parteien, die meinten, Cillien sei schwach oder ängstlich, oder beides zugleich. Adenauer zog offenbar aus diesem Verhalten andere Konsequenzen: Während des Landtagswahlkampfes und der nachfolgenden Koalitionsverhandlungen wogen Cilliens Empfehlungen schwerer als die anderer Politiker. Cillien wurde sogar noch deutlicher in den Beraterkreis einbezogen.

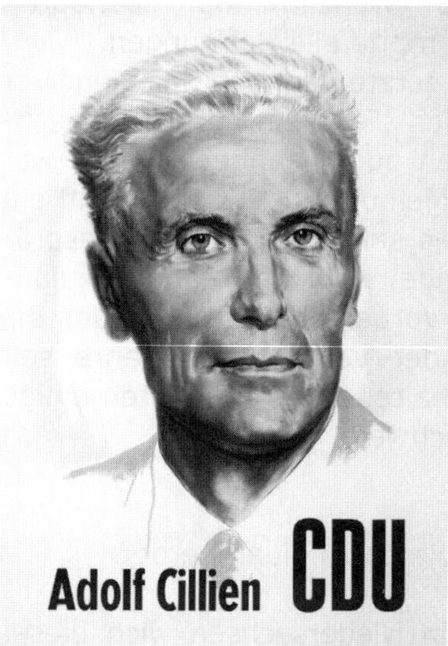

Wahlplakat von Adolf Cillien zur Landtagswahl in Niedersachsen 1959

Der Oberkirchenrat, der 1945 von der Evangelischen Kirche für die Politik freigestellt worden war und dem kein herzliches Verhältnis zu seinem Landesbischof D. Dr. Hanns Lilje in Hannover nachgesagt wurde, konnte und wollte schon nicht als autorisierter Sprecher der Evangelischen Kirche gelten. Aber er distanzierte sich von der zögernd-abwartenden Haltung der Landeskirchen in den Fragen Wiederbewaffnung oder „Ohne mich". Er wollte beispielgebend auf evangelische

Menschen wirken, um die Union, vor allem in Norddeutschland, aus dem Geruch einer „schwarzen" Partei durch politische Aktivität herauszubringen.

Cillien – treuer Gefolgsmann Adenauers

Adolf Cillien war 1953 in den Deutschen Bundestag gewählt worden. Von da an gab es eine tiefe persönliche Bindung an Konrad Adenauer. Er bewunderte den Kanzler als Politiker und als Menschen. Er wollte nicht gegenüber Adenauer „Profil" zeigen, er wollte gern und aus Überzeugung sein Gefolgsmann sein, schreibt der Historiker Klaus Müller in seiner Analyse über die niedersächsische Politik und niedersächsische Politiker in den fünfziger Jahren. Darin unterschied sich Cillien übrigens von den beiden anderen „Kirchenfürsten" in Adenauers engster Umgebung. In jener Zeit spielten nämlich drei evangelische Oberkirchenräte für Adenauer im Bundestag und in der Führung der Bundes-CDU eine große Rolle: Oberkirchenrat D. Dr. Hermann Ehlers aus Oldenburg, hochgeschätzter Bundestagspräsident, dann Oberkonsistorialrat D. Dr. Eugen Gerstenmaier, unbequem für viele, noch stärker in der CDU und im Parlament wirken wollend, schließlich Nachfolger von Ehlers als Bundestagspräsident und von Adenauer in diesem Amt betont respektiert; und schließlich Adolf Cillien, seit 1937 Oberkirchenrat in der evangelisch-lutherischen Landeskirche Hannover. Er wurde bei seinem Eintritt in die CDU-Bundestagsfraktion überraschend von Adenauer in den Kreis engster Berater einbezogen.

Auch die Landesleitung der CDU in Niedersachsen war davon ebenso überrascht wie erfreut, dass ihr „Präsidierender" Adenauers politisches Vertrauen genoss. Sie wusste, dass der Kanzler den „Freund Cillien" in dessen Haus in Hannover besuchte, Briefe an dessen ebenfalls politisch sehr engagierte Frau schrieb, mit ihm erstrangige Personalangelegenheiten besprach und selbst für Cilliens Teilnahme an rheinischen Karnevalsveranstaltungen sorgte. Der Einfluss und die Beratertätigkeit Cilliens bei Adenauer waren bekannt und wurden einkalkuliert. Cillien war Statthalter Adenauers in Hannover und zugleich Gesandter der niedersächsischen CDU in Bonn.

Wie sehr Adolf Cillien seinem obersten Chef immer ähnlicher wurde und dessen Gewohnheiten annahm, mag die Tatsache verdeutlichen, dass Cillien, der bis 1953 starker Zigarettenraucher war, einfach mit dem Rauchen aufhörte, weil Adenauers Freunde in dessen Gegenwart nicht rauchten. Wie damalige Teilnehmer an den Sitzungen in Bonn aber auch an denen der Landesleitung in Hannover beobachteten, kaute Cillien oft Weingummi und hörte zu. Dabei war er immer um einen reibungslosen Ablauf bemüht und konnte, wenn nötig, Hitzköpfe zur Raison bringen. Seine Selbstbeherrschung funktionierte noch einige Jahre über die nächste Landtagswahl von 1955 hinaus. Danach meinten lokale und regionale Verbände zu erkennen, dass Cilliens politische Interessen immer deutlicher auf Bonn gerichtet waren.

„Kaiser Otto"

Mit der Spitzenkandidatur des Präsidierenden Vorsitzenden der CDU in Niedersachsen für die Landtagswahl 1955 war es also nichts. Aber es gab ja noch den „Geschäftsführenden Vorsitzenden", Dr. Otto Fricke aus Goslar, seit 1952 Vorsitzender des CDU-Landesverbandes Braunschweig und in der Landesleitung entscheidungsberechtigt für Finanzen und Organisationsangelegenheiten. Für die Mehrheit der aktiven CDU-Mitglieder – und teilweise auch bei den anderen Landesparteien – galt er, vor allem nach dem „Ausflug" Cilliens nach Bonn, als die dominierende Persönlichkeit der CDU in Niedersachsen. Dr. Otto Fricke hatte Anhänger und Bewunderer, aber ebenso auch Widersacher und Opponenten. Doch für alle war er „Kaiser Otto" – respektvoll oder ironisch. In der CDU stand ihm niemand gleichgültig gegenüber.

Einer, der am längsten und intensivsten mit Dr. Fricke zusammengearbeitet hat, von dessen Aufstieg bis Ende, war der Generalsekretär der CDU in Niedersachsen, Arnold Fratzscher. Er wusste, dass „Kaiser Otto" die Personalien und die Organisation der CDU in Niedersachsen voll im Griff hatte. Die hauptberuflichen CDU-Mitarbeiter in den Landesverbänden Hannover und Braunschweig wurden von ihm berufen. Da aber die Kreis- und

Bezirksvorstände der CDU von regelmäßigen Zuwendungen der Landesleitung abhängig waren, war es geradezu „natürlich", dass Dr. Fricke auch Einfluss auf Personalien und besonders auf die Kandidatenaufstellung nahm. Letztlich entschied er maßgeblich, wer auf aussichtsreiche Plätze auf der Landesliste kam und ins Parlament einziehen konnte. Er forderte aber auch unermüdlich Eigenleistungen von Landtagskandidaten und Kreisverbänden. Wenn ihm gelegentlich vorgehalten wurde, er wolle gute Platzierungen auf der CDU-Landesliste „verkaufen" oder habe „Kandidaturen verkauft", so konnte Fricke auf Kandidaten als „arme Teufel ohne einen Pfennig Eigenleistung" verweisen, die selbstverständlich mit Mandaten rechnen durften, „weil wir diesen ‚Sachverstand' oder ‚diesen Fleiß brauchen' ". Dabei spielte für ihn, im Gegensatz zu vielen Mitgliedern, die konfessionelle Ausgewogenheit, wie viele Katholiken, wie viele Protestanten, kaum eine Rolle.

Otto Fricke (1902–1972)

Dr. Fricke „beschloss" nicht nur über die Ausgaben, sondern sorgte auch für die Einnahmen der Partei. Er sammelte Geld bei Unternehmern, Vorstandsmitgliedern namhafter Gesellschaften, bei Verbänden und Institutionen. „Wenn Ihr mich schon dazu zwingt, Politik zu machen, so müßt Ihr das wenigstens bezahlen", sagte der unabhängige Unternehmer und Inhaber einer Baustoffgroßhandlung in Goslar, der seit seinem 23. Lebensjahr, mit dem Eintritt in den Baustoffgroßhandel 1925, niemals Vorgesetzte zu ertragen hatte. Er betonte, wie der Historiker Klaus Müller zu berichten weiß, unermüdlich seine Position als Unternehmer, seine ehrenamtlichen Positionen in Arbeitgeberverbänden, seine nebenberufliche Tätigkeit – für Anteilseigner – in Aufsichtsräten („ich habe 37 Ämter – außer meiner Firma").

Der Bauernsohn aus dem Landkreis Goslar

Gern wies der Bauernsohn aus dem Landkreis Goslar, fünf Geschwister, eine Mutter, die ihn Pastor werden lassen wollte, und ein Pastor, der ihm Latein beibrachte, wie der Journalist Helmut Rieger schrieb, auf seine Herkunft „aus bescheidenen Verhältnissen" hin. Erst nach sieben Jahren ging er auf das Gymnasium, wobei ihm der Sprung gleich in die Quarta glückte. Er war sicherlich ein Musterschüler, nicht übermäßig fleißig, aber zu intelligent, um nicht doch vorn zu sein. Schon früh lernte er seine Frau kennen, so dass der Weg schnell vorgezeichnet war: Studium der Rechts- und Staatswissenschaften, Heirat, Eintritt in die Firma des Schwiegervaters.

Helmut Rieger, der Otto Fricke ebenfalls politisch begleitet hat, charakterisiert den 1902 in Lengde Geborenen als einen sehr konservativen Mann, der seine Jugend in einer betont monarchistisch-nationalen Atmosphäre verlebt hat und preußisch, nicht welfisch, geprägt wurde. Für Fricke war es in der Weimarer Zeit kein weiter Weg zu den Deutschnationalen, der er vom Typ her auch nach dem Krieg geblieben war. Er war nicht Parteigenosse in der NS-Zeit, davon trennte ihn zuviel Konservatives. Nach dem Krieg packte er mit an in der Stadtverwaltung des von ihm so geliebten Goslar, das sein Kraftquell war.

Fricke, großbürgerlich in einer soliden Art, besaß in der CDU in Niedersachsen ganz selbstverständlich Autorität. Manchmal forderte er den Vorwurf heraus, er schaffe Distanz bis zur Arroganz hin und wisse Menschen nicht immer zur rechten Zeit am rechten Ende zu nehmen. Aber hinter der Distanz hat sich immer viel Empfindsamkeit verborgen und vielleicht auch eine sprungbereite Verletzlichkeit, die nicht entdeckt sein wollte. So blieb er nach außen am liebsten der „Kaiser Otto", der die Hand über allem hatte.

Und weil wir schon bei der Charakterisierung des Mannes sind, der zunächst als „Geschäftsführender" und später als „Präsidierender Vorsitzender" die Geschicke der CDU in Niedersachsen bestimmt und die Partei geprägt hat, wie keiner vor ihm und kaum einer nach ihm, sollen noch einmal Klaus Müller und Helmut Beyer zu Wort kommen: „Fricke lebte – zweifellos nicht zu Lasten der CDU – auf großem Fuß. Der hochgewachsene, breitschultrige Mann war modisch nach dem neuesten Stand gekleidet, modern-konservativ von der Krawatte bis zum eigenen Wagen mit Fahrer; er residierte stets im ersten Haus am Platz, auch wenn seine Besuche nur einige Stunden dauerten; er verzehrte selbstverständlich die besten Speisen (allerdings erübrigte er für das Essen nur wenig Zeit und wenig Aufmerksamkeit), er trank beste Whisky-Sorten (mit Wasser) und am Abend Bier vom Faß (vorsichtig, wegen des Bauchumfangs); er absolvierte seine Dienstreisen, ohne erkennen zu lassen, wie lästig er solche Unternehmen einschätzte; er fuhr gern mit seiner Familie in den Urlaub, den er stets einschränkte und niemals ohne Arbeit für die CDU verbrachte; er wirkte auf oberflächliche Beobachter wie ein Egoist; seine Mitarbeiter betonen, er sei großzügig bei der Gewährung von Sonderurlaub, Zusatzvergütungen, Verteilung von Geschenken etc.

Otto Fricke fiel es nicht leicht, ein kollegiales Verhältnis zu anderen Politikern zu finden: Er wirkte, trotz seiner Höflichkeit und seiner Menschenkenntnis, nicht selten verkrampft; er schien nicht über die Gabe zu verfügen, zuhören zu können, er sprach sehr gern und ausführlich."

Das Verhältnis zu den „Oberen in Bonn"

Interessant sind die Beobachtungen der Historiker über Otto Frickes „Verhältnis zur Bonner Spitze": Otto Fricke respektierte Adenauer – manchmal bis zur Selbstverleugnung. Er wäre gern Adenauers Freund (und Experte für Niedersachsen) gewesen, aber Adenauer behandelte ihn ohne Wärme und bevorzugte andere Politiker gegenüber dem „Geschäftsführenden" Vorsitzenden der CDU-Landesleitung in Niedersachsen. Fricke bewunderte Ludwig Erhard (er wäre gern so beliebt, so anerkannt gewesen wie der Bundeswirtschaftsminister), und er war – fern von Posen und Gespreiztheit – glücklich, wenn seine Bewunderung in einem Gespräch zu zweit, vor einem Parteigremium, in einer öffentlichen Versammlung durch lobende, herzliche Worte des Wirtschaftsministers erwidert wurde.

Auch mein Freund und Klassenkamerad Günter Strickstrack, Adlatus, persönlicher Referent und Vertrauter Frickes aus den ersten Jahren der Nachkriegszeit, Betreuer Adenauers und Erhards beim ersten Bundesparteitag der CDU 1950 in Goslar, weiß vor allem von Frickes Freundschaft zu Ludwig Erhard zu berichten, die in jedem Gespräch und in jeder Verhandlung zur Sprache kam.

„Kaiser Otto" regierte unumstritten

Nach so viel Charakterisierung zurück zu Frickes Tätigkeit für die CDU in Niedersachsen vor der Landtagswahl 1955 und im Hinblick auf eine mögliche Spitzenkandidatur. Dr. Fricke begriff den Wert von Informationen früher als andere CDU-Politiker. Jeder konnte ihm schreiben, jeder durfte ein Gespräch unter vier Augen mit ihm riskieren, selten war ihm eine Beschwerde zu abwegig, als dass er diese nicht sogleich in einem Vermerk festgehalten hätte. Er verfügte über Detailkenntnisse bis in die kleinsten Orts- und Kreisverbände hinein, die in den zuständigen Bezirks- und Landesvorständen unbekannt waren. Er wusste meistens, wenn Kritik gegen die Landesleitung gestartet werden sollte, und hatte seine Informationen zur Hand, um sogleich „parteiintern zum Gegenangriff zu blasen".

Wenn Arnold Fratzscher aus dem Nähkästchen plauderte, konnte man erfahren, dass es kaum einen Vorsitzenden eines Bezirksverbandes, kaum ein Mitglied eines Kreisvorstandes gab, den Fricke „nicht wenigstens einmal pro Jahr rot gemacht hätte" (das heißt: gerötetes Gesicht wegen Verlegenheit oder Ärger). Sein Fleiß und seine Merkfähigkeit – auch in Nebensächlichkeiten – wurden, wohl ähnlich seinen Fähigkeiten zum Reden und zur Selbstdarstellung im Sprechen am Verhandlungstisch oder im Sitzungszimmer, von niemandem erreicht. Dabei wucherte er generell mit Lob, geradezu mit Lobhudelei, er geizte mit Tadel und verbarg seine latent vorhandene Schadenfreude. Selten ließ er gegenüber Menschen, die er in sein Vertrauen zog, eine tief sitzende Verachtung über „diesen Versicherungsverein für Mandatserhaltung auf Gegenseitigkeit" (eine von Bundestagspräsident Hermann Ehlers formulierte Kritik) erkennen.

Fricke war stolz auf seine tägliche Arbeit für die CDU in Niedersachsen. Wenn er an einem Tag über hundert Briefe diktiert hatte, fragte er, mit einem Seitenblick auf seine Kollegen in der Landesleitung, wer das sonst noch schaffe. Wenn die Finanzlage der CDU besonders prekär wurde, was mehr als einmal geschah, forderte Fricke von Parteifreunden die persönliche Übernahme von Bürgschaften; falls er Zögern bemerkte, seufzte er: „Ich habe schon dutzendfach gebürgt und quergeschrieben für die CDU – wo bleibt Ihre Risikobereitschaft?"

„Kaiser Otto" legte auch großen Wert auf die Anerkennung der Kreisvorsitzenden, der Vorstandsmitglieder der Sozialausschüsse und auf die Anerkennung der anderen Vereinigungen, vor allem der CDU-Frauenvereinigung. Wenn er in deren Vorstandssitzungen oder Beratergremien sprach, konnte er formulieren, als sei er wirklich noch Bauer oder von bäuerlicher Herkunft, als habe er lange Zeit ausschließlich über Sozialpolitik nachgedacht, als seien ihm politische Zielsetzungen der Frauen von je her vertraut; da entwickelte er liebenswürdige, auch charmante Sprachfähigkeiten.

So regierte er unumstritten. Die ihn kannten, wussten, was sie von ihm zu halten hatten. Die ihn nicht kannten, sahen vornehmlich seine vermeintliche Besserwisserei, die sie ihm als Arroganz auslegten, sein selbstherrliches Taktieren mit Geld und Jonglieren mit Personalien. Es gab sicher auch etliche, denen die Anwendung des Bismarckschen Mottos „Wo ich sitze, ist oben" nicht gefiel. Seine Gegner oder wenigstens seine Opponenten vermutete Otto Fricke in Oldenburg und auch in Braunschweig-Stadt. Ihnen sprach er den notwendigen Weitblick ab und auch die Einordnung in eine einheitliche CDU in Niedersachsen. Aber Machthunger konnte niemand dem „Kaiser Otto" nachweisen: Er strebte weder das Amt des Ministerpräsidenten an, noch wollte er erneut Minister werden.

Eingeweihte wissen allerdings, dass dieses nur die eine Seite der Politik des Dr. Otto Fricke war. Denn es war bekannt, dass „Kaiser Otto" am liebsten in Goslar residierte. Hier war er zu Hause, hier fühlte er sich am wohlsten. Es war ihm ein Gräuel, ständig nach Hannover zu fahren. So hatte er in der Landeshauptstadt neben seinem Generalsekretär in der Parteizentrale noch einen „Außenposten". Das war der Landesschatzmeister

Ferdinand Wallbrecht, Landtagsabgeordneter und Vorstand der Hannoverschen Portland-Cementfabrik AG in Misburg bei Hannover. Hier, in Wallbrechts Partykeller, wurde die eigentliche Politik für die CDU in Niedersachsen gemacht – unauffällig, aber außerordentlich effektiv.

Ohne Spitzenkandidat in den Wahlkampf

So schien es also unvermeidlich, dass die CDU in Niedersachsen ohne wirklichen Spitzenkandidaten in den Wahlkampf ziehen sollte. Klar war, dass mit der Landtagswahl 1955 die SPD/BHE-Regierung von Hinrich Wilhelm Kopf in Hannover abgelöst und eine bürgerliche Regierung nach Bonner Muster von CDU, DP, FDP und auch BHE an ihre Stelle treten sollte. Schon nach dem Tode von Hermann Ehlers 1954 hatte der seit fünf Jahren in Bonn amtierende Bundesminister und Vorsitzende der Deutschen Partei, Heinrich Hellwege, wiederholt angedeutet, dass er, wenn die Bevölkerung in Niedersachsen ihn riefe, bereit sei, als neuer Landesvater in seine Heimat Niedersachsen zurückzukehren.

In diesem Sinne wollte Hellwege, als „Ersatzmann" für Ehlers, den Wahlkampf führen. Dabei führte er allerdings wenige Gespräche mit den Vorsitzenden der künftigen Koalitionsparteien. Er glaubte einfach, dass von ihm erwartet werde, Kopfs Nachfolge anzutreten, bessere Ideen für eine nichtsozialistische Landesregierung zu bieten und die bürgerlichen Parteien, einschließlich des BHE, der in Bonn mit der CDU und in Hannover (noch) mit der SPD regierte, unter einen Hut zu bringen. Hellwege glaubte auch, in Adenauer einen Fürsprecher zu haben, obwohl der nach der letzten Bundestagswahl Hellweges Stellvertreter Hans-Christoph Seebohm vor allem wegen dessen berüchtigten „Sonntagsreden" als Bundesverkehrsminister ausbooten wollte. Aber weil Adenauer die DP für seine Regierung brauchte und der DP-Minister Hellwege nicht ohne den DP-Minister Seebohm zu haben war, musste der Bundeskanzler die beiden DP-Vorsitzenden wohl oder übel weiter „beschäftigen". Vermutlich rechnete Adenauer aber auch damit, dass damit die ohnehin schon Auflösungserscheinungen zeigende Deutsche

Partei in absehbarer Zeit ohne großen Widerstand ihrer großen Vorsitzenden von der CDU übernommen werden könnte. Die wortgewaltige Sozialexpertin der DP und couragierte Wortführerin der DP-Bundestagsabgeordneten, Margot Kalinke, hatte in diesem Zerfallsprozess ihrer Partei schon betont: „Hellwege führt nicht; er schweigt, wo er reden und handeln sollte." Was sie selbst von ihm, der sie als „einzigen Mann in unserer Partei" bezeichnete, hielt, drückte sie so aus: „Heinrich, Du traust Deinem eigenen Hintern nicht, auf dem Du sitzt."

Der Präsidierende Vorsitzende der CDU in Niedersachsen nahm es also hin, dass kein CDU-Spitzenkandidat gegen den amtierenden SPD-Ministerpräsidenten Hinrich Wilhelm Kopf zur Landtagswahl 1955 antrat. Daneben traten andere Diskussionspunkte in den Hintergrund: Wie wichtig und/oder koalitionsfähig ist die FDP in Niedersachsen, „zwischen Steinzeitdemokraten und Superrechten"? Wie viele Wünsche der Katholiken sind akzeptabel? Wie viel Einfluss für die lieben Freunde aus Oldenburg? Wie deutlich muss (oder darf) „Kaiser Otto" von Goslar aus die CDU im Land regieren? Geht der Einfluss des CDU-Generalsekretärs Fratzscher zu weit? Welche Versuche sind ratsam, evangelisch-lutherische Prominenz zu ähnlichen Entscheidungen pro CDU wie die katholischen Bischöfe in Niedersachsen zu bringen? Cillien hörte diesen Erörterungen meistens ruhig zu, ohne auf eine entschiedene Antwort zu dringen. Wenn in der CDU-Landesleitung, schon wegen der den Kandidaten in den Wahlkreisen zu gebenden Empfehlungen, wortstark nach „eindeutiger Klarheit" verlangt wurde, verhielt sich der Präsidierende Vorsitzende höflich-zurückhaltend. Cillien wahrte die „großen Linien", seine Kritiker meinten: die „ganz großen Linien"; er sah „das Wesentliche", das heißt, während des Wahlkampfes beispielsweise die Reisen Adenauers in Niedersachsen, und überließ den Rest alltäglicher Details seinen Kollegen in der Landesleitung und dem Generalsekretär.

8. HERMANN EHLERS FRÜHER TOD

Das Jahr 1954 wurde von einem Ereignis überschattet, dessen Ausmaße nur erahnt werden können. Am 29. Oktober 1954 starb ganz plötzlich der gerade 50 Jahre alt gewordene, seit 1950 amtierende Präsident des ersten Deutschen Bundestages, Hermann Ehlers. Mit ihm verlor die CDU sowohl für die Bundespolitik als auch für die Landespolitik in Niedersachsen einen Hoffnungsträger, der nicht ersetzt werden konnte. Es ist viel darüber gesprochen und gerätselt worden, wie die Politik und die Entwicklung der Bundesrepublik Deutschland verlaufen wäre, wenn Hermann Ehlers Konrad Adenauer nachgefolgt wäre, oder welche völlig andere politische und gesellschaftliche Entwicklung das Land Niedersachsen genommen hätte, wenn Hermann Ehlers 1955 niedersächsischer Ministerpräsident geworden wäre. Niemand weiß es. Dennoch ist eines gewiss: In Deutschland und vor allem in Niedersachsen hätte es anders ausgesehen.

Hermann Ehlers war 1904 in Berlin geboren und aufgewachsen. Seine Eltern stammten aus dem kleinen Heidedorf Sülze im Kreis Celle. Hier fand der Oberkirchenrat nach dem Kriege erste Zuflucht. Bevor er seinen Platz im Landeskirchenamt der evangelischen Kirche in Oldenburg mit dem Amt des Bundestagspräsidenten in Bonn vertauschte, hatte er vorher schon zunächst im Rat der Stadt Oldenburg und dann im ersten Bundestag politische Aktivitäten für die CDU entwikkelt, ohne dass jemand ahnen konnte, welche steile, aber nur kurze politische Karriere ihm noch bevorstand.

Hermann Ehlers (1904–1954)

Zu den Politikern, die ständigen, engen Kontakt zu Hermann Ehlers hatten und das schriftlich festgehalten haben, gehört wiederum Generalsekretär Arnold Fratzscher. Er beschreibt ihn als einen Menschen, der „in glücklicher Mischung die Beständigkeit der Niedersachsen, die lutherische Frömmigkeit des Heidjers aus der Ecke um

Hermannsburg und die Schlagfertigkeit des Berliners in sich vereinte". Die oft langen Debatten im Bundestag verstand er meisterhaft zu leiten. Hermann Ehlers hat mit der vollen Zustimmung Konrad Adenauers dafür Sorge getragen, dass den evangelischen Mitgliedern und Freunden der CDU im Evangelischen Arbeitskreis, dessen Bundesvorsitzender er war, eine Möglichkeit erschlossen wurde, aus evangelischer Sicht die großen und bedeutenden Fragen der Innen- und Außenpolitik miteinander durchzusprechen. Eine der ersten Bundestagungen fand im Juni 1953 in Hannover statt. Die Themen lassen die damaligen aktuellen Probleme deutlich erkennen: Kulturpolitik, die Möglichkeit eines politischen und militärischen Neutralismus in Europa, das Verhältnis der politischen Parteien zur Kirche und der christliche Realismus in der Sozial- und Wirtschaftspolitik. Auf einer Schlusskundgebung in der notdürftig wieder aufgebauten Niedersachsenhalle sprachen der Bundestagspräsident Hermann Ehlers, der Ministerpräsident von Schleswig-Holstein, Friedrich Wilhelm Lübke, und der württembergische Kultusminister Dr. Wilhelm Simpfendörfer.

Nachdem die Bundestagswahl 1953 für die CDU so hervorragend gelaufen war, ließ Hermann Ehlers im Frühjahr 1954 im Freundeskreis und dann auch in der Öffentlichkeit durchblicken, dass er bereit sei, den Stuhl des Bundestagspräsidenten in Bonn mit dem des Ministerpräsidenten in Hannover zu tauschen. Er war bereit, zur Landtagswahl im Frühjahr 1955 gegen den „allmächtigen Landesvater" Hinrich Wilhelm Kopf zu kandidieren. Die Verbindung zur heimatlichen Landespolitik hatte er nie abreißen lassen, in Hannover hat er oft gesprochen, so auch noch 1954 in einer brechend vollen Niedersachsenhalle auf einer Landvolkversammlung, zu der Bauernpräsident Edmund Rehwinkel eingeladen hatte.

Als Hermann Ehlers einmal an einem der traditionellen Oldenburger Grünkohlessen nicht teilnehmen konnte, hatte Hinrich Wilhelm Kopf ihm eine Telegramm geschickt: „Chance verpaßt – bin Kohlkönig geworden!" Ehlers antwortete prompt: „Habe Sie schon immer für einen verkappten Monarchisten gehalten."

„Kirchenfürst" gegen „Roten Welfen"

Die CDU in Niedersachsen rechnete fest damit, den Erfolg der Bundestagswahl von 1953 mit Hermann Ehlers bei der Landtagswahl in Niedersachsen 1955 wiederholen zu können. Die Zeichen dafür standen außerordentlich günstig. Aber das Schicksal wollte es anders. Noch kurz vor seinem Tode ließ Hermann Ehlers in einem Gespräch mit Generalsekretär Arnold Fratzscher durchblicken, dass er als Ministerpräsident lieber die große Koalition mit der SPD suchen würde, als die schwächere Basis mit den kleineren Parteien. Ausdiskutiert wurde diese Frage nicht, notierte Fratzscher. Ehlers hatte sich die Bestimmung des Zeitpunktes für die Erörterung dieser Frage in der CDU vorbehalten. Der Tod trat dazwischen.

Der Tod kam plötzlich

Am 1. Oktober 1954 war Hermann Ehlers 50 Jahre alt geworden. Noch kurz vor seinem Tod hatte er an einer Vorstandssitzung der CDU in Niedersachsen teilgenommen. Zwei Tage später sollte er in der hannoverschen Stadthalle auf einer Versammlung sprechen, zu der Landesbischof Hanns Lilje eingeladen hatte. Das Thema hieß: „Das christliche Abendland – eine vergessene Verantwortung". An seiner Stelle sprach der in letzter Minute geholte Leiter der Evangelischen Akademie, Doehring. Ehlers befand sich, schon schwer krank, auf dem Wege nach Oldenburg. Dort starb er. Eine Mahnung des Bundespräsidenten Prof. Theodor Heuss, sich zu schonen, hatte ihn nicht mehr erreicht. Auf dem Friedhof des Heimatdorfes seiner Eltern in Sülze in der Lüneburger Heide liegt er begraben.

Trauer und Bestürzung in der CDU

Der Tod von Hermann Ehlers hat in Niedersachsen große Trauer ausgelöst. Vor allem in der CDU herrschten tiefe Bestürzung und Fassungslosigkeit. Historiker Müller kam zu der Erkenntnis, der Tod habe für kurze Zeit etwas offenkundig werden lassen, das in der Union sorgfältig verschwiegen worden war: Ein potentieller Nachfolger Adenauers war gestorben. Und für Dr. Werner Hofmeister und August Wegmann sei noch mehr deutlich geworden: Niedersachsens nächster Ministerpräsident lebte nicht mehr, weder Hofmeister noch Wegmann noch ein anderer könnten ihn derzeit ersetzen.

9. DER WAHLKAMPF 1955

Die Chancen, die Landtagswahl 1955 zu gewinnen, standen für die CDU in Niedersachsen nicht schlecht. Die für sie glänzend verlaufene Bundestagswahl 1953 hatte Auftrieb und Selbstvertrauen gegeben. Allerdings war für die Mitglieder klar, dass ein besonders intensiver Wahlkampf geführt werden musste. Ebenso klar war aber auch, dass CDU und DP nach dem Debakel von 1951 keinen gemeinsamen Wahlkampf als Niederdeutsche Union führen würden. In der Praxis hatte sich diese „Union" ohnehin schon sang- und klanglos aufgelöst. Zuletzt gab es nur noch die gemeinsame Landtagsfraktion. Aber auch sie hatte inzwischen aus der offiziellen Bezeichnung „DP/CDU Niederdeutsche Union" die beiden letzten Worte meistens schon selbst weggelassen. Bestärkt wurde die Landesleitung der CDU in Niedersachsen durch eine im Herbst 1954 beim Emnid-Institut in Bielefeld in Auftrag gegebene Umfrage. Auf die Frage: „Ist Ihnen bekannt, welche Parteien sich in Niedersachsen in der Niederdeutschen Union zusammengeschlossen hatten?" konnten nur 22 % der Männer und 14 % der Frauen mit Ja antworten.

Die Hauptthemen im niedersächsischen Wahlkampf waren die Schulpolitik, die Personalpolitik und die Wirtschaftspolitik. Es ging in der Schulpolitik um einen damals schon ideologisch geführten Kampf um die Bekenntnisschulen – um Konfessionsschule (CDU) oder Gemeinschaftsschule (SPD). In Niedersachsen waren inzwischen rund 1.800 meistens kleinere katholische Schulen entstanden, sehr zum Ärger der SPD und auch der FDP. Als die SPD 1953 im Landtag einen Gesetzentwurf einbrachte, mit dem die Gemeinschaftsschule als Regelschule eingeführt werden sollte, gab es nach heftiger Ablehnung durch die CDU eine der bis dahin größten Massendemonstrationen in Hannover. Im Mittelpunkt stand die scharfe Kontroverse zwischen der SPD und der Katholischen Kirche. Der Historiker Klaus Müller schrieb dazu, es habe in jener Zeit zwei Gesetze gegeben, die tief in die geistigen, ideologischen Grundlagen der Parteien und ihrer Anhänger eingegriffen und existenzielle Grundlagen der Parteien berührt hätten: das Schulrecht und das Wahlrecht. Während der Streit um das Wahlrecht nur zwischen den Parteien ausgetragen wurde, berührte der Kampf um das Schulrecht einen großen Teil der Bürger des Landes. Beide Streitpunkte hatten jedoch eine durchaus gleiche politische Konsequenz: Sie prägten das politische Klima des Landes in einer Weise, die den Landtagswahlkampf nicht unberührt ließ. Zeitweise und regional war das politische Klima fast als vergiftet zu bezeichnen.

In der Personalpolitik warf die Opposition der Regierung Parteibuchpolitik vor, in der Wirtschaftspolitik beschuldigte sie die Regierung, insbesondere Finanzminister Alfred Kubel (SPD), sozialistischer Experimente. Für beide Themenfelder gab es parlamentarische Untersuchungsausschüsse, die – wie es so oft üblich ist – mit einem Mehrheits- und einem Minderheitsvotum endeten und keine Klarheit schafften.

Der Wahlkampf der CDU in Niedersachsen wurde mit besonderem Einsatz geführt. So wurde erstmalig eine vom Pressechef Dr. Josef Nowak aus Hildesheim geschickt zusammengestellte und reich bebilderte Wahlillustrierte herausgebracht und zwei, nicht gerade billige, Umfragen beim Bielefelder Emnid-Institut in Auftrag gegeben. Ihre Ergebnisse wurden allerdings nicht so ausgewertet, wie es hätte nützlicher sein können. Bundeskanzler Adenauer ließ sich mehrfach an der Spitze der Bonner Prominenz auf zahlreichen Massenkundgebungen in Niedersachsen sehen, oft unter freiem Himmel, um für seine erfolgreiche Bundespolitik und die im Lande bisher weniger eindrucksvolle Politik seiner Parteifreunde zu werben; allerdings ging auch er nicht auf die offen gebliebene Frage eines eigenen Spitzenkandidaten ein. In hannoverschen CDU-Kreisen meinte man, seine Bonner Koalition mit dem niedersächsischen DP-Vorsitzenden Hellwege hindere ihn wohl daran.

Hellwege auf der Suche nach Koalitionspartnern

Die DP, überrascht vom Wahlerfolg der CDU bei der Bundestagswahl und auch noch schockiert von dem vorübergegangenen politischen Wirbelsturm der inzwischen vom Bundesverfassungsgericht verbotenen Sozialistischen Reichspartei (SRP), der vor allem über die Dörfer ihrer Stammgebiete hinweggebraust war und beachtliche Wählermassen verunsichert hatte, operierte etwas vorsichtiger – und wohl auch weniger zuversichtlich. So begann der DP-Vorsitzende Heinrich Hellwege seinen niedersächsischen Wahlkampf im Januar 1955 in einer recht kühlen Atmosphäre, die er nicht änderte, wohl auch nicht ändern konnte. Fest stand, dass DP und CDU künftige Regierungspartner sein wollten. Die Teilnahme der FDP war wahrscheinlich, nachdem Hellwege, von der Öffentlichkeit fast unbemerkt, die Zusage des FDP-Bundesvorsitzenden Dr. Thomas Dehler bekommen hatte. Die Teilnahme des noch mit der SPD regierenden BHE blieb indessen unsicher. Während des Osterfriedens hatte der DP-Vorsitzende vorausgesagt: „Herr von Kessel wird einen unverschämt hohen Preis fordern." Hellwege sah sich übrigens schon als Regierungschef und vermisste beim BHE „Loyalität, menschliche Wärme und überhaupt jede Spur von persönlicher Sympathie" bei jenen Persönlichkeiten, die er in das Kabinett – „mein Kabinett" – würde berufen müssen. Er beneidete Hinrich Wilhelm Kopf, denn „Hinrich hat so viele Freunde und kann auf beispielhafte Disziplin rechnen".

Der SPD-Ministerpräsident Hinrich Wilhelm Kopf hatte schon lange vor der Wahl versucht, die bürgerlichen Parteien gegeneinander auszuspielen. Mit Blick auf die DP hatte er erklärt, die SPD sei bereit, mit allen demokratischen Politikern zusammen zu arbeiten, „auch dann, wenn sie zu den Konservativen zählen – aber sie müssen wirklich überzeugt sein, daß es gegen die Arbeiterbewegung keinen demokratischen Aufbau geben kann". Andeutungsweise hatte er in diesem Zusammenhang auch schon mal von einer ihm vorschwebenden möglichen „Arbeiter- und Bauern-Regierung" gesprochen.

Was für ein „Schlitzohr" Hinrich Wilhelm Kopf sein konnte, hatte er zu Beginn des Wahlkampfes im Januar 1955 gezeigt, als er die FDP mit einer „ungewollten Sensation" überraschte, wie die sozialdemokratische ‚Freie Presse' in Osnabrück am nächsten Tag aus Hannover berichtete. Kopf besuchte mit seinem FDP-„Kollegen" Reinhold Maier aus Württemberg unangemeldet eine FDP-Wahlkampfveranstaltung im Saal des alten Rathauses in Hannover. Die beiden Politiker marschierten bis in die vorderste Reihe. Dort begrüßte Kopf Reinhold Maier, den „Löwen von Württemberg", echt schwäbisch mit einem überall im Saale hörbaren „Ha noi!" Dann nahmen beide erwartungsvoll Platz. Wie die „Freie Presse" dazu weiter berichtete, habe es dem Leiter der Versammlung, dem FDP-Bundestagsabgeordneten Dr. Herwart Miessner, fast den Atem verschlagen, als er die beiden Herren da vorne erblickte. Kopf aber habe die Situation sichtlich genossen und sich, zufrieden mit der gelungenen Überraschung, eine Zigarre angesteckt. Zum Schluss der Versammlung, in der Reinhold Maier, wie zu erwarten war, die Saar-Politik Adenauers unter dem Beifall Kopfs mehrfach kritisiert habe, sei ein Journalist auf Kopf zugekommen und habe ihn gefragt, ob er denn nun der FDP beitreten wolle. Kopf habe geantwortet: „Nein, aber vielleicht könnte es umgekehrt sein."

Die ohnehin organisatorisch angeschlagene DP konnte ihren aufwendigen Wahlkampf nur führen, weil das Institut für die niedersächsische Wirtschaft und der Niedersächsische Landvolkverband, an der Spitze der Präsident der Industrie- und Handelskammer Hannover, Christian Kuhlemann, sowie Bauernpräsident Edmund Rehwinkel, wie sie schon im Bundestagswahlkampf 1953 vereinbart hatten, nun auch für den Landtagswahlkampf 1955 wiederum CDU, DP und FDP finanziell wesentlich unterstützten.

Das politische Spektrum vor der Wahl 1955

In Niedersachsen war die SPD, trotz ihres Misserfolgs bei der Bundestagswahl 1953, unbestritten die stärkste Partei. Daran hatte die Persönlichkeit ihres Ministerpräsidenten Hinrich Wilhelm Kopf, des „roten Welfen", einen bedeutenden Anteil. Dennoch waren zwei verschiedene Wahl- und Meinungsforschungsinstitute, bei denen SPD und CDU Befragungen in Auftrag gegeben hatten, zu derselben Erkenntnis gekommen, es könnte bei der Landtagswahl zwischen diesen beiden Parteien ein Kopf-an-Kopf-Rennen geben. Dabei könnte die unbestrittene Beliebtheit des Ministerpräsidenten möglicherweise den Ausschlag zu Gunsten der SPD geben. Denn immerhin hatten 30 % der CDU-Wähler und 38 % der FDP-Wähler die Meinung geäußert, „daß Hinrich Wilhelm Kopf weiterhin Ministerpräsident bleibt". Und eine speziell im Kreis Verden durchgeführte Befragung des Emnid-Institutes verriet dem engsten Kreis der CDU-Landesleitung, dass keiner von ihnen im Bewusstsein der Bevölkerung „auch nur in etwa dem Ministerpräsidenten Kopf an Beliebtheit oder Bekanntschaft das Wasser reichen könnte". Während die CDU-Führung diese Mitteilung natürlich unter der Decke hielt und selbst Journalisten davon keinen Wind bekamen, ging die SPD mit ihren Umfrageergebnissen auf den Markt. Sie bestritt fortan mit einem eindrucksvollen Kopf-Plakat und dem Slogan „Weiter mit Hinrich Wilhelm Kopf" ihren Wahlkampf. Dabei nahm sie in Kauf, dass in der eigenen Partei diese „Heldenverehrung" nicht überall gut aufgenommen wurde. Das Plakat der CDU mit dem stilisierten Reichsadler wirkte demgegenüber schwach und konnte über das Fehlen einer kraftvoll herausgestellten Persönlichkeit nicht hinwegtäuschen.

Schwieriger war die Lage beim BHE, dem Koalitionspartner der SPD in Niedersachsen und der CDU in Bonn. Die *Süddeutsche Zeitung* schrieb eine Woche vor der Landtagswahl: „Mit etwas müder Geste schließt der BHE-Führer von Kessel zur Wahlschlacht das Visier über der sorgendurchfurchten Stirn. Er kann nicht, wie er möchte. Die Spannungen im Gesamt-BHE erschweren ihm die Wahlschlacht, die er unabhängig durch Bonner Koalitionsbindungen mit ‚Saar' und ‚Wiedervereinigung' führen möchte. Es wird berichtet, daß Kessel vom Bundesvorsitzenden Oberländer so gut wie keine Unterstützung erhält." Bezeichnend sei, dass Kessel als Wahlredner fast nur Bundestagsabgeordnete erbeten habe, die der Gruppe um Linus Kather angehören. Die Antwort sei gewesen, dass die Parteileitung nun überhaupt keine Redner nach Niedersachsen schicken wolle.

Zum besseren Verständnis sei hier darauf hingewiesen, dass Linus Kather zunächst ein maßgebender Vertreter der Vertriebenen in der CDU gewesen war, dann nach der Gründung des BHE im Zorn von der CDU schied, zu der neuen Partei ging und bei dieser auch blieb, als später mit Theodor Oberländer ein großer Teil der BHE-Mitglieder zur CDU wechselte.

10. LANDTAGSWAHL 1955 UND DIE REGIERUNG HELLWEGE

Am 24. April 1955 fand die Landtagswahl in Niedersachsen statt. Aus dem vorhergesagten Kopf-an-Kopf-Rennen der beiden großen Volksparteien SPD und CDU war nichts geworden. Die SPD blieb mit 35,2 % der Stimmen klar die stärkste Partei. Die CDU, die nur auf 26,6 % gekommen war, konnte allerdings, gemeinsam mit den 12,4 % der DP, die SPD doch noch überrunden. Die CDU errang 43, die DP 19 Mandate, zusammen also 62 Mandate, denen die 59 Mandate der SPD gegenüber standen. Als weitere Parteien kamen GB/BHE mit 11,0 % und 17 Sitzen, FDP mit 7,9 % und zwölf Sitzen, DRP mit 3,8 % und sechs Sitzen, KPD mit 1,3 % und zwei Sitzen sowie das Zentrum mit 1,1 % und einem Sitz in den Landtag der dritten Wahlperiode. Es gab damals noch nicht die generelle Sperrklausel von fünf Prozent für die Parteien. Interessant ist noch, dass ausgerechnet der Braunschweiger SPD-Minister Alfred Kubel, der „Star" in Hinrich Wilhelm Kopfs Kabinett, seinen Wahlkreis Goslar an den Geschäftsführenden Vorsitzenden der CDU in Niedersachsen, Dr. Otto Fricke, Goslar, verlor.

Die bisherige SPD/BHE-Koalition unter Kopf hatte also keine Mehrheit mehr. Jetzt schlug die große Stunde der bürgerlichen Parteien, um die SPD erstmals in der Nachkriegszeit auf die harten Bänke der Opposition zu schubsen. Zeitzeugen erinnern sich noch an die damaligen Wahlabende, besser gesagt: Wahlnächte. Auch diesmal wurde es eine lange Nacht, nachdem die Wahllokale um 18 Uhr ihre Türen geschlossen hatten. Gegen 21 Uhr machte das Funkhaus in Hannover mit dem Fernsehen, in Schwarz-Weiß, zum ersten Male den Versuch einer Livesendung mit den Vertretern der Parteien und Journalisten im Rahmen einer Berichterstattung. Vor einem halben Jahrhundert gab es natürlich noch keine Hochrechnungen, die schon wenige Minuten nach Schließung der Wahllokale bis auf etwa ein Prozent genau das Wahlergebnis prognostizieren können und damit – meistens – schon jede Spannung rauben. 1955 aber musste man auf jedes einzelne Ergebnis der 95 Wahlkreise warten, die im Foyer des Funkhauses auf einer überdimensionalen Karte sofort eingezeichnet wurden. Das dauerte Stunden, je nachdem, wie schnell die Wahlhelfer in den einzelnen Wahllokalen zählten und abrechneten.

Für die CDU hatte die Landesleitung, fernsehscheu, wie die meisten damals noch waren, den Generalsekretär Arnold Fratzscher ins Funkhaus geschickt. Ähnlich taten es die anderen Parteien. Nur als sich gegen Mitternacht abzeichnete, dass die SPD wiederum stärkste Partei im Lande würde, erschien, siegesgewohnt und seines Auftritts sicher, Ministerpräsident Hinrich Wilhelm Kopf, zunächst im Funkhaus, dann auch auf dem Bildschirm, um dem Volke zu erklären, dass es wohl wieder der SPD zufallen würde, die Regierung zu bilden. Erst nach langem Warten gelang es der CDU, ihr Vorstandsmitglied Dr. Hofmeister ins Fernsehen zu bringen. Er wies Kopf nicht ungeschickt darauf hin, dass die bisher vorliegenden Wahlergebnisse doch noch andere Möglichkeiten einer Regierungsbildung offen ließen. Klar war nur, dass Kopf mit seiner bisherigen Regierung keine Mehrheit mehr hatte. Klar war aber auch, dass zumindest CDU, DP und FDP untereinander im Wort waren, zuerst alles zu versuchen, ohne oder auch gegen die SPD eine Koalition zustande zu bringen. Ermüdet gingen weit nach Mitternacht die Politiker, die Journalisten, die Rundfunk- und Fernsehleute und die Zuschauer erst einmal schlafen.

Am nächsten Tag, am 25. April 1955, traf sich die Landesleitung der CDU in Niedersachsen um 13 Uhr zur Lagebesprechung. Den Vorsitz führte der Präsidierende Vorsitzende Adolf Cillien. Es wurde zunächst viel hin und her geredet, über den

Wahlkampf, über das Ergebnis, bevor man endlich „zur Sache" kam: Welche Koalition soll zuerst angestrebt werden und wer soll als Anwärter auf den Posten des Ministerpräsidenten die Verhandlungen mit den anderen Parteien führen?

Generalsekretär Fratzscher wurde ans Telefon gerufen, Ferngespräch aus Bonn. Nach etwa einer Viertelstunde kehrte er zurück und berichtete – mit einem Notizzettel in der Hand – etwas bleich und aufgeregt, Dr. Adenauers Staatssekretär Globke ließe ausrichten, dass nach in Bonn vorliegenden Informationen DP-Bundesminister Hellwege bereits in Hannover mit FDP und BHE verhandele, und dass es nützlich sein würde, wenn sich die CDU in Hannover sogleich in die laufenden Verhandlungen einschalten würde. Der Bundeskanzler wünsche, dass die niedersächsische CDU eine niedersächsische Landesregierung nach dem Muster der Bonner Koalition bilde, weil wegen außenpolitischer Notwendigkeiten im Bundesrat eine Zwei-Drittel-Mehrheit für die Politik des Bundeskanzlers wiederhergestellt werden müsse, zumal gerade kurz zuvor in München eine Landesregierung von SPD/BHE/FDP/Bayernpartei unter Ministerpräsident Hoegner gegen die CSU gebildet worden war. Globke sagte weiter, die niedersächsische CDU solle sich mit einer bescheidenen Rolle in der neuen Landesregierung begnügen; die Hauptsache sei: Die SPD müsse in die Opposition. Heinrich Hellwege solle unmissverständlich für das Amt des Ministerpräsidenten nominiert werden und möge die Zusammenstellung des Kabinetts übernehmen. Für die Kabinettsliste empfehle der Bundeskanzler drei CDU Landesminister, zwei DP (davon einer als Ministerpräsident), ferner zwei BHE und zwei FDP.

Unmittelbar nach Beendigung der Sitzung sagte ein Mitglied der Landesleitung: „Wir haben diesen ‚Kommandanturbefehl' loyal an Hellwege weitergegeben. Hoffentlich schafft er es. Innerhalb von zwei Wochen brauchen wir die Kabinettsliste."

Der Generalsekretär musste sich als Überbringer dieser Telefonnachricht später den Vorwurf gefallen lassen, den Inhalt dieses Gesprächs zu pointiert vorgetragen zu haben, gleichsam als handele es sich um „einen Wink aus Bonn". Auf jeden Fall hatte seine in der Sache korrekte Mitteilung die Wirkung, dass sich die Herren der CDU spontan entschlossen, eine Verhandlungskommission der CDU mit Dr. Fricke, August Wegmann, Dr. Hofmeister und Generalsekretär Fratzscher zu bilden und noch in der gleichen Stunde mit fliegenden Rockschößen in das DP-Büro zu eilen, wo Hellwege gerade eine erste Besprechung mit der FDP abgeschlossen hatte. Die Fortsetzung dieser Besprechung mit Beteiligung der CDU wurde für den nächsten Tag vereinbart.

Am Ende der ersten Woche legte die CDU-Verhandlungskommission der Landesleitung und den Mitgliedern der neuen CDU-Landtagsfraktion ihren ersten Bericht vor. Danach sah es so aus, dass Heinrich Hellwege, als in Aussicht genommener Ministerpräsident, bereit war, der DP das Justizministerium, der CDU das Innen- und Finanzministerium sowie das Sozialministerium zu geben. Der BHE beharrte, trotz geringer gewordener Fraktionsstärke, weiterhin auf drei Ministerposten, die FDP forderte zwei Ministerien, darunter das Kultusministerium, das der Fraktionsvorsitzende Leonhard Schlüter übernehmen sollte; der ließ durchblicken, dass er bereit sei, einen Staatssekretär von der CDU zu nehmen.

Heinrich Hellwege (1908–1991)

Der Zentralausschuss der CDU in Niedersachsen hatte beschlossen, den Landtagsabgeordneten der DP die Bildung einer gemeinsamen Fraktion mit der CDU vorzuschlagen und Dr. Werner Hofmeister (CDU) als Landtagspräsidenten zu nominieren. Das war deshalb nötig, weil es ein ungeschriebenes Gesetz war, dass die stärkste Fraktion den Parlamentspräsidenten stellt. Die inzwischen zu einer Fraktionssitzung zusammengetretenen CDU-Abgeordneten stimmten diesen Überlegungen zu. Sie mussten sich allerdings sagen lassen, dass vor allem wegen der überhöhten Personalforderungen des BHE und der FDP noch nicht alle Schwierigkeiten ausgeräumt seien und dass auch erkennbar sei, dass Kopf seine Versuche, ein Kabinett unter seiner Führung zu bilden, noch nicht aufgegeben hatte. Mit dem BHE hatte er schon verhandelt, und wenige Tage nach der Wahl Adolf Cillien in Bonn aufgesucht, ohne klar zu erkennen zu geben, was er eigentlich wirklich wollte.

Die CDU und DP stimmten am ersten Sonnabend nach der Wahl dem bisherigen Verhandlungsergebnis zu. Sie ahnten jedoch nicht, welche Zeitbombe sie sich mit der Zustimmung zu Schlüter als Kultusminister ins Nest gelegt hatten. Diese Frage geriet zunächst aber in den Hintergrund, weil sich der BHE spreizte, bis er mit zäher Taktik erreichte, dass die anderen drei Parteien die drei BHE-Minister „schluckten". Die Verhandlungen um die Einzelheiten der neuen Koalition und der Regierungsbildung zogen sich doch noch mehrere Wochen hin. Mitte Mai war alles „in trockenen Tüchern". Das wurde auch dadurch deutlich, dass Kopf inzwischen seine Störversuche aufgegeben hatte und eine Reise nach Japan vorbereitete, von der er erst zu der Zeit wieder nach Hannover zurückkehrte, als das Kabinett Hellwege umgebildet und die SPD wieder ins Regierungsboot aufgenommen werden musste. Aber davon wird später noch zu berichten sein.

Doch auch in der neuen CDU-Landtagsfraktion lief nicht alles glatt. So hatte es um die Besetzung des Sozialministeriums ein Tauziehen gegeben. Cillien hatte seinen Generalsekretär Arnold Fratzscher, der aus der kirchlichen Sozialarbeit kam, vorgeschlagen. Andere schlugen den langjährigen Landtagsabgeordneten Schlosser Anton Eickmeier aus Delmenhorst vor. Aber der lehnte ab. Weil es aus unterschiedlichen, unerfindlichen Gründen für den Generalsekretär in der Fraktion keine Mehrheit gab, einigte man sich schließlich auf ein Nichtmitglied des Landtags, Dr. Heinz Rudolph aus Wilhelmshaven. Auch der von der FDP benannte Aufbauminister Dr. Konrad Mälzig, der bald darauf neuer Landesvorsitzender der Freien Demokraten wurde, gehörte nicht dem Landtag an.

Als sich der neue Landtag Mitte Mai konstituierte, wurden Dr. Werner Hofmeister (CDU) zum Landtagspräsidenten und Heinrich Hellwege (DP) mit den Stimmen der Koalition aus DP, CDU, FDP und GB/BHE zum Ministerpräsidenten gewählt. Zur Landesregierung gehörten für die CDU die Minister August Wegmann (Innenminister), Dr. Helmut Andreas Koch (Finanzminister) und Dr. Heinz Rudolph (Sozialminister); für die DP Richard Langeheine (Justizminister); für die FDP Leonhard Schlüter (Kultusminister) und Dr. Konrad Mälzig (Aufbauminister); für den GB/BHE Hermann Ahrens (Minister für Wirtschaft und Verkehr), Friedrich von Kessel (Minister für Ernährung, Landwirtschaft und Forsten) und Erich Schellhaus (Minister für Vertriebene, Flüchtlinge und Kriegssachgeschädigte).

Die Regierung Hellwege stand unter keinem guten Stern

Nach der Vorstellung des Kabinetts mit Leonhard Schlüter als Kultusminister gab es nicht nur einen Aufschrei und Protest in der Göttinger Universität, sondern auch einen bundesweit Aufsehen erregenden Skandal: Die so genannte „Schlüter-Affäre" des Kultusministers der 14 Tage. Hannover stand politisch im Mittelpunkt des Interesses der Republik, und die Medien hatten ihre große Zeit. Es ging um den damals 33-jährigen Leonhard Schlüter, eine der schillerndsten politischen Figuren jener Tage. Er hatte zwischen 1945 und 1955 mehr Aufsehen erregt, als jeder seiner Altersgenossen in Westdeutschland. Der 1921 in Rinteln an der Weser geborene Schlüter war nach dem Sprachgebrauch der Nationalsozialisten Halbjude. Er wurde deshalb 1942 trotz hoher Tapferkeitsauszeichnungen aus der Wehrmacht entlassen und nach anschließendem Jurastudium an der Göttinger Universität nicht zum Staatsexamen zugelassen. Seit der Zeit gab es Spannungen zwischen Göttinger Professoren und Schlüter. Er war gleich nach Kriegsende von den Besatzungstruppen als Chef der Göttinger Polizei eingesetzt worden, gründete 1951 einen Verlag, in dem er vorwiegend Schrifttum mit ehemals nationalsozialistischem Gedankengut veröffentlichte, wurde Mitbegründer der Deutschen Rechtspartei, einer Vorläuferin der radikalen Deutschen Reichspartei, bis er der FDP beitrat, für die er im Landtag als stellvertretender Fraktionsvorsitzender und Schul- und Kultusexperte wirkte.

Als Ministerpräsident Hellwege ihn auf Drängen der FDP zum Kultusminister berufen musste, brach der Sturm los. Als erste protestierte die *Allgemeine Wochenzeitung der Juden in Deutschland*. Dann traten Rektor und Senat der Universität Göttingen zurück. Die Studenten schlossen sich dem Protest an. Hellwege stellte sich schützend vor Schlüter, weil er sich von den Professoren nicht erpressen lassen wollte. Die SPD-Opposition im Landtag beantragte Schlüters Entlassung und einen Untersuchungsausschuss. Erstere wurde abgelehnt, letzterer wurde eingesetzt. Als aber die Stimmung immer höhere Wellen schlug, bot der Kultusminister Schlüter nach 14-tägiger Amtszeit seinen Rücktritt an. Damit war erst einmal Ruhe im Lande.

Der Schlüter-Untersuchungsausschuss des Landtags nahm unter dem Vorsitz des CDU-Abgeordneten Arnold Fratzscher seine Arbeit auf. Noch bevor der Abschlussbericht vorlag, trat Schlüter aus der FDP aus und beendete als fraktionsloser Abgeordneter die Legislaturperiode.

Weil in den bisherigen fünf Untersuchungsausschüssen des Landtags durchweg mehr oder weniger unterschiedliche Mehrheits- und Minderheitsberichte dem Ansehen des Parlaments wenig förderlich gewesen waren, schrieb der CDU-Abgeordnete Fratzscher als neu gewählter Vorsitzender des Schlüter-Ausschusses – wie er später einmal erzählte: einer Eingebung folgend – spontan auf einen abgerissenen Fetzen Papier: „Könnten wir uns nicht gegenseitig versprechen, daß wir bei den kommenden Verhandlungen im Untersuchungsausschuß auf unsere jeweiligen politischen Freunde einwirken, um zu einem einstimmigen Votum zu kommen?" Ein zufällig anwesender Kellner brachte den Zettel unauffällig zu der auf der anderen Seite unter den Abgeordneten der SPD sitzenden Maria Meyer-Sevenich, die gleichfalls Mitglied des Untersuchungsausschusses war. Der Zettelschreiber war sichtlich erleichtert, als die Adressatin nach kurzem Überlegen betont nickte. Dieses Versprechen wurde dann, ohne dass die beiden weiter darüber zu sprechen brauchten, in den folgenden sieben Monaten durchgehalten, trotz vieler großer Schwierigkeiten.

Nach zwei Jahren platzte die bürgerliche Koalition

Das einschneidendste Ereignis der 50er Jahre, nach der Bildung der ersten bürgerlichen Regierung der Nachkriegszeit in Niedersachsen 1955, war der Bruch dieser Koalition aus DP, CDU, FDP und BHE schon zwei Jahre später. Hierzu können wir nochmals auf die Erinnerungen von Arnold Fratzscher zurückgreifen, der nicht nur als Generalsekretär der CDU in Niedersachsen an den Schalthebeln der Partei saß, sondern inzwischen als Landtagsabgeordneter auch auf der landespolitischen Bühne mitspielte.

Als sich am 23. November 1956 die niedersächsische Landesregierung anschickte, das zehnjährige Bestehen des jungen Landes würdig zu feiern, unter anderem auch durch die Stiftung einer Landesmedaille, die zukünftig Persönlichkeiten verliehen werden sollte, die sich durch außergewöhnliche Leistungen in besonderem Maße um Niedersachsen verdient gemacht hätten, war es noch verhältnismäßig ruhig im Miteinander der Koalitionspartner. Nur ein sehr aufmerksamer Beobachter konnte ahnen, dass sich dies bald ändern würde, spätestens im Zusammenhang mit den für den Herbst 1957 anstehenden Bundestagswahlen.

Die FDP in Niedersachsen begann schon zu „wackeln", als die Liberalen im Februar 1956 im Nachbarland Nordrhein-Westfalen aus der Koalition mit der CDU ausgebrochen waren und den Sozialdemokraten Steinhoff zum neuen Ministerpräsidenten mitwählten. Der Düsseldorfer Regierungssturz sollte, so wurde von den „Jungtürken" der FDP gefordert, eine Wendemarke in der deutschen Politik sein und beweisen, dass in Bonn auch eine Koalition ohne Adenauer möglich sein könnte. Es liegt nahe, dass dieser Vorgang sich auch auf die in sich uneinige FDP in Niedersachsen auswirken musste. Sie hatte sich gerade von ihren „Steinzeitliberalen" getrennt, mit ihrem Fraktionsvorsitzenden Schlüter Schiffbruch erlitten und suchte nun unter wechselnden neuen Vorsitzenden nach einer neuen Orientierung.

Ähnlich erging es dem BHE. Er hatte zunächst als Bund der Heimatvertriebenen und Entrechteten einen erfolgreichen Start, als ihm 1950 die Besatzungsmächte reichlich spät die Erlaubnis zur Parteigründung gegeben hatten. Inzwischen hatte die Partei, um sich ein noch größeres Wählerreservoir zu sichern, ihren Namen auf Gesamtdeutscher Block/BHE (GB/BHE) erweitert. Doch die Erfolgschancen wuchsen nicht, sondern schwanden. Das machte sie unsicher und so suchten GB/BHE und FDP aneinander Halt.

Noch einmal trat die Koalition der Regierung Hellwege, entgegen den Erwartungen der SPD, geschlossen auf: am 12. Juli 1957 bei der Verabschiedung des Privatschulgesetzes im Landtag. Als dann aber am Abend des 15. September 1957 deutlich wurde, dass Konrad Adenauer bei der dritten Bundestagswahl entgegen allen Unkenrufen mit 50,2 % aller Stimmen für die Union allein die absolute Mehrheit im Bundestag und damit die bisher eindrucksvollste Bestätigung seiner Regierungspolitik erreicht hatte, und auch in Niedersachsen die CDU mit 39,1 % der im Lande abgegebenen Stimmen weit an der Spitze lag gegenüber der DP mit 11,4 %, dem GB/BHE mit 7,6 % und der FDP mit 5,9 %, kam es bei der FDP und dem GB/BHE zu einer überraschenden Reaktion. Sie erklärten im Landtag, dass sie sich zu einer Gemeinschaftsfraktion zusammengeschlossen hätten, wohl in der Hoffnung, sich so in der Koalition gegenüber DP-CDU besser behaupten und von Fall zu Fall bei unbequemen Entscheidungen als „Opposition in der Koalition" Punkte bei den Wählern sammeln zu können.

Erstmals große Koalition DP/CDU-SPD

Doch damit noch nicht genug. Einige Wochen später, am 5. November 1957, ließ die neu geschaffene BHE/FDP-Fraktion im Landtag wissen, dass sie die sechs Mitglieder der DRP-Fraktion als Hospitanten aufgenommen habe. Das war für die DP/CDU-Fraktion unerträglich, dass die Rechten, selbst unter dem Deckmäntelchen von Hospitanten, auf Regierungsentscheidungen einwirken könnten. Ministerpräsident Hellwege, sonst als „Heinrich Cunctator" (Zauderer) bekannt, handelte diesmal schnell. Er sprach mit Hinrich Wilhelm Kopf, dieser mit seiner SPD-Fraktion, und ehe sich BHE/FDP versahen, flogen sie aus der Regierung. Hellwege und Kopf beschlossen eine große Koalition aus DP/CDU und SPD. Schon am 19. November 1957 bestätigte der Landtag die Entlassung der BHE- und FDP-Minister und die neue Landesregierung. Hellwege blieb Ministerpräsident, Kopf wurde Innenminister und stellvertretender Ministerpräsident. Die CDU benutzte die Kabinettsumbildung zu einem Revirement. August Wegmann übernahm das Finanzministerium, das Dr. Koch mit Rücksicht auf seinen Gesundheitszustand freimachte, Landwirt Kurt Rißling aus Ringelheim, der früher schon einmal braunschweigischer Landwirtschaftsminister gewesen war, wurde nun Minister für Ernährung, Landwirtschaft und Forsten und Landtagspräsident Dr. Werner Hofmeister wurde wieder Justizminister. An seine Stelle wählten die Abgeordneten Paul Oskar Schuster (CDU) zum neuen Landtagspräsidenten. Sozialminister Dr. Heinz Rudolph, der nicht Mitglied des Landtags war, schied aus. Für die DP blieb Richard Langeheine Kultusminister. Die SPD entsandte Dr. Georg Diederichs als Sozialminister und Alfred Kubel als Minister für Wirtschaft und Verkehr sowie Albert Höft als Minister für Vertriebene, Flüchtlinge und Kriegssachgeschädigte in das neue Kabinett.

Wer Heinrich Hellwege kannte, der unter Freunden, aber auch öffentlich vor der Presse, immer wieder betonte, dass er das Amt des Regierungschefs nicht angestrebt, sondern dass man ihn gerufen habe, kann sich vorstellen, wie erleichtert er war, die leidige Vormundschaft durch den Koalitionsausschuss gegen die erfahrene Hilfe seines Vorgängers im Amt eintauschen zu können. Denn mit dem unter der ersten Hellwege-Regierung aus DP, CDU, FDP, BHE eingeführten Koalitionsausschuss war es natürlich vorbei. Und die CDU musste begreifen, dass die Konstruktion eines solchen Ausschusses mit einem CDU-Politiker an der Spitze der schlechteste Ersatz dafür war, dass die CDU nach dem Tode von Hermann Ehlers keinen eigenen, allgemein anerkannten Kandidaten für das Amt des Ministerpräsidenten herausstellen konnte oder wollte. Das Dilemma zeigte sich für die CDU in Niedersachsen auch bei der nächsten Landtagswahl. Während Heinrich Hellwege in Niedersachsen schnell handeln musste, konnte sich Konrad Adenauer in Bonn Zeit lassen. Obwohl die CDU die absolute Mehrheit bei der Bundestagswahl erreicht hatte und hätte allein regieren können, holte er Ende Oktober 1957 die DP wieder mit in sein Kabinett. Dass Hans-Christoph Seebohm und Dr. von Merkatz wieder mit dabei waren, brauchte nach dem Wahlabkommen, das in Niedersachsen vor allem im Interesse der DP zustande gekommen war, niemanden zu überraschen. Die CDU in Niedersachsen hatte nämlich, da die DP allein wohl kaum über die Hürden des Wahlgesetzes gekommen und vermutlich an der Fünf-Prozent-Sperrklausel gescheitert wäre, in einigen Bundestagswahlkreisen, darunter Fallingbostel, Rotenburg, Göttingen und auch Celle, auf die Aufstellung eines eigenen Kandidaten verzichtet. So konnte die DP einigermaßen sicher sein, die notwendige Zahl von Direktmandaten zu bekommen und wieder in den Bundestag einzuziehen.

Der damalige Celler Bundestagsabgeordnete Bauer Wilhelm Brese erinnert sich noch gut an eine Äußerung Konrad Adenauers, als es darum ging, auch in Celle nur eine Kandidatin der DP, nämlich Margot Kalinke, aufzustellen, und Brese dafür auf der Landesliste abzusichern: „Ich verstehe die Abgeordneten aus Niedersachsen nicht. Ich komme soeben aus der Fraktion der DP, und da waren wir uns sofort einig."
In seien Erinnerungen schreibt Bauer Brese weiter: „Der Höhepunkt war die Versammlung mit Adenauer in der Werkhalle der ITAG (Internationale Tiefbohr GmbH & Co. KG) in Celle. Sie hat denn auch mein Selbstvertrauen wieder gefestigt. Der Besuch der Versammlung war außergewöhnlich groß. Die Halle, das Gelände des Werkes und die umliegenden Straßen waren voller Menschen. Ich leitete die Versammlung. Adenauer war bester Laune und lobte mich über den grünen Klee. Frau Kalinke, die ganz vorne saß, erwähnte er mit keinem Wort. Er wußte genau, daß dadurch nur Unruhe entstanden wäre. Als wir dann nachher neben einander bei dem großen Empfang im Celler Hof saßen, erlebte

ich ihn, wie ich ihn noch nie erlebt hatte. Er steckte mir eine Rose an und fragte mich, ob ich nun wieder versöhnt sei. Als ich das bejahte, erhob er sein Glas auf mein Wohl und sagte: ‚Das ist eine der schönsten Versammlungen, die ich je erlebt habe!'"

Radikale Parteien ohne Chancen

In Niedersachsen zeigte sich einmal mehr, dass die kleinen Parteien mit den großen Parteien keine Geschäfte machen konnten. Besonders die radikalen Parteien, von links oder von rechts, hatten vor allem bei der CDU in Niedersachsen keine Chancen. Die Sozialistische Reichspartei (SRP) war kurz nach ihrem Einzug in den Landtag vom Bundesverfassungsgericht für verfassungsfeindlich erklärt und verboten worden. Die damalige KPD traf mit einer gewissen Verzögerung noch in derselben Legislaturperiode das gleiche Schicksal. Als die DRP-Abgeordneten als Hospitanten zur FDP/BHE-Fraktion wechselten, war es auch mit ihnen vorbei. Die FDP und der BHE lösten übrigens ihre Fraktionsgemeinschaft schnell wieder auf, und niemand wollte später wissen, warum sie überhaupt zustande gekommen war.

Auf Grund der gemachten Erfahrungen war es fast selbstverständlich, oder wie man im Jargon des Landtags zu sagen pflegt: ein Selbstgänger, dass die neue Koalition in Niedersachsen schon bald das Landeswahlgesetz änderte und für die Landtagswahlen eine Sperrklausel von fünf Prozent einführte.

Erwähnenswert ist noch, dass im Frühjahr 1958 der ehemalige Landrat des Kreises Osterode, Heinz Müller, von der FDP zur CDU-Fraktion wechselte. Er wurde später Landtagspräsident. Es war nicht der erste und vor allem nicht der einzige Wechsel von hochrangigen Politikern anderer Parteien zur CDU in Niedersachsen. So wurden in dieser Zeit schon die ersten großen Auflösungserscheinungen beim BHE und bei der DP sichtbar, deren aktive Persönlichkeiten, soweit sie nicht auf eine weitere politische Tätigkeit verzichteten, nach und nach ihren gebührenden Platz in der CDU in Niedersachsen fanden.

Die Tragik des August Wegmann

Es war das tragische Schicksal des Ministers August Wegmann, einer der fähigsten Köpfe der CDU in Niedersachsen im Kabinett Hellwege, dass er im Zuge der Verhandlungen um die Neubildung der zweiten Regierung Hellwege dem vormaligen Ministerpräsidenten Hinrich Wilhelm Kopf von der SPD das Innenministerium überlassen und das Finanzministerium übernehmen musste. Zwei wichtige Gesetzesvorlagen hatte der Oldenburger auf den Weg gebracht: die neue Landkreisordnung und das Oldenburggesetz. Für beide Gesetze konnte er bis zum Ende der Legislaturperiode nicht mehr die Früchte seiner segensreichen Tätigkeit ernten.

Ministerpräsident Hellwege hatte schon im Mai 1956 in seiner ersten Regierungserklärung betont, dass es nun an der Zeit sei, eine neue Landkreisordnung vorzulegen, nachdem eine Gemeindeordnung für alle Gemeinden bis hin zu den kreisfreien Städten in Kraft war. Außerdem wolle die Landesregierung den Versuch unternehmen, „organisatorische und rechtliche Maßnahmen zu treffen, die geeignet sind, die Selbständigkeit der landschaftlichen Kräfte innerhalb Niedersachsens zu fördern". In diesem Zusammenhang hatte Hellwege ausdrücklich den Landesfürsorgeverband Oldenburg erwähnt und damit dem Innenminister Wegmann, der Mitglied im Vorstand des Oldenburgischen Landesbundes war, die Stoßrichtung angedeutet. In der Regierungserklärung heißt es zur Begründung: „Um ein Zusammenwachsen der verschiedenen Teile des Landes Niedersachsen zu fördern und zur Entwicklung eines echten Staatsbewußtseins in Niedersachsen beizutragen". Am 8. Februar 1956 hatte Innenminister Wegmann nach sorgfältiger Vorbereitung dem Landtag den Entwurf einer Landkreisordnung vorlegen können. Schon in der ersten, auf hohem Niveau geführten Debatte wurde deutlich, dass das Gesetz eine breite Zustimmung finden würde. Allerdings zeichnete sich auch ab, dass sich die von Wegmann aus der schleswig-holsteinischen Lösung übernommene Bezeichnung „Kreispräsident" statt Landrat nicht durchsetzen würde. Denn die starke, fraktionsübergreifende „Fraktion der Landräte" im Landtag wollte auf den liebgewonnenen Titel nicht verzichten. Es war nicht Wegmanns Verschulden, dass die neue Landkreisordnung wegen der eingehenden Besprechungen in den Ausschüssen nicht mehr in seiner Amtszeit als Innenminister, sondern erst unter dem Innenminister Kopf im zweiten Kabinett Hellwege zum 1. Juli 1958 in Kraft treten konnte.

Schwieriger gestaltete sich das geplante „Oldenburggesetz“. Damit wollte Wegmann sehen, ob und wie sich die Wünsche des Oldenburgischen Landesbundes realisieren ließen. Nach eingehenden Beratungen, an denen vor allem auch der damalige Landtagsabgeordnete und spätere Bundestagsabgeordnete Hermann Siemer großen Anteil hatte, konnte schließlich nur eine „Landschaft Oldenburg“ als Zweckverband eigener Art entstehen mit bestimmten kommunalen Aufgaben, „deren Erfüllung die Verwaltungs- und Finanzkraft der oldenburgischen Landkreise und freien Städte übersteigt“. Es liegt eine gewisse Tragik darin, dass Wegmann wegen der Schwierigkeiten der Materie nicht mehr dazu kam, seinen Entwurf selbst im Kabinett und im Landtag vorzulegen. Das musste er seinem Nachfolger im Amt, Hinrich Wilhelm Kopf, überlassen. Er tat es, bei zugestandener eigener Kritik, „loyal“. Doch es blieb nicht mehr genug Zeit, den Entwurf bis zum Schluss der Legislaturperiode in den Landtagsausschüssen zu beraten, so dass es nicht mehr zur zweiten und dritten Lesung kam. Nach Einschätzung von Fachleuten wäre das Oldenburggesetz allerdings letztlich mit Mehrheit abgelehnt worden. Doch es bleibt das Verdienst Wegmanns, versucht zu haben, diese komplizierte Materie und die nebulösen Vorstellungen in eine Gesetzesvorlage zu pressen. Das wird ihm niemand streitig machen können. Im Übrigen wussten die selbstbewussten Oldenburger, wie sie im großen Niedersachsen auch auf andere Weise zu Geld zu kommen konnten. Ein Beispiel dafür ist der Wiederaufbau des im Kriege arg zerstörten Museumsdorfes Cloppenburg. Zum Richtfest hatte der damalige Ministerpräsident Kopf stolz erklärt, die Landesregierung habe beschlossen, in Form einer Stiftung dem Museumsdorf jährlich 100.000 DM aus der Landeskasse zu zahlen. Als der gleichfalls anwesende Landtagspräsident sich in diesem Augenblick vernehmlich räusperte, fügte Kopf hinzu: „gesetzt den Fall, daß der Landtag uns die Mittel dazu bewilligt“. Und der Cloppenburger CDU-Landtagsabgeordnete Leo

Reinke wusste als angesehenes Mitglied des Haushaltsausschusses schon dafür zu sorgen, das Kopfs schnelles Versprechen auch eingehalten wurde.

11. DAS ENDE DER ÄRA HELLWEGE

Als die Landtagswahl am 19. April 1959 bevorstand, war das Ziel für die CDU in Niedersachsen klar: mit einem eigenen CDU-Kandidaten die Wahl gewinnen und endlich auch den Ministerpräsidenten stellen – und das ohne eine Koalition mit der SPD. Wer kam für diese Spitzenposition in Frage?

Der Präsidierende Vorsitzende der CDU in Niedersachsen, Adolf Cillien, hatte seinen politischen Schwerpunkt schon längst im fernen Bonn an der Seite Konrad Adenauers und im Vorstand der CDU-Bundestagsfraktion gefunden. Er zeigte keine Begeisterung, wieder in die „Niederungen" der Landespolitik hinabzusteigen. Der zweite Mann in der Führung der CDU in Niedersachsen, der Geschäftsführende Vorsitzende Dr. Otto Fricke, seit langem schon der eigentliche Chef der niedersächsischen Christdemokraten, drängte sich für eine Spitzenkandidatur ebenso wenig auf, obwohl viele es wollten. Doch „Kaiser Otto" genügte die Funktion als „Graue Eminenz". Er zog ja ohnehin die Fäden der Politik, ohne ihn lief sowieso nichts. Und außerdem lagen ihm seine Unabhängigkeit und die Leitung seines Baustoffgroßhandels in Goslar so sehr am Herzen, dass er sie ungern aufgeben mochte.

Wenn man weiter in die Runde der CDU-Granden schaute – und das taten neben der Führung der CDU-Landespartei und der CDU-Landtagsfraktion vor allem die, wie immer wild spekulierenden Journalisten –, blieb eigentlich nur der außerordentlich verdienstvolle, aber politisch doch eher blasse und biedere Braunschweiger CDU-Landesvorsitzende Dr. Werner Hofmeister, amtierender niedersächsischer Justizminister, übrig.

Die DP hatte beschlossen, wie der Historiker Klaus Müller berichtete, „den Wahlkampf in erster Linie und bis aufs Messer gegen die CDU zu führen". Zugleich wollte sie jedoch eine allzu große Nähe zur SPD vermeiden, um ihre potentiellen Wähler nicht abzuschrecken. Die Absicht, Dr. Hofmeister als Spitzenkandidaten der CDU herauszustellen, hatte bei der DP Zorn ausgelöst. Aber er war nicht der Stein des Anstoßes, sondern eher der Geschäftsführende Vorsitzende der CDU in Niedersachsen, Dr. Otto Fricke, dem die DP immer noch unterstellte, Heinrich Hellwege in einer bürgerlichen Landesregierung ablösen zu wollen.

Die CDU in Niedersachsen ging mit großen Hoffnungen und Erwartungen in die Landtagswahl 1959. Die Partei war noch immer beflügelt von dem großartigen Erfolg der vergangenen Bundestagswahl, als sie auch in Niedersachsen stärkste Partei geworden war. Aber kritische Beobachter wussten auch, dass Bundestagswahlen „Adenauer-Wahlen" waren, und dass der biedere Dr. Hofmeister eben kein Dr. Adenauer war. Ja, wenn man ehrlich war, musste man auch eingestehen, dass jeder, der gegen den unumstrittenen, im Lande außerordentlich populären Hinrich Wilhelm Kopf anzutreten hatte, auf verlorenem Posten stand. Dazu war unübersehbar, dass die kleineren Parteien inzwischen sehr an Ansehen, Bedeutung und in der Wählergunst verloren hatten. Und Auflösungserscheinungen wurden schon deutlich. Die CDU in Niedersachsen hatte auf ihrem Wahlparteitag am 16. März 1959 in Hannover als ihr Wahlziel erklärt, nach der Bundestagswahl, wo sie fünf Prozent mehr Stimmen als die SPD erreicht hatte, nun auch bei der Landtagswahl in Niedersachsen stärkste Partei zu werden. Dabei war klar, dass der Stimmenzuwachs im Wesentlichen aus dem bürgerlich-konservativen Lager kommen musste. Das konnte dann zwangsläufig nur zu Lasten der zweitstärksten bürgerlichen Partei, eben der DP, gehen. Deren Widerstand gegen die von der CDU ausgehenden Verschmelzungspläne und die Ankündigung der DP, die Fraktionsgemeinschaft nicht fortsetzen zu wollen, waren geeignet, der CDU ihre Stoßrichtung zu erleichtern. Der Kampf gegen die SPD wurde im CDU-Wahlmanifest nur in einem Satz erwähnt, der auch noch bundespolitisch begründet war, keine Opposition im Bundesrat gegen die Bundesregierung zuzulassen. In einer Pressekonferenz auf dem Wahlparteitag in Hannover wurde ausdrücklich versichert, es gebe diesmal, anders als 1955, keine Vereinbarung der bürgerlichen Parteien, gemeinsam die SPD um jeden Preis auszuschalten. In der Berichterstattung der Presse wurde durchweg festgestellt, die CDU habe mit Dr. Werner Hofmeister als Spitzenkandidaten „keinen schlechten Griff" getan. Er sei ein sachlicher und rechtlich denkender Politiker, dessen exaktem Juristengehirn jede Demagogie fremd sei. Auch Dr. Hofmeister wurde nachgesagt, er sähe einer Neuauflage der großen Koalition nicht ungern entgegen. Man glaubte das aus seiner Aussage schließen zu können, mit einem Partner könne man besser zurechtkommen, als mit mehreren. Ein Berichterstatter, der die Stimmung in der CDU für die nächste Landtagswahl als sehr optimistisch einschätzte, stellte lakonisch fest, die CDU in Niedersachsen wolle nicht nur, sondern sie werde auch nach der Wahl wieder ein gewichtiges Wort mitreden.

Generalsekretär Arnold Fratzscher sagte zum Wahlkonzept der CDU in Niedersachsen: „Zuerst haben wir Plakate mit Adenauer, Hofmeister, Erhard und Cillien geklebt, dazwischen die Symbolplakate („Schafft Klarheit, wählt CDU"). Jetzt sind an der Reihe Hofmeister, Fricke, Wegmann, Scherf, alles Landespolitiker. In den letzten zehn Tagen gehören fast alle Litfaßsäulen Niedersachsens uns." Im Wahlkampf ließ die CDU alle Bundesminister und den Bundestagspräsidenten Gerstenmaier auftreten. Der Wahlkampf der CDU in Niedersachsen, zunächst von so genannten Wahlstrategen eher nach Art der Waschmittelwerbung unter dem Motto „Schafft Klarheit, wählt CDU!" (bei der SPD: „Vertrauen") geführt, bekam allerdings vier Wochen vor dem Wahltermin eine völlig überraschende Wendung. Der sowjetische Partei- und Regierungschef Nikita Chruschtschow hatte schon im Herbst 1958 von den drei westlichen Besatzungsmächten ultimativ den Abzug ihrer Truppen aus West-Berlin gefordert. Die SPD, deren Deutschlandpolitik schon immer gegen Adenauers Westbindung gerichtet war, legte am 16. März 1959, vier Wochen vor den Landtagswahlen in Niedersachsen, ihren Deutschland-Plan vor. Er wurde zwar später wieder zurückgezogen, aber zu diesem Zeitpunkt musste er wie eine Schützenhilfe für Chruschtschow empfunden werden. Das brachte natürlich Bundeskanzler Adenauer „auf die Palme und auf den Plan". Sofort wurde dieses Thema zur dominierenden, ja zur alleinigen Wahlkampfgrundlage gemacht. In zwei ganzseitigen Anzeigen in niedersächsischen großen Tageszeitungen wurde das neue CDU-Wahlkampfthema herausgestellt. Bundeskanzler Adenauer attackierte auf seinen Wahlkampfveranstaltungen in Niedersachsen die SPD in einer Schärfe, die bis dahin in Niedersachsen nicht üblich gewesen war, wenn man einmal von den Angriffen der rechtsradikalen Parteien absieht.

Aber es erwies sich, dass Adenauers Wahlkampfthema und die Anzeigenkampagne der CDU nicht nützten, im Gegenteil, die derart scharf angegriffene SPD erhielt mehr Stimmen, als viele ihr vorher zugetraut hatten. Vermutlich hat dazu außerdem auch das unglückliche Taktieren Adenauers um seine Kandidatur für das Amt des Bundespräsidenten beigetragen, das in der Bevölkerung offensichtlich nicht gut angekommen ist. Den Rücktritt von dieser Kandidatur erklärte der Bundeskanzler endgültig erst nach der Landtagswahl in Niedersachsen.

Die Landtagswahl am 19. April 1959 brachte keine klaren Verhältnisse, für die bürgerlichen Parteien jedoch eine Ernüchterung: Die SPD war mit 39,5 % der Stimmen, 4,3 % mehr als vier Jahre zuvor, und 65 Mandaten, sechs mehr als vorher, stärkste Partei im Niedersächsischen Landtag geworden. Die CDU konnte mit nunmehr 30,8 % der Stimmen und 51 Mandaten fast ebenso viel zulegen und acht Sitze mehr als vorher erringen, doch ihr großes Wahlziel hatte sie nicht erreicht. Die DP konnte ihren Stimmenanteil von 12,4 % genau halten, sie errang 20 Mandate. Aber der BHE rutschte mit 8,3 % und 13 Sitzen ebenso ab wie die FDP mit 5,2 % und acht Sitzen. Wie 1955 hatte keine der großen Parteien eine eindeutige Mehrheit. Keine Partei konnte allein regieren.

Jetzt begann bei den Parteien das Rechnen und Verhandeln, das Feilschen und Pokern. Rein rechnerisch wäre das Wiederaufleben der bürgerlichen Koalition nach der Landtagswahl von 1955 möglich gewesen. Das schien auch am Wochenende unmittelbar nach dem Wahltag noch klar zu sein. Es hieß in Hannover, nur die Zahl und die Verteilung der Ministerien sei noch nicht festgelegt. Aber dann kam doch der Widerstand aus der DP. Sie hatte große „Bauchschmerzen" bei einem CDU-Ministerpräsidenten, und für Hellwege, der ohnehin kein Ministeramt anstrebte, war es völlig undenkbar, unter seinem bisherigen Justizminister zu „dienen". Selbst das ihm angebotene Amt des Landtagspräsidenten hatte Hellwege kategorisch abgelehnt, zumal die DP an ihrem Entschluss festhielt, mit der CDU nicht wieder eine Gemeinschaftsfraktion zu bilden. Damit stand der SPD als der stärksten Fraktion der Sessel des Landtagspräsidenten zu.

Die CDU, die mit dem Anspruch auf das Spitzenamt ins Rennen gegangen war, konnte natürlich nicht mit Hellwege als Ministerpräsident weitermachen. Hinrich Wilhelm Kopf war in einer wesentlich günstigeren Position, da er mit weniger Koalitionspartnern auskommen konnte, als der CDU-Spitzenkandidat Dr. Hofmeister. Außerdem war der langjährige frühere Landesvater Kopf politisch ein ausgekochter schlauer Fuchs, dem keiner das Wasser reichen konnte. Allerdings deuteten die Zeichen zunächst immer noch auf das Wiederaufleben der Vierer-Koalition von 1955 hin. Doch die DP scherte endgültig aus, als Kopf, um eine nochmalige bürgerliche Koalition abzuwehren, Hellwege signalisierte, ihn möglicherweise noch weiterhin als Ministerpräsidenten zu akzeptieren, wenn die DP mit der SPD eine Koalition eingehen würde, um seinen alten Traum von der „Arbeiter- und Bauern-Regierung in Niedersachsen" wahr zu machen. Für die CDU sollte die Tür für einen späteren Beitritt offen gelassen werden. Aber Hellwege konnte sich hierfür nicht begeistern. Er machte seinem Namen „Heinrich Cunctator" (Zauderer) wieder einmal alle Ehre und legte sich weder nach der einen noch nach der anderen Seite fest. Da wurde es Kopf zu bunt. Er brach die Verhandlungen ab und bot den beiden kleinen Parteien einfach mehr Ministerposten an, als Dr. Hofmeister bereit und in der Lage war zu geben. Und schon hatte Kopf am 28. April 1959 seine SPD/BHE/FDP-Koalition unter Dach und Fach. Ihm machte es nichts aus, dass die beiden kleinen Parteien zusammen ebenso viele Minister stellen durften, wie die große SPD, nämlich je zwei. Er konnte ja als Ministerpräsident die Richtlinien der Politik bestimmen. Für Kopfs Geschicklichkeit sprach auch, dass er sich aus der immer mit sich selbst zerstrittenen FDP keine Minister aus der Reihe der gewählten Landtagsabgeordneten ernannte, sondern als Wirtschaftsminister den Bundestagsabgeordneten Carlo Graaff, Waggonfabrikant in Elze, und als Justizminister den Rechtsanwalt Dr. Arvid von Nottbeck, der dieses Amt unter Hellwege schon einmal bekleidet hatte.

Am 12. Mai 1959 wurde Hinrich Wilhelm Kopf nach vierjähriger Pause mit 83 gegen 71 Stimmen wieder zum niedersächsischen Ministerpräsidenten gewählt. In seinem neuen Kabinett behielt er von der SPD nur Dr. Georg Diederichs als Sozialminister und Alfred Kubel, der vom Wirtschafts- ins Landwirtschaftsministerium wechseln musste. Dafür erhielt Hermann Ahrens, BHE, der vor vier Jahren schon einmal Wirtschaftsminister gewesen war, jetzt das Finanzministerium, und Erich Schellhaus, BHE, übernahm wieder das Vertriebenenministerium. Für die SPD kamen Otto Bennemann als Innenminister und Richard Voigt als Kultusminister neu ins Kabinett Kopf. Die CDU und DP mussten also wieder auf den Bänken der Opposition Platz nehmen.

Der Historiker Klaus Müller und der Landtagsexperte Helmut Beyer stellten fest, damit habe sich der weite Bogen einer Entwicklung, die in der ersten Hälfte der 50er Jahre begonnen, die SPD nach der Landtagswahl von 1955 in die Opposition verbannt, sie 1957 in die Regierung als „Juniorpartner" zurückgeführt hatte, zu einem Kreis geschlossen: 1959 war die SPD wieder die führende Regierungspartei in Niedersachsen. CDU und DP saßen - nunmehr getrennt - auf den gleichen Oppositionsbänken, auf denen sie bis 1955 gesessen hatten. Den „Zünglein-an-der-Waage-Parteien" war das von vielen politischen Beobachtern als unverdient bezeichnete Glück beschieden, trotz aller bitteren Erfahrungen, die die großen Parteien mit ihnen hatten machen müssen, wieder „dabei zu sein" und mitregieren zu können.

Für die DP, die in den 50er Jahren konstant die zweitstärkste bürgerlich-konservative Partei in Niedersachsen gewesen war, begann der Zerfallsprozess. Noch vor dem Ende der gerade begonnenen vierten Wahlperiode des Niedersächsischen Landtags war sie von der Bildfläche verschwunden. Den BHE ereilte das Schicksal, nicht wieder gewählt zu werden, auch schon bei der nächsten Landtagswahl 1963.

So ging es in die 60er Jahre, die noch turbulenter werden sollten, als die 50er Jahre des 20. Jahrhunderts und das zweite Jahrzehnt der Nachkriegszeit. Lassen wir dazu noch einmal Klaus Müller zu Wort kommen: „In der politischen Entwicklung Niedersachsens gab es auch in den folgenden Jahrzehnten interessante, ja spektakuläre Situationen. Gleichwohl bleiben die fünfziger Jahre das Zwischenstadium im Übergang von der unmittelbaren Nachkriegszeit zur wirtschaftlichen, gesellschaftlichen und politischen Konsolidierung einer der erregendsten Abschnitte niedersächsischer Landespolitik und Landesgeschichte."

II. Der Weg zur Volkspartei 1956–1968

1. Adolf Cilliens Tod und der Zerfall der Deutschen Partei

Die 60er Jahre begannen für die CDU in Niedersachsen mit einem schmerzlichen Ereignis: Am 29. April 1960 starb ihr langjähriger Präsidierender Vorsitzender Adolf Cillien im Alter von 67 Jahren in Hannover. Adolf Cillien, seit 1937 Oberkirchenrat in der evangelisch–lutherischen Landeskirche Hannover, Leiter des Amtes für Gemeindedienst, verantwortlich für Öffentlichkeitsarbeit und Volksmission, bis zu seinem Eintritt in die Politik Superintendent in Burgdorf bei Hannover, war Mitgründer der Christlich-Demokratischen Union in Niedersachsen. 1949 wurde er Vorsitzender des CDU-Landesverbandes Hannover und damit ordentliches Mitglied der Landesleitung der CDU in Niedersachsen, die ihn zum ersten Präsidierenden Vorsitzenden dieses Gremiums wählte. Dieses Amt gab es in Deutschland nur in Niedersachsen für den Dachverband der drei selbständigen CDU-Landesverbände Hannover, Braunschweig und Oldenburg, von denen vor allem Oldenburg und zeitweise auch Braunschweig ihre Unabhängigkeit „mit Zähnen und Klauen" bis zum heutigen Tage verteidigten. Der Titel „Präsidierender" ergab sich fast von selbst im Umgang mit den stets neugierigen Journalisten, die wissen wollten, mit wem sie es zu tun hatten, wenn von Cillien die Rede war. Es gab eine Landesleitung der CDU in Niedersachsen, zu der die drei Vorsitzenden der drei selbständigen niedersächsischen Landesverbände gehörten, und es gab drei Landesparteitage, aber nur einen Parteitag der CDU in Niedersachsen. Von den drei Landesvorsitzenden war einer der „Präsidierende", der „Primus inter pares", der Erste unter Gleichen. Gerade Cillien hatte immer peinlich genau darauf geachtet, dass er nur ein Gleicher unter Gleichen war. Deshalb war auch nie jemand auf den Gedanken gekommen, dass dieser „Präsidierende" auch einmal wechseln müsse.

Adolf Cillien war schon Mitglied des ersten, von der britischen Besatzungsmacht ernannten niedersächsischen Landtags. 1947 wurde er im Wahlkreis Burgdorf für den ersten frei gewählten Niedersächsischen Landtag gewählt und gehörte ihm bis 1951 an. Einmütig war er zum Vorsitzenden der CDU-Landtagsfraktion gewählt worden. Die von ihm geleiteten Fraktionssitzungen hatten Niveau. Er duldete keine einseitige Interessenpolitik, sondern sorgte dafür, dass alle Seiten eines Problems betrachtet wurden. Im Plenum ließ er lieber andere reden. Wenn er sich aber in besonderen Situationen drängen ließ, das Wort zu nehmen, hatte er die Aufmerksamkeit des ganzen Parlaments.

1953 wurde Adolf Cillien in den deutschen Bundestag gewählt. Auch hier waren große Reden nicht seine Sache. Vielmehr bemühte er sich als stellvertretender Fraktionsvorsitzender in vielen Einzelgesprächen um einen gerechten Ausgleich im Interesse aller Beteiligten. Er selbst hat nur wenig über diese schwierige, den Fraktionsvorsitzenden Dr. Krone unterstützende Aufgabe gesprochen, die in aller Stille erfüllt sein wollte und völlige Diskretion verlangte, wenn sie Erfolg haben sollte. Die Wahl in den Bundestag bedeutete für Adolf Cillien aber auch eine persönliche, auch äußerlich erkennbare, Bindung an Bundeskanzler Dr. Adenauer, der ihn, für viele überraschend, in den Kreis seiner engsten Berater einbezog. Cillien war erfüllt von dem Bewusstsein, weitreichend Adenauers politisches Vertrauen erlangt zu haben. „Was Konrad Adenauer an Adolf Cillien faszinierte“, schrieb Generalsekretär Arnold Fratzscher in seinen Erinnerungen, „war dessen Ehrlichkeit und Wahrhaftigkeit, Klarheit und Prinzipientreue. Cillien vertrat stets in seinen Reden und in seinem Handeln die Meinung, daß eine gute und dauerhafte Politik nur praktiziert werden könne auf der Basis einer sauberen Moral. Unter diesem Postulat einer Politik aus christlicher Verantwortung war Oberkirchenrat Cillien 1945 auch in die Politik eingetreten, als er erklärte: Gerade ein Christ darf sein Vaterland in der Stunde der Not nicht im Stich lassen.“

Die Stellung des Präsidierenden Vorsitzenden der CDU in Niedersachsen beim Bundeskanzler war keine Geheimsache. Die Mitglieder der Landesleitung und die von Cillien fast regelmäßig zu ihren Sitzungen hinzu gebetenen Vorsitzenden der Bezirksverbände wussten davon. Cilliens Einfluss auf Adenauer wurde einkalkuliert und immer wieder auszunutzen versucht. Er war eben Statthalter Adenauers in Hannover und Gesandter der CDU in Niedersachsen in Bonn. Und er war ein Meister im Delegieren von Aufgaben nach dem Schema: a) Finanzsachen, Personalien – „Herrn Dr. Fricke in Goslar, bitte", b) Katholisches – „zuerst unserem Freund Wegmann"; c) Organisation und kleinere finanzielle Beträge – „nur für Generalsekretär"; d) Heikles und nicht zu a) bis c) Gehörendes – „Herrn Dr. Fricke in Goslar bitte, der wird das dann wahrscheinlich hier besprechen"; e) Presse und Rundfunk (Öffentlichkeitsarbeit wurde damals noch nicht gesagt) – „zur Besprechung in der Landesleitung".

Als sich die Delegierten des Landesparteitages der CDU in Niedersachsen Ende April 1960, kurz vor dem für Karlsruhe festgelegten Bundesparteitag, in Hameln trafen, wurden sie von einem Schreiben ihres Präsidierenden Vorsitzenden Adolf Cillien überrascht. Er bat die Delegierten, von seiner Wiederwahl abzusehen. Seine Freunde respektierten diesen Verzicht. Sie waren aber zugleich besorgt, da dieser Rückzug aus der politischen Tätigkeit als ein erstes Anzeichen der angegriffenen Gesundheit Cilliens gedeutet werden musste. Adolf Cillien hatte sich immer in die Pflicht nehmen lassen. Nun aber wollte – oder konnte – er nicht mehr. Das geschah nicht aus Verbitterung oder Verärgerung, sondern das war die nüchterne Haltung eines Mannes, der vermutlich ahnte, dass er sein Haus bestellen müsse, weil der Tod vor der Tür stand. Bald darauf zwang ihn eine Lungenentzündung, von der er sich nicht mehr erholen konnte, auf das Krankenlager. Und als der Bundeskanzler auf dem Bundesparteitag in Karlsruhe gerade seine Schlussrede halten wollte, kam ein Anruf aus der niedersächsischen Landeshauptstadt, dass Adolf Cillien in den Morgenstunden des 29. April, sechs Tage nach seinem 67. Geburtstag, in Hannover verstorben sei. Eine große Trauerfeier hatte er abgelehnt, und so war außer der Familie und einigen engen Freunden nur der Bundeskanzler an seinem Grabe. Dr. Adenauer hatte es sich nicht nehmen lassen, seinem treuen Freund die letzte Ehre zu erweisen.

Der langsame Zerfall der Deutschen Partei

Durch seinen plötzlichen Tod hat Adolf Cillien nicht mehr erlebt, wie seit 1960 der Zerfall der Deutschen Partei immer deutlicher wurde. Im Juni 1960, zu Beginn der Parlamentsferien, war die Mehrheit der DP-Abgeordneten im Deutschen Bundestag zur CDU übergetreten. Bundesminister Hans-Christoph Seebohm hatte wesentlich dazu beigetragen. Unter diesem Vorzeichen fand dann in Niedersachsen der Wahlkampf für die nächste Bundestagswahl 1961 statt. Bundesminister Dr. von Merkatz, der mit seinen DP-Kollegen zur CDU gegangen war, wurde auf einer Wahlversammlung in seinem Wahlkreis Rotenburg von einem DP-Mitglied, das später selbst zur CDU kam, unter tosendem Beifall der Versammelten vorgehalten, einen Offizier, der in der Schlacht seine Soldaten im Stich gelassen hätte, hätte man vor ein Kriegsgericht gestellt. Aber das war schon bald vergessen.

Als in Bonn die Mehrheit der DP-Abgeordneten zur CDU übergetreten war, nicht ohne diese Absicht schon vorher durchblikken zu lassen, war die DP-Fraktion im Niedersächsischen Landtag noch sehr erregt und betroffen. Man überlegte zunächst, ob es nicht auch andere Lösungen geben könne und verhandelte mit dem BHE. Dem Büro des Landtags lagen bereits Mitteilungen wegen einer Parteineubildung mit dem Namen Gesamtdeutsche Partei – GDP (DP-BHE) vor. Als sich aber in der Bundestagswahl im Herbst 1961 zeigte, dass der BHE an der Fünf-Prozent-Sperrklausel gescheitert war, wurden diese Pläne in Hannover schnell wieder aufgegeben. Heinrich Hellwege hatte diesen Fusionsplänen, die von Richard Langeheine zunächst mit Eifer betrieben worden waren, von Anfang an skeptisch gegenüber gestanden. Er legte den Parteivorsitz nieder und gehörte zunächst einige Monate als Unabhängiger dem Landtag an. Am 1. November 1961 trat auch Hellwege zur CDU über. Am 29. und 30. März 1962 folgte ihm die DP-Landtagsfraktion in ihrer großen Mehrheit. Die CDU-Fraktion wurde nunmehr mit 69 Abgeordneten zur stärksten Fraktion; die SPD zählte 66 Abgeordnete. Ein langer Weg war damit, trotz gelegentlicher Differenzen, für beide Seiten ehrenvoll zu Ende gegangen. Es hatte sich ausgezahlt, dass CDU und DP in vielen Jahren im Landtag, auch in gemeinsamer Fraktion, zusammen beraten und abgestimmt hatten. Man kannte einander und man wusste, was man von einander zu halten hatte. So gab es zum Schluss keine Sieger und keine Besiegten – es gab nur noch eine Fraktion und eine Partei.

Am 21. Dezember 1961 starb Hinrich Wilhelm Kopf

Als Ende März 1962 die DP-Fraktion im Niedersächsischen Landtag fast geschlossen zur CDU übergetreten war und nur zwei Abgeordnete, der Wittinger Rechtsanwalt Fritz Winkelmann und der Rotenburger Kaufmann und Landwirt Heinrich Brunckhorst, sozusagen als „Traditionsrotte", wie sie sich selbst in einer Eingabe an den Landtag bezeichneten, den Schatten einer DP-Fraktion bis zum Ende der Legislaturperiode aufrecht zu erhalten suchten, war der rote Welfe, der langjährige SPD-Ministerpräsident Hinrich Wilhelm Kopf schon tot. Es war kein Geheimnis, dass der körperliche Verfall des 68-jährigen Landesvaters wegen seiner Zuckerkrankheit und vor allem wegen seines Leberleidens Ende der 50er Jahre unaufhaltsam fortschritt. Doch Niedersachsens Journalisten hielten sich aus Respekt vor der Persönlichkeit Kopfs und vor seinen großen Verdiensten um das Land mit ihrer kommentierenden Berichterstattung in diesem Bereich vornehm zurück.

Kopf hatte noch bis zuletzt auf einem schmerzhaften Krankenlager in der Göttinger Universitätsklinik die Zügel der Regierung in seinen Händen zu halten versucht. Am 21. Dezember 1961 ist er gestorben. Landesregierung und Landtag meinten, seinem Wunsch nach einem stillen Begräbnis nicht stattgeben zu sollen, sondern ihm eine Trauerfeier im Lichthof der Technischen Hochschule schuldig zu sein. Dem schloss sich ein von Landesbischof D. Hanns Lilje gehaltener Trauergottesdienst in der Herrenhäuser Kirche und die Beisetzung auf dem Stöckener Friedhof an. Seinem anderen Wunsch entsprechend wurde ihm ein riesiger Findling aus der Gletscherzeit auf seinem Grab aufgestellt. Hinrich Wilhelm Kopf kannte ihn aus der Wingst, einem Waldstück in seinem Heimatkreis Land Hadeln, seit seiner Jugendzeit und hatte ihn als seinen Grabstein bestimmt. Erst im Jahr 1967 erfuhren die Niedersachsen aus einem vom damaligen Landtagspräsidenten Richard Lehners herausgegebenen „Portrait eines Parlaments" den in einem Faksimile veröffentlichten letzten Gruß aus der zittrigen Feder des todkranken Ministerpräsidenten: „Meinen Abschiedsgruß zuvor. Ich bin gestorben. Dank allen, die zu mir gestanden haben und mir Freund waren. Diejenigen, denen ich weh oder Unrecht getan habe, bitte ich um Vergebung. Hinrich Wilhelm Kopf."

Nach dem Tode von Hinrich Wilhelm Kopf hatte es die SPD/BHE/FDP-Koalition eilig, noch vor dem neuen Jahr 1962 einen neuen Ministerpräsidenten zu präsentieren. Sie fand ihn in dem SPD-Sozialminister Dr. Georg Diederichs. Die Opposition benannte als Gegenkandidaten den DP-Abgeordneten Diplomlandwirt Dr. Hermann Neddenriep auf Gut Neddenriep im Kreis Fallingbostel, Landrat des Kreises und Vorsitzender des Niedersächsischen Landkreistages. Aber die Regierungskoalition hielt noch zusammen und wählte Dr. Diederichs am 29. Dezember 1961 zum neuen Ministerpräsidenten. Der 61-jährige Doktor der Wirtschaftswissenschaften und als studierter Pharmazeut seit 1951 Pächter der Ratsapotheke in Hannover, Mitglied des Parlamentarischen Rates von 1948 bis 1949, seit 1946 SPD-Landtagsabgeordneter, stellvertretender SPD-Fraktionsvorsitzender und Landtagsvizepräsident, seit 1957 Sozialminister im Kabinett Kopf, war neben Alfred Kubel nicht nur der dienstälteste, sondern auch der im gesamten Parlament anerkannteste Sozialdemokrat. Zum neuen Sozialminister wurde Kurt Partzsch (SPD) gewählt. Sonst brauchte in der Regierung nichts weiter geändert zu werden.

Das Haus des Parlaments entstanden aus Ruinen

Es soll nicht unerwähnt bleiben, dass der Niedersächsische Landtag am 11. September 1962 sein neues Domizil im alten, wieder aufgebauten, restaurierten und mit neuem Anbau versehenen hannoverschen Leineschloss beziehen konnte. Seit 1946 hatte der Niedersächsische Landtag in der im Kriege teilweise zerstörten und notdürftig wieder hergerichteten Stadthalle von Hannover seine Bleibe gefunden. 16 Jahre lang mussten es Abgeordnete, Verwaltung und Journalisten in diesem Provisorium aushalten, an das sie sich aber gewöhnten und das sie schließlich sogar lieb gewonnen hatten. Denn die drangvolle Enge, in der sich niemand verstecken konnte, in der man sich ständig hautnah begegnete und sich nicht aus dem Weg gehen konnte, in der es fast ein bisschen familiär zuging, hatte auch ihr Gutes.

Doch es war wohl vor allem Hinrich Wilhelm Kopf, den es in das alte Welfenschloss mitten in der hannoverschen Altstadt zog. Im Sommer 1943 war es bei einem Luftangriff alliierter Bomber schwer getroffen worden, zerstört und völlig ausgebrannt. Zehn Jahre später wurden erste Überlegungen für einen Wiederaufbau des aus dem 17. Jahrhundert stammenden und vom hannoverschen Hofbaumeister Georg Ludwig Laves in der ersten Hälfte des 19. Jahrhunderts umgebauten Schlosses angestellt. So wurde ein Architektenwettbewerb ausgeschrieben. Prof. Dieter Oesterlen erhielt den ersten Preis mit seinem Entwurf, das traditionsreiche Schloss mit neuen Bauideen zum neuen Landesparlament zu gestalten. Es gelang ihm, die stehen gebliebenen, erhaltenen Reste der Ruine, vor allem den von Laves gestalteten Portikus und die Leinefront, nahtlos mit dem neu zu schaffenden Baukörper, der den Plenarsaal des Landtags aufnehmen sollte, zu vereinen.

2. Turbulente 60er Jahre

Der bevorstehende Wahlkampf für die auf den 19. April 1963 angesetzte Landtagswahl stand für die CDU in Niedersachsen zunächst unter keinem guten Stern. Es ging um die Ablösung Konrad Adenauers als Bundeskanzler, ein Versprechen, das er dem FDP-Bundesvorsitzenden Erich Mende 1961 für die Aufrechterhaltung der Koalition in Bonn gemacht hatte.

Die CDU in Niedersachsen begrüßte diese rechtzeitige Lösung der für Oktober 1963 anstehenden Bundeskanzlerwahl, zumal sich herausstellte, dass der vor Jahren als Mitglied der Jungen Union in den Bundestag gewählte Kurt Schmücker, Buchdruckereibesitzer in Löningen (Oldenburg) und jetzt Vorsitzender des Wirtschaftsausschusses des Bundestages, Erhards Nachfolger als Bundeswirtschaftsminister werden würde.

CDU und FDP hatten sich inzwischen das Erbe der DP und des BHE zu teilen. Jeder fünfte Platz auf der Landesliste der CDU in Niedersachsen wurde jetzt von einem früheren DP-Mitglied besetzt. Der vormalige Ministerpräsident Heinrich Hellwege, der inzwischen zur CDU übergetreten war, lehnte Anfang 1963 eine Kandidatur ab. Spitzenkandidat war der nach Adolf Cilliens Tod zum Präsidierenden Vorsitzenden der CDU in Niedersachsen aufgerückte Dr. Otto Fricke aus Goslar. Auf dem zweiten Platz folgte ausgerechnet Richard Langeheine. Der 1900 auf einem Bauernhof in Eixe bei Peine geborene Rechtsanwalt hatte seine politische Laufbahn 1949 als DP-Mitglied in der Kommunalpolitik in Peine begonnen, war Landrat und Vorsitzender des DP-Kreisverbandes, rückte dank seiner Fürsprecher Hellwege und des DP-Landtagsfraktionsvorsitzenden Pastor Werner Schönfelder 1953 zum stellvertretenden DP-Landesvorsitzenden auf. Hellwege berief Langeheine im Mai 1955 zum niedersächsischen Justizminister und 1956, nach dem „Schlüter-Skandal", zum Kultusminister. Während des Zerfallsprozesses der DP wurde Langeheine am 9. Juni 1960 von der niedersächsischen DP-Landesversammlung zum „Geschäftsführenden Landesvorsitzenden" gewählt. Damit entmachtete Langeheine seinen langjährigen, früheren Förderer, Chef und Freund Heinrich Hellwege. Zuletzt war er Vorsitzender der Gesamtdeutschen Partei aus DP und BHE gewesen. Außerdem titulierte er in heftigen Attacken die zur CDU übergetretenen DP-Mitglieder als „die Überläufer". Das hielt ihn aber nicht davon ab, am 29. März 1962 Hellwege zu folgen und seinen Eintritt in die CDU in Niedersachsen zu erklären. Den Unmut in der Union versuchte „Kaiser Otto", der die DP-Mitglieder möglichst geräuschlos aufnehmen wollte, mit Zitaten aus der Bibel, die sonst nicht zu seinem politischen Wortschatz gehörten, zu dämpfen. Hier sei einer vom „Saulus zum Paulus" geworden oder „wir sind alle Sünder" und „die Letzten werden die Ersten sein".

Als Spitzenkandidat der SPD zog der nach dem Tode von Hinrich Wilhelm Kopf 1961 zum neuen Ministerpräsidenten gewählte Dr. Georg Diederichs in den Wahlkampf. Er hatte sich ein weiteres Mal gegen die „SPD-Allzweckwaffe" Alfred Kubel aus Braunschweig durchgesetzt, der selbstverständlich seinen Führungsanspruch angemeldet hatte. Die FDP-Landesliste führte der Landesvorsitzende Carlo Graaff, Waggon-Fabrikant aus Elze an, der schon einmal in der SPD/FDP/GDP-Koalition Wirtschaftsminister gewesen war.

Auch die „letzten Welfen“ sind gescheitert

Während die Führungspersönlichkeiten der alten DP durchweg von der CDU aufgenommen worden waren, wollten einige der eingefleischten alten Welfen die Flinte noch immer nicht ins Korn werfen. Sie waren fest entschlossen, mit einer „neuen“ DP noch einmal die Rückkehr in den Landtag zu wagen. Nun erst recht, da das Parlament inzwischen sein Domizil im alten hannoverschen Leineschloss gefunden hatte. So versammelten sich vor der Landtagswahl die alten Getreuen um Wilhelm-Ernst Freiherr von Cramm, Gutsbesitzer auf Harbarnsen im Kreis Alfeld, Bruder des legendären „Tennis-Barons“ Gottfried von Cramm. Der hannoversche Kavallerist und Ritterkreuzträger des letzten Weltkrieges wollte als DP-Spitzenkandidat die Welfen noch einmal in dieses alte Schloss zurückführen. Auf Platz drei der Landesliste stand Prinz Dr. Welf Heinrich, ein Urenkel des letzten deutschen Kaisers. Bei der denkwürdigen Zusammenkunft auf dem Gut in Harbarnsen flossen nicht nur die Gedanken, sondern auch der hauseigene vom Crammsche Weizenbrand in Strömen. Zu vorgerückter Stunde wurde dann aus Leibeskräften der alte welfische Schlachtruf gegrölt: „Pitche, pitche, pitche, der Herzog von Cambridche – hei kümmt, hei kümmt, hei kümmt, der gerne einen nümmt!“ Es war, auch für die anwesenden Journalisten eine ebenso interessante wie schicksalsträchtige Veranstaltung.

Die neue Welfen-DP scheiterte bei der Landtagswahl allerdings an der Fünf-Prozent-Klausel. Immerhin gaben ihr 97.764 Niedersachsen die Stimme, das waren 2,7 % aller Wähler.

Nur noch drei Parteien im Niedersächsischen Landtag

In der Landtagswahl vom 19. April 1963 setzte sich der Trend zur Konzentration der Parteien fort. Nur noch drei Parteien schafften den Sprung über die 1958 eingeführte Fünf-Prozent-Hürde: Die SPD, die mit 44,9 % der Wählerstimmen stärkste Partei blieb und 73 Sitze bekam, die CDU mit 37,7 % und 62 Sitzen sowie die FDP mit 8,8 % und 14 Sitzen. Die „Reste“ der noch nicht zur CDU übergetretenen „alten“ DP und der BHE, die

Gesamtdeutsche Partei (GDP), mit 3,7 % und die „neue" Welfen-Partei DP mit 2,7 %, hatten sich gegenseitig die Stimmen weggenommen und waren so an der Sperrklausel gescheitert. Anzumerken ist, dass die Landtagswahl und die dann folgende fünfte Wahlperiode des Niedersächsischen Landtags auch insofern einen Wendepunkt in der niedersächsischen Nachkriegsgeschichte markierten, als eine Reihe neuer Abgeordneter in das Parlament einzog. Zu ihnen zählten vor allem in der CDU-Fraktion der Holzmindener Rechtsanwalt Bruno Brandes, der zur beherrschenden Figur für die nächsten 20 Jahre werden sollte, der Schneverdinger Rechtsanwalt Gustav Bosselmann, der beinahe Chef der CDU in Niedersachsen geworden wäre, und der junge Bauer und Bundesvorsitzende der Deutschen Landjugend, Wilfried Hasselmann, der tatsächlich Chef der CDU in Niedersachsen wurde und der Partei sowie der gesamten niedersächsischen Landespolitik über 20 Jahre lang seinen Stempel aufdrückte.

Der seit 1961 amtierende Ministerpräsidenten Dr. Georg Diederichs bildete nun eine Regierung aus SPD und FDP. Diederichs musste sie teuer bezahlen, denn die kleine FDP verlangte und bekam vier Ministerposten, ebenso viele wie die fünfmal größere SPD. Die vier FDP-Minister mussten ihr Landtagsmandat sofort niederlegen, damit die kleine, 14 Mann starke FDP-Fraktion durch Nachrücker wieder vollzählig und handlungsfähig war. Diese Trennung vom Mandat ist weder der Fraktion noch der Ministerriege auf Dauer gut bekommen. Sie lebten offensichtlich auf verschiedenen Monden und konnten zueinander nicht finden, was vermutlich auch zu der dramatischen Entwicklung in der FDP beigetragen hat. Denn die Koalition blieb, wie wir gleich sehen werden, nur zwei Jahre im Amt. Sie zerbrach unter spektakulären Umständen wegen des mit der katholischen Kirche abgeschlossenen Konkordats und der damit verbundenen Novelle zum Schulgesetz. Die SPD/FDP-Regierung wurde am 18. Mai 1965 durch eine große Koalition von SPD und CDU abgelöst. Auch hier war Niedersachsen Vorreiter mit der ersten großen Koalition im Nachkriegsdeutschland.

Die NPD wurde in Hannover gegründet

Doch zuvor soll nicht unerwähnt bleiben, dass Niedersachsen offensichtlich ein gutes Pflaster für Parteineugründungen war. Denn in Hannover fand auch die Gründung der Nationaldemokratischen Partei Deutschlands (NPD) statt. Das war am 28. November 1964.

Der Eklat um das Konkordat

Nachdem es in Niedersachsen in den 50er Jahren gelungen war, mit der evangelischen Kirche den Loccumer Vertrag abzuschließen und damit das Verhältnis zwischen Staat und Kirche zu regeln, sollte auch mit der Katholischen Kirche der ewige Frieden geschlossen werden. Das war jedoch im Rahmen eines Konkordats wesentlich komplizierter und schwieriger, da dieses nur mit dem Heiligen Stuhl in Rom ausgehandelt und abgeschlossen werden konnte. Nach jahrelangen höchst vertraulichen und geheimen Verhandlungen war es endlich zustande gekommen. Am 26. Februar 1965 wurde das Konkordat feierlich von Ministerpräsident Dr. Georg Diederichs und dem Apostolischen Nuntius in Bonn, Erzbischof Corrado Bafile, unterzeichnet. Die Nachricht schlug wie eine Bombe ein. Die erstaunte Öffentlichkeit war ebenso überrascht wie der Niedersächsische Landtag. Er durfte, damit das Konkordat ratifiziert werden konnte, nur annehmen oder ablehnen. Das war insofern besonders schwierig, als die Novellierung des niedersächsischen Schulgesetzes, bei dem es vor allem um die Erhaltung der Konfessionsschulen ging, die Voraussetzung für das Zustandekommen des Konkordats war.

Das Kabinett unter Dr. Diederichs billigte im Februar 1965 einstimmig, also auch mit den Stimmen der vier FDP-Minister, den Vertragsentwurf. An ihm hatte FDP-Kultusminister Dr. Hans Mühlenfeld wesentlich mitgewirkt. Die FDP war jedoch gegen das Konkordat und die Schulgesetznovelle. Sie fürchtete eine weitere Konfessionalisierung des niedersächsischen Schulwesens. Am 28. März 1965 riet eine FDP-Landeskonferenz der FDP-Landtagsfraktion, das Vertragswerk abzulehnen. Wortführer war der FDP-Fraktionsvorsitzende Winfried Hedergott. Zielscheibe war Kultusminister Mühlenfeld, dem die FDP vorwarf, trotz der vereinbarten Vertraulichkeit nicht rechtzeitig informiert worden zu sein. Auch die Lehrergewerkschaft, die eine „geistliche Schulaufsicht" witterte, blies zum Sturm gegen das Konkordat.

In der denkwürdigen Landtagssitzung am 21. April 1965 musste ausgerechnet der FDP-Kultusminister Mühlenfeld das vom Kabinett einstimmig beschlossene Ratifizierungsgesetz zum Konkordat dem Parlament vorlegen. Aber Fraktionschef Hedergott wetterte unter dem Beifall der FDP-Fraktion dagegen. Noch vor der Abstimmung fiel Mühlenfeld um. Er beugte sich der Fraktionsdisziplin der FDP-Fraktion, die nun einmütig gegen das Gesetz stimmte. Mühlenfeld begründete seine plötzliche Ablehnung des im Kabinett gerade noch von ihm mitbeschlossenen und vor dem Landtag verteidigten Gesetzes mit der Bemerkung, die laut gewordene Kritik aus seiner Partei habe ihn überzeugt. Nun haftete der FDP auch in Niedersachsen das „Umfaller"-Syndrom an. Ministerpräsident Dr. Diederichs blieb jedoch Herr der Lage. „So nicht mit mir. Das Maß ist voll!" wetterte er, warf die vier FDP-Minister aus der Regierung und holte sich vier CDU-Männer ins Boot. Am 30. Juni 1965, nachdem die neue Regierung der großen Koalition schon in Amt und Würden war, wurde im Landtag endgültig über das Konkordat und die Schulnovelle abgestimmt: 96 Abgeordnete der SPD und CDU stimmten zu, 25 der FDP und einige der SPD, die den Fraktionszwang aufgehoben hatte, lehnten ab, zwei enthielten sich der Stimme.

Nach der Konkordatskrise versuchte nun die große Koalition aus SPD und CDU wieder in ruhigeres Fahrwasser zu steuern. Das fiel jedoch der SPD zunächst nicht leicht, da viele ihrer Anhänger keine Befürworter des Konkordats, oder besser, der Schulgesetzänderung waren. Vielen waren die katholischen Bekenntnisschulen ein Dorn im Auge. Doch der Sturm legte sich bald wieder.

Am 19. Mai 1965 stellte Ministerpräsident Dr. Diederichs dem Landtag sein neues Kabinett der großen Koalition vor. Da war zunächst der neue Kultusminister – das war, wieder einmal, der inzwischen zur CDU übergetretene Richard Langeheine. Eigentlich wäre er als anerkannter Jurist der prädestinierte

Justizminister gewesen, aber schon 1956 bis 1959 unter Hellwege hatte er bewiesen, was er als Kultusminister zu leisten imstande war. Dazu hatte er jetzt die Möglichkeit, dem fortschrittlichen Konkordat zur Annahme zu verhelfen und vor allem die von ihm begonnene Schulerneuerung in Niedersachsen fortzusetzen. Justizminister wurde der bis dahin auf Landesebene noch relativ unbekannte Schneverdinger Bürgermeister, der Rechtsanwalt und Notar Gustav Bosselmann, der erst vor zwei Jahren frisch in den Landtag zur CDU-Fraktion gekommen war. Für das Ressort Wirtschaft und Verkehr benannte die CDU den Zimmermeister Karl Möller aus Quakenbrück, der den heimischen Betrieb bereits in der vierten Generation führte. Die CDU war froh und stolz, mit ihm einen Politiker präsentieren zu können, der zum einen über zehn Jahre Parlamentserfahrung verfügte und zum anderen als Selbständiger, als Handwerksmeister und als „Mann des Volkes" die nötige Erfahrung mitbrachte. Und schließlich ging an diesem Tage der Stern eines CDU-Politikers auf, der eine ganze Epoche prägen sollte. Denn für den Posten des Ministers für Ernährung, Landwirtschaft und Forsten präsentierte die CDU in Niedersachsen den jungen, 41-jährigen Landwirt Wilfried Hasselmann aus Nienhof bei Celle.

3. DIE ÄRA „KAISER OTTO"

Nach dem plötzlichen Tod von Hans-Christoph Seebohm 1967 brauchte der CDU-Landesverband Hannover einen neuen Vorsitzenden. Da man dem aufstrebenden jungen Wilfried Hasselmann erst später eine Chance geben wollte, wurde zunächst Seebohms Stellvertreter, der erfahrene Vorsitzende des Bezirksverbandes Osnabrück, der Bundestagsabgeordnete Dr. Josef Stecker, an die Spitze des hannoverschen Landesverbandes gewählt.

Große Koalition auf wackeligen Beinen

Am 4. Juni 1967 wurde in Niedersachsen ein neuer Landtag gewählt. Während die CDU ihren Stimmenanteil in etwa halten konnte und mit 63 Mandaten sogar einen Sitz mehr als vier Jahre zuvor errang, mussten SPD und FDP beträchtliche Verluste hinnehmen. Die SPD rutschte von 73 auf 66, die FDP von 14 auf zehn Sitze ab. Überraschenderweise konnte die erstmals angetretene Nationaldemokratische Partei Deutschlands (NPD), die ein paar Jahre zuvor in Hannover gegründet worden war, mit ebenfalls zehn Abgeordneten in den Niedersächsischen Landtag einziehen.

Vor diesem Hintergrund und um die wichtigen gemeinsamen Aufgaben der Verwaltungs- und Gebietsreform sowie des Hochschulwesens erfüllen zu können, einigten sich CDU und SPD, die große Koalition unter dem SPD-Ministerpräsidenten Dr. Georg Diederichs fortzusetzen. Das ist ihr jedoch, wie wir bald sehen, nicht gut bekommen.

1968 begann für die CDU in Niedersachsen eine neue Zeit

Zunächst jedoch gilt es, über eines der entscheidendsten und interessantesten Jahre der CDU in Niedersachsen zu berichten. Das Jahr 1968 sollte für die Partei außerordentlich turbulent, aber auch richtungweisend sein. Für die CDU in Niedersachsen begann eine neue Zeit. Die in der deutschen CDU-Landschaft einzigartige Konstruktion eines Bundeslandes mit drei selbständigen Landesverbänden hat in Niedersachsen immer wieder zu den – stets vergeblichen – Versuchen geführt, endlich auch hier einen geschlossenen niedersächsischen CDU-Landesverband zu schaffen. Die treibende Kraft der letzten Jahre war der nach dem Tode von Adolf Cillien Präsidierende Vorsitzende der CDU in Niedersachsen, Dr. Otto Fricke. Er hatte von seinem Braunschweiger Landesverband den Auftrag erhalten, mit den anderen niedersächsischen CDU-Landesverbänden Verhandlungen über eine Verschmelzung aufzunehmen.

Ihm zur Seite stand der Vorsitzende der CDU-Landtagsfraktion, Bruno Brandes. Er hatte sich im August 1967, im Zuge der seit Ende 1965 unter dem Vorsitz des Göttinger Staatsrechtlers Prof. Dr. Werner Weber arbeitenden und nach ihm benannten Kommission, für eine durchgreifende Verwaltungs- und Gebietsreform eingesetzt. Wenn danach aus acht Regierungsbezirken nur noch vier würden, dann könnte damit auch gleichzeitig eine Reform der niedersächsischen CDU-Organisation mit ihren drei Landesverbänden, von denen Hannover sogar sechs Bezirke hatte, werden. Aber alle Versuche waren bisher immer wieder am Widerstand der selbstbewussten Oldenburger gescheitert. Sie wollten sich partout „nicht von Hannover kommandieren lassen".

Allerdings verlangte nun, neben der gebietlichen Neuordnung Niedersachsens durch die Verwaltungs- und Gebietsreform, auch das neue Parteiengesetz, das am 1. Januar 1968 in Kraft treten sollte, endgültig mit dem niedersächsischen Parteien-Kuriosum Schluss zu machen. Es war mit dem neuen Gesetz nicht mehr im Einklang. So beschloss die Landesleitung der CDU in Niedersachsen, eine aus neun Personen bestehende Satzungskommission einzusetzen, die die Zusammenführung der drei selbständigen CDU-Landesverbände vorbereiten sollte.

Im Januar 1968 konnte die erstaunte Öffentlichkeit dann in der Presse lesen: „Nur widerstrebend haben Niedersachsens CDU-Reformer kurz vor dem Jahreswechsel den verheißungsvollen Plan, die drei niedersächsischen Landesverbände Hannover, Braunschweig und Oldenburg aufzulösen und zu einem einheitlichen Landesverband zu verschmelzen, bei gedämpftem Klang eines ‚Halali' aus Oldenburger Jagdhörnern bis zur Verwirklichung der Gebiets- und Verwaltungsreform auf Eis gelegt. Ein Teil dessen, was im ersten Anlauf trotz eines großen Einsatzes von Energie und Überredungskunst nicht gelang, soll jetzt mit kleineren Schritten gesteuert werden."

„Der Kessel, in dem die CDU in Niedersachsen gargekocht werden soll, wird mit dem Parteiengesetz geheizt", hieß es in Oldenburg. In der gegenwärtigen Form entsprach der mit einer „Vereinbarung" hergestellte Zusammenschluss der drei Landesverbände nicht den strengen Forderungen dieses Gesetzes. Außerdem wurden bisher der Präsidierende Vorsitzende und der Schatzmeister vom Parteitag gewählt; alle anderen Mitglieder gehörten dem Vorstand „kraft Amtes" an. Auch das widersprach dem neuen Parteiengesetz. Deshalb sollte aus der relativ losen Dachverbandsorganisation ein wirklicher, einheitlicher Landesverband der CDU in Niedersachsen werden.

Der zur Diskussion stehende Satzungsentwurf vom 21. Dezember 1967 ging davon aus, dass die CDU in Niedersachsen aus den drei bisherigen Landesverbänden Braunschweig (rund 3.000 Mitglieder), Hannover (rund 18.600 Mitglieder) und Oldenburg (rund 4.600 Mitglieder) besteht. Dem Satzungsentwurf wurde ein „Eventualvorschlag" beigefügt, nach dem der „Landesverband Niedersachsen der CDU" die „Zusammenfassung aller CDU-Mitglieder in Niedersachsen" ist und aus den Landesverbänden Braunschweig und Oldenburg sowie den Bezirksverbänden Aurich, Hannover, Hildesheim, Lüneburg, Osnabrück und Stade bestehen soll. Nach den letzten Beratungen wurden dem ersten Vorschlag jedoch die größeren Chancen eingeräumt.

Als Organe der CDU in Niedersachsen waren nach dem Satzungsentwurf der Landesparteitag (rund 400 Delegierte), ein 71-köpfiger Landesausschuss und ein Landesvorstand mit 15 Mitgliedern vorgesehen. Als „geborene" Mitglieder sollten dem Vorstand der Vorsitzende der CDU-Landtagsfraktion und die dienstältesten CDU-Landes- und Bundesminister angehören, „soweit die CDU in Niedersachsen im Bundeskabinett vertreten ist". Im Gegensatz dazu hatte sich der Landesverband Oldenburg in einem Änderungsvorschlag für eine Stärkung der Position der Landesverbände im Vorstand eingesetzt. Als „geborene" Mitglieder wollten die Oldenburger nur die Vorsitzenden der drei Landesverbände im Landesvorstand haben. Die Aufstellung der Landeslisten für Landtags- und Bundestagswahlen sollte nach dem Satzungsentwurf einem Wahlausschuss obliegen.

Im Satzungsentwurf wurde die Selbständigkeit der drei Landesverbände bekräftigt. Gegenüber dem CDU-Bundesvorstand sollte ihnen das Recht zur Entsendung von Vertretern in deren Gremien zustehen. „Sollte festgestellt werden, daß diese Bestimmung nicht rechtswirksam ist, hat jeder Landesverband das Recht, innerhalb von zwei Monaten die Anfechtbarkeit der ganzen Satzung geltend zu machen", heißt es dazu. Dagegen lief besonders Oldenburg Sturm. In der Presse war zu lesen: „Die Absicht scheiterte am Widerstand der dickschädeligen Oldenburger, die ihre Selbständigkeit nicht auf dem hannoverschen Altar opfern wollten."

So wurde nach langem Hin und Her aus der zentralistischen Absicht eine föderalistische Wirklichkeit. Sie hieß „CDU in Niedersachsen" und bestand aus den drei autonomen Landesverbänden Hannover, Braunschweig und Oldenburg. So sollte es auf dem Gesamtparteitag im Mai 1968 in Bad Rothenfelde beschlossen werden.

Neuorganisation ist von Personalfragen nicht zu trennen

Die Entwicklung war inzwischen so weit gediehen, dass die Neuorganisation der CDU in Niedersachsen von Personalfragen einfach nicht mehr zu trennen war. Beschleunigt wurde dieser Prozess noch durch den Tod des hannoverschen Landesvorsitzenden Hans-Christoph Seebohm. Vor allem die Junge Union mit ihrem Landesvorsitzenden Rudolf Seiters forderte an der Spitze der niedersächsischen Union einen Generationswechsel. Das passte allerdings ihrem Chef, dem Präsidierenden Vorsitzenden Otto Fricke, überhaupt nicht. Sein Braunschweiger Landesverband, dessen Vorsitzender er auch war, wusste zu berichten, dass er sich mit seiner ganzen Autorität entschieden gegen alle „die CDU schwächenden personalpolitischen Positionskämpfe" stemmte und den Generationswechsel – sicher nicht ganz uneigennützig – ablehnte, da nicht gewährleistet sei, dass dann die CDU im Geiste von Hermann Ehlers und des Oberkirchenrates Adolf Cillien weitergeführt würde.

Rudolf Seiters (geb. 1937)

Nach Meinung politischer Kreise würden in Bad Rothenfelde praktisch nur noch zwei Kandidaten für das Amt des niedersächsischen CDU-Vorsitzenden infrage kommen: Justizminister

Gustav Bosselmann und der bisherige Präsidierende Vorsitzende Dr. Otto Fricke, der sich wieder zur Verfügung stellen wollte. Bosselmann, 1915 auf einem Hof in Schülernbrockhof im Landkreis Soltau geboren, hatte Rechts- und Staatswissenschaften studiert, war von 1938 bis 1945 als Soldat im Krieg, aus dem er als Hauptmann und Bataillonsführer zurückkehrte, setzte danach die juristische Ausbildung fort, wurde Bürgermeister in Schneverdingen, zog 1963 erstmals in den Niedersächsischen Landtag ein und wurde 1965 in der Großen Koalition Justizminister.

Namen wie Bruno Brandes, Vorsitzender der CDU-Landtagsfraktion, oder Landwirtschaftsminister Wilfried Hasselmann waren aus der Diskussion verschwunden. Nach internen Meinungsumfragen schien Bosselmann aussichtsreichster Kandidat zu sein. In den bisherigen Richtungskämpfen hatte er sich geschickt aus der Schusslinie zu halten vermocht. Seine stets verbindliche und ausgleichende Art, die gerade in jener Zeit sehr vonnöten war, hatte ihm weitere Sympathien eingebracht.

Kenner der Parteistimmung glaubten, dass sich Bosselmann in Bad Rothenfelde auf die Stimmen der Bezirke Hannover, Lüneburg und Stade sicher stützen könnte, während Dr. Fricke mit seiner Braunschweiger Hausmacht und möglicherweise auch mit Hildesheim rechnen konnte. In Oldenburg und Aurich wurden beiden Kandidaten etwa gleiche Chancen eingeräumt. Von Osnabrück erwartete man, dass es sich auf die Seite des aussichtsreichsten Bewerbers schlagen würde. „Nach der derzeitigen Stimmung steht es etwa 60 zu 40 für Bosselmann", meinte die *Niedersachsen-Korrespondenz*. Bei diesen personellen Plänen erwartete die niedersächsische CDU-Führung etwa acht Wochen vor dem Landesparteitag keine große Opposition, weder vom allgemeinen Fußvolk noch von den engagierten Gruppen wie etwa der Jungen Union oder den Sozialausschüssen.

Wilfried Hasselmann, den seine Freunde immer noch als den „kommenden Mann" bezeichneten, war zunächst der einzige ernsthafte Kandidat für den Vorsitz des CDU-Landesverbandes Hannover, der ihm die Möglichkeit zum eigenen Aufbau und zur Bewährung bringen sollte, bis er eines Tages erfolgreich nach der höchsten niedersächsischen CDU-Krone greifen könnte. Mit seinen 43 Jahren könnte er es sich getrost leisten, noch etwas zu warten, hieß es in hannoverschen Parteikreisen.

Der Präsidierende Vorsitzende Dr. Otto Fricke war jedoch „empört und besorgt", als er von den Spekulationen und vom bevorstehenden Kampf um eine neue Führung der CDU in Niedersachsen hörte. Das war er seit zehn Jahren nicht mehr gewohnt. Bisher liefen die Parteitage immer vorherbestimmt, friedfertig und ohne Überraschungen ab, dank der Regie des erfahrenen Taktikers Dr. Fricke. Deshalb empfand er den offensichtlich schon beschlossenen Kampf um seine Nachfolge als besondere Kränkung.

Die Junge Union muckt auf

In einer eigens einberufenen Sondersitzung, an der neben dem Präsidierenden Vorsitzenden Dr. Otto Fricke auch der Landtagsfraktionsvorsitzende Bruno Brandes und Kultusminister Richard Langeheine sowie die CDU-Landesvorsitzenden von Hannover und Oldenburg, Dr. Josef Stecker und Gerhard Glup, und auch der JU-Vorsitzende Rudolf Seiters teilnahmen, konnten schließlich die Wogen geglättet werden. So hieß es in einer Presseverlautbarung der Landesleitung der CDU in Niedersachsen:

„Die Landesleitung der CDU in Niedersachsen hat in ihrer Sitzung am 25. März 1968 die Verdienste des Präsidierenden Vorsitzenden, Dr. Otto Fricke, die er sich in mehr als zwanzigjähriger Arbeit für die CDU erworben hat, dankbar gewürdigt.

Die zwischen Herrn Seiters, dem Vorsitzenden des Niedersachsenrates der Jungen Union, der an der Sitzung der Landesleitung als Gast teilnahm, und Herrn Dr. Fricke entstandenen Differenzen persönlicher Art wurden in befriedigender Weise in einer freimütigen Aussprache bereinigt.

Die Landesleitung teilt die Sorgen der Jungen Union um die Zukunft der Partei. Sie ist sich darin einig, daß die CDU ihre Aufgaben nur bei konsequenter Sach- und Personalpolitik auf unanfechtbar christlicher Grundlage erfüllen kann.

Die Landesleitung der CDU stellt eindeutig klar, daß zur Lösung der schwierigen personalpolitischen Fragen allein die zuständigen Gremien der CDU in Niedersachsen und die Vorstände der Landesverbände berufen sind.

Sie wird demgemäß mit den Vorständen der drei Landesverbände darüber Gespräche führen und über deren Ergebnis den Zentralvorstand der CDU in Niedersachsen unterrichten."

Die angesehene *Frankfurter Allgemeine Zeitung* titelte darauf: „Nun ist es vorbei mit der so oft beschworenen Eintracht in der niedersächsischen CDU."

Obwohl Dr. Otto Fricke seinen Fehler erkannte und seine Schelte abzumildern versuchte, stand dieses Thema im Mittelpunkt des Parteitages seines CDU-Landesverbandes Braunschweig am 6. April 1968 „vor seiner Haustür" in Bad Harzburg. Beobachter von damals stellten fest, dass es für „Kaiser Otto" sehr schmerzlich gewesen sei, erfahren zu müssen, dass man nicht ihn allein für befähigt und würdig hält, die CDU in Niedersachsen zu führen. Der Satzungsentwurf fand die Zustimmung der Braunschweiger Delegiertenversammlung.

Auf dem Landesparteitag der hannoverschen CDU am 4. Mai 1968 in Cuxhaven wurde der stellvertretende niedersächsische Ministerpräsident und Kultusminister Richard Langeheine (68) auf Vorschlag des Präsidierenden Vorsitzenden Dr. Fricke zum neuen hannoverschen Landesvorsitzenden gewählt. Es gab keinen Gegenkandidaten. Von 116 Delegierten bekam er 80 Stimmen, 26 stimmten gegen ihn und zehn enthielten sich der Stimme. Auch hier stimmte der Parteitag dem Satzungsentwurf zu.

Ende Mai 1968 beendete Dr. Otto Fricke dieses Kapitel niedersächsischer CDU-Geschichte: Er verzichtete auf eine erneute Kandidatur.

III. Die Ära Hasselmann – CDU-Regierung Albrecht 1968–1988

1. Der Generationswechsel

Am 17./18. Mai 1968 fand in Bad Rothenfelde der mit Spannung erwartete Gesamtparteitag der CDU in Niedersachsen statt. Es war ohne Zweifel eines der denkwürdigsten und entscheidendsten Daten in der über 60-jährigen Geschichte der CDU in Niedersachsen. Und das nicht nur, weil der Parteitag in einem Chaos endete, sondern weil hier die Weichen für den Generationswechsel der CDU in Niedersachsen gestellt wurden. Die Garde der verdienstvollen Nachkriegspolitiker hatte über 20 Jahre lang ihre Pflicht und Schuldigkeit getan. Eine große Ära ging zu Ende. Jetzt übernahm eine neue Generation das Kommando.

Zum ersten Male gab es auf einem CDU-Landesparteitag eine Kampfabstimmung um den Posten des Vorsitzenden, zum ersten Male gab es zunächst mehrere, dann überhaupt keinen Vorsitzenden. Und es gab vor allem mit einer neuen Satzung zum ersten Male einen von den Delegierten der Landespartei gewählten Vorstand und die Möglichkeit, aus dem bisherigen losen Dachverband der CDU in Niedersachsen einen wirklichen, satzungsgemäß verankerten, gemeinsamen Landesverband der drei selbständigen niedersächsischen Landesverbände zu machen. Mit dem bis dahin Präsidierenden Vorsitzenden Dr. Otto Fricke und mit dem von der ersten Stunde an amtierenden Generalsekretär Arnold Fratzscher sollten zwei Männer von der politischen Bühne abtreten, die die CDU in Niedersachsen seit ihrer Gründung maßgeblich geprägt, sie zu größten Erfolgen geführt und sich um die Partei ganz besondere Verdienste erworben hatten. Mit neuen Persönlichkeiten und mit einer neuen Ära sollte aber auch eine andere Zeit für die CDU in Niedersachsen beginnen.

Zunächst verabschiedeten die über 500 Delegierten mit großer Mehrheit die neue Satzung, die von mehreren Ausschüssen und anderen Gremien der Partei seit Monaten diskutiert und immer wieder überarbeitet worden war. Die bisherigen Parteitage der CDU in Niedersachsen waren lange genug ein Parlament, das im Wesentlichen die Vorschläge seiner Führungsgremien „abnickte". Jetzt sollten die Delegierten wirklich mitbestimmen. Das bisherige, fast perfekt funktionierende Honoratiorensystem wurde nun abgeschafft. Das geschah allerdings nicht freiwillig, sondern es musste unter dem Druck des Parteiengesetzes liquidiert werden. Doch ein einheitlicher Landesverband der CDU in Niedersachsen durch eine Verschmelzung der drei bisherigen selbständigen Landesverbände Hannover, Braunschweig und Oldenburg war – wieder einmal – am Widerstand Oldenburgs gescheitert. Hier sei an den langjährigen Vorsitzenden des CDU-Landesverbandes Oldenburg, August Wegmann, erinnert, der sich selbst als Einzelgänger in der Landesleitung der CDU in Niedersachsen einstufte: „Es gibt keine niedersächsische CDU, und – so lange ich oder mein Nachfolger darüber zu befinden haben – wird es eine niedersächsische CDU auch künftig nicht geben." Er duldete weder bei Adolf Cillien („Nehmen Sie das endgültig zur Kenntnis, Herr Präsidierender Vorsitzender!") noch bei anderen Landes- oder Bezirksvorsitzenden irgendwelche Zweifel. Er verhehlte diesen Grundsatz auch nicht gegenüber Konrad Adenauer – schon gar nicht gegenüber Parteisekretären oder Geschäftsführern.

So heißt es denn gleich im § 1 der neuen Satzung der CDU in Niedersachsen: „Die ‚CDU in Niedersachsen' besteht aus den Landesverbänden Braunschweig, Hannover und Oldenburg. Diese sind gemäß § 16 des Bundesstatuts die Organisation der CDU in ihren Gebietsverbänden. Sie wollen die in § 1 des Bundesstatuts festgelegten Ziele in diesen Gebietsverbänden verwirklichen. Sie haben ihren Sitz in Braunschweig bzw. Hannover und Oldenburg." Weiter heißt es im § 1: „Die CDU in Niedersachsen will als den drei Landesverbänden übergeordneter Gebietsverband im Sinne des § 7 des Parteiengesetzes die in § 1 des Bundesstatuts festgelegten Ziele im Lande Niedersachsen verwirklichen. Bei der Durchführung dieser Aufgaben wird die CDU in Niedersachsen dafür eintreten, daß die Eigenart der Landesteile Braunschweig und Oldenburg sowie die der sechs Bezirke des Landesverbandes Hannover, insbesondere die diese Eigenart schützende Gesetzgebung, erhalten bleibt. Der Sitz der CDU in Niedersachsen ist Hannover." Und im § 2 steht schwarz auf weiß: „Gegenüber der CDU Deutschlands steht den Landesverbänden Braunschweig, Hannover und Oldenburg Selbständigkeit und das Recht zur Entsendung von Vertretern in deren vorhandene oder neu zu bildende Organisationen zu. Sie behalten insbesondere ihre Aufgaben hinsichtlich der Bundespartei und Bundespolitik, soweit diese nicht Niedersachsen als Ganzes betreffen."

Die Nachfolge von „Kaiser Otto"

Vor dem Bad Rothenfelder Parteitag war hinter den Kulissen emsig um die Nachfolge des Präsidierenden Vorsitzenden Dr. Otto Fricke gerungen worden. Er selbst hatte zunächst selbstverständlich auch weiterhin die niedersächsische CDU führen wollen. Aber er musste schon bald einsehen, dass er dafür kaum noch Chancen hatte. Er hatte sich allzu heftig mit der Jungen Union angelegt und vor allem vor einigen Monaten am falschen Ort, zum falschen Zeitpunkt und in falscher Form einen seiner Rivalen, den Justizminister Gustav Bosselmann, öffentlich attackiert. So war schließlich sein Verzicht auf eine Kandidatur für den Landesvorsitz keine Überraschung und sicher auch kein freiwilliger Entschluss.

Doch „Kaiser Otto" zog noch einen – vermeintlichen – Trumpf aus dem Ärmel, als er den 68-jährigen Kultusminister Richard Langeheine ins Spiel brachte, um den in der Presse als neuen Vorsitzenden „gehandelten" Gustav Bosselmann zu verhindern. Langeheine war Anfang Mai 1968, auf Empfehlung von Dr. Fricke, zur Wahl um den Vorsitz des CDU-Landesverbandes Hannover gegen Schatzmeister August Wenzel angetreten. Trotz des heftigen Widerstandes wurde Langeheine zum hannoverschen Landesvorsitzenden gewählt. Nun sollte er auch in Bad Rothefelde gegen seinen Kabinettskollegen Gustav Bosselmann antreten. Der ebenfalls als Kandidat vorgeschlagene Präsident der Industrie- und Handelskammer Hannover, Dr. Philipp von Bismarck, hatte von seiner Firma kein grünes Licht bekommen.

So standen sich der 53-jährige Bosselmann und der 68-jährige Langeheine zur denkwürdigsten und kuriosesten Wahl der Geschichte der CDU in Niedersachsen gegenüber. Im ersten Wahlgang stimmten von 520 Delegierten 248 für Langeheine und 243 für Bosselmann. 19 enthielten sich der Stimme, zehn hatten ungültige Stimmzettel abgegeben. Weil keiner der Kandidaten die nach der Satzung erforderliche Hälfte der abgegebenen Stimmen bekommen hatte, wurde ein zweiter Wahlgang erforderlich.

In der Pause vor dem zweiten Wahlgang trafen sich – wie es später hieß: rein zufällig – der Vorsitzende der CDU-Landtagsfraktion, Bruno Brandes, Kultusminister Richard Langeheine und sein persönlicher Referent Dieter Haaßengier in der Herrentoilette des Bad Rothenfelder Tagungslokals. Während sie ihr „kleines Geschäft" verrichteten, beratschlagten sie, wie sie im zweiten Wahlgang Bosselmann verhindern könnten. Sie kamen auf die glorreiche Idee: Richard Langeheine verzichtet auf eine weitere Kandidatur zugunsten von Bruno Brandes, der als einflussreicher Politiker bekannt war und vor allem die Delegierten aus der Landtagsfraktion geschlossen hinter sich glaubte, und nun gegen Bosselmann antreten sollte. Ein entsprechender Antrag wurde beim Tagungspräsidium eingereicht. Das aber durchschaute den Trick und ließ den Antrag „aus satzungstechnischen Gründen" nicht zu.

Im zweiten Wahlgang gewann Bosselmann, der an diesem Tage 53 Jahre alt wurde, die Kampfabstimmung mit 264 gegen 238 Stimmen für Langeheine. Ihm hatten viele Delegierte offenbar die „Kungelei" mit Bruno Brandes übel genommen. Damit wurde Justizminister Gustav Bosselmann zum neuen Vorsitzenden der CDU in Niedersachsen ausgerufen.

In den Kommentaren der Journalisten wurde die Wahl Bosselmanns als Notlösung bezeichnet. Die Personalprobleme im CDU-Landesvorstand seien mit ihm nicht gelöst. Bosselmann sei gewählt worden, weil er wesentlich jünger sei als Langeheine und weil mit seiner Wahl auch ein Protest gegen Langeheine und die Honoratiorenpartei sowie dessen Ämterhäufung ausgedrückt werden sollte.

In den 16-köpfigen Vorstand, dem kraft Amtes die Vorsitzenden der drei Landesverbände angehören, wurden als Stellvertreter Landwirtschaftsminister Wilfried Hasselmann mit der höchsten Stimmenzahl von 440 Stimmen sowie der Bundestagsabgeordnete Dr. Josef Stecker mit 414 Stimmen und Landtagsfraktionsvorsitzender Bruno Brandes mit 338 Stimmen gewählt. Mit Hasselmann bahnte sich schon die Zukunft eines jungen, aufstrebenden, außerordentlich populären und talentierten Politikers der CDU in Niedersachsen an.

Der langjährige Präsidierende Vorsitzende Dr. Otto Fricke wurde mit riesigem Applaus und stehenden Ovationen zum Ehrenvorsitzenden der CDU in Niedersachsen gewählt. Waren es diese Dankesbezeugungen oder war es der endgültige Abschied von der Macht – Otto Fricke, der sonst so beherrscht, souverän und unnahbar schien, standen die Tränen in den Augen.

„Satzungsfuchs“ Haaßengier brachte alles durcheinander

Als die Anhänger Bosselmanns schon zur Siegesfeier rüsteten, kam dem versierten Juristen Dieter Haaßengier eine Idee, die den gesamten Bad Rothenfelder Parteitag auf den Kopf stellte und in ein Chaos stürzte. Haaßengier hatte nämlich festgestellt, dass bei den Wahlen zum Landesvorsitzenden schon im ersten Wahlgang bei der Berechnung der absoluten Mehrheit die Stimmenthaltungen und die ungültigen Stimmen nicht richtig bewertet worden waren. Das Tagespräsidium hatte sie als abgegebene Stimmen mitgezählt. Aber nach der Satzung der CDU in Niedersachsen gelten für Wahlen die Vorschriften des § 43 des Bundesstatuts der CDU. Dort heißt es in Absatz 5, dass bei der Ermittlung der Mehrheit die Stimmenthaltungen – und logischerweise auch die ungültigen Stimmen – nicht mitgezählt werden dürfen. Also hätten zur Ermittlung der absoluten Mehrheit beim ersten Wahlgang nur 491 Stimmen gezählt gewertet werden dürfen. Damit hätte Langeheine mit 248 mehr als die Hälfte erreicht und wäre gewählt gewesen.

Der junge 35-jährige Jurist Haaßengier, in dem einige damals schon ein talentiertes „Schlitzohr“ sahen, hatte als persönlicher Referent des Kultusministers bereits Erfahrungen im Umgang mit der Presse und kannte einige Journalisten aus persönlichen Begegnungen recht gut. So war es für ihn nicht schwer, vor allem Vertretern von Nachrichtenagenturen - natürlich „vertraulich" und unter dem Siegel der Verschwiegenheit der Quellenangabe - die Nachricht zu „stecken": Die Wahl wird angefochten, sie ist nicht gültig, die Stimmenauszählung war nicht satzungsgemäß. Und schon lief es über alle „Ticker" (Fernschreiber) und stand am nächsten Tag in den Zeitungen: „Rechtliche Zweifel an der Wahl des CDU-Landesvorsitzenden. Muß die Vorstandswahl wiederholt werden?"

Im neu gewählten Landesvorstand herrschte helle Aufregung. Niemand konnte sagen, wer der „wirkliche" Landesvorsitzende der CDU in Niedersachsen ist oder ob es überhaupt keinen gibt. Nur eins stand fest: Bevor die Sache nicht geklärt und einwandfrei festgestellt war, würde der neue Vorstand nicht in Aktion treten.

Die Chronologie der Beschlüsse

Am Montag, 20. Mai 1968, traten die Minister Bosselmann und Langeheine vormittags in Hannover vor die Presse und gaben eine Erklärung ab: „Es sind rechtliche Zweifel aufgetaucht über die satzungsgemäße Durchführung der Wahlen zum Vorstand der CDU in Niedersachsen am Sonnabend in Bad Rothefelde. Diese Fragen werden überprüft. Bis dahin handeln für die CDU in Niedersachsen die drei zusammengeschlossenen Landesverbände Braunschweig, Hannover und Oldenburg durch ihre gewählten Vorstände, deren Koordinierung sichergestellt ist."

Am 31. Mai 1968 erklärte das amtierende Führungsgremium der CDU in Niedersachsen die Vorstandswahl vom 18. Mai 1968 faktisch für ungültig und stellte einen außerordentlichen Parteitag zur Neuwahl in Aussicht. Ohne ein neues Votum der Delegierten wollten weder Richard Langeheine noch Gustav Bosselmann das Amt des Landesvorsitzenden führen. Schon jetzt sollten in einer Serie von Kreiskonferenzen, Bezirks- und Landesparteitagen die Delegierten gewählt werden.

Am 15. Juni 1968 kam der endgültige Beschluss der drei Landesvorstände der CDU in Niedersachsen: Die umstrittene Wahl des niedersächsischen CDU-Landesvorstands vom 18. Mai 1968 wird auf einem außerordentlichen Landesparteitag wiederholt. Bis dahin nehmen die Landesvorsitzenden Dr. Otto Fricke (Braunschweig), Richard Langeheine (Hannover) und Gerhard Glup (Oldenburg) das Recht zur gemeinsamen Vertretung der niedersächsischen CDU für sich in Anspruch.

Am 15. Juli 1968 beschlossen die Vorstände der drei Landesverbände, den außerordentlichen Landesparteitag für den 14. September 1968 einzuberufen.

Am 29. August 1968 ließ Kultusminister Langeheine verlauten, er werde auf dem außerordentlichen Landesparteitag am 14. September 1968 nicht mehr für den Landesvorsitz kandidieren – im Hinblick auf die großen kulturpolitischen Aufgaben, deren Lösung er mit allem Nachdruck vorantreiben wolle. Kurz darauf erklärte auch Justizminister Gustav Bosselmann, dass er nicht wieder zur Vorstandswahl antreten wolle. Von da an war nur noch ein Mann im Gespräch: der 44-jährige Landwirtschaftsminister Wilfried Hasselmann.

Die Ära Hasselmann beginnt

Am 14. September 1968 fand der außerordentliche Landesparteitag der vereinigten CDU-Landesverbände Hannover, Braunschweig und Oldenburg in den „Wülfeler Brauereigaststätten" in Hannover statt. Das Wahlchaos vom 18. Mai 1968 in Bad Rothenfelde wurde korrigiert. Wilfried Hasselmann, von Gustav Bosselmann vorgeschlagener einziger Kandidat, wurde mit 341 von 394 abgegebenen Stimmen bei 38 Neinstimmen und 15 Stimmenthaltungen zum neuen Vorsitzenden der CDU in Niedersachsen gewählt. Zum ersten Male in ihrer über 20-jährigen Geschichte hatte die CDU in Niedersachsen statt eines „Präsidierenden Vorsitzenden", der als „Erster unter Gleichen" von den drei Landesvorsitzenden bestimmt wurde, nun einen gewählten Landesvorsitzenden für alle drei niedersächsischen CDU-Landesverbände. Die *Süddeutsche Zeitung* titelte: „Die CDU-Herzöge wählten einen König". Zu Stellvertretern wurden

Justizminister Gustav Bosselmann mit 346 Stimmen, Bundestagsabgeordneter Dr. Josef Stecker mit 262 Stimmen und Landtagsfraktionsvorsitzender Bruno Brandes mit 258 Stimmen gewählt. Die Sozialpolitikerin der Union, Margot Kalinke, verteilte gelbe Rosen an die neu gewählte Führungsspitze.

Der Generationswechsel war vollzogen. Ein neues Zeitalter für die CDU in Niedersachsen war angebrochen. Den neuen Stil merkte man schon daran, dass der neue Vorsitzende Hasselmann unmittelbar nach seiner Wahl zu einer „Pressekonferenz im Stehen" bat. Im Seitenhof der „Wülfeler Brauereigaststätten", mit dem Rücken zur Wand und dem Scherzwort auf den Lippen „Kaum gewählt – schon zum Abschuß freigegeben", nannte der neue Landesvorsitzende als oberstes Ziel seines neuen Kurses: die Einigkeit der CDU in Niedersachsen. „Wir werden keine Intrigenkämpfe mehr zulassen. Wir werden loyal zusammenarbeiten, uns gegenseitig informieren, damit jeder vom anderen weiß, was er tut und was getan werden muß", sagte Wilfried Hasselmann. Journalisten sprachen anschließend von einer „politischen Bauernhochzeit" zwischen den Bauernsöhnen Hasselmann und Bosselmann. Ein weiteres Zeichen des Generationswechsels bei der CDU in Niedersachsen war die Wahl des niedersächsischen Landesvorsitzenden der Jungen Union, Rudolf Seiters, mit der höchsten Stimmenzahl zum Beisitzer im Landesvorstand. Mit 303 Stimmen rangierte er noch vor Dr. Philipp von Bismarck, dem im Mai noch die Kandidatur zum Landesvorsitzenden angetragen worden war, sowie vor Hermann Schnipkoweit, Arthur Engler und Bernd Huckschlag.

„Kaiser Otto" trat von der Bühne ab

Am 26. November 1968 hat sich der neue Landesausschuss der CDU in Niedersachsen, das höchste Gremium zwischen den Landesparteitagen, konstituiert. Unter dem Vorsitz des Landesvorsitzenden Wilfried Hasselmann gehören ihm 61 Delegierte der Landes- und Bezirksverbände sowie des Landesvorstands an.

Es sei noch nachzutragen, dass der langjährige unumschränkt herrschende Präsidierende Vorsitzende der CDU in

Niedersachsen, Dr. Otto Fricke, enttäuscht von den schweren politischen Niederlagen dieses Jahres, als letztes Amt das des Vorsitzenden des CDU-Landesverbandes Braunschweig abgab, das er 16 Jahre lang innegehabt hatte. Schon auf dem außerordentlichen Parteitag des Braunschweiger CDU-Landesverbandes am 2. August 1968 in Salzgitter-Lebenstedt hatte der stellvertretende Landesvorsitzende Edelhard Rock aus Wolfenbüttel den erkrankten Parteivorsitzenden Dr. Fricke vertreten müssen. Das wurde wie ein Signal seines Abschieds von der großen politischen Bühne empfunden. Auf dem ordentlichen Landesparteitag des CDU-Landesverbandes Braunschweig am 29. November 1968 in Salzdahlum verzichtete der Vorsitzende Dr. Otto Fricke aus gesundheitlichen Gründen auf eine Wiederwahl. So wurde der 62-jährige Bundestagsabgeordnete Alfred Burgemeister aus Schöningen zum Nachfolger gewählt. „Kaiser Otto", der die CDU in Niedersachsen in den ersten beiden Jahrzehnten ihres Bestehens nach dem Tode von Hermann Ehlers und Adolf Cillien geprägt hat wie kein anderer, hatte seine Schuldigkeit getan.

Die Junge Union machte es vor

Rückblickend muss man feststellen, dass der Generationswechsel zwar gelungen war, dass aber eines der höchsten Ziele dieses entscheidenden Jahres 1968 nicht erreicht wurde: die Verschmelzung der Landesverbände zu einer einheitlichen niedersächsischen Parteiorganisation. Im Gegenteil: Nach den beschlossenen Kompromissen schien die Einheit der CDU in Niedersachsen weiter entfernt als je zuvor. Die Landesverbände Oldenburg und teilweise auch Braunschweig nutzten die Führungskrise der Landesspitze dazu, wieder ein kräftigeres Eigenleben zu entwickeln. Besonders die eigenständige Vertretung in den Gremien der Bundes-CDU in Bonn erschien den Oldenburgern zu kostbar, als dass sie in näherer Zukunft bereit gewesen wären, darauf zu verzichten.

Wie es auch anders gehen kann, machte die Junge Union vor. Auf dem Landestag der JU Hannover am 27. Oktober 1968 in Gifhorn erklärte der Bundesvorsitzende der Jungen Union,

Egon Klepsch, das wichtigste Ergebnis dieses Landestages sei die Verabschiedung der neuen Satzung gewesen, mit der die Vereinigung der bisherigen JU-Landesverbände Hannover, Oldenburg und Braunschweig zu einem „Landesverband Niedersachsen der Jungen Union" Wirklichkeit werden könne. Der Zusammenschluss, dem Oldenburg bereits zugestimmt hatte, sollte nach der Zustimmung Braunschweigs am 17. November 1968 vollzogen werden. Der Vorsitzende der JU-Landesverbandes Hannover, Rudolf Seiters, der gleichzeitig Vorsitzender des Niedersachsenrates der Jungen Union war, galt als aussichtsreichster Kandidat für den Posten des neuen JU-Landesvorsitzenden.

2. WECHSEL DER GENERALSEKRETÄRE – VON FRATZSCHER ZU HAAßENGIER

Auf der politischen Bühne der CDU in Niedersachsen war der Generationswechsel vollzogen. Der „Kaiser" (Otto Fricke) hatte abgedankt, die „Fürsten" (Richard Langeheine, Otto Fricke, Gerhard Glup) hatten einen neuen „König" gewählt: Wilfried Hasselmann. Danach war die Erneuerung der Verwaltung der CDU in Niedersachsen an der Reihe.

Generalsekretär Arnold Fratzscher, Jahrgang 1904, war in das Pensionsalter gekommen. Über zwei Jahrzehnte, von der Gründung der CDU in Niedersachsen an, hatte er der Partei mit großem Erfolg gedient und sich für sie aufgeopfert. Doch nun war seine Zeit abgelaufen. Der neue niedersächsische Parteichef Hasselmann wollte der CDU in Niedersachsen nicht nur ein neues politisches Profil geben, sondern auch ihre Verwaltung und Organisation erneuern und modernisieren sowie das Personal verjüngen. Dazu brauchte er vor allem in der Schlüsselposition einen neuen – „anderen" – Generalsekretär. Er fand ihn, nachdem der Landesvorsitzende der Jungen Union, Regierungsassessor Rudolf Seiters, eine Berufung abgelehnt hatte, schon bald in dem 34-jährigen Regierungsrat Dieter Haaßengier. Der 1934 in Demmin/Pommern geborene, im Kreis Peine aufgewachsene Arztsohn wollte nach dem Studium der Rechts- und Staatswissenschaften und nach dem zweiten juristischen

Staatsexamen am 18. Mai 1965 in die Rechtsanwaltspraxis von Richard Langeheine in Peine einsteigen. Doch als Langeheine einen Tag später Kultusminister in der großen Koalition unter Ministerpräsident Dr. Georg Diederichs geworden war, bat er Haaßengier, als persönlicher Referent mit ins Kultusministerium zu kommen. Im Juni 1968 wechselte Haaßengier dann als Regierungsrat in die Bezirksregierung Hannover. Dort „diente" er dem Regierungspräsidenten Adolf de Terra, der ihn, wie sich Haaßengier gern erinnert, „in vielen Dingen schlau gemacht" hat. Rückblickend sagte Dieter Haaßengier in einem Gespräch: „Die CDU in Niedersachsen war bis dahin wirklich ein Honoratiorenverein. Die Provinzfürsten hielten sich die Generalsekretäre als Knechte, und Fratzscher war der Oberknecht. Im Grunde war er ein ‚armes Schwein', sonst hätte er sich mehr um die Organisation der Partei kümmern und die selbständigen Landesverbände auflösen müssen."

Aber das war nicht die Art des Arnold Fratzscher. Als Sohn eines Domänenpächters in Mecklenburg geboren, studierte er Rechtswissenschaften, schied 1933 nach der Machtübernahme durch die Nationalsozialisten als Gerichtsassessor aus dem mecklenburgischen Staatsdienst aus und wurde Dozent an der Volkspflegerschule des Stephansstiftes in Hannover, später ihr Leiter. 1946 wurde Arnold Fratzscher Geschäftsführer der in der Gründung begriffenen CDU in Hannover und ihr erster Generalsekretär. Als sich die drei CDU-Landesverbände Hannover, Braunschweig und Oldenburg 1950 einen gemeinsamen Dachverband gaben, wurde er auch dessen Generalsekretär. Neben den drei Landesverbänden war er auch zuständig für die sechs hannoverschen Bezirksverbände Aurich, Hannover, Hildesheim, Lüneburg, Osnabrück und Stade sowie für über 70 niedersächsische CDU-Kreisverbände. Die Geschäftsführer der Gliederungen sahen in ihm ihren „Chef in Hannover". Er war für sie die Instanz für Klagen und Beschwerden, Rat und Hilfe, Rechtfertigung und Forderungen. Mit ihm suchten sie das Gespräch, vor allem wenn es um Geld oder Personalangelegenheiten ging, wie beispielsweise um die Aufstellung der Landeslisten für Landtags- und Bundestagswahlen, sowie um Wahlkampfhilfe. Beim Generalsekretär konnten die Geschäftsführer ihren Ärger abladen, über die „Landesfürsten" oder auch über die Eigenwilligkeit des „Präsidierenden" schimpfen. Auf der anderen Seite informierte der Generalsekretär die Landesleitung und setzte deren Beschlüsse in den Kreisverbänden um. Allerdings, sie betrachteten sich immer noch als die „eigentliche" CDU in Niedersachsen. Denn sie waren es, die die Union im Lande gegründet hatten. Erst aus ihren Zusammenschlüssen waren die Bezirks- und Landesverbände entstanden.

Die Mitglieder der Landesleitung waren sich nicht immer einig in ihrem Urteil über den Generalsekretär. Für die einen war er der unersetzbare Arbeiter und Organisator, für die anderen ein Beschwichtiger oder gar Intrigant. Vor allem war Arnold Fratzscher ein getreuer Vasall von „Kaiser Otto", obwohl er ihn

Dieter Haaßengier (geb. 1934) mit Wilfried Hasselmann (1924–2003)

nie so nannte. Der langjährige Präsidierende Vorsitzende Dr. Otto Fricke war für ihn der wirkliche Parteichef der CDU in Niedersachsen. Die Loyalität für seinen Vorsitzenden ging über das übliche Maß hinaus.

Nun also hatte sich der neue niedersächsische CDU-Vorsitzende Hasselmann „seinen" neuen Generalsekretär ausgeguckt. Er wusste, dass Dieter Haaßengier ein Vollblutpolitiker war und den Wahlkampf für seinen „Chef" Langeheine mit großem persönlichen Einsatz und cleverer Strategie erfolgreich gemacht hatte. Hasselmann und Haaßengier mochten sich auf Anhieb. Sie lagen auf derselben Wellenlänge.

Als der neue Landesvorsitzende dem persönlichen Referenten Haaßengier das Angebot gemacht hatte, Generalsekretär der CDU in Niedersachsen zu werden, fühlte dieser sich geehrt und geschmeichelt. Vor allem fühlte er sich in der Lage, diesen Posten zu übernehmen und mit neuem, politischen Leben zu erfüllen. Doch da war noch eine Schwierigkeit: Regierungsrat Haaßengier war im Juni 1968 als Regierungsrat vom Kultusministerium in die Bezirksregierung Hannover zum Regierungspräsidenten Adolf de Terra gewechselt. Haaßengier war Beamter und damit in gesicherter Position. Der Posten eines Generalsekretärs ohne diese Absicherung wäre für ihn ein „Schleudersitz" oder gar ein „Himmelfahrtskommando" gewesen, wie er später zugab. Vorgänger Fratzscher, der auch Landtagsabgeordneter gewesen war, hatte man mit einem relativ geringen Salär abspeisen können. Doch der junge Familienvater Haaßengier brauchte Sicherheit, wenn er sich als leitender Beamter beurlauben lassen würde.

So setzten sich die drei Männer zusammen: Hasselmann, Haaßengier und Landesschatzmeister Dr. Josef Stecker. Als Haaßengier, der sich bei dem erfahrenen und versierten Regierungspräsidenten Adolf de Terra schlau gemacht hatte, auf dessen Rat die Bezahlung nach B 3 (Ministerialrat) forderte, waren seine Verhandlungspartner – wie sich Haaßengier heute noch gut erinnern kann – „fast vom Glauben abgefallen". So viel Geld hatte ihnen glatt die Sprache verschlagen. Sie schluckten, aber man wurde sich doch einig. Allerdings, über die ausgehandelte Bezahlung schweigt des Sängers Höflichkeit.

Im Oktober 1968 wurde Dieter Haaßengier vom Landesvorstand gegen eine Stimme zum neuen Generalsekretär der CDU in Niedersachsen gewählt. Er sollte sein Amt im Dezember antreten. Vorgänger Arnold Fratzscher, der am 15. März 1969 65 Jahre alt wurde, sollte selbstverständlich bis dahin noch weiter beschäftigt werden. Für ihn, den erfahrenen Wahlkämpfer, gab es für die bevorstehenden Wahlen noch genug zu tun. Außerdem sollte Fratzscher die CDU-Landtagsfraktion als Justitiar beraten.

CDU bekommt einen „politischen General"

Dieter Haaßengier war der erste „politische" Generalsekretär der CDU in Niedersachsen. Er und sein Chef Hasselmann waren sich einig in der Strategie, doppelgleisig zu fahren: Hasselmann, der „Jung-Siegfried", war der Volkstribun, der Freund des Volkes; Haaßengier war der Scharfmacher, der „Wadenbeißer", wie man in Bayern sagen würde. Dieses Gespann hat so bis 1976 hervorragend harmoniert und funktioniert. Dann wurde Dieter Haaßengier Staatssekretär in der niedersächsischen CDU-Landesregierung, die mit Dr. Ernst Albrecht zum ersten Male in der Geschichte Niedersachsens einen CDU-Ministerpräsidenten stellte.

Noch ein großes Ereignis fällt in die Anfangszeit des neuen Generalsekretärs Haaßengier. Die CDU in Niedersachsen bezog im August 1969 eine repräsentative Parteizentrale in einer Villa in der Böttcherstraße 7 in Hannover-Herrenhausen. Haaßengier und die Parteizentrale in der Böttcherstraße waren bald ein Begriff für kontinuierliche Aufbauarbeit. Der eigene Verlag und vor allem die *Niedersachsen-Zeitung* wurden umgestaltet, und eine geschickte Pressearbeit trug zur Aufwärtsentwicklung der Partei bei.

Zum 31. Dezember 1968 hatte die Mitgliederzahl der CDU in Niedersachsen die 30.000-Grenze überschritten. Es waren genau 30.575 Mitglieder gemeldet. Davon zählte der Landesverband Hannover 22.119, der Landesverband Oldenburg 5.244 und der Landesverband Braunschweig 3.212 Mitglieder. Im hannoverschen Landesverband lag der Bezirksverband Osnabrück mit 7.056 Mitgliedern an der Spitze gefolgt vom Bezirksverband Hannover mit 4.830, Hildesheim 3.797, Lüneburg 3.276, Stade 2.104 und Aurich 1.056 Mitgliedern.

3. DAS ENDE DER GROßEN KOALITION

Nach dem für die Landespartei CDU in Niedersachsen so entscheidenden Jahr 1968, das für die CDU den Beginn der „Reform an Haupt und Gliedern" mit dem Aufbruch in eine neue Zeit brachte, kommen wir nun in unserer Chronik wieder zur Politik der CDU in Niedersachsen unter neuer Führung zurück. Sie dokumentierte sich beispielsweise dadurch, dass der neue Parteichef Wilfried Hasselmann Anfang des Jahres 1969 nach einer Pressekonferenz vor Journalisten erklärte: „Die CDU in Niedersachsen will in Zukunft bei entscheidenden landespolitischen Themen, besonders bei der Verwaltungs- und Gebietsreform, nicht mehr getrennt nach Partei und Landtagsfraktion reden, sondern nur noch eine parteieinheitliche Aussage treffen. Das bedeutet nicht, daß die Landtagsfraktion an die Kette gelegt werden soll. Aber eine Absprache mit Partei und Arbeitskreisen ist dringend erforderlich." Dann stellte der CDU-Vorsitzende fest: „Die CDU ist auch eine Wählerpartei und nicht nur eine Mitgliederpartei."

Das Verhältnis der erstarkenden Partei zur Landtagsfraktion und deren Vorsitzenden Bruno Brandes war nicht frei von Spannungen. War früher die Fraktion die gemeinsame Klammer für die drei niedersächsischen CDU-Landesverbände, so beanspruchte diese Stellung jetzt die Partei. Das wurde manchmal mit Argwohn betrachtet. Auch stand das moderne Management, das der neue Generalsekretär Haaßengier in die Parteizentrale gebracht hatte, im Gegensatz zu den bisherigen Vorstellungen der CDU als einer Honoratiorenpartei, die nur vor den Wahlen aktiv zu werden brauchte. Hasselmann und der engste Kreis um ihn hatten daher nicht nur Freunde, was sich bei unerwarteten Gelegenheiten auswirken sollte.

Das politische Interesse im Jahre 1969 galt zunächst der bevorstehenden Bundestagswahl. In Niedersachsen regierte immer noch die große Koalition unter dem SPD-Ministerpräsidenten Dr. Georg Diederichs mit vier Ministern der CDU. Das wäre sicher noch eine ganze Weile gut gegangen, wenn nicht zwei besondere Ereignisse dazwischengehagelt wären.

Die CDU musste in Bonn erstmals in die Opposition

Der Ausgang der Bundestagswahl 1969 mit der folgenden ersten sozial-liberalen Koalition auf Bundesebene hatte natürlich auch starke politische Auswirkungen auf das politische Klima in Niedersachsen. Er brachte der CDU in Niedersachsen einen herben Rückschlag, insbesondere durch das Erstarken der SPD im Lande und durch den Verlust der Regierungsgewalt in Bonn. Hasselmanns damaliger persönlicher Referent Christian Burchard erinnert sich, wie sein Chef am Wahlabend dieses enttäuschende Ergebnis – trotz hämischer Freude auf der anderen Seite – bei surrenden Fernsehkameras mit großer Gelassenheit aufgenommen hat. „Trotz innerer Bewegung behielt er auch in solchen Augenblicken nach außen seine Fassung."

Durch den Regierungswechsel in Bonn wurde der heimliche Kampf um die Regierungsgewalt in Hannover immer stärker angefacht. So kam es schon bald zur Dauerkrise im Landesparlament. Bereits am 23. April 1969 waren der Hauptgeschäftsführer der niedersächsischen FDP, Herbert Stender, und zwei weitere führende Mitglieder der FDP aus Unzufriedenheit über die Vorgänge bei der Bundespräsidentenwahl zur CDU übergetreten. Herbert Stender, als Jugendlicher in der NS-Zeit Ordensburg-Schüler und Hitlerjugend-Führer, war als Hauptgeschäftsführer der FDP fristlos entlassen worden. In der CDU-Landtagsfraktion wurde er schon bald einer der versiertesten Geschäftsführer und treuer Vasall des Fraktionsvorsitzenden Bruno Brandes.

Bruno Brandes hatte es vor der Bundestagswahl zu Höherem gelüstet. Er wollte endlich auch auf der Bundesebene „mitspielen" und kandidierte für den Bundestag. Bei den Eskapaden, die sich „Bruno" immer wieder erlaubte, sahen es Partei und Fraktion der niedersächsischen CDU nicht ungern, wenn sie ihn auf diese Weise aus Niedersachsen los werden und nach Bonn abgeben könnten. Und tatsächlich: Bruno Brandes wurde in den Deutschen Bundestag gewählt. Die Erleichterung war in Hannover allenthalben spürbar. Aber

Bruno wäre nicht Bruno, wenn er nicht auch jetzt wieder für eine Überraschung gut wäre. Angesichts der neuen Konstellation in Bonn mit der CDU auf den harten Bänken der Opposition zog es Bruno Brandes natürlich nicht an den Rhein. Er nahm sein Bundestagsmandat nicht an und blieb lieber an der Leine – natürlich immer noch als Landtagsfraktionsvorsitzender. Man hatte sich hier zu früh gefreut.

Der „Greifvogel" des Landtags

Bruno Brandes, Rechtsanwalt aus Holzminden, ein ebenso großes Genie wie „Schlitzohr", später eine tragische Figur des Landtags, wollte sich als CDU-Fraktionsvorsitzender nicht damit abfinden, dass die SPD mit 66 Mandaten die CDU mit 63 Mandaten in der gemeinsamen Koalition beherrschte. Daneben waren noch die FDP mit zehn Abgeordneten und erstmals die NPD ebenfalls mit zehn Abgeordneten im Landtag in Hannover vertreten.

Zuerst gelang es Brandes, die FDP zu spalten. Drei FDP-Abgeordnete zog er auf seine Seite, erst als Hospitanten, dann als Mitglieder für die CDU-Fraktion. Jetzt waren die beiden großen Parteien gleich stark. Aber es ging weiter. „Bruno", wie er allenthalben nur genannt wurde, streckte seine Fühler auch zur NPD aus. Ihr Fraktionsvorsitzender war der 48-jährige Adolf („Bubi") von Thadden, einst jüngster Abgeordneter des Deutschen Bundestages, ein brillanter Redner. Seine geschliffenen Wortduelle mit dem SPD-Kultusminister Prof. Dr. Peter von Oertzen im Parlament waren für die Journalisten, aber auch für den Landtag, immer Sternstunden.

Als die Abgeordneten gerade das Naturschutzgesetz mit dem Schutz der Greifvögel behandelten, sagte von Thadden in Anspielung auf Brandes` Abwerbungsversuche: „Hier im Parlament haben wir das beste Beispiel eines Greifvogels – Bruno Brandes." Der hatte damit seinen Spitznamen weg und hieß fortan nur noch der „Greifvogel". Er machte diesem Namen allerdings auch alle Ehre. Denn inzwischen hatte er die NPD-Fraktion ebenfalls verunsichert und versucht, einige NPD-Abgeordnete auf seine Seite zu ziehen.

Da wurde es dem Ministerpräsidenten Dr. Diederichs zu bunt. Er wollte in seiner Regierung keine Partei, in der „Nazis" saßen, und verlangte die Entlassung der vier CDU-Minister. Doch dazu fehlte ihm die erforderliche Mehrheit im Landtag. Dieser lehnte den Antrag nach mehrstündiger Debatte ab. Zum Schluss setzte sich bei allen Fraktionen die Einsicht durch, eine Auflösung des Landtags und Neuwahlen seien die beste Lösung. Denn eine qualifizierte Mehrheit kam nicht mehr zustande, zumal niemand mit der NPD koalieren konnte oder wollte. Nach den Landtagsitzungen vom 25. Februar und 4. März 1970 zerbrach die große Koalition in Niedersachsen. Danach war die Regierungs- und Parlamentsarbeit wochenlang gelähmt.

4. DIE 70ER JAHRE

Die 70er Jahre wurden für die CDU in Niedersachsen durch zwei Faktoren bestimmt: die neue politische Kultur unter der neuen Führung von Wilfried Hasselmann und seinem Generalsekretär Dieter Haaßengier und das „Wunder von Hannover" 1976 – die Wahl von Dr. Ernst Albrecht zum ersten Ministerpräsidenten der CDU in Niedersachsen in der bisherigen 30-jährigen Geschichte des Landes.

Am 20. April 1970, auf dem ersten ordentlichen Landesparteitag der CDU in Niedersachsen in Hannover nach den Turbulenzen des vorangegangenen Jahres, wurde Wilfried Hasselmann mit 336 Stimmen gegen acht Stimmen bei acht Enthaltungen wiedergewählt. Die ganze Kraft der Partei galt jetzt dem Wahlkampf für die Landtagswahl, die wegen der Parlamentsauflösung nicht turnusmäßig 1971 stattfinden konnte, sondern auf den 14. Juni 1970 festgesetzt worden war, zeitgleich mit den Landtagswahlen in Nordrhein-Westfalen und im Saarland.

Der Landtagswahlkampf stand, trotz der landespolitischen Turbulenzen, immer noch stark unter bundespolitischem Einfluss. In Bonn hatte sich seit der sozial-liberalen Koalition unter Willy Brandt und Walter Scheel viel geändert. Die Union, die seit 20 Jahren die Macht am Rhein gewohnt war, war entmachtet. Durch die deutsche Politik ging ein Linksruck. Im Vordergrund stand Brandts neue Ostpolitik, die sein getreuer Lakai Egon Bahr als „Wandel durch Annäherung" bezeichnet hatte. Die Union lehnte diese Politik als zu weitgehend ab und beharrte auf den bisherigen deutschen Rechtspositionen. Damit begann die Politik immer schärfer zu polarisieren. Die Nation wurde in „Lager" gespalten.

Auch in Niedersachsen hatte es die CDU, die seit 1968 in der großen Koalition erfolgreich mitregiert hatte, inzwischen mit einer „neuen" SPD zu tun. Ihr niedersächsischer Altvater und Urgestein Egon Franke, Chef der Bonner „Kanalarbeiter", des rechten Flügels der SPD, war am 4. April 1970 entmachtet worden. Der „linke" Peter von Oertzen, nach eigenem Bekunden Marxist, hatte Niedersachsens größten und einflussreichsten SPD-Bezirk Hannover übernommen. Die FDP, mit der SPD in Bonn in der Regierung, hatte sich als äußeres Zeichen des Neuanfangs und des vermeintlichen Fortschritts drei Punkte zugelegt – sie firmierte jetzt unter F.D.P.

Die CDU in Niedersachsen hatte ihren neuen Landesvorsitzenden, Landwirtschaftsminister Hasselmann, als Spitzenkandidaten und Anwärter auf den Posten des Ministerpräsidenten aufgeboten. Dagegen trat die SPD jetzt mit ihrem dienstältesten Landesminister, Finanzminister Alfred Kubel, an. Er war der Mann der ersten Stunde, der erste ernannte Braunschweiger Ministerpräsident. Er hatte inzwischen in nahezu allen SPD-Landesregierungen in Niedersachsen ein Ministeramt bekleidet und fast alle Ressorts, einschließlich des Landwirtschaftsministeriums, durchlaufen. Kubel wäre eigentlich schon längst „an der Reihe" gewesen. Nun wollte er es zum Abschluss seiner Karriere noch einmal wissen. Alle, die die Chancen für die beiden Spitzenkandidaten auf 50 zu 50 einschätzten, sollten recht behalten.

Für den CDU-Parteivorsitzenden Hasselmann gehörte es zu den Vorbereitungen für eine neue Legislaturperiode auch, nach neuen Leuten zur Verstärkung der CDU-Mannschaft Ausschau zu halten. Da fiel sein Blick auf einen jungen Mann, den er in Brüssel kennen gelernt hatte: Dr. Ernst Albrecht. 1930 in Heidelberg geboren, hatte er seine Schulausbildung in Bremen, Verden und Brake absolviert. Nach dem Studium der Philosophie und Theologie in Deutschland, USA und der Schweiz und anschließendem Studium der Rechts- und Wirtschaftswissenschaften mit dem Abschluss Diplom-Volkswirt, Dr. rer. pol. begann Albrecht seine Laufbahn 1954 als Attaché bei der Montanunion, nahm 1956 an den Verhandlungen über die Gründung der EWG teil, wurde 1958 Kabinettschef bei der EWG-Kommission, 1967 bis 1970 war er Generaldirektor für Wettbewerb bei den Europäischen Gemeinschaften. Christian Burchard, Hasselmanns damaliger „Persönlicher", erinnert sich: „Im Auftrag meines Chefs vereinbarte ich mit Dr. Albrecht einen Termin zum Mittagessen am 23. Februar 1970 im Georgenhof von Hannover. Bei dieser Begegnung konnte ich miterleben, wie die wesentlichen Weichen für einen Eintritt von Dr. Albrecht als Wirtschaftsfachmann in die Wahlkampfmannschaft gestellt wurden. Es war das gemeinsame Ziel, daß Albrecht nach gewonnener Wahl in einem Kabinett Hasselmann Minister für Wirtschaft und Verkehr werden sollte."

Auch der damalige Generalsekretär Dieter Haaßengier erinnert sich genau an seine erste Begegnung mit Dr. Albrecht: „Im April 1970 tauchte Dr. Ernst Albrecht zum ersten Male in der Böttcherstraße auf. Wilfried Hasselmann hatte ihn für die Politik in Niedersachsen gewinnen können. Er sollte in einer von Hasselmann geführten Landesregierung Wirtschaftsminister werden. Bei meiner Sekretärin Gunda Petermann, die er später, 1976, als Chefsekretärin mit in die Staatskanzlei genommen hat, hatte Dr. Albrecht um einen Termin beim Generalsekretär gebeten. Gunda Petermann kam zu mir und wollte ihm keinen Termin geben. Sie meinte, ich könnte doch nicht alle 95 Landtagskandidaten empfangen. Doch er bekam den Termin. Und da stand er vor mir mit seinem berühmten Merkmal – dem strahlenden Lächeln – und sagte: ‚Mein Name ist Albrecht, ich bin CDU-Kandidat im Wahlkreis 48 Wedemark-Burgdorf-Wietze. Man hat mir gesagt, für die Landtagswahl wird ein Kandidatenplakat gedruckt und von mir werde ein Kandidatenprospekt herausgegeben. Wo kann ich mich fotografieren lassen? Ich habe in einem Umschlag einige Familienfotos mitgebracht. Ich halte zwar nichts davon, daß die Familie mit in die Politik hineingezogen wird. Mir hat man aber gesagt, etwas Persönliches gehöre in den Kandidatenprospekt.' So begann für Dr. Albrecht in der Böttcherstraße seine politische Karriere in Niedersachsen. Ich habe damals nicht im Entferntesten daran gedacht."

Um eine Stimme an der Regierungsübernahme vorbeigeschlittert

Bei der Landtagswahl am 14. Juni 1970 erzielte die CDU mit 45,7 % ihr bestes Wahlergebnis seit Bestehen des Landes Niedersachsen. Sie verfehlte mit 1,771 Millionen Wählerstimmen dennoch die absolute Mehrheit um rund 21.000 Stimmen oder um 0,6 % bei über fünf Millionen Wahlberechtigten und 3,875 Millionen gültigen Stimmen. Denn auch die SPD erreichte mit 1,792 Millionen Stimmen und 46,3 % ihr bisher bestes Wahlergebnis. Das bedeutete: 75 Sitze für die SPD, 74 Sitze für die CDU. Die bisher im Landtag vertretenen Freien Demokraten und die NPD scheiterten mit 4,4 % bzw. 3,2 % an der Fünf-Prozent-Sperrklausel. Es gab zum ersten Male in der deutschen Nachkriegsgeschichte ein Parlament mit nur zwei Fraktionen und mit der knappsten aller Mehrheiten – ein Mandat. Alfred Kubel konnte mit der SPD allein regieren.

Dem CDU-Landesvorsitzenden und Spitzenkandidaten Wilfried Hasselmann sah man die Anstrengungen des vergangenen Wahlkampfes und vor allem die Enttäuschung über das Wahlergebnis an. Es war schon ärgerlich, ein so hervorragendes Ergebnis einzufahren, wie es noch keiner vor ihm erreicht hatte, und dann doch so hauchdünn das ersehnte Ziel zu verfehlen. Aber es sollte noch schlimmer kommen. Dem knapp verfehlten Sieg folgten Auflösungstendenzen in den eigenen Reihen. Es kam sogar zum Eklat. Am 8. Juli 1970 wählte der neue Landtag den neuen SPD-Ministerpräsidenten Alfred Kubel. Wilfried Hasselmann, der sich, dem dringenden Rat seiner Freunde schweren Herzens folgend, gegen Bruno Brandes zum CDU-Fraktionsvorsitzenden hatte wählen lassen, war gegen Kubel angetreten. Hasselmann erhielt nur 70 von 74 möglichen CDU-Stimmen, während Kubel alle 75 SPD-Stimmen auf sich vereinen konnte.

Die Entmachtung der alten Garde um Dr. Otto Fricke vor einem Jahr und jetzt auch um Bruno Brandes sowie das unproduktive Nebeneinander von Partei und Fraktion waren sicher einige Gründe für die Verweigerer. In der CDU-Fraktion waren Stimmen laut geworden, die meinten, die Machtfülle von Partei- und Fraktionsvorsitz in einer Hand sei zuviel. Einige zweifelten noch im Nachhinein versteckt oder offen die Richtigkeit der vorzeitigen Auflösung des Landtags an. Christian Burchard meinte: „Dies Ergebnis bei der Wahl zum Ministerpräsidenten mit vier verweigerten Stimmen war die bitterste Enttäuschung für Hasselmann. Ich habe ihn noch nie so niedergeschlagen gesehen, und diese Entscheidung war wohl auch der Tiefpunkt seiner politischen Karriere. Ganz besonders diskutierten wir damals die Frage, wie soll ein Oppositionsführer, der noch nicht einmal alle seine Fraktionsmitglieder hinter sich hat, auf die Regierungserklärung antworten und in der Zukunft bestehen können."

„Frischer Wind" in der Parteizentrale

Wie immer galt auch damals das Motto: Nach der Wahl ist vor der Wahl. Deshalb war vor allem für Generalsekretär Haaßengier klar, dass nur ein permanenter Wahlkampf zum Ziel führen könnte: Wahlsieg 1974. Dazu forcierte er zur Unterstützung von Kampagnen im vorparlamentarischen Raum eine aktive Presse- und Öffentlichkeitsarbeit. Die regelmäßigen Presseerklärungen erreichten schon bald hohe Nachdruckzahlen in den Zeitungen. Das Glanzstück der neuen Pressepolitik war die umgestaltete *Niedersachsen-Zeitung* mit einer Auflage von 50.000 Exemplaren. Nach dem Wunsch der CDU-Spitze sollte sie als „Magazin für Politik, Wirtschaft und Kultur" ein „Kampfblatt" der CDU in Niedersachsen sein. Man stellte sich einen norddeutschen *Bayernkurier* vor. Dazu hatte der Landesvorsitzende Hasselmann im Herbst 1970 den bisherigen Rundfunkreferenten der CDU-Bundesgeschäftsstelle, Heinz Dziedziezak, als neuen Pressereferenten und gleichzeitig als Chefredakteur der *Niedersachsen-Zeitung* nach Hannover geholt. Es gelang dem versierten Journalisten ziemlich schnell, aus dem bisher von Arnold Fratzscher geleiteten und redigierten müden Parteiorgan ein ansprechendes, interessantes Mitteilungsblatt zu machen. Der finanzielle Hintergrund schien auch zu stimmen, die niedersächsische Wirtschaft geizte nicht mit Anzeigen. Auch sonst setzte der neue Pressechef moderne Akzente für die Pressearbeit der Partei und brachte frischen

Wind in die Amtsstuben. Durch seinen tragischen Tod wurde diese Arbeit jäh gestoppt.

Neben der Modernisierung der Pressearbeit straffte der Generalsekretär auch die Parteizentrale, die inzwischen über 20 Mitarbeiter beschäftigte. Die Gebiete Niedersachsens, in denen der CDU-Stimmenanteil bei der letzten Landtagswahl unter dem Landesdurchschnitt lag, ließ Haaßengier durch hauptamtliche Parteisekretäre aufrüsten. Seine zielstrebige Parteiarbeit kommentierte er nicht ohne Stolz: „Während die Odeonstraße (SPD-Parteizentrale) schon Weihnachten feiert, wird bei uns noch hart gearbeitet."

Dem Generalsekretär schwebte auch vor, seinem Chef vorzuschlagen, zum nächsten Landesparteitag die Führungsspitze der CDU in Niedersachsen weiter zu verjüngen. Anstelle der verdienten Parteihonoratioren wie Dr. Josef Stecker und Schatzmeister Ferdinand Wallbrecht sollten jüngere Kräfte wie der langjährige niedersächsische JU-Vorsitzende und Bundestagsabgeordnete Rudolf Seiters zum stellvertretenden Landesvorsitzenden und der Wirtschaftsexperte der Landtagsfraktion, Dr. Ernst Albrecht, zum Landesschatzmeister gewählt werden.

Während also Generalsekretär Haaßengier die organisatorische und strategische Neuausrichtung der CDU in Niedersachsen im Inneren betrieb, war für den Parteivorsitzenden Hasselmann draußen das Revier, wo er als Volkstribun in seinem Element war und wo bei Bier und Korn die Welt noch in Ordnung war.

Dauerbrenner Verschmelzung der drei Landesverbände

Aber auch nach dem Bad Rothenfelder Parteitag von 1968 und dem anschließenden außerordentlichen Landesparteitag in Hannover kam die Partei mit dem Thema der Verschmelzung der Landesverbände zu einer wirklichen niedersächsischen Einheit nicht zur Ruhe. Der Landesvorsitzende und sein Generalsekretär glaubten, Voraussetzung für den politischen Erfolg im Lande und der Einfluss Niedersachsens auf die Bundes-CDU seien wesentlich größer, wenn die CDU in Niedersachsen mit einer Stimme spräche.

Auch in der Parteizentrale in Hannover stand das Thema Neugliederung der CDU in Niedersachsen und Verschmelzung der drei selbständigen Landesverbände immer wieder auf der Tagesordnung. Im April 1971 gab der Landesvorstand dem Generalsekretär den Auftrag, bis zum nächsten Landesparteitag der CDU in Niedersachsen im April 1972 eine entsprechende Vorlage auszuarbeiten. Nach Meinung des Landesvorsitzenden Hasselmann sollten die drei Landesverbände durch eine wirkliche Fusion zur faktisch schon bestehenden CDU in Niedersachsen zusammengeschlossen werden. Dabei könnte möglicherweise nach der Verwaltungs- und Gebietsreform eine Gliederung in vier Bezirke nach dem Muster der staatlichen Gliederung – Hannover, Braunschweig, Lüneburg, Nordwest – herauskommen. Somit würde nach Hasselmanns Meinung auch die historische und regionale Eigenständigkeit gewahrt. Wie immer gab es von Oldenburg schon im Voraus nur Ablehnung.

Verwaltungs- und Gebietsreform das beherrschende Thema

Das politische beherrschende Thema in Niedersachsen war in diesem Jahr die Verwaltungs- und Gebietsreform. Über zwei Legislaturperioden hinweg hatte die so genannte „Weber-Kommission", genannt nach dem Göttinger Staatsrechtler Prof. Werner Weber, gearbeitet und am 19. März 1969 ihr Schlussgutachten vorgelegt. Um den gesamten niedersächsischen Raum neu zu gliedern, sollte die Zahl der Regierungs- und Verwaltungsbezirke von acht auf vier, die der Landkreise von 60 auf 28 und die der kreisfreien Städte von 15 auf sieben verringert werden. Obwohl die Parteien der Großen Koalition in Hannover den so genannten „Kronsberger Kreis" zur Verbesserung des Weber-Gutachtens einsetzten, erlangte das immer wieder veränderte Gutachten bis 1970 keine Gesetzesreife.

Der politische Sprengstoff, der in der Verwaltungs- und Gebietsreform enthalten war, musste eines Tages zwangsläufig zur Explosion führen. Zu sehr waren Menschen von der „Sache" betroffen – neben der Bevölkerung natürlich ihre Repräsentanten: Bürgermeister, Landräte, Präsidenten und damit Politiker, die über die Reform zu befinden hatten. Sie unterschrieben praktisch ihr politisches „Todesurteil", wenn sie für die Auflösung ihrer Gemeinde oder vor allem ihres Landkreises stimmen mussten. Das bekam die SPD-Alleinregierung unter Ministerpräsident Kubel, die mit ihrer Ein-Stimmen-Mehrheit die Reform unter allen Umständen durchsetzen wollte, schon jetzt zu spüren. Die gereizte Stimmung, die in jener Zeit im Landtag herrschte, mag ein Vorfall vom Dezember 1971 illustrieren:

Während einer Plenarsitzung des Landtags bezichtigte der CDU-Abgeordnete Dr. Edzard Blanke aus Celle in seiner Rede den SPD-Ministerpräsidenten Kubel einer menschenverachtenden Politik. Daraufhin packte Kultusminister Dr. von Oertzen wutentbrannt und in höchster Erregung auf der Regierungsbank seine Akten zusammen, stürzte zum Ausgang und rief in den Saal: „Mit diesem Lumpenpack diskutiere ich nicht länger!" Die Abgeordneten beider Fraktionen sprangen von ihren Stühlen auf, es gab einen riesigen Tumult im Plenarsaal, der Präsident erteilte dem Minister von Oertzen einen Ordnungsruf. Das heizte die Stimmung noch mehr an, bis die CDU unter Protest den Saal verließ.

5. CDU SETZT NEUE ZEICHEN FÜR NIEDERSACHSEN – DAS LAUTERBERGER PROGRAMM

Nachdem der neue Landesvorstand der CDU in Niedersachsen fünf Jahre im Amt war, nachdem die Mitgliederzahlen immer weiter stiegen, nachdem die CDU mit der SPD gleichgezogen hatte, sollte die bevorstehende Landtagswahl am 9. Juni 1974 unbedingt gewonnen werden. Zum ersten Male in der Nachkriegsgeschichte wollte die CDU einen Regierungschef stellen. Dafür war sie hoffnungsvoll eingestimmt. Und die Großwetterlage in Bonn war auch günstig. Willy Brandt als Kanzler hastete in der Gunst der Bevölkerung von Tiefpunkt zu Tiefpunkt und zog die SPD mit in den Sog.

Der CDU in Niedersachsen sollte zur politischen Neuausrichtung ein neues Parteiprogramm dienen, mit dem „Neue Zeichen für Niedersachsen" gesetzt werden sollten. Am 28. August

1973 legte die Programmkommission, der unter dem Vorsitz von Dr. Ernst Albrecht der Oldenburger Landesvorsitzende Gerhard Glup, die Bundestagsabgeordneten Rudolf Seiters und Dr. Karl-Heinz Hornhues sowie Dr. Werner Remmers und Hermann Schnipkoweit angehörten, den ersten Programmentwurf vor. Darin hieß es unter anderem: „Wir Christlichen Demokraten bekennen uns zum Land Niedersachsen, zu seiner Geschichte und Überlieferung, aber auch zu seiner Zukunft in Deutschland und in Europa. Niedersachsen mit seiner Vielfalt der Landschaften und Menschen ist mehr als eine Verwaltungseinheit – es ist unsere Heimat." Und weiter hieß es: „Es ist das erklärte Ziel der CDU in Niedersachsen, trotz widriger Bedingungen des spätindustriellen Zeitalters jedem Menschen die Chance eines erfüllten Lebens in einer schönen, gesunden und menschengerechten Umwelt zu bieten. Eine auf dieses Ziel ausgerichtete Politik ist progressiv, weil sie auf Veränderungen des Änderungswürdigen und auf aktive Gestaltung der Zukunft bedacht ist. Sie ist konservativ, weil sie aus geschichtlicher Kontinuität heraus handelt und die Bewahrung des Bewährten mit umfaßt."

Auf dem Programmparteitag am 9./10. November 1973 in Bad Lauterberg wurde das Programm unter der Überschrift „Niedersachsen will Zeichen setzen" – Lauterberger Programm – für die Landtagswahl am 9. Juni 1974 vorgestellt und eingehend diskutiert. Die endgültige Verabschiedung des „Lauterberger Programms" durch den CDU-Landesvorstand erfolgte am 7. Februar 1974 in Hannover.

Das 62-seitige Programm, mit dem die Christlichen Demokraten „Neue Zeichen für Niedersachsen" setzen wollten, gliederte sich in die Kapitel „Der Staat im Dienste des Bürgers", „Jedem ein Arbeitsplatz in seiner Heimat", „Sicherung der Zukunft durch Umweltschutz", „Besser und gesünder wohnen", „Unsere Städte menschlicher machen", „Chancengleichheit für den ländlichen Raum", „Politik im Dienste der Gesundheit", „Dienst am Nächsten als gesellschaftliche Aufgabe" und „Bildung als Grundrecht". CDU-Landesvorsitzender Wilfried Hasselmann betonte, dass sich zum ersten Mal in der Geschichte der Union ein Landesverband einer Partei ein politisches Grundsatzprogramm gegeben habe, das Richtschnur für die niedersächsische CDU-Politik für das kommende Jahrzehnt sein würde. Hasselmann kündigte an, dass das Programm, aus dem die CDU ein Aktionsprogramm für die nächste Legislaturperiode entwickeln wollte, den Erfordernissen der Zeit entsprechend fortgeschrieben werde.

Der Mann an seiner Seite

In der heißen Phase des Wahlkampfes hatte sich der Landesvorsitzende Hasselmann für seine Wahlkampfmannschaft auch einen persönlichen Referenten ausgeguckt, von dem er später einmal sagte, dass es „ein wahrer Glücksfall" gewesen sei. Es war Martin Biermann aus Celle, damals in der Staatsanwaltschaft in Celle tätig. Es sollte eine über 20-jährige vertrauensvolle, äußerst erfolgreiche Zusammenarbeit und echte Freundschaft werden.

Martin Biermann wurde der Mann an seiner Seite, sein Schatten, sein ständiger Begleiter und Berater. Er hat den Landesvorsitzenden Wilfried Hasselmann erlebt und kennen gelernt wie kaum ein anderer. „Wahlkampf macht mir Spaß" war, so erinnert sich Biermann, ein häufiger Satz Hasselmanns. Es machte ihm wirklich Spaß, unter Menschen zu sein, mit ihnen zu reden, zu erzählen. Je alltäglicher die Probleme waren, die von den Bürgern vorgetragen wurden, umso aufmerksamer wurde er, denn er wusste, dass es genau das ist, was die Menschen hautnah berührt. „Der Wahlkampf war für den Landesvorsitzenden aber auch eine unglaubliche physische Belastung. Von Norddeich bis Hannoversch-Münden hasteten wir im Auto quer durch Niedersachsen", sagte Martin Biermann. „Vier, fünf Wahlveranstaltungen am Tag, häufig auf offener Straße, bei teils miserablem Wetter, waren keine Seltenheit."

„Mitten in diese aufgelockerte, erfolgversprechende Stimmung hinein platzte in Bonn der durch den DDR-Spion Guillaume erzwungene Rücktritt Willy Brandts und der Amtsantritt von Helmut Schmidt. Von einem Tag auf den anderen schlug die Stimmung um. Die Landespolitik mit ihren bisher

so wichtigen Themen wie dem SPD-Schulgesetz, in dem die Integrierte Gesamtschule zum Reizwort und zum politischen Synonym für eine umwälzende, nivellierende und alle Werte zerstörende Schulrevolution wurde, der Unterrichtsausfall von 25 % und mehr, der Landesentwicklungsplan – kurz ‚LEP oder stirb' genannt –, alles war vom Tisch. Presse und Öffentlichkeit starrten nur noch gebannt nach Bonn auf Helmut Schmidt und die neue Regierung. Das ging natürlich nicht spurlos am niedersächsischen Landtagswahlkampf vorbei." (Martin Biermann)

Hasselmann wieder Spitzenkandidat

Kurz vor der Landtagswahl fand am 6. April 1974 der Landesparteitag der CDU in Niedersachsen in Braunschweig statt. Er bestätigte den Landesvorsitzenden Hasselmann mit überwältigender Mehrheit von 524 Stimmen gegen neun Stimmen bei vier Stimmenthaltungen. Gleichzeitig wurde der Vorsitzende des CDU-Landesverbandes Hannover, Richard Langeheine, zum Ehrenvorsitzenden der CDU in Niedersachsen mit Sitz und Stimme im Vorstand ernannt. Dabei würdigte Bundesminister Dr. Kurt Schmücker ihn als „Mann der ersten Stunde und Symbol der Beständigkeit".

Im Mittelpunkt des Landesparteitages stand die offizielle Nominierung des Landesvorsitzenden Wilfried Hasselmann zum Spitzenkandidaten der niedersächsischen CDU für die Landtagswahl am 9. Juni 1974. Außerdem wurde ein 20-Punkte-Katalog für eine Regierungsübernahme durch die CDU in Niedersachsen beschlossen. Darin wurden besonders die Vollbeschäftigung, Preisstabilität und stetiger Einkommenszuwachs als Ziele genannt. Hasselmann erklärte dazu, die CDU wolle dafür sorgen, dass Niedersachsen „innerhalb eines Jahrzehnts Anschluß an die wirtschaftliche Gesamtentwicklung der Bundesrepublik Deutschland" erreicht. Jeder Niedersachse müsse einen Arbeitsplatz in seiner Heimatgemeinde finden.

Zur Eröffnung der heißen Phase des Landtagswahlkampfes der CDU in Niedersachsen am 4. Mai 1974 in Hannover sprach der neue Bundesvorsitzende der CDU Deutschlands, Dr. Helmut

Kohl, zum ersten Male vor den Niedersachsen. In seiner mit Begeisterung aufgenommenen Rede forderte er seine Zuhörer auf, sich „von Bonn“ nicht irre machen zu lassen, sondern an die eigene Kraft in Niedersachsen zu glauben. Der Landesvorsitzende Hasselmann sah Chancen für ein „bürgerliches Bündnis“ mit der FDP, deren Programm in vielen Punkten mit dem der CDU übereinstimme.

Wieder hing das Schicksal an einer Stimme

Die Landtagswahl 1974 brachte für die CDU in Niedersachsen riesige Freude – aber auch tiefe Enttäuschung. Die CDU unter Hasselmann wurde mit 48,8 % der Wählerstimmen die mit Abstand stärkste Partei vor der SPD mit 43,1 %. Aber auch die FDP schaffte mit 7,0 % wieder den Einzug ins Parlament. Die CDU errang 76 Sitze, die SPD zunächst 68 und die FDP elf Sitze. Unter dem immer noch außerordentlich starken Druck der Bonner sozial-liberalen SPD/FDP-Koalition beugte sich die niedersächsische FDP ihrer Bundesführung und ging auch in Niedersachsen eine Koalition mit der SPD ein. Ministerpräsident Kubel konnte also weiter regieren. Wilfried Hasselmann musste sich ein zweites Mal geschlagen geben, obwohl er das bisher höchste Wahlergebnis eingefahren hatte, das die CDU in Niedersachsen bis dahin jemals erzielt hatte. Am 77. Mandat fehlten der CDU ganze 116 Stimmen!

Augenzeugen jener Zeit erinnern sich, wie sich am Wahlabend der Parteivorsitzende und Spitzenkandidat der CDU, Wilfried Hasselmann, der Generalsekretär Dieter Haaßengier, der damalige Schatzmeister Dr. Ernst Albrecht und die Getreuen der Wahlkampfmannschaft in der Parteizentrale in der hannoverschen Böttcherstraße versammelten. Die CDU hatte trotz des höchsten Wahlergebnisses in der Geschichte Niedersachsens nicht die absolute Mehrheit erreicht. Es war ein bitterer Abend für Wilfried Hasselmann. Er lernte die Unerbittlichkeit der Medien kennen, als er in der Zentrale des Landeswahlleiters im Innenministerium ankam. Die Kameras surrten, Blitzlichter der Fotografen zuckten, Fragen der wartenden Journalisten prasselten herab. Spitzenkandidaten werden in der Wahlnacht von einem

Tross von Menschen, von Freunden und Sympathisanten und von Neugierigen umgeben. Bei dem Wahlsieger wächst der Tross unendlich an, bei dem Verlierer wird er klein. Er wurde in dieser Nacht um Wilfried Hasselmann sehr klein.

Das Landtagswahlergebnis musste korrigiert werden

Was 1970 nicht selbstverständlich war, geschah 1974 mit Bravour: Wilfried Hasselmann wurde nicht nur mit überwältigender Mehrheit erneut zum Fraktionsvorsitzenden gewählt, sondern er erhielt bei der Wahl des Ministerpräsidenten, als er zum zweiten Male gegen Alfred Kubel antrat, ausnahmslos alle Stimmen der CDU-Fraktion. Partei und Fraktion wussten, was sie ihrem Vorsitzenden verdankten und schuldeten. Dagegen fehlte Kubel eine Stimme aus seiner Koalition. Wäre bei der Landtagswahl gleich richtig ausgezählt worden, hätte das Schicksal Niedersachsens sicher einen anderen Verlauf genommen, wie wir gleich sehen werden. Denn in den darauffolgenden Wochen bewegte ein ungewohntes Thema das Parlament, die Presse und die interessierte Öffentlichkeit: War das Stimmenergebnis der Landtagswahl korrekt ausgezählt worden? Es hagelte Wahleinsprüche des Innenministers, des Landeswahlleiters und der CDU, außerdem von einem Verband und einigen Einzelpersonen.

„Oschatz – Der Hauptmann von Köpenick"

„Schon am Morgen nach der Wahl sprach ich mit Georg-Berndt Oschatz über die uns fehlenden 116 Stimmen. Ob nicht irgendwo falsch gezählt sein konnte? Oschatz war Leiter des wissenschaftlichen Dienstes der CDU-Landtagsfraktion und zugleich Kreisvorsitzender der CDU Hannover-Stadt. Wir faßten einen Plan, der dem des Hauptmanns von Köpenick gleich kam. Oschatz war bei der Stadtverwaltung Hannover ein bekannter Mann. Er ging zum Wahlleiter und erklärte, er habe Kenntnisse, daß in einem Stimmbezirk fehlerhaft ausgezählt worden sei. Stimmzähler hätten ihm das berichtet. Er verlange dort eine sofortige Überprüfung.

Der Wahlleiter, ein städtischer Beamter, ordnete tatsächlich eine erneute Auszählung der Stimmen durch Mitarbeiter der Stadt an. Oschatz war dabei. Wir hatten Glück! Viele für gültig erklärte Stimmen der SPD waren in Wirklichkeit ungültig. Bei der Wahl hatte der Wähler bekanntlich nur eine Stimme. Einige Wähler hatten jedoch auf dem Stimmzettel die SPD und die FDP angekreuzt. Diese Stimmzettel waren für die SPD als gültig erklärt worden. Oschatz, mit dem ich in ständiger Telefonverbindung stand, ließ sich das Protokoll über die erneute Auszählung ausfertigen. Die SPD hatte ihre Stimmen verloren, die CDU hatte im Ergebnis über 116 Stimmen mehr.
Ich rief den Wahlleiter im Innenministerium an und erklärte, unsere Aktion sei zwar nicht rechtens, aber feststehe, daß die CDU auf Grund der neue Auszählung 116 Stimmen mehr erzielt und damit das 77. Mandat gewonnen hätte. Bei der Regierung herrschte große Aufregung und heilloses Durcheinander. Das führte dazu, daß sie die gesamte Nachzählung für die Landtagswahl anordnete, natürlich in der Hoffnung, das Ergebnis würde sich wieder zu Gunsten der SPD ändern. Das war jedoch nicht der Fall. Die Regierung mußte zugeben, daß es bei vielen Stimmzetteln unklare Fälle gegeben habe." (Dieter Haaßengier)

Am 11. Juli 1974 setzte der Landtag einen Wahlprüfungsausschuss aus sieben Mitgliedern unter Vorsitz der FDP ein. SPD und CDU waren jeweils durch drei Mitglieder im Ausschuss vertreten. Für die CDU waren Oschatz, Haaßengier und der Parlamentarische Geschäftsführer Herbert Stender dabei. Der Ausschuss musste die besonders schwierige und langwierige Aufgabe übernehmen, erstmals in der neueren Parlamentsgeschichte ein so genanntes „großes Wahlprüfungsverfahren" mit der vollständigen Überprüfung der gesamten Wahlergebnisse nach einer Kontrollzählung mit umfangreichen Beweisaufnahmen in Gang zu setzen.

Der Wahlprüfungsausschuss erfuhr bei der Stimmennachzählung von immer neuen Unkorrektheiten. Das ist auch kein Wunder, wenn man weiß, wie es damals auf dem Lande während und nach der Wahl zuging. Es ist nicht nur einmal passiert, dass die Wahlvorstände und Wahlhelfer so betrunken waren, dass sie nicht mehr zählen konnten. Denn als Wahllokal diente in den kleineren Dörfern meistens die Gastwirtschaft. Da war es dann üblich und natürlich, dass man zunächst mal „einen ausgibt", vor allem, wenn man sich längere Zeit nicht gesehen hatte. Und für den Wahlvorstand fiel dann immer einer ab. Das läpperte sich zwischen acht und 18 Uhr ganz schön zusammen. Wenn dann nichts mehr ging beim Stimmenauszählen, wurden die Wahlurnen einfach eingepackt und mit nach Haus genommen. Am nächsten Morgen wollte man dann auszählen. Oft genug musste die Landkreisverwaltung die Polizei mobilisieren, um die Wahlunterlagen vom trunkenen Gemeindedirektor abzuholen, damit sie noch in derselben Nacht ausgezählt werden konnten. Nicht selten haben Verwaltung, Politiker und Journalisten besonders bei Kommunalwahlen im Landeswahlamt im Innenministerium bis in die frühen Morgenstunden ausgeharrt und gewartet, um doch noch das vorläufige Endergebnis zu erfahren. Außerdem kam bei der Nachzählung 1974 heraus, dass beispielsweise die Frau eines Gemeindedirektors entgegen aller Aufbewahrungsvorschriften die Stimmzettel längst im Ofen verbrannt hatte, nachdem ausgezählt worden war. „Das haben wir hier immer so gemacht", hieß es dann. Es war nie aufgefallen, weil bis dahin nie nachgezählt zu werden brauchte.

Allabendlich nach den Sitzungstagen berichteten die Abgeordneten Haaßengier, Stender und Oschatz dem Landesvorsitzenden Hasselmann vom Ergebnis der Prüfungen. Es wurde fieberhaft gerechnet. Schon bald wurde klar, es ging um mindestens ein Mandat, das die SPD zuviel bekommen hatte. Die Koalitionsmehrheit stand auf der Kippe.

In seiner zwölften Sitzung am 26. Februar 1975 billigte der Niedersächsische Landtag „als verfassungsrechtlich berufener Richter in eigener Sache" einstimmig die vorgelegten Entscheidungsvorschläge des Wahlprüfungsausschusses. Danach wurde der SPD ihr 23. Listenmandat aberkannt und der CDU ein 23. Listenmandat zuerkannt, mit der Folge, dass die Gesamtzahl der SPD-Abgeordneten nunmehr 67 statt 68 betrug und damit die Koalitionsmehrheit mit 78 Mandaten gegenüber 77 der CDU wieder nur einen einzigen Sitz ausmachte. Die Entscheidungen wurden rechtskräftig, nachdem der Staatsgerichtshof eingelegte Beschwerden verworfen hatte. Das war die tragische Parallele zu 1970: Zum zweiten Male hatte die CDU in Niedersachsen unter der Führung von Wilfried Hasselmann um nur einen einzigen Sitz die absolute Mehrheit und damit die Regierungsübernahme verfehlt.

Die Tragik der einen Stimme

Das Kuriose und für die CDU besonders Tragische und Ärgerliche war, dass Alfred Kubel bei seiner Wahl zum Ministerpräsidenten nicht alle Stimmen der SPD/FDP-Koalition bekommen hatte - eine Stimme war nämlich ungültig. Damit hätte Kubel - wenn bei der Landtagswahl gleich richtig ausgezählt oder das Wahlprüfungsverfahren mit Mandatsabzug für die SPD schon vorgelegen hätte - nicht die absolute Mehrheit gehabt und wäre nicht zum Ministerpräsidenten gewählt worden. Vielleicht wäre das, was - wie wir heute wissen - zwei Jahre später passierte, nämlich die sensationelle Wahl eines CDU-Ministerpräsidenten mit Minderheitsregierung, schon damals geschehen. Wer weiß, was aus Niedersachsen unter einem Ministerpräsidenten Hasselmann geworden wäre.

So also konnte Alfred Kubel weiter regieren. Allerdings war im Koalitionsvertrag vereinbart worden, dass er in der Mitte der Legislaturperiode vom Amt zurücktreten und einem anderen SPD-Kandidaten Platz machen sollte. Erste Anwärter waren Sozialminister Helmut Greulich, der später krankheitshalber ausschied, und der inzwischen zum Finanzminister aufgestiegene vorherige SPD-Fraktionsvorsitzende Helmut Kasimier. Bundeswohnungsbauminister Karl Ravens hatte gleich abgewinkt.

Hasselmann denkt erstmals an Arbeitsteilung

Nach den Erfahrungen des Frühjahrs 1975 war Wilfried Hasselmann nicht mehr bereit, die ganze Last und die Verantwortung allein zu tragen. Er wollte bei der nächsten Landtagswahl

1978 nicht mehr zur Verfügung stehen. Martin Biermann, der Hasselmanns weitere steile Karriere als Reserveoffizier der Bundeswehr vom Oberleutnant bis zum Oberstleutnant mitverfolgt hat und als „Persönlicher" Kenntnisse von Befehlsstruktur, Rangabzeichen und militärischer Strategie erlernen musste, erinnerte sich: „Hasselmann pflegte zu sagen, die SPD hat sich auf mich eingeschossen, wir müssen den Gegner durch eine neue Gefechtslage und veränderte Taktik überraschen."

Wilfried Hasselmann, Martin Biermann (geb. 1943) und Ernst Albrecht (geb. 1930)

Gleich nach der Sommerpause wurden im engsten Kreis die ersten Gespräche geführt. „Nächtelang saßen wir im privaten Kreis zusammen. Wilfried Hasselmann suchte einen Freund, mit dem er gemeinsam die kommenden Jahre in Arbeitsteilung würde gestalten können. Er fand ihn in der Person von Dr. Ernst Albrecht." Noch bevor die Partei oder die Fraktion die Möglichkeit hatten, sich hierzu zu äußern, verkündete Wilfried Hasselmann seinen Vorschlag der Öffentlichkeit. Die Überraschung war perfekt.

Allerdings nicht für alle. Etliche Eingeweihte wollten in dem wirtschaftspolitischen Sprecher der CDU-Landtagsfraktion schon den Spitzenkandidaten gegen den Nachfolger des SPD-Ministerpräsidenten Kubel sehen, der Mitte der Legislaturperiode zurücktreten und einem sozialdemokratischen Nachfolger Platz machen sollte. Dr. Albrecht, der sich im vorangegangenen Landtagswahlkampf schon profiliert hatte und der einzige Abgeordnete war, der dem Linksaußen der SPD und dem glänzenden Rhetoriker Kultusminister Peter von Oertzen Paroli bieten konnte, erklärte klipp und klar: „Ich tue nichts ohne Absprache und Zustimmung von Wilfried Hasselmann."

Im September 1975 schlug der CDU-Landesvorsitzende Hasselmann dem Vorstand der CDU in Niedersachsen offiziell Dr. Ernst Albrecht als Spitzenkandidaten für die Wahl des Ministerpräsidenten des nächsten Jahres vor. Er erklärte dazu: „Ernst Albrecht und mich verbindet die Überzeugung, in dieser Gemeinsamkeit das Beste für unser Land und für unsere Partei erreichen zu können." Und dann prägte der Bauer Hasselmann das Wort von den „Zwei Mann an einer Deichsel", das noch lange ein Markenzeichen für dieses so überaus erfolgreiche Gespann werden sollte.

An der CDU-Basis verstanden viele den erfolgreichen Parteiführer nicht, dass er ohne Not drei Jahre vor der nächsten Landtagswahl freiwillig etwas preisgab, worum er jahrelang mit wachsendem Erfolg zu kämpfen bereit gewesen war. Auch im engsten Freundeskreis blieb die Entscheidung umstritten. „Doch je mehr man an seinem Schritt zweifelte, desto unwirscher reagierte der Chef", erinnerte sich Martin Biermann, „auch ich bekam das in jenen Tagen zu spüren. Dabei lernte ich, daß Wilfried Hasselmann beinahe verletzend reagieren kann, wenn jemand ihn zu etwas drängt, selbst dann, wenn er weiß, daß der Betreffende es gut meint. Nachdem die Entscheidung über die Spitzenkandidatur gefallen war, wirkte Wilfried Hasselmann befreit."

6. DIE SENSATION VON 1976

Ende 1975 gab der SPD-Ministerpräsident Alfred Kubel seinen im Koalitionsvertrag mit der FDP vereinbarten Rücktritt offiziell bekannt. Die SPD hatte auf seinen Vorschlag hin Finanzminister Helmut Kasimier als Nachfolger ausgeguckt. Dagegen erhob sich kein Widerspruch. Am 14. Januar 1976 sollte der Niedersächsische Landtag den neuen Ministerpräsidenten wählen.

Nachdem in der vorhergehenden Legislaturperiode die SPD-Alleinregierung unter ihrem Innenminister Richard Lehners bei nur einer einzigen Stimme Mehrheit die Gemeindereform mit der Reduzierung der Zahl der Gemeinden von rund 4.000 auf etwa 400 unter hörbarem Zähneknirschen vieler SPD-Abgeordneter rücksichtslos durchgeboxt hatte, stand jetzt die Kreisreform auf dem Programm. Unter dem FDP-Innenminister Rötger Groß sollten – koste es, was es wolle – von 48 Landkreisen höchstens 32 übrig bleiben. Er wusste, dass er die SPD in der Hand hatte. Wiederum konnte bei der Ein-Stimmen-Mehrheit der Regierung ein einziger Abgeordneter das gesamte Werk zu Fall bringen. Und die Kreisreform war politisch wesentlich brisanter als die Gemeindereform. Denn die SPD-Fraktion hatte eine ganze Reihe von Landräten in ihren Reihen. Jeder von ihnen, der für die Auflösung seines Landkreises stimmte, unterschrieb damit praktisch sein kommunalpolitisches Todesurteil. Doch niemand durfte, auch wenn es um die eigene Schicksals- und Überlebensfrage ging, das Maul aufmachen, um die Regierung nicht zu gefährden. „Fraktions-Terrier" Ernst-Georg Hüper hatte als stellvertretender Fraktionsvorsitzender und Einpeitscher den ganzen Laden fest im Griff. Jedes Aufmucken wurde im Keim erstickt. Immerhin konnte sich „Egon", wie er allenthalben nur genannt wurde, bei der nächsten Regierungs(um)bildung einen Ministerposten ausrechnen. Der Sessel des Finanzministers würde ja frei.

Dennoch hätten die vielen Gegenstimmen, die es in den Probeabstimmungen bei einzelnen Fragen der Kreisreform in der SPD-Fraktion immer wieder gab, eigentlich ein Alarmsignal sein müssen. In der sozial-liberalen Koalition, die von Anfang an keine Liebesheirat war, hatte es schon mächtig geknirscht und gekracht. Auch in der FDP gab es ausgesprochene Gegner dieses Bündnisses. Man denke nur an den erzkonservativen Gustav Ernst, der aus seiner Abneigung gegen diese Koalition nie ein Hehl gemacht hatte. Und FDP-Wirtschaftsminister Erich Küpker lag mit SPD-Finanzminister Helmut Kasimier im Dauerclinch. Aber das waren Alltagsquerelen, die immer wieder vorkamen und immer wieder unter den Teppich gekehrt wurden. Denn jeder wusste, es kam tatsächlich auf jede einzelne Stimme an. Trotz aller Risiken, die für Eingeweihte mit der nun anstehenden Wahl des Ministerpräsidenten verbunden waren, herrschte das Prinzip Hoffnung.

Dabei muss man wissen, dass die (vorläufige) niedersächsische Verfassung nur ein einziges Mal eine geheime Abstimmung vorsah: bei der Wahl des Ministerpräsidenten. Es gab deshalb auch Gerüchte, die von einem „Denkzettel" durch Stimmenthaltung sprachen. Doch noch schien alles programmgemäß zu verlaufen. Selbst Journalisten, die sonst immer das Gras wachsen hörten, sagten diesmal nichts. Hinterher haben sie es natürlich alle schon immer gewusst.

Es kam der denkwürdige 14. Januar 1976. Zur Wahl für das Amt des Ministerpräsidenten standen der 49-jährige Finanzminister Helmut Kasimier von der SPD und als Gegenkandidat der 45-jährige Dr. Ernst Albrecht von der CDU, der neue Hoffnungsträger der Union. Alles war zum geplanten und wohl vorbereiteten Regierungswechsel bereit: Kasimier hatte seine Rede als neuer Ministerpräsident und die Regierungserklärung an die Presse verteilt – wie üblich mit Sperrfrist, versteht sich. Der SPD-Fraktionsgeschäftsführer Reinhard Scheibe stand mit einem großen Strauß roter Rosen für den neuen Ministerpräsidenten bereit. Der Deutsche Gewerkschaftsbund in Hannover hatte für den Abend, offiziell aus Anlass der 30-jährigen Mitgliedschaft Kasimiers, einen großen Empfang vorbereitet, Frau Kasimier hatte dafür extra ein neues Kleid anprobiert.

Dann kam die Sensation nach der mit Spannung erwarteten Stimmenauszählung: Für Kasimier nur 75 von 78 Stimmen der SPD/FDP-Koalition, für Dr. Albrecht alle 77 Stimmen der Opposition, drei Stimmen waren ungültig. Keiner der Kandidaten hatte die erforderliche absolute Mehrheit.

Im Landtag herrschte zunächst ungläubiges Staunen, in der Koalition Sprachlosigkeit und Irritation. Das konnte doch nur ein Versehen, ein Zufall, eine Panne sein. An einen Denkzettel mochte – noch – niemand glauben. Allerdings fehlte es auch nicht an Verdächtigungen und ersten Schuldzuweisungen. In der SPD-Fraktion und vor allem auch bei den Journalisten wurde analysiert und spekuliert.

Bei den noch am selben Tag in der Regierungskoalition abgehaltenen Probeabstimmungen schien alles wieder im Lot zu sein. Es gab keine Abweichler. Die drei ungültigen Stimmen wurden als Denkzettel abgehakt. Mit Zuversicht ging es in die verfassungsmäßig vorgesehene zweite Runde am nächsten Tag. Im Landtag hat es selten vor Spannung so geknistert wie an diesem 15. Januar 1976. Auch auf der völlig überfüllten Pressetribüne herrschte unter den Journalisten, zu denen sich viele Zaungäste aus der gesamten Bundesrepublik gesellt hatten, Hochspannung. Die Gerüchteküche kochte. Spekulationen schwirrten nur so umher. Aber Klarheit gab es noch nicht, dafür umso mehr Vermutungen. Im Parlament gab es Hoffnung, aber auch Bangen und Zweifel in der SPD-Fraktion, bei der CDU hoffnungsfrohes Erwarten und den Wunsch auf ein zweites „Wunder".

Und es gab tatsächlich die zweite Sensation

Wenn es für dieses Wort noch eine Steigerung geben würde, wäre sie nach dem zweiten Wahlgang angebracht gewesen. Kasimier erhielt diesmal nur 74 Stimmen, Dr. Albrecht 78 Stimmen, also sogar eine aus der SPD/FDP-Regierungskoalition! Drei Stimmen waren wieder ungültig. Unbeschreiblicher Jubel bei der CDU – riesige Enttäuschung bei der SPD. Tränen flossen, offen und versteckt, auch bei gestandenen Politikern. SPD-Fraktionsgeschäftsführer Scheibe machte mit seinem großen Blumenstrauß wieder kehrt. „Mit den Blumen kam ich mir richtig blöde vor", sagte er später.

Das Wort von Verrätern machte in der Koalition die Runde. Abtrünnige wurden gesucht. Es ging das Gerücht vom Stimmenkauf um. Jeder verdächtigte jeden. Wem konnte man noch trauen? Wer waren die Verräter? Waren sie in den eigenen Reihen der SPD oder beim Koalitionspartner FDP zu suchen? Die Stimmung war aufs Schlimmste vergiftet. Die ganze Tragik in der Regierungskoalition drückte der Zwischenruf eines SPD-Abgeordneten aus: „Brutus – wo bist Du?" Es nützte auch nichts, dass sich der noch amtierende Ministerpräsident Kubel, der SPD-Chef Peter von Oertzen und der Vorsitzende der SPD-

Landtagsfraktion, Bernhard Kreibohm, als „Beichtväter" für Abtrünnige anboten und ihnen bei absolutem Stillschweigen „Absolution und Straffreiheit" versprachen. Niemand meldete sich. Bis heute hat es niemand herausgekriegt, wer die Abweichler waren.

Übrigens hatten einige Wochenblätter und überregionale Zeitungen, die die Sperrfrist nicht einhalten konnten (oder wollten), prompt am nächsten Tag Helmut Kasimier als neuen Ministerpräsidenten und seine Rede im Blatte. Das war schon peinlich.

Niedersachsen hatte zwei Ministerpräsidenten

Was sollte jetzt werden? Dr. Albrecht war zum neuen Ministerpräsidenten gewählt worden. Aber zum Regieren hätte er die Bestätigung durch die Mehrheit des Landtags benötigt – in offener Abstimmung. Das konnte er nicht riskieren. Niedersachsen hatte also zwei Ministerpräsidenten: Mit Dr. Albrecht einen gewählten, dem die offene Mehrheit fehlte, und mit Kubel einen amtierenden, der nicht mehr wollte.

Selten zuvor ist die Landesverfassung so intensiv studiert worden, wie damals. Die Verfassungsexperten hatten ihre große Zeit. Es gab ja auch noch die Möglichkeit einer Landtagsauflösung – aber nur mit den Stimmen von zwei Dritteln der Abgeordneten, mindestens der Mehrheit der Mitglieder. Doch die war mit der euphorischen CDU natürlich nicht zu erzielen. Warum auch? Dann war da noch die Möglichkeit eines dritten Wahlganges, in dem dann die einfache Mehrheit für die Wahl zum Ministerpräsidenten genügt, ohne nachfolgende Bestätigung der von ihm gebildeten Regierung durch den Landtag. Das Parlament einigte sich hierauf.

So kam die nächste denkwürdige Landtagssitzung am 6. Februar 1976. Wieder knisterte es vor Spannung im Landtag. Die Stimmung war auf dem Siedepunkt. Die Nerven waren zum Zerreißen gespannt. Helmut Kasimier war gesundheitlich, physisch und psychisch, zusammengebrochen. Jetzt bot die SPD an seiner Stelle als treuen Parteisoldaten den aus Verden/Aller stammenden Bundesbauminister Karl Ravens auf. Er war der

Vertraute des damaligen Bundeskanzlers Helmut Schmidt. Der hatte gesagt: „Karl, jetzt mußt Du es machen!" Karl Ravens war der neue Hoffnungsträger. Die CDU zog wieder mit Ernst Albrecht ins Gefecht.

Dann kam das endgültige Aus der SPD und der SPD/FDP-Koalition in Niedersachsen, die niederschmetternde Niederlage der SPD und der unglaubliche Siegesrausch der CDU: Ravens 75 Stimmen, Dr. Albrecht 79 Stimmen, also jetzt sogar zwei von der bisherigen Regierungskoalition, eine Stimme ungültig. Die „Sensation von Hannover" war endgültig perfekt. Dr. Albrecht war der gewählte Ministerpräsident – ohne (offene) Mehrheit. Ihm blieb nur die Möglichkeit, eine Minderheitsregierung zu bilden, die der offenen Bestätigung durch das Parlament nicht bedurfte.

In diesen Wochen war das politische Klima in Hannover so trübe wie das Wetter. Der neue Ministerpräsident Dr. Albrecht erklärte vor Journalisten, das Wort „Überläufer" gehöre nicht zu seinem Sprachgebrauch. Die Gründe, die einen Abgeordneten veranlassen könnten, in Abstimmungen gegen die Mehrheit seiner Fraktion zu votieren oder seine Fraktion zu verlassen, könnten durchaus ehrenwerter Natur sein.

So musste sich Dr. Albrecht, von dem die Aussprüche aus jenen Tagen überliefert sind „Ich bin wild entschlossen zu regieren" und „Eine Welle der Hoffnung geht durch unser Land", zunächst mit einer Minderheitsregierung zufrieden geben. Er regierte damit bis zum Jahresende 1976. Dann ließ sich die FDP, nach der inzwischen verstrichenen Schamfrist, doch mit ins Regierungsboot ziehen. Das ist ihr nicht gut bekommen. Bei der nächsten Landtagswahl 1978 flog sie aus dem Parlament. Die CDU aber verbuchte 1978 48,7 % der Stimmen und 83 Mandate. Dr. Albrecht konnte in einem Zwei-Parteien-Parlament gegen die 72 Stimmen der SPD mit komfortabler Mehrheit allein regieren.

Doch zunächst musste der neue Ministerpräsident Dr. Ernst Albrecht seine Minderheitsregierung zusammenstellen. Sein erstes Kabinett war natürlich vorläufiger Natur. Der bisherige CDU-Fraktionsvorsitzende und CDU-Landesvorsitzende Wilfried Hasselmann wurde Minister für Bundesangelegenheiten und zugleich stellvertretender Ministerpräsident. Außerdem wurde er mit der Wahrnehmung der Geschäfte des Innenministers beauftragt. Am 12. Mai 1976 wurde Gustav Bosselmann Innenminister. Der Ministerpräsident übernahm zunächst gleichzeitig noch das Justizministerium, bis er es im Mai 1975 an Dr. Hans Puvogel übergeben konnte, und das Finanzministerium, bis er Walther Leisler Kiep gewann, der kein Abgeordneter war. Dieser verwaltete vorübergehend auch das Ministerium für Wirtschaft und Verkehr. Hermann Schnipkoweit wurde Sozialminister und Dr. Werner Remmers Kultusminister und mit der Wahrnehmung der Geschäfte des Ministers für Wissenschaft und Kunst beauftragt. Als Minister für Ernährung, Landwirtschaft und Forsten holte Dr. Albrecht den Landesvorsitzenden der Oldenburger CDU, Gerhard Glup.

1. Kabinett von Ernst Albrecht (v. l.): Gerhard Glup (1920–2006),Walther Leisler Kiep (geb. 1926), Ernst Albrecht, Hermann Schnipkoweit (geb. 1928), Wilfried Hasselmann, Werner Remmers (geb. 1930)

Der nun wieder ins Ministeramt aufgerückte Landesvorsitzende der CDU in Niedersachsen, Wilfried Hasselmann, nahm seinen Generalsekretär Dieter Haaßengier, der ihn vom ersten

Tag an im Jahre 1968 treu zur Seite gestanden hatte, jetzt als Staatssekretär mit ins Ministerium für Bundesangelegenheiten.

Gleich in seiner ersten Regierungserklärung im Landtag spürte man, dass mit Dr. Ernst Albrecht ein Ministerpräsident die Führung des Landes übernommen hatte, der neben einer „Welle der Hoffnung" in Niedersachsen bisher nicht gehörte Töne in die Politik bringen wollte. Albrecht sprach von dem Wahren, dem Guten, dem Schönen, von Vermittlung von Geschichtsbewusstsein, Entfaltung der geistigen Anlagen, Förderung charakterlicher Entwicklung und einer vorurteilslosen Einführung in die Sinnfragen menschlicher Existenz. Das gehöre ebenso zum Bildungsauftrag der Schule wie die Ausbildung politischer Tugenden, sagte der neue Regierungschef.

7. DAS GESPANN ALBRECHT/HASSELMANN „AN EINER DEICHSEL"

Die CDU in Niedersachsen erlebte im Frühjahr 1976 eine der schönsten Zeiten seit ihrem Bestehen. Gerade hatte sie mit Dr. Ernst Albrecht zum ersten Male in der Geschichte des Landes Niedersachsen einen CDU-Politiker als Ministerpräsidenten stellen können, da prasselten in diese euphorische Siegesstimmung zwei Parteitage hinein: der Bundesparteitag der CDU in Hannover und der Landesparteitag der CDU in Niedersachsen in Göttingen. Selten konnte die Partei in einer solchen Hochstimmung feiern und mit sich und der Welt zufrieden sein.

Noch heute schwärmt der damalige persönliche Referent Wilfried Hasselmanns, Martin Biermann, vom Bundesparteitag in Hannover: „Es war ein strahlender Parteitag auch für die Niedersachsen-CDU: im Zentrum der Popularität und der Bewunderung Wilfried Hasselmann und Ernst Albrecht. Unvergessen für alle, die daran teilgenommen haben, ist der Niedersachsen-Abend im Kuppelsaal der Stadthalle Hannover. Gemeinsam mit Kapellmeister Kurt Edelhagen begeisterte Wilfried Hasselmann als Entertainer die Delegierten mit seiner unnachahmlichen Ausstrahlung. Diesen Auftritt hatte er nicht geübt, das war er selbst, von Herzen, volksnah, fröhlich.

Die hierfür notwendige Kraft schöpft Wilfried Hasselmann aus dem Leben auf seinem Hof. Es gibt keinen Ort in Niedersachsen, von dem er nicht gewillt ist, spätnachts in sein Heimatdorf Nienhof zurückzukehren. Hier tankt er auf. Jeder, der bei Wilfried Hasselmann zu Gast sein darf, spürt das, spürt auch den Stolz, mit dem er seinen Hof zeigt, ahnt, aus welchen Wurzeln er seine Kraft schöpft. Dann sagt er: ‚Ich bin ein freier Bauer, auf freier Scholle.' Das ist unser Chef."

Helmut Kohl auf dem Landesparteitag in Göttingen 1976 (vordere Reihe v. l.: Hermann Schnipkoweit, Helmut Kohl (geb. 1930), Wilfried Hasselmann, Ernst Albrecht, Werner Remmers)

Der Landesparteitag der CDU in Niedersachsen Anfang März 1976 in Göttingen wurde zu einem Jubelparteitag, wie ihn die Union vorher noch nie erlebt hatte und später auch nicht mehr erlebte. Die Delegierten schwärmten in einer Euphorie, die keine Grenzen kannte. Das „Gespann" Albrecht/Hasselmann wurde begeistert gefeiert. Die CDU in Niedersachsen war stolz auf ihren Regierungschef und auf ihren Parteichef. Dr. Albrecht sagte in seiner Parteitagsrede, mit der Regierungsübernahme sei etwas Gewaltiges geschafft worden, das die CDU als Herausforderung betrachten müsse. Sein Ziel sei es, die politische Landschaft in Niedersachsen und dann auch im Bund zu ändern.

Der amtierende Landesvorstand mit dem Vorsitzenden Wilfried Hasselmann an der Spitze wurde nahezu einmütig wiedergewählt, auch die Stellvertreter, die Bundestagsabgeordneten Ursula Benedix und Rudolf Seiters sowie Minister Hermann Schnipkoweit. Eine Überraschung gab es allerdings, als der Vorstand, der kurz zuvor den neuen niedersächsischen Finanzminister Walther Leisler Kiep als Landesschatzmeister vorgeschlagen hatte, in einer Sitzung unmittelbar vor Beginn der Delegiertenversammlung diesen Beschluss zurückzog und dafür den Bundestagsabgeordneten Dr. Philipp von Bismarck nominierte. Auch er wurde nahezu einmütig gewählt.

Hasselmann „tanzt auf drei Hochzeiten"

Von Wilfried Hasselmann ging in jener Zeit der Spruch um: „Er tanzt auf drei Hochzeiten". Einmal war er mit Leib und Seele Parteivorsitzender in Niedersachsen; dann war er wieder in die Landesregierung eingezogen und verwaltete gleich zwei Ministerien, das Ministerium für Bundesangelegenheiten und – nebenbei – das Innenministerium. Er nahm eines so ernst wie das andere. Sein persönlicher Referent Klaus-Jürgen Fenske erinnert sich: Hasselmann arbeitete ununterbrochen, fast wie ein Besessener. Er diktierte und plauderte gleichzeitig mit einem Besucher, der sich dankbar einbezogen fühlte. Im Wagen erledigte er Tag und Nacht ganze Aktenstöße, die ihm seine Referenten bereithalten mussten. Seine Konzentrationsfähigkeit trotz wenig Schlafs war erstaunlich. Diktatsicher und mit Freude an der eigenen Formulierung erörterte er Probleme. Sein politisches Handeln hingegen war in wichtigen Dingen nüchtern und abgewogen.

Trotz seiner großen Belastung durch den Landesvorsitz der CDU und durch das Ministerium für Bundesangelegenheiten, das ihn häufig in Bonn verlangte, engagierte sich Hasselmann zunehmend im Innenministerium. Er ergriff jede Gelegenheit, um sowohl mit „seinen" Beamten zu sprechen, als auch mit denen draußen im Lande. Um auch die zu hören, die ihm ferner standen, spendierte er in der Kantine des Innenministeriums beim Mittagstisch zum Umtrunk eine Flasche Korn – „ich glaube, Doppelkorn", meinte Fenske. „Er gehörte zu den wenigen, deren Schaffenskraft durch ein solches Getränk nicht sichtbar eingeschränkt wurde."

Der „General" verlässt die CDU-Zentrale

In der Landesgeschäftstelle der CDU in Niedersachsen in der Hannoverschen Böttcherstraße war das strenge Regiment des Generalsekretärs Dieter Haaßengier nach der Regierungsübernahme durch die CDU vorbei. Er war auf Bitten seines Chefs Wilfried Hasselmann, mit dem er acht Jahre lang durch Dick und Dünn gegangen war, nun mit ihm als Staatssekretär ins Bundesratsministerium umgezogen. Ebenso lange hatte der junge, dynamische, ehrgeizige Jurist den Posten in der Parteizentrale in völlig anderer Manier ausgefüllt, als sein Vorgänger Arnold Fratzscher es 20 Jahre lang getan hatte. Dieter Haaßengier hatte aus dem Amt des Generalsekretärs ein politisches Amt gemacht, kein Verwaltungsamt. Er war der neue Typ eines politischen Generalsekretärs, der selbst Strategien entwickelt und umsetzt. In seinem Chef und Landesvorsitzenden Hasselmann hatte er einen aufgeschlossenen Vorgesetzten und Mitstreiter. Im März 1976 war auf Haaßengiers Vorschlag Eberhard Wicke zunächst als Landesgeschäftsführer der CDU in Niedersachsen gewählt worden. Später wurde er Generalsekretär.

Zu Dieter Haaßengiers Abschied hatte ihm die *Niedersachsen-Zeitung* eine ganze Seite gewidmet. Darin heißt es unter anderem: „Leicht ist ihm die Entscheidung nicht gefallen, nach rund acht Jahren das Amt des Generalsekretärs aufzugeben und wieder Beamter zu werden. Und daß er die Entscheidung über Nacht gefällt hat – ohne reifliche Überlegung und Bedenkzeit –, soll keiner annehmen. Dieter Haaßengier (41), jetzt Staatssekretär im Ministerium für Bundesangelegenheiten und damit rechte Hand von Minister Wilfried Hasselmann, hat zwar oft zu spontanen Entscheidungen geneigt (daraus macht er auch keinen Hehl), aber diesmal hatte er die Sache verdammt ernst genommen. Und freimütig bekennt er: ‚Wenn ich nicht einen guten Nachfolger in Aussicht gehabt hätte – und ich habe eigentlich damit gerechnet, daß die Partei Eberhard Wicke wählt –, ich weiß nicht, ob ich dann nicht doch in der Böttcherstraße geblieben wäre.'"

Dass ihm dieser Satz keine leere Floskel war, kann bestätigen, wer mit ihm zusammengearbeitet hat. Denn als er sich am Tag seiner Ernennung zum Staatssekretär von seinen Mitarbeitern in der Parteizentrale verabschiedete, merkte man es dem geschliffenen und knallharten Parteihaudegen, der er als Generalsekretär zweifellos war, doch deutlich an, dass ihm dieser Abschied „an die Nieren" ging.

Obwohl die CDU in Niedersachsen jetzt regierte, war die Partei klug genug, nicht alles „der Regierung" und der Landtagsfraktion zu überlassen. Es war wichtig, zu zeigen, dass die Partei mit ihrer Basis immer noch die entscheidende Rolle in diesem Dreier-Konzept spielte. So wurde im August 1976 als neuer Pressesprecher mit dem Diplompolitologen Volker Benke ein Profi eingestellt. Er hatte seine ersten Sporen als wissenschaftlicher Angestellter im Otto-Suhr-Institut der Freien Universität Berlin und danach als Ressortleiter beim Axel-Springer-Inlandsdienst erworben. Volker Benke, der auch Chefredakteur der *Niedersachsen-Zeitung* wurde, trat die Nachfolge des leider viel zu früh gestorbenen Pressesprechers Heinz Dziedziezak an.

Nach der Schamfrist kam die FDP ins Regierungsboot

Am 14. Januar 1977 wurde der Koalitionsvertrag mit der FDP unterzeichnet. Es war offensichtlich eine Koalition der fairen Partnerschaft herausgekommen. Dass sie der FDP nicht gut bekommen ist, steht auf einem anderen Blatt. Die Liberalen erhielten zwei Ministerposten im Kabinett Albrecht. Ihr Landesvorsitzender Rötger Groß übernahm wieder das Innenministerium (Gustav Bosselmann wurde aus dem Amt entlassen) und Erich Küpker erhielt wieder das von Finanzminister Walther

Leisler Kiep mitverwaltete Ministerium für Wirtschaft und Verkehr, das er schon in der vorherigen Regierung innegehabt hatte. Am 19. Januar 1977 nahm die neue CDU/FDP-Koalitionsregierung ihre Arbeit auf. Deutschlands erste Minderheitsregierung der Nachkriegszeit war zu Ende. Diese Landesregierung, in die am 16. Februar 1977 noch Prof. Dr. Eduard Pestel als Minister für Wissenschaft und Kunst eintrat, amtierte bis zur Neuwahl des Landtags am 4. Juni 1978.

Wieder Wechsel in der Parteizentrale

In der Landesgeschäftsstelle der CDU in Niedersachsen bahnte sich im Frühjahr 1977 schon wieder ein Wechsel an. Generalsekretär Eberhard Wicke, der es ohnehin schwer gehabt hatte, in die großen Fußstapfen seines Vorgängers Dieter Haaßengier zu treten, schien seiner Aufgabe und den an ihn gestellten Anforderungen nicht gewachsen zu sein. Es gab Spannungen mit der Parteiführung, aber auch besonders mit der CDU-Landtagsfraktion, wo inzwischen der von der FDP gekommene Fraktionsgeschäftsführer Herbert Stender, Adlatus und Intimus des Fraktionsvorsitzenden Bruno Brandes, außerordentlich erfolgreich agierte. Eberhard Wicke „warf das Handtuch" und schied nach nur einem Jahr als Generalsekretär der CDU in Niedersachsen „im gegenseitigen Einvernehmen" aus, wie es in einer Presseinformation des CDU-Landesvorstands vom 22. März 1977 hieß.

Als Nachfolger holte sich der Parteivorstand den Landesgeschäftsführer der Jungen Union Niedersachsen und Geschäftsführer des CDU-Bezirksverbandes Osnabrück-Emsland Hans-Dierk Bobzien. Er war, wie sich Zeitzeugen erinnern, ein sehr guter Organisator, besaß allerdings keine große politische Ausstrahlung, wie sie gerade Haaßengier immer wieder gefordert und selbst vorgelebt hatte. Deshalb wurde für die nächste Landtagswahl im Juni 1978 der versierte Politiker und ehemalige Landesvorsitzende der Jungen Union, der Bundestagsabgeordnete Rudolf Seiters verpflichtet. Als Wahlkampfleiter arbeitete Seiters eng mit dem Landesgeschäftsführer Bobzien zusammen.

Die erste CDU-Alleinregierung in Niedersachsen

Mit dem Frühjahr 1978 begann der Wahlkampf zur Landtagswahl am 4. Juni 1978. Nach knapp zweieinhalb Jahren Amtszeit hatte die CDU-geführte Landesregierung ihre unmittelbare Legitimation beim Wähler zu gewinnen. Auf dem Landesparteitag der CDU in Niedersachsen am 3./4. März 1978 in Oldenburg, wo der Landesvorsitzende Wilfried Hasselmann mit 446 von 486 Stimmen wiedergewählt wurde, verabschiedeten die Delegierten das Wahlprogramm für die Landtagswahl. Schwerpunkte waren Abbau der Arbeitslosigkeit, Stärkung der Wirtschaftsstruktur und eine Schule, „die ohne ideologische Experimente dem Volke dient und dessen Elternwillen stärkt", sowie die Festigung der inneren Sicherheit. Außerdem beschloss der Parteitag, die Koalition mit der FDP fortzusetzen. Allerdings wurde der Wahlkampf, der insgesamt intensiv, aber ohne besondere Höhepunkte war, von der CDU zu Recht ganz auf die Person des Ministerpräsidenten abgestellt. „Albrecht-Politik" war das durchgängige Motto.

Die Landtagswahl selbst am 4. Juni 1978 endete wiederum mit einem grandiosen Wahlsieg der CDU. Mit 48,7 % der Stimmen fehlten gerade mal 1,3 % an der absoluten Mehrheit. Es war fast das gleiche Ergebnis wie 1974, als die CDU mit Hasselmann als Spitzenkandidat aus der Opposition heraus 48,8 % erreichte. Die SPD ging von 43,1 auf 42,2 % zurück, die FDP verpasste mit 4,2 % den Einzug in den Landtag. Das war sicher der großen Unsicherheit in der FDP-Wählerschaft zuzuschreiben. In Bonn steckten die Liberalen noch mit der SPD in einer sozialliberalen Koalition, in Hannover mit der CDU in einer christlich-liberalen Koalition, nachdem die Partei hier „umgefallen" war. Im Landtag herrschten jetzt klare Verhältnisse. Die CDU konnte mit 83 Mandaten und einer wiederum komfortablen Mehrheit gegen die 72 Mandate der SPD-Opposition die Alleinregierung übernehmen. Die Mehrheit der Wähler hatte den Kurs der „Albrecht-Politik" honoriert.

Der Ministerpräsident nahm etliche Änderungen, teils durch den Ausfall der FDP bedingt, für sein neues Kabinett vor. Neuer Innenminister wurde Dr. Egbert Möcklinghoff, der nicht zugleich Landtagsabgeordneter war. Ebenfalls neu ins Kabinett als Ministerin für Wirtschaft und Verkehr kam die Wirtschafts-

und Finanzexpertin Birgit Breuel, die Dr. Albrecht aus Hamburg geholt hatte. Auch für das Justizministerium holte sich der Ministerpräsident mit Prof. Dr. Hans-Dieter Schwind einen Auswärtigen. Die übrigen Minister blieben auf ihren Posten: Walther Leisler Kiep als Finanzminister, Hermann Schnipkoweit als Sozialminister, Dr. Werner Remmers als Kultusminister, Gerhard Glup als Landwirtschaftsminister und Wilfried Hasselmann als Minister für Bundesangelegenheiten und zugleich stellvertretender Ministerpräsident.

8. HASSELMANN ZEHN JAHRE LANDESVORSITZENDER

Am 14. September 1978 feierte die CDU in Niedersachsen das zehnjährige „Jubiläum" von Wilfried Hasselmann als Landesvorsitzenden. Nach den „Bad Rothenfelder Kapriolen" im Frühjahr 1968, als durch eine neue Satzung für die drei selbständigen niedersächsischen CDU-Landesverbände die „CDU in Niedersachsen" ins Leben gerufenen worden war, hatten sich weder Richard Langeheine noch Gustav Bosselmann als gewählte Vorsitzende fühlen können. Da ging ein halbes Jahr später mit der Wahl von Wilfried Hasselmann ein neuer Stern am niedersächsischen CDU-Himmel auf.

Auf den Tag genau zehn Jahre später gab es ein politisches Volksfest mit über 3.000 Gästen im Festzelt auf der Wiese neben Hasselmanns Hof in Nienhof, wie man es vorher nur in Bayern für möglich gehalten hätte. Was Rang und Namen hatte war erschienen, um dem Landesvorsitzenden zu gratulieren. Er hatte die CDU in Niedersachsen unbestritten zu einer im Lande verwurzelten Volkspartei gemacht. Die CDU wusste, was sie an ihrem Landesvorsitzenden hatte, in dem sie sich wiederfand, und dem sie dankte, dass und wie er über viele, manchmal auch undankbare, Jahre den Schritt in die unangefochtene Regierungsverantwortung vorbereitet hatte.

Niedersachsens CDU-Reform endgültig auf der langen Bank

Zum Ende des Jahrzehnts der 70er Jahre schlug das Thema Partei-Reform der CDU in Niedersachsen noch einmal hohe Wellen.

Seit 1950, als sich am Vorabend des ersten Bundesparteitages der CDU Deutschlands in Goslar die drei in Niedersachsen entstandenen CDU-Landesverbände Hannover, Braunschweig und Oldenburg zu einer „losen Gemeinschaft" zusammengeschlossen hatten, wurde versucht, eine einheitliche CDU-Landespartei zu schaffen, wie sie in allen anderen Bundesländern Westdeutschlands bestand. Die Versuche scheiterten immer wieder, auch nachdem 1968 zum ersten Male eine gemeinsame Satzung beschlossen und ein gemeinsamer Vorstand von den Delegierten gewählt worden war, an dem Festhalten der Landesverbände Braunschweig und insbesondere Oldenburgs an ihrer Selbständigkeit. Mit Braunschweig wäre eine Fusion, wie wir gesehen haben, durchaus möglich gewesen. Aber mit Oldenburg war bisher alle Hoffnung vergebens. Zuletzt hatte der Oldenburger Landesvorsitzende Gerhard Glup im Frühjahr 1978 erklärt: „Bis zur Landtagswahl 1978 haben wir Wichtigeres zu tun, als über den Zusammenschluß der Landesverbände zu streiten."

Auf dem Oldenburger CDU-Landesparteitag in Delmenhorst erklärte Ehrenvorstandsmitglied Bundesminister a. D. Dr. Kurt Schmücker noch einmal klipp und klar: „Wir haben Angst, daß in Niedersachsen künftig majorisiert und dann weitermarschiert wird. Aber bei den Oldenburgern ist es üblich, daß auf jeden Kreis, jedes Dorf Rücksicht genommen wird." Und weil Ministerpräsident Dr. Albrecht auf diesem Parteitag den Oldenburgern noch einmal die Erhaltung der Eigenständigkeit versprach und weil die Teilnahme Oldenburgs an der Bildung einer einheitlichen CDU in Niedersachsen auch für den Braunschweiger Landesverband die Voraussetzung war, schien das Thema der CDU-Reform in Niedersachsen nunmehr endgültig auf die lange Bank geschoben zu sein.

Niedersachsen-CDU bundesweit im Gespräch

Zweimal brachte ein Mann die CDU in Niedersachsen im Jahre 1979 bundesweit ins Gespräch: Ministerpräsident Dr. Ernst Albrecht. Zunächst wollte er sich auf dem Bundesparteitag der CDU Deutschlands in das Präsidium der Bundes-CDU wählen lassen. Da es mehr Kandidaten als Plätze gab, hatte es der niedersächsische Landesvorsitzende Hasselmann übernommen, die erforderlichen Mehrheiten für Dr. Albrecht zu „beschaffen". Im Vorfeld des Parteitages nahm er entsprechende Kontakte zu anderen Landesvorsitzenden auf, um Absprachen und Abstimmungsbündnisse zu treffen. Denn, das weiß jeder alte Fahrensmann, bei Personalwahlen darf man nichts dem Zufall überlassen; hinter den Kulissen wird ausgehandelt, was der Parteitag, oft zu seiner eigenen Überraschung, beschließt.

Ein weiterer persönlicher Referent, Dr. Johannes Höppner, war dabei, als Hasselmann am Vorabend den niedersächsischen Delegierten die Lage erklärte und ihnen sagte: „Ich will und darf Ihnen keine Wahlempfehlung geben, aber ich will Ihnen sagen, daß ich gute, sehr gute Gespräche mit den Landesverbänden der Kandidaten Stoltenberg und Biedenkopf geführt habe." Jeder im Saal wusste sofort über die abgesprochenen Bündnisse Bescheid. So wurde Dr. Albrecht, trotz seiner erst kurzen landespolitischen Karriere, mit einem sicheren Stimmenpolster in das Präsidium der Bundes-CDU gewählt.

Albrecht soll Kanzlerkandidat werden

Noch ein Thema schlug 1979 in Niedersachsens CDU hohe Wellen: Am 25. Mai 1979 wurde bekannt, dass der niedersächsische Ministerpräsident Dr. Albrecht ausgewählt werden sollte, Kanzlerkandidat für die Bundestagswahl 1980 zu werden, um gegen den SPD-Bundeskanzler Helmut Schmidt anzutreten. Wie es hieß, wollte der neue Bundesvorsitzende der CDU Deutschlands, Dr. Helmut Kohl, damit verhindern, dass möglicherweise der bayerische Ministerpräsident Franz Josef Strauß Bundeskanzler in Deutschland würde.

Die Wahl Dr. Albrechts in das CDU-Präsidium auf dem Kieler CDU-Bundesparteitag war der Auftakt für diesen Plan. In Hannover nahm man ihn mit gemischten Gefühlen auf. Auf der einen Seite war man natürlich stolz, dass ein niedersächsischer CDU-Politiker die Chance bekommen sollte, Bundeskanzler zu werden. Auf der anderen Seite aber sah man die Risiken, die mit diesem „Abenteuer", wie es einige Zeitzeugen bezeichneten, verbunden waren. Denn die Aussichten, gegen die Bonner SPD/FDP-Koalition zu gewinnen, waren nicht besonders rosig. Und eine Niederlage Albrechts als Kanzlerkandidat würde sich auch auf die nächste Landtagswahl 1982 in Niedersachsen sicher negativ auswirken. Schließlich würde Niedersachsen seinen neuen Ministerpräsidenten, der gerade sehr erfolgreich angefangen hatte, dem Land ein neues Gesicht und ein neues Bewusstsein zu geben, natürlich nicht gern nach Bonn ziehen lassen.

Schon im Juni 1979 hatten alle Spekulationen ein Ende. Die CDU/CSU-Fraktion des Deutschen Bundestages entschied sich mit Mehrheit für Franz Josef Strauß und gegen Dr. Ernst Albrecht als Kanzlerkandidaten. Die CDU in Niedersachsen sah es mit gemischten Gefühlen, mit einem weinenden und einem lachenden Auge: „Ministerpräsident Dr. Albrecht bleibt uns erhalten", trösteten sich die Mitglieder.

Zum Abschluss dieses Kapitels mag noch eine kleine Anekdote aus jener Zeit zeigen, wie Wilfried Hasselmann, der sein Herz gern auf der Zunge trug und seine Umgebung ebenso gern an seiner Begeisterung teilhaben ließ, gelegentlich von seiner Frau Marianne wieder „auf den Teppich" geholt werden musste.

„Minister Hasselmann hat seit Jahren ein besonders inniges Verhältnis zum Deutschlandfunk In unregelmäßigen Abständen gab er zu früher Morgenstunde in dem Kölner Sender Stellungnahmen zu den verschiedensten Themen ab.
Ich erinnere mich an einen Fall, in dem ich den Minister um 7.30 Uhr in Nienhof abholen sollte. Bei meiner Ankunft kurz vor der verabredeten Zeit war bereits seit einigen Minuten eine Fernsprech-Standleitung nach Köln geschaltet worden. Mit Frau Hasselmann hörte ich in der Küche das Interview ab. Nach den 7.30-Uhr-Nachrichten gab es noch ein Musikstück, bevor das Interview begann. Das Thema lag ihm und er fand auch die richtigen griffigen Formulierungen. Als er kurze Zeit später nach gelungener Schlußpointe zu uns hereinkam, fragte er fröhlich: ‚Na, wie war ich?' Seine Frau antwortete in ihrer so liebenswürdig-trockenen Art ernüchternd: ‚Wenn Du nichts gesagt hättest, wäre es jetzt auch dreiviertel acht.'" (Johannes Höppner)

9. DIE 80ER JAHRE

Die 80er Jahre begannen für die CDU in Niedersachsen recht „friedlich" und erfolgreich. Die Partei war unter ihrem Vorsitzenden Wilfried Hasselmann als Volkspartei gefestigt wie nie zuvor. Die Landesregierung unter Dr. Ernst Albrecht saß fest im Sattel. Sie konnte der Politik ihren Stempel aufdrücken und nahezu unumschränkt regieren. Das „Gespann zwei an einer Deichsel" funktionierte prächtig.

Zunächst stand die Bundestagswahl im Herbst 1980 an. Helmut Kohl war es nicht gelungen, die FDP in Bonn aus der immer mehr zerstrittenen sozial-liberalen Koalition herauszubrechen. Im Gegenteil, der Streit um die Kanzlerkandidatur zwischen ihm, Dr. Albrecht und Franz Josef Strauß belastete die Union zusätzlich. Wie sich dann bei der Bundestagswahl herausstellte, wurde die „Strauß-Wahl" besonders im nördlichen Teil Deutschlands zu einem Debakel. Der bayerische Ministerpräsident, der den in unseren Breiten für wesentlich kompetenter und „wählbarer" angesehenen niedersächsischen Ministerpräsidenten verdrängt hatte, polarisierte die Wähler zu stark. Der protestantische Norden mochte den polternden katholischen Bajuwaren offenbar nicht. So erreichte die Union in Deutschland nur 44,5 % der Stimmen gegen 42,9 % der SPD und 10,6 % der FDP. In Niedersachsen ging der Anteil für die CDU sogar auf 39,8 % zurück, während die SPD auf 46,9 % und die FDP auf 11,3 % kamen. Die sozial-liberale Koalition in Bonn mit Helmut Schmidt und Hans-Dietrich Genscher konnte also weiterregieren.

Niedersachsen wurde zum CDU-Land

Bei der nächsten Kommunalwahl im Dezember 1981 dagegen, bei der es zum großen Teil auch um „Jugend-Themen" ging und bei der zum ersten Male nach dem „Dreistimmenwahlrecht" – Bewerber können ohne Berücksichtigung der Reihenfolge auf den Stimmzetteln und aus verschiedenen Parteien angekreuzt werden – gewählt wurde, errang die CDU in Niedersachsen einen geradezu sensationellen, überwältigenden Sieg. Mit 50,2 %

der Wählerstimmen konnte die CDU allein in 19 der 22 großen Städte des Landes den Oberbürgermeister stellen, vor der Wahl waren es nur sieben, und von den 38 Landkreisen waren nun 34 fest in der Hand von CDU-Landräten. Dabei konnten gerade viele „Hochburgen" der SPD „gestürmt und eingenommen" werden. „Niedersachsen war zum CDU-Land geworden", war in der Zeitung *Christ und Welt* zu lesen.

Dieter Haaßengier wieder „General"

Zuvor hatte es jedoch eine wesentliche Änderung in der Parteizentrale gegeben. Dieter Haaßengier war im Januar 1981 als Generalsekretär in die hannoversche Böttcherstraße zurückgekehrt. Aufgeschreckt durch die verlorene Bundestagswahl von 1980, bei der Niedersachsen mit 39,8 % der Stimmen ein unerwartet schwaches Ergebnis erzielt hatte, sagten sich der Landesvorsitzende Hasselmann und Regierungschef Dr. Albrecht: „Hier muß sich etwas ändern. Haaßengier muß es noch einmal machen." Dieser ließ sich in die Pflicht nehmen und übernahm das Kommando in der Parteizentrale. Generalsekretär Bobzien, der seit 1978 nach dem Ausstieg von Rudolf Seiters wieder allein das Sagen hatte, war zwar ein guter Organisator, aber kein „politischer Stratege" wie Haaßengier. Doch gerade politische Köpfe brauchte man besonders für den Wahlkampf. Das eiserne Regiment und der frische Wind machten sich schon bald in der Böttcherstraße und in der CDU in Niedersachsen bemerkbar. Das Glanzstück war die nächste Landtagswahl 1982.

„Lauterberger Programm" fortgeschrieben und modernisiert

Nach über zehnstündiger offener und gründlicher Diskussion haben über 600 Delegierte der Niedersachsen-CDU am 27./28. März 1981 in Hannover das aus dem Jahr 1973 stammende „Lauterberger Programm" fortgeschrieben, modernisiert und den Gegebenheiten der aktuellen Politik angepasst. Dabei mussten der Entwurf der Programmkommission, die Vorschläge der Antragskommission und 540 Anträge behandelt werden.

Selbstverständlich gab es bei etlichen Punkten kontroverse Debatten; der Programmparteitag blieb aber stets konsensfähig. Beobachter konstatierten deshalb mit Erstaunen die außerordentlich große Geschlossenheit der Partei.

In dem neuen Programm bestimmte die niedersächsische CDU ihre künftigen Zielvorstellungen, die auch orientiert waren an ihren Erfahrungen als Regierungspartei. Eindeutig sprach sich der niedersächsische Landesverband dabei für die friedliche Nutzung der Kernenergie aus, weil kein Weg an diesem Energieträger vorbeiführe. Im Programm wurde erklärt, dass Niedersachsen nach wie vor „als Standort für eine Wiederaufarbeitung oder eine entsprechende Alternative zur Wiederaufarbeitung" von Atommüll in Frage komme.

Völlig neu formuliert wurde auch ein Kapitel für die Frauen. Darin hieß es unter anderem, Frauen sollten frei entscheiden, ob sie ihre Lebensaufgabe in der Familie, im Beruf oder in einer Verbindung beider Bereiche finden wollen. Diese Wahlfreiheit sei der eigentliche Inhalt der Gleichberechtigung. Sie setze aber vor allem Chancengerechtigkeit in der Partnerschaft zwischen Mann und Frau voraus.

Ausführlich diskutiert wurde der umstrittene Punkt, ob es künftig auch 18-jährigen gestattet sein soll, sich in kommunale Parlamente wählen zu lassen. Nach gründlicher Diskussion hatte die Antragskommission für diese Herabsetzung des passiven Wahlalters plädiert. Gegen diese Forderung wandten sich vor allem Dr. Albrecht und der Landtagsabgeordnete Ernst-Henning Jahn. Der Parteitag entschied sich aber mit großer Mehrheit für die Senkung des Wahlalters. Abgelehnt wurde in der Debatte die Errichtung eines Ministeriums für Umweltschutz. Gleichwohl wurde dem Umweltschutz mit einem eigenen Kapitel im Programm ein hoher Stellenwert eingeräumt.

Ebenfalls abgelehnt wurde ein Vorschlag zur Änderung der Kommunalverfassung, der die Abschaffung der Zweigleisigkeit in der Verwaltungsspitze und die direkte Wahl von Bürgermeistern und Landräten zum Ziel hatte. Schließlich wurde auch nach heißer nächtlicher Debatte in der Antragskommission die Forderung nach einer Verschärfung des Demonstrationsrechts, mit der auch ein Verbot der Vermummung gekoppelt sein sollte, verworfen.

So erhielt das neuformulierte „Lauterberger Programm" künftig insgesamt zwei Hauptteile mit zusammen zwölf Kapiteln: Wir stellen uns in den Dienst am Bürger – Wir stellen die Familie obenan – Chancengerechtigkeit für die Frau – Wir schaffen die Grundlage für sichere Arbeitsplätze – Sichere Energieversorgung – Wir sorgen für eine lebenswerte Umwelt – Wir wollen besser und gesünder leben – Wir bringen neues Leben in unsere Städte – Wir geben dem ländlichen Raum gleiche Chancen – Wir dienen der Gesundheit – Wir bekennen uns zum Dienst am Nächsten – Wir verwirklichen das Grundrecht auf Bildung.

Alleinregierung für die CDU

Mit einem geradezu sensationellen Wahlausgang der Landtagswahl vom 21. März 1982 wurde der grandiose Wahlerfolg von 1978 noch einmal übertroffen. Mit 50,7 % errang die niedersächsische CDU zum ersten Male über die Hälfte aller Stimmen. Die SPD rutschte auf 36,5 % ab, die GRÜNEN kamen erstmals in den Landtag und wurden mit 6,5 % gleich drittstärkste Partei vor der FDP mit 5,9 %. Die CDU erhielt 87 Mandate; von den hundert niedersächsischen Wahlkreisen gewann sie 87 direkt, die SPD nur noch 13. Sie bekam 63 Sitze, die GRÜNEN elf und die FDP zehn. Weil die CDU mehr Direktmandate in den Wahlkreisen gewann, als ihr im Verhältnis zum Gesamtwahlergebnis zugestanden hätten, gab es zum ersten Male seit den 50er Jahren im Landtag wieder so genannte Überhangmandate. Die Zahl der Abgeordneten stieg von 155 auf nunmehr 171. Im Plenarsaal mussten extra Tische und Stühle hinzugestellt werden.

Dr. Albrecht konnte also wieder allein regieren. Das Kabinett blieb im Wesentlichen unverändert. Wilfried Hasselmann war weiterhin stellvertretender Ministerpräsident und Minister für Bundesangelegenheiten. Nur zwei neue Minister saßen mit am Kabinettstisch: Für den glücklosen Justizminister Prof. Hans-Dieter Schwind kam der Landtagsabgeordnete Walter Remmers, Rechtsanwalt aus Papenburg, und für seinen drei Jahre älteren Bruder, Kultusminister Dr. Werner Remmers, übernahm Georg-Berndt Oschatz, ehemaliger Leiter des wissenschaftlichen Dienstes der CDU-Fraktion, dann Oberstadtdirektor in Hildesheim und seit 1980 Oberbürgermeister der Stadt Wiesbaden, das Ressort. Dr. Johann-Tönjes Cassens, der ein Jahr zuvor für den zurückgetretenen Prof. Eduard Pestel das Ministerium für Wissenschaft und Kunst übernommen hatte, blieb auf seinem Posten. Innenminister Dr. Egbert Möcklinghoff, Finanzminister Dr. Burkhard Ritz, Sozialminister Hermann Schnipkoweit, Wirtschaftsministerin Birgit Breuel und Landwirtschaftsminister Gerhard Glup vervollständigten die Runde.

Wahlplakat von Walter Remmers zur Landtagswahl 1978

Der bisherige Kultusminister Dr. Werner Remmers übernahm den Vorsitz der CDU-Landtagsfraktion. Er löste Bruno Brandes ab, der Landtagspräsident wurde. In der Riege der Stellvertreter tauchten mit Jürgen Gansäuer und Josef Stock erstmals zwei Namen auf, die im Laufe der nächsten Jahre noch eine ganz besondere Rolle für den Landtag und für die CDU in Niedersachsen spielen sollten.

Haaßengier beendet sein „Gastspiel"

Der Landtagswahlkampf war gelaufen. Die Regierung konnte ihre Arbeit in gewohnter Weise nach eigenen Vorstellungen fortsetzen. Das alles war nicht zuletzt auch das Verdienst des unermüdlichen Einsatzes des Generalsekretärs Dieter Haaßengier. Eineinhalb Jahre hatte er wieder „Schwung in den Laden" gebracht. Und eigentlich hätte er zufrieden auf seine Tätigkeit zurückblicken können. Aber Dieter Haaßengier wollte, dass

Niedersachsen nicht nur durch seine Regierung mit dem hervorragend funktionierenden „Gespann" Albrecht/Hasselmann nach außen sehr gut vertreten wird, sondern dass auch die Partei die ihr gebührende Rolle spielen konnte. Dafür wollte er weiterhin politische Strategien und Kampagnen entwickeln. Nach seiner Vorstellung war das wichtiger, als im Land umherzufahren. Doch es gab Spannungen mit dem Ministerpräsidenten. Er hatte schon früher durchblicken lassen, dass ihm Geschäftsführer lieber sind als politische Generalsekretäre. „Jeden Montag", so erinnert sich Haaßengier, „wenn die Dienstbesprechung der obersten Spitzen von Regierung und Partei war, kriegten wir uns in die Haare." Schon bald knirschte es hörbar im Innenverhältnis. Um es nicht zum Eklat kommen zu lassen, zog der Generalsekretär, sehr zum Leidwesen seines Landesvorsitzenden und Freundes Minister Hasselmann, die Konsequenzen. Dieter Haaßengier beendete sein „Gastspiel" in der Böttcherstraße und ging zurück zu Hasselmann als Staatssekretär im Ministerium für Bundesangelegenheiten. Hans-Dierk Bobzien rückte mal wieder vom Geschäftsführer zum Generalsekretär auf. Als neuer Landesgeschäftsführer wurde Hans Leveling eingestellt.

Hasselmann ruft „Tag der Niedersachsen" ins Leben

Der Landesvorsitzende der CDU in Niedersachsen, Wilfried Hasselmann, war in jenen Jahren ebenso gern Parteiführer wie Landesminister für Bundesangelegenheiten und Niedersachsens „Botschafter" in der Landesvertretung in Bonn. Alle drei Funktionen übte er mit Leidenschaft und Begeisterung aus.

Auf seine Initiative wurde der „Tag der Niedersachsen" ins Leben gerufen. Damit wurde eine Tradition mit dem Ziel begründet, das Landesbewusstsein und das Zusammengehörigkeitsgefühl der Niedersachsen zu stärken. Zugleich aber sollte auch den Hunderten von Vereinen und Gruppen des Landes Gelegenheit gegeben werden, sich darzustellen und Dank und Anerkennung für ihr Engagement und für ihre Arbeit entgegen zu nehmen. Der erste „Tag der Niedersachsen" wurde 1981 (natürlich) in Hasselmanns Heimat, in der alten, ehrwürdigen, traditionsreichen Herzogstadt Celle aufgezogen. Rund 5.000 Aktive gestalteten über 40 Veranstaltungen. Der zweite „Tag der Niedersachsen" fand 1982 mit gleich großem Erfolg in Aurich in Ostfriesland und der dritte „Tag der Niedersachsen" 1983 in Wolfsburg statt.

Ohne Atempause in den nächsten Wahlkampf

Nach dem triumphalen Wahlsieg der CDU in Niedersachsen bei der Landtagswahl 1982, wurde sofort über die Auswirkungen auf die Bonner SPD/FDP-Bundesregierung spekuliert. Nachdem die SPD in weiteren Landtagswahlen deutliche Stimmenverluste hinnehmen musste, war immer mehr mit einem Auseinanderbrechen der Bonner Koalition und einer Annäherung der FDP an die CDU/CSU zu rechnen. Im September 1982 war es so weit. Der CDU-Vorsitzende Helmut Kohl und der FDP-Vorsitzende Hans-Dietrich Genscher waren sich einig und lösten die sozialliberale Regierung in Bonn ab. Um seine Regierung durch Wahlen zu legitimieren, versprach Helmut Kohl Bundestagswahlen für den 6. März 1983.

Die Bundestagswahl selbst wurde ein großer Erfolg für den neuen Bundeskanzler Helmut Kohl. In Niedersachsen konnte die CDU, die sich immer noch im Aufwind befand, ihren Stimmenanteil gegenüber der vorhergehenden Bundestagswahl von 1980 von damals 39,8 auf jetzt 45,6 % steigern, dagegen ging der Anteil der SPD in Niedersachsen von 46,9 auf 41,3 % zurück. Besonders arg wurde allerdings die FDP gerupft. Viele Wähler hatten offenbar die „Wende" noch nicht mitvollzogen. Der FDP-Anteil in Niedersachsen sank von 11,3 % auf 6,9 %.

Für die Regierungsbildung in Bonn war auch Niedersachsens CDU-Landesvorsitzender Minister Hasselmann als Bundeslandwirtschaftsminister im Gespräch. Er winkte aber gleich ab. Nach wie vor sah er seine Aufgabe in Niedersachsen, hier war er mit Leib und Seele tätig. Als die Bonner Kabinettsliste vorlag, war man in Niedersachsen doch sehr enttäuscht. Kein Minister kam aus Niedersachsen. Da waren fünf niedersächsische Parlamentarische Staatssekretäre nur ein schwacher Trost. Mit Bundesfamilienministerin Rita Süßmuth und Kanzleramtsminister Rudolf Seiters holte Bundeskanzler Kohl im Laufe der 80er Jahre allerdings noch zwei Niedersachsen in sein Kabinett.

10. ZEHN JAHRE CDU-LANDESREGIERUNG

Die nächsten Jahre, in denen die CDU in Niedersachsen das „neue Niedersachsen" ausbaute und festigte, verliefen zunächst ohne spektakuläre Höhepunkte. Der Landesparteitag am 15. April 1983 in Braunschweig war erstmals in der 15-jährigen Geschichte des Dachverbandes der niedersächsischen CDU ein „offener Parteitag". Neben 677 Delegierten nahmen auch 250 Gäste aus den verschiedensten Gruppen der Gesellschaft teil, aus Kammern und Verbänden, Gewerkschaften und Betriebsräten, Arbeitgebern und Landwirtschaft, Kirchen und Kultur. Dazu kamen die Vereinigungen der CDU und die Sprecher der Arbeitskreise mit Rederecht. Das Thema „Abbau der Arbeitslosigkeit" stand im Mittelpunkt. Ein Jahr später, am 30. März 1984, wurde der Landesvorsitzende Wilfried Hasselmann auf dem Parteitag der CDU in Niedersachsen in Cuxhaven mit 548 von 599 Delegiertenstimmen erwartungsgemäß wiedergewählt.

Martin Biermann wird neuer Generalsekretär

Im Frühjahr 1985 gab es in der CDU-Parteizentrale in Hannovers Böttcherstraße eine Überraschung. Generalsekretär Hans-Dierk Bobzien, der zuvor auch viele Jahre Landesgeschäftsführer der CDU in Niedersachsen gewesen war, hatte wegen privater Probleme um die Entbindung von seinem Amt gebeten. Nun begann wieder die Suche nach einem neuen Generalsekretär. Es musste schnell gehandelt werden, denn in einem Jahr stand die nächste Landtagswahl vor der Tür. Landesvorsitzender Hasselmann dachte gleich an einen seiner treuesten und erfahrensten Wegbegleiter: Martin Biermann. Seit 1974 war er „der Mann an seiner Seite", zuerst acht Jahre lang als persönlicher Referent und als Kabinettsreferent, dann ab 1982 als Ministerialdirigent und Abteilungsleiter für seinen Chef Hasselmann, der als Minister für Bundesangelegenheiten niedersächsischer „Botschafter" in Bonn war, Leiter der Vertretung Niedersachsens in der Bundeshauptstadt. Obwohl Ministerpräsident Dr. Albrecht von Hasselmanns Vorschlag nicht begeistert gewesen sein soll, führten die beiden Spitzenpolitiker ein intensives Gespräch mit Biermann. Der fühlte sich „am Portepee gepackt" und willigte ein, sich als Beamter ohne Bezüge beurlauben zu lassen, um in die Bresche zu springen und die niedersächsische CDU-Parteizentrale als Generalsekretär zu übernehmen – allerdings mit der Bedingung, nach gewonnener Landtagswahl 1986 wieder auf seinen Posten als Leiter der Landesvertretung in Bonn zurückkehren zu können.

Es war insofern auch ein Glücksgriff, als Martin Biermann außerordentlich gute Kontakte zur CDU-Bundeszentrale im Konrad-Adenauer-Haus in Bonn hatte. Jeden ersten Montag im Monat traf er sich mit Bundesgeschäftsführer Peter Radunski, der ständige Verbindungen mit dem Bundesvorsitzenden Helmut Kohl hatte, in der niedersächsischen Landesvertretung in Bonn. „Da wurde Politik gemacht", erinnert sich Martin Biermann. Außerdem kam er wöchentlich an der Agentur von Mannstein vorbei, der „Hausagentur" für die Wahlkämpfe der CDU, mit deren Chef er freundschaftlich verbunden war.

Zunächst lief der Wahlkampf für die Landtagswahl am 15. Juni 1986 mit den ähnlichen Themen ab wie der für die vergangene Wahl, ohne besondere Höhepunkte. Doch dann hatte ein „gewisser Juso-Vorsitzender" Gerhard Schröder seinen Hut in den Ring geworfen und im Kampf um die Nachfolge des glücklosen Karl Ravens als SPD-Spitzenkandidat in Niedersachsen die von der Bonner SPD-Parteizentrale auf Ansinnen der „Kanalarbeiter-Fraktion" ausersehene SPD-Bundesgeschäftsführerin Anke Fuchs und auch den von der SPD-Landtagsfraktion favorisierten Vizepräsidenten und Wolfenbütteler Landrat Helmut Bosse aus dem Feld geschlagen. SPD-Parteichef Willy Brandt hatte die Hamburger Sozialdemokratin Anke Fuchs persönlich in der Landespressekonferenz in Hannover vorgestellt. Jetzt wollte der inzwischen zum SPD-Bezirksvorsitzenden aufgestiegene Schröder die „Festung Albrecht" stürmen und Ministerpräsident werden.

Als Gerhard Schröder vor der Presse in Hannover großspurig erklärte, er werde der nächste Ministerpräsident in Niedersachsen, habe ich ihm widersprochen und darauf hingewiesen, dass vor wenigen Tagen Anke Fuchs im Beisein des SPD-Übervaters Willy Brandt erklärt habe, er, Schröder, könne bei ihr „vielleicht mal Staatssekretär werden". Daraufhin bot er mir eine Wette um drei Flaschen Sekt an. Ich schlug ein und am Wahlabend zitterten wir beide im Innenministerium vor den Fernsehgeräten um das Wahlergebnis. Schröder verlor und musste zahlen. Vier Jahre später bot ich ihm die Chance zur Revanche, „aber diesmal um Champagner", sagte Schröder. Leider hat er gewonnen, und ich musste zahlen.

Im April 1986 kam ein ganz unerwarteter Paukenschlag: die Reaktorkatastrophe von Tschernobyl, der Supergau. Er löste massive Ängste quer durch die Wählerschaft aus. Martin Biermann erinnert sich: „Anfangs haben wir gar nicht verstanden, was dieses Ereignis tatsächlich für uns bedeutet. Erst als wir sahen, daß die GRÜNEN auf einer Woge des inneren Triumphes schwebten und alles, was sie jahrelang an apokalyptischen Vorstellungen über Atomenergie gepredigt hatten, nun eingetreten war, und als sich die SPD-Ministerpräsidenten in Hannover für einen Ausstieg aus der Kernenergie ausgesprochen hatten, war mir klar, daß wir unseren Wahlkampf völlig umstellen mußten." Aus der bisherigen Richtungswahl war plötzlich eine Stimmungswahl geworden. Biermann bat den Ministerpräsidenten Dr. Albrecht in einem Brief um ein Gespräch. Es fand am Pfingstmontag statt und dauerte fünf Stunden. „Wenn es nicht zu einer sofortigen Änderung der Wahlkampfstrategie kommt, lege ich mein Amt als Wahlkampfleiter und Generalsekretär der CDU in Niedersachsen nieder", hatte Biermann gedroht. Er erhielt den Auftrag, gleich am Pfingstdienstag zur Agentur von Mannstein nach Solingen und dann zur CDU-Parteizentrale nach Bonn zu fahren und dort um die erforderliche Unterstützung zu bitten.

Der bisherige Slogan „Es geht uns gut – so soll es bleiben" wurde sofort geändert. Jetzt hieß die neue Parole „Stoppt Rot-

Grün", sie wurde auf einem Stoppschild plakatiert. „Mit dem Angriff auf die Opposition, die wegen Tschernobyl ‚auf Wolken schwebte', war die Basis der zunächst verunsicherten CDU wieder bereit zu kämpfen", sagte Biermann.

Die Niedersachsen-Wahl 1986 bekam nun auch noch bundespolitischen Charakter. Heiner Geißler, Generalsekretär der Bundes-CDU, wollte eine Kurswahl weit über Niedersachsen hinaus erreichen. Die SPD hoffte, die Niedersachsen-Wahl als Rückenwind für Johannes Rau benutzen zu können, der im folgenden Jahr um das Amt des Bundeskanzlers gegen Helmut Kohl antreten wollte. Die Wahl war wieder völlig offen. Niemand wagte eine sichere Prognose.

Es kam der 15. Juni 1986 – und es ging noch einmal gut. Allerdings musste bis zum Schluss gezittert werden. Die CDU gewann mit 44,3 % der Stimmen und 69 Mandaten knapp vor der SPD mit 42,1 % und 66 Mandaten. Die GRÜNEN erreichten, dank Tschernobyl, 7,1 % und elf Mandate vor der FDP mit 6,0 % und neun Mandaten. Das reichte für eine CDU/FDP-Koalition mit einer Stimme Mehrheit. Es gab also eine Situation, wie sie in Niedersachsen nicht ungewöhnlich, sondern fast „normal" war. Die CDU in Niedersachsen konnte nun nicht mehr allein regieren. Aber eine Koalition mit der FDP war ja nichts Neues. Ihr wurden zwei Ministerposten zugestanden, für den Landesvorsitzenden Heinrich Jürgens und für Walter Hirche.

Für Hasselmann, Haaßengier und Biermann war klar: Das Ministerium für Bundesangelegenheiten behält Wilfried Hasselmann. Doch der Ministerpräsident reagierte völlig anders. Er bot Jürgens das Bundesratsministerium und Hasselmann das Innenministerium an, das Dr. Möcklinghoff frei gemacht hatte. Es war offenbar die einzig mögliche Kompromisslösung, auch wenn Haaßengier, Biermann und der stellvertretende Fraktionsvorsitzende Jürgen Gansäuer, der mit zum engsten Berater- und Freundeskreis gehörte, ihrem „Chef" abrieten, Innenminister zu werden. Aber Hasselmann schien offensichtlich Freude an der neuen Aufgabe zu haben. Sozialminister Hermann Schnipkoweit, Justizminister Walter Remmers und Wissenschaftsminister Dr. Johann-Tönjes Cassens blieben auf ihren Posten, zunächst auch Kultusminister Georg-Berndt Oschatz, der aber ein Jahr später als Direktor des Bundesrates nach Bonn wechselte. Er wurde von Prof. Dr. Wolfgang Knies ersetzt, den jedoch schon 1988 der Landtagsabgeordnete und Peiner CDU-Kreisvorsitzende Horst Horrmann ablöste. Neu geschaffen wurde das Umweltministerium, das der bisherige Fraktionsvorsitzende Dr. Werner Remmers übernahm.

Da sein Posten frei geworden war, kandidierten die bisherigen Stellvertreter Kaufmann Josef Stock aus Wellingholzhausen im Landkreis Melle und Realschullehrer Ernst-Henning Jahn aus Watzum im Kreis Wolfenbüttel um das Amt des Fraktionsvorsitzenden. Josef Stock setzte sich klar durch. Aus Braunschweig hieß es dazu: „Für den Braunschweiger Jahn und für den gesamten CDU-Landesverband Braunschweig blieb wieder einmal die Erkenntnis, daß es für einen Braunschweiger fast unmöglich war, ein hohes Amt in Hannover zu erlangen." Die *Braunschweiger Zeitung* erkannte Jahns Mut an, „Flagge gezeigt" zu haben. Landtagspräsident blieb der Celler Rechtsanwalt Edzard Blanke, der im Juni 1985 nach dem Tode von Bruno Brandes das Amt übernommen hatte.

Gleich am Montag nach der Landtagswahl zog Martin Biermann verabredungsgemäß wieder als Leiter der Landesvertretung Niedersachsens in Bonn ein. Der neue Chef Heinrich Jürgens hätte dieses Amt lieber mit einem FDP-Mann besetzt. Aber Ministerpräsident Dr. Albrecht erklärte: „Mein Versprechen gilt. Herr Biermann bleibt Leiter der Landesvertretung." Martin Biermann selbst erklärte: „Es ist das schönste Amt, das es gibt." Er behielt es, bis die CDU-Regierung 1990 abgelöst wurde. Dann ging er als Chef der Stadtverwaltung nach Celle zurück. Wir werden ihn jedoch noch einmal wiedersehen – als Landesschatzmeister der CDU in Niedersachsen.

Martin Biermann hat in einem Gespräch ein Fazit seiner Zeit als Generalsekretär gezogen und dieses Amt kritisch unter die Lupe genommen: „Der Generalsekretär muß politisch und strategisch denken, nicht nur Verwalter der Partei sein. Außerdem sollte er Landtagsabgeordneter sein und in der Fraktion ein Wort mitsprechen. Das ist praktisch die Klammer zwischen Partei und Fraktion. Ein Generalsekretär, der nicht im Parlament sitzt, hat es außerordentlich schwer, weil er von wichtigen Entscheidungen abgeschnitten wird. Außerdem kann und muß er dort die Partei sichtbar machen, besonders wenn sie in der Regierung steht, vor allem in einer Koalitionsregierung. Denn die Partei darf sich nicht im Kompromiß wiederfinden. Hier ist eine politische Aufgabe des Generalsekretärs. Er muß Vordenker sein und Themen besetzen, dann erst kann er die Regierungsarbeit im Sinne der Partei beeinflußen." Martin Biermann, der als beurlaubter Beamter leider kein Parlamentarier werden konnte, hat seine Erfahrungen gemacht.

Hartwig Fischer wird Generalsekretär

Und wieder musste der Landesvorstand der CDU in Niedersachsen auf die Suche nach einem neuen Generalsekretär gehen. Er fand ihn nach der Sommerpause mit dem Göttinger Landtagsabgeordneten Hartwig Fischer. Im November 1986 hat der 1948 in Verden/Aller geborene Einzelhandelskaufmann, Abteilungsleiter/Einkäufer und Betriebsratsvorsitzender der Firma Karstadt AG in Göttingen, Mitglied der Jungen Union seit 1969 und der CDU seit 1972, Vorsitzender der CDU Göttingen-Stadt und Kreistagsabgeordneter des Landkreises Göttingen, Mitglied des CDU-Landesvorstands und der Sozialausschüsse (CDA), sein Amt in der CDU-Parteizentrale in der hannoverschen Böttcherstraße angetreten. Seine Amtszeit stand unter keinem glücklichen Stern. Er hat die Geschäfte der niedersächsischen CDU in außerordentlich rauer Zeit zwölf Jahre lang geführt.

Die bei der Landtagswahl 1986 deutlich gewordene Tendenz, setzte sich auch bei der folgenden Kommunalwahl am 5. Oktober 1986 und ein Vierteljahr später bei der Bundestagswahl am 25. Januar 1987 fort. Die CDU verlor vor allem bei den jüngeren Wählern bis 45 Jahren an Stimmen. Allerdings konnte die SPD davon nicht mehr so sehr profitieren wie früher, denn inzwischen hatten sich die GRÜNEN als dritte politische Kraft etabliert. Mit ihrer Hilfe gelang es der SPD mehrfach, die zuletzt verloren gegangenen Rathäuser zurückzuerobern. Hier wurde auf kommunaler Ebene ausprobiert, was später auf Landesebene sehr zum Leidwesen der CDU Wirklichkeit werden sollte: Rot-Grün.

Doch zunächst musste Gerhard Schröder, der Verlierer der Landtagswahl von 1986, erst einmal auf den Bänken der Opposition im Niedersächsischen Landtag Platz nehmen, allerdings in der ersten Reihe; denn die neue Fraktion wählte ihn zu ihrem Vorsitzenden. In dieser Eigenschaft hat er in den nächsten Jahren alles unternommen, um die Regierung zu stürzen und doch noch Regierungschef zu werden. Zum Sprung für die „Machtergreifung", die ihm die Wähler versagt hatten, war ihm jedes Mittel recht, von Untersuchungsausschüssen bis zur Forderung nach Neuwahlen, er beantragte die Selbstauflösung des Landtags und setzte ein konstruktives Misstrauensvotum in Gang – jedoch alles war vergeblich. Die Regierung Albrecht hielt die Legislaturperiode durch, allerdings zum Schluss unter dramatischen Umständen und nicht ohne große Schrammen.

40 Jahre CDU in Niedersachsen

Im Jahre 1986 konnte die CDU in Niedersachsen zwei Jubiläen feiern. Zunächst das zehnjährige Regierungsjubiläum von Ministerpräsident Dr. Ernst Albrecht. Es wurde ein großes Fest mit einer stolzen Bilanz. In diesem Jahrzehnt, in dem sie zum ersten Male im Laufe der Nachkriegsgeschichte den Regierungschef stellte, erlebte die CDU in Niedersachsen ihre Glanzzeit und ihren Höhepunkt. Sie gab Niedersachsen ein neues Gesicht und seinen Menschen endlich auch ein „Wir-Gefühl" – „Wir sind die Niedersachsen". Dank des Landesvorsitzenden Wilfried Hasselmann, der keine bedeutende Veranstaltung ausließ, ohne sie mit der deutschen Nationalhymne ausklingen zu lassen, wurde das Niedersachsen-Lied zur „zweiten Nationalhymne" im Lande.

Dann gab es 1986 auch das 40-jährige Bestehen der drei Landesverbände der niedersächsischen CDU zu feiern. Der Landesvorsitzende Wilfried Hasselmann schrieb dazu: „Die Niedersachsen-CDU spielt in der Geschichte des Landes eine entscheidende Rolle. 40 Jahre Niedersachsen bedeuten auch 40 Jahre CDU-Geschichte in unserem Land. Die Männer der ersten Stunde in der Union waren Menschen, die den Mut hatten, eine neue, den christlichen Werten verpflichtete Partei zu gründen. Nach den dunkelsten Jahren deutscher Geschichte fanden wir den Mut zum Aufbau und zum Engagement für ein neues demokratisches Deutschland. Bereits im August 1945 war Konrad Adenauer zur ersten Fühlungnahme in Hannover gewesen. Demokratisch gesinnte Männer gründeten dann nach den Leiden des verlorenen Krieges die CDU-Landesverbände für Hannover, Oldenburg und Braunschweig. Dabei ist es bis heute unter dem Dach der Niedersachsen-CDU geblieben.

Die Union hat in den Jahren des Wiederaufbaus, in den Gründerjahren unserer Republik, die Grundlagen für eine gerechte und sichere Demokratie gelegt. Mit der sozialen Marktwirtschaft haben wir zugleich einen freien Markt für unsere Wirtschaft wie auch ein soziales Sicherheitsnetz für alle Bürger geschaffen. Mit Ministerpräsident Dr. Ernst Albrecht, der 1976 die Regierungsverantwortung übernahm, hat ein neues Kapitel für die Niedersachsen-Geschichte begonnen. Viele grundlegende Fehlentscheidungen mussten zunächst erst einmal korrigiert werden. Vom Ministerpräsidenten und der Union ging dann der Anstoß auf eine Rückbesinnung in die Heimatgeschichte aus. Das Ziel der CDU ist es, aus den heimatlichen regionalen Bindungen ein Niedersachsen-Bewußtsein zu schaffen. Wir können feststellen, daß die Bürger sich heute inzwischen gern als Niedersachsen bekennen.

Die CDU in Niedersachsen hat in den zehn Jahren unserer Regierungsverantwortung vieles erreicht, was ohne Engagement und die Mitarbeit aller Menschen in unserem Lande nicht möglich gewesen wäre. Wir sind heute das Aufsteigerland des Nordens und haben die einst wirtschaftlich besser gestellten Länder wie Hamburg, Bremen und Nordrhein-Westfalen hinter uns gelassen."

IV. Von Albrecht zu Wulff 1988–1994

1. Dunkle Wolken am CDU-Himmel

Das Ende der 80er Jahre wurde für die CDU in Niedersachsen hoch dramatisch. Es gab Ereignisse, wie sie die CDU in Niedersachsen und die Landesregierung in ihrer Geschichte noch nie erlebt hatten.

Dass dunkle Wolken am CDU-Himmel aufzogen, hatte eine ganze Reihe von Gründen. Einmal zeigte die Regierung Albrecht nach einem Dutzend Jahren Regentschaft unübersehbare Abnutzungserscheinungen. Der Ministerpräsident selbst hatte laut über seinen „dritten Lebensabschnitt" nachgedacht, in dem er noch einmal etwas „völlig anderes" machen wollte. Hinzu kam seine Vorstellung, als seine Nachfolgerin möglicherweise die Bundestagspräsidentin Prof. Dr. Rita Süßmuth zu präsentieren. Das löste in der niedersächsischen CDU nicht helle Freude aus. In der CDU in Niedersachsen begann es, zu rumoren. Zum anderen war nach der „Barschel-Affäre" Schleswig-Holstein von den Sozialdemokraten „erobert" worden. Niedersachsen war nun – Hamburg und Bremen waren „von Haus aus" rot – die letzte „schwarze" Bastion in Deutschlands Norden. Die gesamte deutsche Linke witterte Morgenluft. Sie hoffte, in dem machtbesessenen jungen Schröder den Vollstrecker zu finden. Er hatte das Glück, auf eine – sich selbst so nennende – „Linke Kampfpresse" zu stoßen, die sich geradezu einen Spaß daraus machte, massiv in die Politik einzugreifen, um die niedersäch-

Wahlplakat von Rita Süßmuth zur Bundestagswahl 1987

sische CDU-Regierung zu stürzen. Fast wäre es ihr sogar gelungen.

Doch zunächst kam am 3. Juni 1988 der Landesparteitag der CDU in Niedersachsen in Braunschweig. Der Landesvorsitzende Wilfried Hasselmann wurde mit großer Mehrheit in seinem Amt bestätigt. Von 550 Delegierten stimmten 484 für ihn, 48 gegen ihn. Zum ersten Male kandidierte Prof. Dr. Rita Süßmuth, Bundesministerin für Jugend, Familie, Frauen und Gesundheit, und Bundesvorsitzende der Frauen Union, für den Posten einer Stellvertreterin. Sie wurde mit 458 Stimmen gewählt und erhielt damit sogar vier Stimmen mehr als der wiedergewählte Stellvertreter Landesminister Hermann Schnipkoweit. Auf den dritten Stellvertreter, den Parlamentarischen Geschäftsführer der CDU/CSU-Bundestagsfraktion, Rudolf Seiters, entfielen 490 Stimmen. Beobachter schlossen nicht aus, dass Rita Süßmuth Anfang der 90er Jahre als Kandidatin für die Nachfolge von Ministerpräsident Dr. Albrecht in Frage kommen könnte.

In seiner Parteitagsrede hatte der Landesvorsitzende Hasselmann betont, die CDU wolle unter Führung von Ministerpräsident Albrecht auch die Landtagswahl 1990 erfolgreich bestehen. Hasselmann kritisierte scharf das Erscheinungsbild der Bonner Koalition von CDU/CSU und FDP Unter dem Beifall der Delegierten rief er aus: „Lassen Sie uns allen unseren Freunden in Bonn, aber auch in München, deutlich sagen: Die Menschen im Land, aber auch in unserer Partei haben die Schnauze gestrichen voll von manchem, was uns dort geboten wird." Lob zollte Hasselmann dagegen der niedersächsischen CDU/FDP-Koalition. Die Zusammenarbeit sei über 1990 hinaus angelegt, weil es zu ihr keine Alternative gebe.

Hasselmann und die Nachfolge

Beobachter des Parteitages hatten den Eindruck, der Landesvorsitzende Hasselmann, der die CDU in Niedersachsen seit 20 Jahren erfolgreich geführt hatte, zeigte weder Ermüdungs- noch Alterserscheinungen. Deshalb erschien die Suche nach einem eventuellen Nachfolger als völlig abwegig. 20 Jahre sind jedoch für einen Parteichef eine sehr lange Zeit. Hasselmann wusste, dass er einer kritischen Grenze zustrebte und hatte deshalb bereits mehrfach den „Einstieg in den Ausstieg" versucht. Schon vor zwei Jahren hatte er seiner Partei einen kräftigen Schock versetzt, als er andeutete, 1988 den Vorsitz der Partei in jüngere Hände legen zu wollen. Wenige Wochen später nahmen seine Mitarbeiter beruhigt sein Dementi zur Kenntnis. Dann setzte er einen neuen Termin: 1990 wolle er mit Albrecht noch die Landtagswahl gewinnen, doch dann müsse 1991 Schluss sein, endgültig Schluss.

Viele in der Partei, besonders seine Freunde, hätten lieber gesehen, wenn er die undankbare Aufgabe des Innenministers anderen überlassen und selbst „wie in früheren Jahren noch einmal forsch, schlagfertig, witzig, spritzig – manchmal auch nicht ganz stubenrein (was ihm jedoch niemand übel nahm) – seinen politischen Gegnern die Leviten lesen würde", meinte ein Kommentator. Es sollte inzwischen aber doch Politiker gegeben haben, „die schon in den Startlöchern warten". Deshalb hofften seine Mitstreiter, dass er noch einige Jahre weitermachte, bis der aufstrebende junge Osnabrücker Christian Wulff so weit war, den Stab zu übernehmen.

Hasselmann trat als Innenminister zurück

Im Niedersächsischen Landtag tagten 1988 zwei Parlamentarische Untersuchungsausschüsse, die zum Jahresende ihrem Höhepunkt zustrebten. Der elfte Ausschuss wurde im Jargon „Celler Loch" genannt, der zwölfte hieß „Spielbanken-Affäre". Letzterer sollte völlig unerwartet der Anfang vom Ende für den CDU-Landesvorsitzenden Wilfried Hasselmann werden.

In Niedersachsen hatten sich nach einem Dutzend Jahren der Albrecht-Regierung Schwachstellen gezeigt. Sie wurden im Spielbanken-Untersuchungsausschuss schonungslos aufgedeckt. Alles, was an schmutziger Wäsche bei der Lizenzrangelei von damals zu waschen war, wurde hervorgekramt. Teile der Medien stürzten sich mit Genuss auf die Affären und produzierten laufend Schlagzeilen und immer neue Sensationen. Selbst ein zwielichtiger ehemaliger CDU-Werbemann mit Namen Laszlo Maria von Rath, der beim Konzessionspoker nicht zum Zuge gekommen war und nun behauptete, sich damals für die CDU hätte beteiligen wollen, wurde aus den USA eingeflogen. Doch ihn zum Kronzeugen hochzustilisieren, war kläglich gescheitert. Seine Anschuldigungen gegen seine früheren Parteifreunde waren zwar dubios und wurden nie bewiesen; aber sie brachten das Fass zum Überlaufen.

Es war schon unglaublich, was alles im Zusammenhang mit der Spielbankenpleite und Felsenstein ans Licht kam. So erfuhr die Öffentlichkeit auch, dass allen großen Parteien Geldspenden zugekommen waren. Nur der CDU-Landesvorsitzende, Innenminister Wilfried Hasselmann, sagte als Zeuge vor dem Untersuchungsausschuss – übrigens völlig ungefragt – aus, er habe keine Spenden von Spielbankeneignern erhalten. Das kam ihm teuer zu stehen. Denn der *Spiegel* „enthüllte", was er seinerzeit Woche für Woche tat, dass auch der CDU-Landesvorsitzende Hasselmann Parteispenden bekommen hatte. Daran konnte der sich schlicht nicht mehr erinnern. Möglicherweise war sogar eine Spende ohne sein Wissen in die Parteikasse geflossen. Aber nach Feststellung des Vorsitzenden des Untersuchungsausschusses hatte Hasselmann „objektiv" falsch ausgesagt. Hätte er einfach gesagt, er erinnere sich nicht, statt ungefragt Parteispenden an ihn auszuschließen, hätte ihm der Untersuchungsausschuss nichts anhaben können. Vielleicht wäre vieles anders gelaufen. Aber Wilfried Hasselmann war sich seiner Sache so sicher, nichts Unrechtes getan zu haben, dass er frei von der Leber weg redete, wie es seine Art war. Doch die Journaille ließ den CDU-Landesvorsitzenden von nun an nur noch als „Lügner" durch die Gazetten geistern. Der *rundblick* behauptete damals: „Der *Spiegel* beschließt, wer die Wahrheit sagt und wer nicht."

Wilfried Hasselmann zog Konsequenzen aus seiner Aussage und trat zurück. Am 25. Oktober 1988 gab der Innenminister Hasselmann folgende Erklärung ab: „Ich habe Ministerpräsident Albrecht heute Nachmittag davon unterrichtet, daß ich von meinem Amt als Niedersächsischer Minister des Innern zurücktrete. Ich wiederhole, daß ich vor dem Parlamentarischen Untersuchungsausschuß nach bestem Wissen und Gewissen ausgesagt habe. Wenn ich mich bezüglich der Fakten, die zehn

Jahre und mehr zurückliegen, geirrt habe, ziehe ich jetzt daraus die Konsequenz. Ich habe Niedersachsen jahrzehntelang, so gut ich es vermocht habe, gedient. Ich danke allen, die mich dabei unterstützt haben."

Das war Wilfried Hasselmann, wie er leibt und lebt, konsequent und sich selber treu – bis zum Letzten. Von Wilfried Hasselmann ist auch der Spruch bekannt: „Politiker und Fliegen haben eins gemeinsam: Man kann sie mit der Zeitung erschlagen!" Anfangs erzählte er es zur Erheiterung seiner Zuhörer; nach der schlimmen Erfahrung am eigenen Leibe, mit großer Verbitterung.

Schröders spätes Bekenntnis

Martin Biermann, „der Mann an seiner Seite" und Hasselmanns engster Vertrauter und Freund, ist heute noch fest überzeugt, dass der damalige SPD-Oppositionsführer Gerhard Schröder die Kampagnen gegen Hasselmann gesteuert hat. Biermann weiß von Hasselmann, dass Schröder dem CDU-Landesvorsitzenden und damaligen Innenminister viele Jahre später einmal gesagt hat, er habe von Anfang an gewusst, dass an den im Untersuchungsausschuss erhobenen Vorwürfen „nichts dran" gewesen sei. „Aber wenn wir in Niedersachsen regieren wollten, mußten wir Hasselmann aus der Regierung herausschießen. Er war der größte Sympathieträger, er war der Inbegriff des Niedersachsen, beliebt wie kein anderer. Wenn wir Sie, Herr Hasselmann, rausgeschossen hatten, hatten wir Niedersachsen gewonnen." Das war Schröders spätes Bekenntnis.

Biermann sagte weiter, Hasselmann sei sich damals seiner Sache so sicher gewesen, nichts Unrechtes getan zu haben, dass er Dinge erzählte, nach denen er überhaupt nicht gefragt worden war. „Mit dem Vorwurf, er lüge, ist Wilfried Hasselmann bis zu seinem Tode nicht fertig geworden. Das hat ihn tief getroffen." Besonders bitter und schmerzlich sei es für Hasselmann aber auch gewesen, als er gemerkt habe, dass seine Partei begonnen habe zu bröckeln und ein kleiner Kreis ihm das Vertrauen entzogen habe. Das habe ihn an 1970 erinnert, als er zum ersten Male nicht alle Stimmen seiner eigenen Fraktion bekommen hatte. Nun fühlte er sich wieder von eigenen Leuten nicht mehr getragen. Er habe gespürt, dass die Fraktionsspitze seinen Rücktritt erwartete. Das habe seinen Rücktrittsentschluss noch bestärkt. „Wilfried Hasselmann hätte nicht Innenminister werden, sondern Bundesratsminister bleiben sollen. Dann wäre das alles nicht passiert", meint Martin Biermann heute.

Darin wurde er von Jürgen Gansäuer, dem späteren Landtagspräsidenten, unterstützt, der damals wie Biermann und Dieter Haaßengier zum engsten Kreis der Vertrauten Hasselmanns gehörte. Auch Gansäuer wertete den Rücktritt Hasselmanns als eine Tat, die für Politiker keineswegs typisch und selbstverständlich ist. So wie seinerzeit sein Verzicht zugunsten von Ernst Albrecht auf die Kandidatur als Ministerpräsident eine „große menschliche Leistung" gewesen sei. Doch Hasselmann habe sich nicht schmollend und enttäuscht von der CDU zurückgezogen, sondern landauf, landab für die CDU weitergekämpft. „Seine Lebensleistung von 1965 bis zu seinem Tode 2003 war einmalig. Sein Leben für die Partei, für die CDU in Niedersachsen ist ebenso unvergleichlich wie er selbst. Man kann ihn nicht kopieren, auch nicht als Menschen", sagte Martin Biermann.

Im Dezember 1989 wurde die Akte über den Spielbanken-Untersuchungsausschuss geschlossen. Wie nicht anders zu erwarten war, gab es in den Abschlussberichten zwei völlig unterschiedliche Bewertungen, eine Mehrheitsmeinung und eine Minderheitsmeinung - als ob jeder „auf einer anderen Hochzeit getanzt" hätte.

2. DIE LETZTEN SCHLACHTEN

Innenminister Hasselmann war also das erste Opfer des gnadenlosen Machtkampfes von SPD-Oppositionsführer Gerhard Schröder. Aber die CDU in Niedersachsen stand hinter ihrem Vorsitzenden. Das zeigte sich auch auf einer mit Spannung erwarteten Sondersitzung des Landesvorstands am 30. Oktober 1988 in Hannover: „Der niedersächsische Ministerpräsident Dr. Ernst Albrecht und der CDU-Landesvorsitzende Wilfried Hasselmann werden die CDU auch 1990 in Niedersachsen in den Wahlkampf führen." Das war die Botschaft. Vor den 38 Vorstandsmitgliedern hatte Dr. Albrecht die lange erwartete Absichtserklärung abgegeben, auch für die Landtagswahl in etwas über eineinhalb Jahren wieder als Spitzenkandidat zur Verfügung zu stehen. Der Landesvorstand bestätigte ferner den Landesvorsitzenden Wilfried Hasselmann in seinem Amt, nachdem er wenige Tage zuvor wegen neuer Vorwürfe im Zusammenhang mit der Spielbanken-Affäre als Innenminister zurückgetreten war. Zu seinem Nachfolger im Kabinett war der bisherige Vorsitzende der CDU-Landtagsfraktion, Josef Stock, ernannt worden.

Albrechts Lebensplanung für den dritten Lebensabschnitt hatte eigentlich keine erneute Kandidatur für den Posten des Ministerpräsidenten vorgesehen. Zwei Jahre vor der Landtagswahl hatte er sich jedoch noch nicht endgültig entschieden. Aber schon damals hatte er Prof. Dr. Rita Süßmuth, die 1988 zur Präsidentin des Deutschen Bundestages gewählt worden war, nach Hannover holen wollen, um sie als seine mögliche Nachfolgerin aufzubauen. Sie selbst wäre dazu bereit gewesen. Allerdings scheiterten die Absichten am Widerstand des FDP-Koalitionspartners. Die Minister Heinrich Jürgens und Walter Hirche meinten, sie seien mit Albrecht für diese Koalition angetreten und wollten sie mit ihm auch zu Ende führen. Sie fürchteten, offenbar aus gemachten Erfahrungen, eine allzu liberale Rita Süßmuth im Kabinett würde für die eigentlichen Liberalen zu wenig Raum lassen. Doch nach dem Ausscheiden Hasselmanns aus der Landesregierung gab es in der CDU nicht den geringsten Zweifel, dass der amtierende Ministerpräsident noch einmal antreten müsse. In der CDU-Landtagsfraktion war die einmütige Meinung: Nur mit Ernst Albrecht ist die letzte CDU-Bastion in Norddeutschland noch zu halten.

Hasselmann bleibt CDU-Landesvorsitzender

Nach der Vorstandssitzung am 30. Oktober 1988 hatte der Ministerpräsident vor Journalisten erklärt, er habe seine Entscheidung für eine abermalige Spitzenkandidatur nach reiflicher Überlegung getroffen. Da er sich niemals als Politiker von Berufs wegen verstanden habe, sei es seine Absicht gewesen, Mitte dieses Jahres sein Amt abzugeben. „Doch in der Situation, in der wir sind, hätte ich meine eigene Arbeit desavouiert, wenn ich aufgehört hätte", betonte Albrecht. „Die gesamte CDU in Niedersachsen wird nun das Notwendige tun, um den Wählern 1990 sagen zu können, daß wir auf dem richtigen Weg in das nächste Jahrtausend sind", sagte er weiter. Der Ministerpräsident richtete scharfe Angriffe gegen den SPD-Fraktionsvorsitzenden Schröder, der, „unterstützt von bestimmten Medien", eine gezielte politische Kampagne gegen die CDU führe, um ihr Skandale anzuhängen. Ausdrücklich bekannte sich Albrecht zu dem Vorwurf, hier sei eine „linke Kampfpresse" am Werk. Für ein von SPD und GRÜNEN geplantes konstruktives Misstrauensvotum kündigte er „Überraschungen" an. Diese Abstimmung gebe die Chance, „die wahren Kräfteverhältnisse klarzumachen".

Schröders vergeblicher Sturm auf die Regierung

Oppositionsführer Schröder, der die Wahlniederlage von 1986 nicht verwunden hatte, blies zum Sturm auf die Landesregierung. Mitten in der Legislaturperiode setzt er zum Sprung auf die vorzeitige „Machtergreifung" an, die ihm die Wähler verweigert hatten. Er forderte sofortige Neuwahlen für einen politischen Neuanfang in Niedersachsen. Mit dem Rücktritt des Innenministers Hasselmann seien „die Skandale der Landesregierung noch nicht aus der Welt". Schröder fuhr nun die schwersten Geschütze auf, die es in einer Demokratie verfassungsmäßig zur Ablösung einer Regierung gibt: die Selbstauflösung des Landtags, gleichsam als „Vorgeplänkel", und das konstruktive Misstrauensvotum – als Todesstoß. Doch zur Selbstauflösung des Landtags hätte die Opposition auch Stimmen aus den Regierungsfraktionen benötigt. Aber die dachten gar nicht daran, Schröder in den Sattel zu helfen. Am 9. November 1988 wurde von SPD und GRÜNEN der Antrag auf Parlamentsauflösung gestellt. Die Regierungskoalition erklärte, der

Wille der Opposition zur Macht rechtfertige nicht, die Regierung wegen Fehlern, die oft mehr als zehn Jahre zurücklagen, in die Nähe der Barschel-Affäre in Schleswig-Holstein zu rücken. In Niedersachsen gebe es weder eine Staatskrise, noch eine Regierungs- oder Koalitionskrise.

Und wieder blickte „ganz Deutschland" auf Hannover. Innerhalb von vier Tagen fanden zwei Sondersitzungen des Landtags statt. Am 21. November 1988 wurde der Antrag auf Selbstauflösung des Parlaments mit den 78 Stimmen der CDU/FDP-Regierungskoalition abgeschmettert. Sofort stellten die „Abgordneten Bruns, Glogowski, Pistorius, Wernstedt (SPD) und Genossen den Antrag betr.: Mißtrauensantrag gegen Ministerpräsident Dr. Albrecht. Gemäß Artikel 23 der Vorläufigen Niedersächsischen Verfassung den Abgeordneten Gerhard Schröder zum neuen Niedersächsischen Ministerpräsidenten zu wählen und dadurch Ministerpräsident Dr. Albrecht das Vertrauen zu entziehen". Unterschrieben von 14 Genossen. Die Sondersitzung wurde für den 24. November 1988 anberaumt. Wieder herrschte Hochspannung im Landtag. Es wurde spekuliert, gewettet und gefragt: Gibt es wie 1976 bei Albrechts Wahl wieder Überläufer oder „Verräter"?

Misstrauensvotum gegen Dr. Albrecht abgeschmettert

Nach dem Schlagabtausch im Landtag, der teilweise unter der Gürtellinie war und in dem der Fraktionssprecher der GRÜNEN, Jürgen Trittin, sagte, die SPD habe von den GRÜNEN zum Misstrauensantrag „wie ein alter Hund zum Jagen getragen" werden müssen, wurde die Abstimmung auf den 19. Dezember 1988 festgelegt.

Die Fraktionen hatten ihre Mitglieder bereits am Sonntagabend vor der Abstimmung im Landtag zusammengeholt und vergattert. Etwa eine Stunde dauerte am nächsten Tag die geheime Abstimmung, bei der jeder in einer Wahlkabine schriftlich sein Votum abgeben musste. Zur Erinnerung: Nach der Verfassung gibt es nur ein einziges Mal die Möglichkeit, im Parlament geheim abzustimmen; das ist bei der Wahl des Ministerpräsidenten. Alle anderen Abstimmungen sind offen.

Dreimal musste dann im stillen Kämmerlein nachgezählt werden, einmal auf Antrag der GRÜNEN, zweimal auf Antrag der SPD-Fraktion. Denn die Opposition wollte es nicht glauben, dass bei Gott und in Niedersachsen nichts unmöglich ist: Das Misstrauensvotum gegen Dr. Albrecht war abgeschmettert worden. Oppositionsführer Gerhard Schröder erhielt nur 76 Stimmen, Dr. Albrecht 79 Stimmen. Wieder kam eine Stimme für den Ministerpräsidenten von der „anderen Seite". Dr. Albrecht war zum zweiten Mal seit 1976 in geheimer Wahl mit der Stimme eines Abweichlers bestätigt worden. Damit war auch das fünfte konstruktive Misstrauensvotum in der über 40-jährigen Geschichte des Niedersächsischen Landtags erfolglos geblieben.

Wie vor zwölf Jahren so gab es auch jetzt wieder unbeschreiblichen Jubel bei der CDU, tiefe Enttäuschung und nicht zurückgehaltenen Zorn bei SPD und GRÜNEN. Wieder wurde bei Politikern und Journalisten gerätselt, wer der Dunkelmann war. Auch das ist bis heute nicht herausgekommen. Aber Gerhard Schröder musste seinen Plan vom vorzeitigen Aufstieg zum Regierungschef begraben.

Dagegen wurden der Ministerpräsident, die CDU-Minister und der Landesvorsitzende Wilfried Hasselmann im Fraktionsraum der CDU im Landtag mit dem Niedersachsen-Lied und stehenden Ovationen empfangen. Anschließend sagte der Ministerpräsident vor der Landespressekonferenz, die CDU/FDP-Koalition habe in den letzten Monaten erheblich unter Druck gestanden, da sie „Objekt einer Verleumdungskampagne" gewesen sei, „wie wir sie in Niedersachsen noch nie erlebt haben". Doch die geheime Abstimmung habe gezeigt, dass jeder Abgeordnete der Regierungskoalition hinter der Regierung stehe. Es sei deutlich geworden, „dass Regierungen vom Parlament und nicht von Medien erhalten oder gestürzt werden".

3. DAS ENDE DER REGIERUNG ALBRECHT

Das Jahr 1989 brachte landespolitisch erst einmal eine kleine Atempause. Gerhard Schröder war selbstverständlich von der SPD wieder als Spitzenkandidat für die nächste Landtagswahl nominiert worden. Trotz aller Pleiten und Niederlagen, die er im Kampf um die vorzeitige Machtübernahme in Niedersachsen einstecken musste, gab es keine Alternative zu ihm. Er hätte auch gar keine zugelassen. Allerdings bekam er auf dem SPD-Landesparteitag im Oktober 1989 bei seiner Wiederwahl zum Landesvorsitzenden nicht einmal 80 % der Stimmen. Eine Festlegung für ihn auf eine rot-grüne Koalition, wie sie im Nachhinein als Selbstverständlichkeit erscheint, war damals durchaus nicht selbstverständlich. Schröder liebäugelte ebenso mit der FDP, um in Kreisen der Wirtschaft mehr Stimmen sammeln zu können. Doch seine Partei war auf Rot-Grün fixiert.

Der Schachzug mit Rita Süßmuth

In den Umfragen lag der amtierende CDU-Ministerpräsident Dr. Albrecht immer noch deutlich vor Schröder. Aber die Chancen für die CDU sahen nicht günstig aus. Sie rangierte deutlich hinter der SPD. Es wurde klar, dass ein weiteres Regieren in Niedersachsen nur mit der FDP möglich sein würde. Da zog Albrecht den vermeintlichen Joker aus dem Ärmel. Für viele überraschend, zauberte er vor der Landespressekonferenz im Beisein der zufrieden lächelnden CDU-Spitze die Karte der damals wohl beliebtesten deutschen Politikerin aus dem Hut – Bundestagspräsidentin Prof. Dr. Rita Süßmuth. Sie sollte zunächst Kandidatin für das Sozialministerium einer künftigen CDU/FDP-Regierung sein, mit der Option, später auch Albrechts Nachfolgerin und CDU-Ministerpräsidentin zu werden. Den Zeitpunkt des Wechsels wollte der noch amtierende Ministerpräsident allerdings noch nicht verraten. „Ich werde meiner Partei als Spitzenkandidat für einige Zeit zur Verfügung stehen, die wichtig und lange genug ist, um zu verwirklichen, was ich den Wählern in Aussicht gestellt habe", erklärte Dr. Albrecht. Nach seinem Rückzug sollte Frau Süßmuth den Posten des Regierungschefs übernehmen. Das sei mit Bundeskanzler Helmut Kohl so abgesprochen.

Die CDU-Spitze glaubte, mit diesem „Schachzug" knapp acht Wochen vor der Landtagswahl, für die die Wahlumfragen ein Kopf-an-Kopf-Rennen zwischen Albrecht und Schröder prophezeiten, noch Boden gut machen zu können. Allerdings kam diese Überraschung in vielen Teilen der Partei und auch, wie sich nach der Wahl zeigen sollte, beim Wahlvolk nicht so gut an, wie die CDU gehofft hatte. Auch dass die Bundestagspräsidentin, die mit Bundeskanzler Kohl nicht gerade auf gutem Fuß zu stehen schien, ihr Amt während des Wahlkampfes nicht ruhen lassen wollte, trug nicht zur Ermunterung, eher zur Halbherzigkeit, bei. Kurz vor dem Wahltag am 13. Mai 1990 fand die letzte Landtagssitzung statt.

Der noch amtierende Ministerpräsident Dr. Albrecht gab seinen letzten Rechenschaftsbericht im Plenum ab. Zum Schluss wollte er auf seine Redezeit hinweisen und sprach dabei ungewollt den sehnsüchtigsten Wunsch der Opposition aus, als er sagte: „Lassen Sie mich ein Letztes sagen, meine Uhr läuft ab ..." Weiter kam er nicht. SPD und GRÜNE quittierten diesen Satz mit tosendem Beifall.

Niedersachsen wird erstmals von Rot-Grün regiert

In den letzten Monaten des Jahres 1989 und 1990 dominierten in Deutschland selbstverständlich die die ganze Welt bewegenden Ereignisse um die deutsche Wiedervereinigung die Politik. Und auch die ersten freien Volkskammer-Wahlen in der ehemaligen DDR spielten in den niedersächsischen Wahlkampf hinein. Doch darauf soll an dieser Stelle nicht näher eingegangen werden, zumal die Landespolitik mit dem Kampf ums Überleben der Albrecht-Regierung die CDU in Niedersachsen wieder voll im Griff hatte. Allerdings war der Wahlkampf für die Landtagswahl am 13. Mai 1990, wie es in einer Umfrage hieß, „langweilig und lau".

Aber der Wahlabend selbst wurde dann zu einem bundesweiten Medienspektakel, wie es Hannover bis dahin noch nicht gesehen hatte. Die Wahlberichterstattung fand zum ersten Male nicht im kleinen, beschaulichen Sitzungssaal des Innenministeriums beim Landeswahlleiter statt, sondern war besonders wegen des großen Andrangs von Fernsehsendern – sie kamen wegen der bundesweiten Bedeutung der Niedersachsen-Wahl aus ganz Deutschland und erstmals waren auch die privaten Sender dabei – in das Leineschloss, den Sitz des Niedersächsischen Landtags, verlegt worden. Schon früh am Wahlabend zeichnete sich ab, dass nach 14 Jahren CDU-Herrschaft nun die SPD wieder das Regiment übernehmen würde, allerdings nur mit Hilfe der GRÜNEN.

Das Wahlergebnis lautete: CDU 42,0 % der Stimmen und 67 Mandate, SPD 44,2 % und 71 Mandate, FDP 6,0 % und neun Mandate, GRÜNE 5,5 % und acht Mandate. Das hieß drei Sitze mehr für Rot-Grün. Der bisherige SPD-Oppositionsführer Gerhard Schröder konnte den bisherigen CDU-Ministerpräsidenten Dr. Ernst Albrecht ablösen. In der konstituierenden Sitzung des neuen Landtags am 21. Juni 1990 fand die mit Spannung erwartete geheime Wahl des neuen Ministerpräsidenten statt. Eingedenk der Tatsache, dass mehrere geheime Ministerpräsidentenwahlen der vergangenen 14 Jahre große Überraschungen gebracht hatten und dass „bei Gott und in Niedersachsen nichts unmöglich ist", herrschten wieder Hochspannung und Zweifel. Als der neu gewählte SPD-Landtagspräsident Horst Milde das Ergebnis der Auszählung bekannt gab, gab es diesmal aber bei der SPD frenetischen Jubel und Beifall: „Für Gerhard Schröder stimmten 79 Abgeordnete ..." Weiter kam er nicht. Die SPD hatte das „Verräter-Trauma" überwunden.

Albrecht: „Hier ist mein Herz zu Hause"

Dr. Ernst Albrecht hatte nach 20 Jahren Parlaments- und Regierungstätigkeit „mit zwei weinenden Augen" politisch Abschied genommen. Persönlich und privat tat er es jedoch auch mit einem lachenden Auge. Nun konnte er seine vor zwei Jahren angekündigte Lebensplanung für seine dritte Lebensphase verwirklichen. Endgültig ging die „Ära Albrecht" am 2. Juli 1990 zu Ende. Noch einmal gab es einen großen Auftritt vor der Öffentlichkeit und ein großes Strahlen in die Kameras: Ernst Albrecht hatte zu seinem 60. Geburtstag erstmals auf seinen „Landsitz" in Beinhorn eingeladen. Einige hundert Gäste waren gekommen, Freunde, Bewunderer und Getreue aus der Partei, der Landtagsfraktion, der Wirtschaft und dem gesellschaftlichen Leben. Nicht gekommen waren die politischen Gegner. Der neue SPD-Landtagspräsident Horst Milde bildete die Ausnahme.

Ernst Albrecht nahm es gelassen. Man glaubte ihm, als er vor der idyllisch-ländlichen Kulisse, unter hohen Bäumen und neben weidenden Schafen, sagte: „Hier ist mein Herz zu Hause." Glücklich sei der Mensch, der eine richtige Heimat habe. Den Gästen rief er zu, die Union habe immer noch die richtige Politik gemacht, und wenn man ihm und Wilfried Hasselmann vorwerfe, nicht für die politische Nachfolge gesorgt zu haben, dann sage er: „Unter den alten Eichen ist sehr viel nachgekommen. Die Leute werden sich noch wundern."

4. DER KAMPF UMS ERBE

Die CDU in Niedersachsen war nach der verlorenen Landtagswahl von 1990, nach dem Verlust der politischen Macht in Regierung und Parlament mehr gefragt denn je. Doch die Partei war in ein tiefes Loch gefallen. Sie war irritiert, und sie zerstritt sich. Denn die beiden unumstrittenen Führungspersönlichkeiten der letzten eineinhalb Jahrzehnte, Ernst Albrecht und Wilfried Hasselmann, waren auf einmal nicht mehr da. Die CDU in Niedersachsen musste den Neubeginn wagen. Doch der Kampf um das Erbe vom Parteivorsitzenden und vom Regierungschef war heftiger und dramatischer als erwartet. Dabei standen zwei Namen im Mittelpunkt: Josef Stock und Jürgen Gansäuer. Der eine war bisher Innenminister und stellvertretender Ministerpräsident, der andere Vorsitzender der CDU-Landtagsfraktion und Vorsitzender des CDU-Bezirks Hannover. Später kam noch der aufstrebende Christian Wulff aus Osnabrück dazu. Josef Stock hatte Wilfried Hasselmann schon als Innenminister beerbt. Jetzt hatte er den Landesvorsitz der CDU in Niedersachsen vor Augen. Jürgen Gansäuer wurde von seinen Anhängern ebenfalls gedrängt. Die beiden Politiker waren so verschieden, wie es nicht „verschiedener", wenn es eine Steigerung dieses Wortes geben würde, geht.

Josef Stock, Jahrgang 1938, geboren in dem kleinen Ort Wellingholzhausen im Kreis Melle, stammt aus einer alteingesessenen katholischen Kaufmannsfamilie mit über 100-jähriger Tradition im Einzelhandel. Als zweitältestes von sechs Kindern lernte er Einzelhandelskaufmann und übernahm als 26-jähriger nach dem frühen Tod des Vaters das elterliche „Modehaus Stock" und auch die Verantwortung für seine jüngeren Geschwister. Seine politische Karriere startete der aus der Sportjugend kommende Josef Stock 1964, als er erstmals für den Rat seiner Heimatgemeinde kandidierte. „Wer in Wellingholzhausen geboren wird, wird als CDU-Mitglied geboren und fällt automatisch in den Schoß der CDU", sagte Stock in einem Gespräch. 1968 zog er in den Kreistag in Melle ein, der später der Verwaltungs- und Gebietsreform zum Opfer fiel. Nach weiteren Parteifunktionen auf Kreis- und Bezirksebene wurde er 1974 auf Anhieb in seinem Wahlkreis Melle-Wittlage direkt in den Niedersächsischen Landtag gewählt, dem er 23 Jahre angehörte.

Josef Stock erinnert sich noch gut an den 6. Februar 1976, als die CDU nach der „Sensation von Hannover" die Regierung übernahm und nun für die „zweite Reihe" der Abgeordneten die Chance bestand nachzurücken. Der „klassische mittelständische Unternehmer" wurde wirtschaftspolitischer Sprecher und 1982 stellvertretender Vorsitzender der CDU-Landtagsfraktion. Als kompetenter Wirtschaftspolitiker und als Mann des Ausgleichs und Integrierens machte er sich bald einen guten Namen in der Fraktion. Doch der Höhepunkt seiner Parlamentskarriere kam nach der Landtagswahl von 1986, als er auf Vorschlag von Ministerpräsident Dr. Albrecht Vorsitzender der CDU-Landtagsfraktion wurde. Er blieb es bis 1988. Heute sagt Josef Stock, dieses sei seine „schönste Zeit" in seinem politischen Leben gewesen. Seine Förderer seien vor allem Dr. Werner Remmers, Wilfried Hasselmann und besonders Dr. Ernst Albrecht gewesen.

Dabei vergaß Josef Stock aber auch seinen Klassenkameraden Rudolf Seiters nicht, mit dem er gemeinsam die Schulbank gedrückt hatte. Seiters hat eine steile politische Karriere gemacht, vom Vorsitzenden der Jungen Union über das Amt des Kanzleramtsministers und damit zum engsten Vertrauten von Bundeskanzler Helmut Kohl bis zum Bundesinnenminister. Auch in der CDU in Niedersachsen spielte er als langjähriger stellvertretender Landesvorsitzender und Parteistratege – die „graue Eminenz" – eine bedeutende Rolle. Josef Stock hingegen war der heimatgebundene Wirtschaftspolitiker, der sich im Landtag seine Sporen verdiente. Nicht zuletzt verdankt er Rudolf Seiters auch ein gutes Verhältnis zu Helmut Kohl.

Als Wilfried Hasselmann 1988 als Innenminister zurückgetreten war, ging bei der Nachfolge an Josef Stock kein Weg vorbei. Er war als Fraktionsvorsitzender unumstritten. Die Scharnierfunktion zwischen Fraktion und Kabinett übte er überzeugend aus, und er fühlte sich, wie er später sagte, als Integrationsfigur zwischen dem katholischen Pendant der „West-Niedersachsen" und dem protestantischen Flügel um Hasselmann sowie den „Ost-Niedersachsen". Im Rückblick sah sich Josef Stock selbst als damaligen starken Mann, der durchaus 1990 für eine Spitzenkandidatur nach Albrechts Ausscheiden infrage gekommen wäre. „Aus der Sicht von 1988 hätte ich zur Verfügung gestanden", sagte er später. Aber zunächst ging es um Hasselmanns Nachfolge als Innenminister. Josef Stock wollte zunächst nicht. „Fraktionsvorsitzender, das war mein Traumjob", sagte er. Doch in einem Sechs-Augen-Gespräch mit Dr. Ernst Albrecht und dem CDU-Landesvorsitzenden Wilfried Hasselmann wurde er daran erinnert, dass er selbst auf Umbesetzungen gedrängt hatte: „Josef, Du mußt es machen!" „Da habe ich mich der Staatsraison gefügt, obwohl es nicht meine Traumlösung war", sagte Stock später. Allerdings habe er darauf bestanden, auch stellvertretender Ministerpräsident zu werden. Aber diese Zeit als Innenminister habe ihn auch sehr geprägt und seine Stellung in der Partei besonders gefestigt. So sei es fast folgerichtig gewesen, dass er 1990 nach dem jähen Ende der Ära Albrecht/Hasselmann wieder in die Bresche sprang und den Landesvorsitz der CDU in Niedersachsen übernahm. Davon wird gleich noch die Rede sein.

Jürgen Gansäuer, Jahrgang 1944, evangelisch-lutherisch, wurde in Laatzen bei Hannover von seinen Großeltern aufgezogen, nachdem sein Vater als Vermisster aus dem Krieg nicht zurückgekehrt war. Er lernte Buchdrucker und Industriekaufmann, machte die Gesellenprüfung und die Kaufmannsgehilfenprüfung und absolvierte ein freiwilliges diakonisches Jahr in den Rotenburger Anstalten. Die Überlegung, evangelischer Pastor zu werden, wurde nicht verwirklicht. Er wurde selbständiger Einzelhandelskaufmann. Jürgen Gansäuers Vorbild war sein Großvater, ein kirchlich sehr engagierter Mann, 50 Jahre im Kirchenvorstand, aber nach dem Krieg wie viele aus diesen gut bürgerlichen protestantischen Kreisen ohne politische Heimat. Das Zentrum und die sich gründende CDU waren ihnen zu katholisch, die Deutsche Partei zu konservativ. So sammelten sich viele, die auch nicht sozialdemokratisch gesinnt waren, zunächst in einer unabhängigen Wählergemeinschaft um den hannoverschen Rechtsanwalt Steuvesandt. Sie war im Raum Hannover-Celle sehr stark. Als in den 50er Jahren, so erinnert sich der damals zehnjährige Gansäuer an die Erzählungen seines Großvaters, die DP von der CDU vereinnahmt wurde, war der Druck auf die Unabhängigen so stark, dass in seinem Heimatdorf Laatzen der Großvater mit sechs Ratsherren in die CDU eingetreten ist. Jürgen Gansäuer selbst hat als junger Mann auf der Hannover-Messe Konrad Adenauer erlebt und reden gehört. Er war so beeindruckt und begeistert, dass für ihn fortan die CDU zur politischen Heimat wurde. Als 19-jähriger trat er 1963 in die Partei ein. Sein Kreisvorsitzender war der „honorige Herr von Reden“, Gansäuer wurde bald sein Stellvertreter. 1974 wurde er Vorsitzender des CDU-Kreisverbandes Hannover-Land unter Heinz-Detleff Drape, dann unter Reinhard Briese stellvertretender Bezirksvorsitzender, bis er den CDU-Bezirksverband Hannover 1979 selbst übernahm und bis 2007 führte.

1974 wurde Jürgen Gansäuer erstmals als Abgeordneter in den Niedersächsischen Landtag gewählt. Bis 2008 war er der Dienstälteste und sein Präsident. Dazwischen liegen die Stationen stellvertretender CDU-Fraktionsvorsitzender von 1982 bis 1988, Fraktionsvorsitzender von 1988 bis 1994 und Vizepräsident von 1994 bis 2003. Er hat also als Parlamentarier die guten und die schlechten Zeiten, alle Höhen und Tiefen der vergangenen drei Jahrzehnte hautnah miterlebt – und mitgestaltet. Jürgen Gansäuer war ohne Zweifel einer der maßgeblichen, aber auch einer der nicht unumstrittenen, streitbarsten und auch oft unbequemen Politiker der CDU in Niedersachsen. Als Gerhard Schröder 1990 Ministerpräsident wurde, war es für den CDU-Fraktionsvorsitzenden Gansäuer geradezu eine Freude, als „Wadenbeißer" den SPD-Regierungschef ständig zu attackieren und ihm Paroli zu bieten. Das hat sich später allerdings gelegt.

Zu dem 20 Jahre älteren Wilfried Hasselmann hatte er von Anfang an ein sehr gutes Verhältnis. Gansäuer, der ohne Vater aufgewachsen war, sah in Hasselmann sicher auch einen väterlichen „Ersatz", er verehrte ihn, und sie verstanden sich, auch wenn sie, schon generationsbedingt, nicht immer einer Meinung waren, schon gar nicht im Detail. Sie vertrauten einander, so dass Gansäuer schon bald zum engsten Freundeskreis des CDU-Landesvorsitzenden gehörte, gemeinsam mit Dieter Haaßengier und Martin Biermann. Dagegen war das Verhältnis zu Ministerpräsident Dr. Albrecht eher distanziert.

5. JOSEF STOCK FÜHRT DIE CDU IN NIEDERSACHSEN

Solange Wilfried Hasselmann und Ernst Albrecht bei der CDU in Niedersachsen unumstritten das Sagen hatten, gab es zwischen Josef Stock und Jürgen Gansäuer ein ganz normales Einvernehmen. Doch nach der Niederlage bei der Landtagswahl am 13. Mai 1990 veränderte sich die Lage. Josef Stock war kein Innenminister mehr und wäre natürlich gern zu seinem „Traumjob" als Vorsitzender der CDU-Landtagsfraktion zurückgekehrt. Im Rückblick sagte er: „Als Fraktionsvorsitzender ist man, vor allem in der Opposition, immer der erste Mann." Und wenn er kein Innenminister geworden wäre, hätte er ohne Zweifel nach der Wahlniederlage 1990 den Vorsitz in der Fraktion und auch in der Landespartei gehabt. Denn, das ist sein Credo: „In der Opposition müssen Partei- und Fraktionsvorsitz in einer Hand sein!" Aber auf dem Stuhl des Fraktionsvorsitzenden saß seit zwei Jahren Jürgen Gansäuer. Er hatte seine Bewährungsprobe gut bestanden, die Fraktion fest im Griff und dachte nicht daran, freiwillig seinen Platz zu räumen.

Nach 22 Jahren außerordentlich erfolgreichen und segensreichen Wirkens für die Niedersächsische CDU trat Wilfried Hasselmann als Vorsitzender der CDU in Niedersachsen ohne Zögern von seinem Amt zurück. Er ersparte damit seiner Partei auch einen quälenden langwierigen Prozess des Übergangs.

Neben dem aussichtsreichen Bewerber für die Nachfolge, Josef Stock, gab es noch drei weitere Kandidaten, die „auf der Matte standen": Klaus-Jürgen Hedrich aus Uelzen, Dr. Wolfgang von Geldern aus Cuxhaven und Werner Münch aus Vechta/Lohne vom Oldenburger Landesverband. Es ist kein Geheimnis, dass Hasselmann nicht gern Stock als Nachfolger mochte. Also lud er die anderen drei zu sich nach Haus ein und besprach mit ihnen die Lage, in der Hoffnung, man könne sich auf einen Kandidaten einigen. Aber durch die Einladung fühlten sich offenbar alle drei „berufen". Jeder wäre gern Landesvorsitzender der CDU in Niedersachsen geworden. Es gab keine Einigung, und Hasselmann lud jetzt den gerade zum Bezirksvorsitzenden von Osnabrück-Emsland gewählten jungen, aufstrebenden Christian Wulff ein. Aber der lehnte eine Bewerbung kategorisch ab mit dem Hinweis, er sei gerade dabei, sich eine berufliche Existenz als Rechtsanwalt aufzubauen. Im Übrigen schlug er Josef Stock als Nachfolger vor. Christian Wulff hatte das Gefühl, dass Hasselmann ihn grundsätzlich positiv sah und ihm den Vorsitz der CDU in Niedersachsen durchaus zutraute. Wulff sagte später: „Wenn ich evangelisch gewesen wäre und bei der Bundeswehr gedient hätte, hätte Hasselmann sicher gleich gesagt: Das ist mein Mann." Immerhin war Wulff ihm wesentlich lieber als Stock, den er mit Wulffs Nominierung glaubte am besten verhindern zu können.

Josef Stock (geb. 1938)

Der Vorsitzende der CDU-Landtagsfraktion, Jürgen Gansäuer, der natürlich gern auf diesem Posten bleiben wollte, hatte, obwohl ein treuer Anhänger Hasselmanns, nichts dagegen, dass Stock Landesvorsitzender würde. Das wäre für die beiden Spitzenpolitiker doch eine gute „Arbeitsteilung". Josef Stock bekam also seine Bataillone zusammen und wurde auf dem Wahlparteitag 1990 in Hannover bei vier Bewerbern im ersten Wahlgang zum neuen Landesvorsitzenden der CDU in Niedersachsen gewählt. Einmütig wählten die Delegierten Wilfried Hasselmann zum Ehrenvorsitzenden.

Die Wahl von Stock löste bei Hasselmann keine reine Freude aus. Im Gegenteil. Nachdem Stock ihn zuerst als Innenminister und nun auch als Landesvorsitzenden beerbt hatte, gab es unübersehbare Spannungen. Später sagte Stock in einem Gespräch: „Ich war nicht angetreten, um Hasselmann zu kippen. Im Gegenteil, ich war, wie schon 1988, gerufen und gebeten worden, die Nachfolge anzutreten." Nachdem er das Amt angetreten habe, habe er sich mit aller Kraft in die Erneuerung der Partei gestürzt. Im Landesvorstand habe man sich dann zusammengerauft.

Die CDU in Niedersachsen war nach der verlorenen Landtagswahl 1990 in ein tiefes Loch gefallen und nach dem Rücktritt ihrer jahrelang dominierenden Galionsfiguren Hasselmann und Albrecht führerlos und orientierungslos geworden. Der neu gewählte Landesvorsitzende Josef Stock war angetreten, die CDU in Niedersachsen inhaltlich, organisatorisch und personell zu erneuern und ihr wieder eine Richtung zu geben. Es war eine wahre Herkulesarbeit. Der neue Vorsitzende tat sich, wie er später zugab, als Neuling im engeren Parteivorstand anfangs außerordentlich schwer. Bisher hatte er dem Landesvorstand nur in seiner Eigenschaft als stellvertretender Vorsitzender des CDU-Bezirks Osnabrück-Emsland angehört. Sonst saßen im Vorstand vorwiegend und in der Parteizentrale ausschließlich „Hasselmanns Leute". Es wäre, wie er weiter zugab, im Zuge der personellen Erneuerung nur konsequent gewesen, wenn er sich auch vom Generalsekretär der CDU in Niedersachsen, Hartwig Fischer, getrennt hätte, um auf der Verwaltungsebene der Partei ebenfalls einen Neuanfang zu beginnen. Aber dann hätte er einen weiteren und erneuten „Ost-West-Konflikt" ausgelöst. Denn Hartwig Fischer, ein Intimus von Hasselmann, wurde auch von Jürgen Gansäuer und Rita Süßmuth, die damals ihren Wahlkreis in Fischers Heimatstadt Göttingen hatte, gestützt. So holte sich Stock den früheren langjährigen Büroleiter des vormaligen Umweltministers Dr. Werner Remmers,

Dr. Hermann Kues aus Lingen, und das Bundesvorstandsmitglied der Jungen Union, Eckart von Klaeden, mit denen er auf „derselben Wellenlänge" lag, an seine Seite. Dr. Kues wurde 1991 Landesgeschäftsführer in der CDU-Parteizentrale in Hannovers Böttcherstraße. Rückblickend sagte Josef Stock jetzt in einem Gespräch: „Kues und von Klaeden waren für die programmatische Erneuerung der Partei ein Segen."

Das Desaster von Stade

Ein Jahr nach Josef Stocks Amtsantritt als neuer Landesvorsitzender der CDU in Niedersachsen fand im Herbst 1991 der CDU-Landesparteitag in Stade statt. Er wurde, gelinde gesagt, eine Katastrophe, für Stock und die Partei geradezu ein Desaster. Beobachter von damals erinnern sich: Die Partei bot ein Bild des Jammers. Schwer gezeichnet von der Wahlniederlage, die 1990 die Ära Albrecht/Hasselmann beendet hatte, verlassen von fast allen, die einst Rang und Namen in der niedersächsischen CDU gehabt hatten, geplagt von Selbstzweifeln und Ängsten vor den gerade anstehenden Kommunalwahlen in Niedersachsen, hatten sich die Delegierten in eine heillose Debatte über die Neuregelung des Abtreibungsparagraphen 218 verbissen. Unter der Parteitagsregie des Generalsekretärs Hartwig Fischer musste die letzte Abstimmung wegen Mangel an Beteiligung ausfallen – viele Delegierte hatten, ohne das Ende des Parteitages abzuwarten, das Tagungslokal verlassen und waren davongelaufen. Das war ein Novum in der Geschichte der CDU in Niedersachsen: Der Parteitag war beschlussunfähig.

Josef Stock hatte aus dem „Desaster von Stade" seine Lehren gezogen. Vielleicht hatte die Partei die „schwarzen Tage" gebraucht, um zur Besinnung zu kommen. Der neue Vorsitzende kämpfte seine Entmutigung nieder und ging mit der ihm eigenen Methodik einen Schritt nach dem anderen auf dem Weg der Erneuerung der CDU in Niedersachsen voran. Dabei ließ er fleißig einen Baustein nach dem anderen für ein neues Parteiprogramm zusammentragen. Er besuchte nahezu alle CDU-Kreisverbände in Niedersachsen und zeigte, dass er gewillt war, die Führung der CDU in Niedersachsen ernst zu nehmen und dass er, der Vertreter des katholischen Westens, es sich zur Aufgabe gemacht hatte, die Gegensätze zwischen dem protestantischen Gebieten im Osten Niedersachsens, den eher konservativen Oldenburgern und Braunschweigern und den mehr dem linken CDU-Flügel zuneigenden Südniedersachsen zu überbrücken. Vor allem machte er auch deutlich, dass Sachfragen Vorrang haben mussten vor Personaldiskussionen, insbesondere vor der Frage nach dem nächsten Spitzenkandidaten für die Landtagswahl 1994. Klar schien allerdings zu sein, dass weder Stock als Parteivorsitzender noch Gansäuer als Fraktionsvorsitzender Ambitionen für dieses Amt hegten.

Die Wiedergutmachung in Wolfsburg

Der nächste Landesparteitag am 12./13. Juni 1992 in Wolfsburg zeigte, dass die CDU in Niedersachsen ihr Tief nach kritischer Zeit, zeitweiliger Orientierungslosigkeit und Resignation, nach Vorstands-Querelen und regionalem Egoismus überwunden hatte. Sie stand einmütig hinter ihrem Landesvorsitzenden Josef Stock, den die 450 Delegierten mit eindrucksvoller Geschlossenheit und einem Traumergebnis von fast 93 % wiederwählten. Die Teilnehmer spendeten ihrem alten und neuen Chef stehend lange anhaltenden Beifall. Für ihn war damit die Welt wieder in Ordnung.

In einer kämpferischen Rede forderte Stock die Delegierten auf, den Blick nach vorn zu richten. Die Partei sei dem selbst gesteckten Ziel einer programmatischen Erneuerung ein großes Stück näher gekommen. „Die personelle Erneuerung und Auffrischung ist gelungen dank einer Parteiarbeit, die sich durch Offenheit, Diskussionsbereitschaft, Aktualität und Basisarbeit auszeichnete", sagte er in seiner Rede. Das vergangene Jahr habe mit dem ebenso überraschenden wie hervorragenden Sieg bei der Kommunalwahl im Oktober 1991, bei der die CDU stärkste Partei in Niedersachsen wurde, sowie mit einem deutlichen Mitgliederzuwachs abgeschlossen. Von 4.000 neuen Mitgliedern waren 50 % unter 40 Jahren und 30 % Frauen. Die

Einführung von Regionalkonferenzen als Beispiel für offene und bürgernahe Parteiarbeit sei sehr erfolgreich gewesen und die Arbeit des Landesausschusses, des „kleinen Parteitages", habe großes politisches Gewicht erhalten.

Bei den Vorstandswahlen musste Rita Süßmuth mit nur 315 Stimmen schweren Herzens einen Tiefschlag verkraften. Bundesinnenminister Rudolf Seiters erhielt als Stellvertreter erwartungsgemäß mit 434 von 446 gültigen Stimmen das beste Ergebnis, Bundestagsabgeordneter Walter Link bekam 369 Delegiertenstimmen. Auch Landesschatzmeister Dr. Dietrich Hoppenstedt wurde mit 401 von 422 abgegebenen Stimmen wiedergewählt. Von 18 Beisitzern des Parteivorstands wurden sechs neu gewählt; unter ihnen der Vorsitzende der Jungen Union, Eckart von Klaeden.

In den Kommentaren zum Wolfsburger CDU-Parteitag hieß es durchweg, die CDU in Niedersachsen habe wieder Tritt gefasst, sie sei aus dem tiefen Tränental heraus, die neue Ära nach Albrecht/Hasselmann habe endgültig begonnen, und Landesvorsitzender Josef Stock sitze fest im Sattel.

6. DER BRUDERKAMPF

Zwei Jahre lang ging es mit der Arbeitsteilung zwischen dem CDU-Landesvorsitzenden Josef Stock und dem CDU-Landtagsfraktionsvorsitzenden Jürgen Gansäuer recht gut. Sie waren zwar ein Tandem, aber jeder wahrte seine Zuständigkeit. Sie waren zwar keine Freunde, aber sie respektierten sich und ließen sich gegenseitig gewähren. Doch dann kam es Ende 1992 zum „Bruderkrieg" und zum Bruch zwischen den beiden Spitzenpolitikern wegen der Nominierung des Spitzenkandidaten für die nächste Landtagswahl 1994. Der CDU-Landesvorstand hatte in seiner Sitzung am 20. Juni 1992 den Landesvorsitzenden Josef Stock beauftragt, die Entscheidung für einen Spitzenkandidaten vorzubereiten, mit allen infrage kommenden Personen zu sprechen und dem Landesvorstand bis zum 6. November 1992 erste Vorschläge zu machen. Stock nahm den Auftrag sehr ernst und stellte Listen mit Kandidaten zusammen. Es gab seriöse, aber auch abenteuerliche Vorschläge.

Doch standen die meisten Angesprochenen nicht zur Verfügung oder kamen nicht infrage.

In dieser Zeit sprach der Landesvorsitzende Stock nicht nur mit dem Fraktionsvorsitzenden Gansäuer, sondern auch mit Bundeskanzler Kohl und Rudolf Seiters sowie mit Dr. Hermann Kues, mit Dr. Albrecht und Wilfried Hasselmann, mit dem Generalsekretär Hartwig Fischer und dem Parlamentarischen Geschäftsführer Hans Eveslage und vielen andern CDU-Politikern. Erste Unstimmigkeiten zwischen Stock und Gansäuer gab es jedoch, als Letzterer meinte, weil die Landtagswahl 1994 bei realistischer Einschätzung voraussichtlich nicht zu gewinnen sei, solle man zunächst einen „Statthalter" küren, damit der Spitzenkandidat nicht vorzeitig verschlissen werde, sondern für 1998 unbeschädigt zur Verfügung stünde. Vorgesehen waren Prof. Schreiber und Dr. Dietrich Hoppenstedt. Ersterer lehnte jedoch eine Kandidatur ab. Aber Josef Stock war strikt gegen eine Zwischenlösung. Im Übrigen vereinbarten Stock und Gansäuer, nur im Einvernehmen miteinander zu handeln.

Erstmals kommt Christian Wulff ernsthaft ins Gespräch

Inzwischen hatte der Emsländer Minister a. D. Dr. Werner Remmers seinen kürzlich gewählten Nachfolger als Bezirksvorsitzender Osnabrück-Emsland, Christian Wulff, mit dem Argument ins Spiel gebracht, gleich den Sprung in die nächste Generation zu machen. Nach den persönlichen Aufzeichnungen von Josef Stock hatte er darüber am 14. Oktober 1992 mit Bundeskanzler Kohl und dann mit Rudolf Seiters gesprochen. Beide sagten ihre Unterstützung für den jungen 33-jährigen Osnabrücker Rechtsanwalt Wulff zu. Für Seiters kam „kein anderer mehr infrage". Alle, die Christian Wulff kannten, meinten, es sei sicher ein großes Risiko, auf den „jungen Mann" zu setzen, der für 1994 erst einmal „üben" müsste und dann 1998 vielleicht gewinnen könnte. Aber er sei der Talentierteste und die Verjüngung sei dringend erforderlich. Als Josef Stock nach der Rückendeckung von Kohl und Seiters die Zusage von Wulff hatte, sprach er mit Jürgen Gansäuer. Der war von dem Vorschlag nicht begeistert und reagierte schroff.

Die *Hannoversche Allgemeine Zeitung* preschte vor und löste ein politisches Erdbeben aus

Dann kam die dramatische Plenarwoche vom 19. bis 24. Oktober 1992. Fieberhaft wurden die Kulissengespräche geführt, durchweg am Rande der Landtagssitzung. Stock sprach unter anderem in der CDU-Fraktion mit dem stellvertretenden Vorsitzenden Ernst-Henning Jahn und mit dem Fraktionsgeschäftsführer Hans Eveslage, mit Wilfried Hasselmann in Anwesenheit von Hartwig Fischer und Hans Eveslage, sogar mit dem FDP-Fraktionsvorsitzenden aus früheren Koalitionszeiten, Martin Hildebrandt. Alles war höchst vertraulich und unter dem Siegel der Verschwiegenheit. Aber wer garantiert dafür, dass sich nicht doch einer verplappert oder gar gezielt einen Journalisten informiert? Am Donnerstagnachmittag, dem 22. Oktober 1992, rief der landespolitische Redakteur der *Hannoverschen Allgemeinen Zeitung,* Hans-Peter Sattler, den Landesvorsitzenden Stock an: „Der Bericht über die Nominierung von Wulff ist fertig, er steht morgen in der Zeitung, auch der Kommentar dazu, aber Sie kommen gut weg." Stock dementierte und bezeichnete die Sache als reine Spekulation. Er informierte sofort Gansäuer: „Ich glaube, das wird morgen in der HAZ stehen." Trotz des Dementis stand am nächsten Tag in der *Hannoverschen Allgemeinen Zeitung* ganz groß auf der ersten Seite: „CDU-Landesvorsitzender Stock: Nachwuchspolitiker Wulff soll 1994 gegen Schröder antreten".

Das schlug natürlich wie eine Bombe ein. Im Landtag interessierte sich niemand für die Tagesordnung. Im Foyer und auf allen Gängen wurde diskutiert und beratschlagt. In der CDU-Fraktion herrschte bei vielen tiefe Betroffenheit. Besonders der Fraktionsvorsitzende Jürgen Gansäuer war tief gekränkt. Er und Stock hatten doch vereinbart, nur im Einvernehmen zu handeln. Die Veröffentlichung in der Zeitung wirkte auf ihn, als wäre sie von Stock gelenkt, selbst wenn sie das nicht gewesen sein sollte. Gansäuer fühlte sich enttäuscht und getäuscht. Seine Getreuen sprachen von Verrat. Landesschatzmeister Dr. Dietrich Hoppenstedt wollte hiernach nicht mehr mit dem Landesvorsitzenden Stock zusammenarbeiten und trat aus großer Verärgerung von seinem Amt zurück.

Christian Wulff selbst erinnert sich daran, dass in der Osnabrücker Anwaltskanzlei das Telefon nicht mehr still stand. Schließlich sei die gesamte Telefonanlage zusammengebrochen. Journalisten „aus aller Welt“, die ihn nicht kannten, wollten mit ihm sprechen und wissen, wer er eigentlich ist. Selbst in Hannover war er noch ziemlich unbekannt. Er selbst sagte später, er hätte mit einer etwas positiveren Resonanz aus der Partei und Fraktion gerechnet. Es sei zwar verständlich, dass die Abgeordneten fragten, warum muss einer von außerhalb geholt werden? Warum kann es keiner von uns machen? Aber ausgerechnet diejenigen, die sich für eine Verjüngung ausgesprochen hatten, organisierten jetzt den Aufstand.

Am Nachmittag fuhr Wulff auf Einladung des Fernsehsenders SAT. 1 nach Hannover, um dort erstmals im Fernsehen aufzutreten. Dort haben ihn die meisten Landtagsabgeordneten überhaupt zum ersten Male in ihrem Leben gesehen. Wie sich Wulff erinnert, gab es für ihn viel Zustimmung und Aufmunterung, am meisten vom damaligen Hildesheimer Hartmut Möllring. Er trommelte abends eigens seinen CDU-Kreisverband zusammen und warb für den „kommenden Mann der niedersächsischen CDU“. Auch Bernd Huck aus Braunschweig, der Verdener Wilhelm Hogrefe aus dem Bezirksverband Stade und etliche andere CDU-Politiker sprachen ihm Mut zu. Enttäuscht habe ihn jedoch die große Zurückhaltung in der CDU-Landtagsfraktion und auch die allgemeine Irritation in der Partei.

Die CDU-Landtagsfraktion kam zu einer Sondersitzung zusammen. Trotz der anfangs sehr gespannten Atmosphäre soll es, wie Teilnehmer berichteten, „kein Schlachtfest und keinen Scherbenhaufen“ gegeben haben. Gansäuer, Stock und Wulff seien zwar attackiert, aber nicht beschädigt worden. Die Abgeordneten Wilfried Hasselmann, Horst Horrmann, Ernst-Henning Jahn, Reinhard Briese, Kurt-Dieter Grill und Edda Schliepack sprachen sich vehement dafür aus, sowohl Gansäuer als auch Stock aufzufordern, eine Spitzenkandidatur zu prüfen. Denn als Herausforderer des Ministerpräsidenten Schröder brauche man einen Politiker mit großer parlamentarischer Erfahrung. Den Abgeordneten war allerdings auch klar, dass nicht die Fraktion, sondern die Partei letztlich zu entscheiden hatte. Doch sie hielten es für hilfreich, ein Wort mitzureden.

Nach der eineinhalbstündigen Sitzung erklärte der Fraktionsvorsitzende Jürgen Gansäuer, ihn treibe kein persönlicher Ehrgeiz, aber er wolle nun ernsthaft überlegen, ob er nicht doch als Herausforderer von Ministerpräsident Schröder antreten solle. Am Votum der großen Mehrheit der Fraktion könne er nicht einfach vorbeigehen. Aber er wolle nicht gegen Josef Stock antreten; das hätten sie sich schon vor langer Zeit in die Hand versprochen. Allerdings hätte Jürgen Gansäuer Grund genug gehabt, sich nicht weiter an dieses Versprechen zu halten, nachdem Josef Stock, wie sich Teilnehmer der Sondersitzung gut erinnern konnten, dort zugegeben hatte, mit dem Redakteur der *Hannoverschen Allgemeinen Zeitung* Sattler gesprochen zu haben, auch nachdem und obwohl die beiden Kontrahenten vereinbart hatten, nur im Einvernehmen zu handeln.

Am nächsten Tag warf Jürgen Gansäuer den Hut in den Ring. In einem Gespräch sagte er jetzt, es sei für ihn eine Frage der Ehre gewesen, sich dem Willen „seiner" Fraktion zu beugen und selbst gegen Schröder anzutreten. Eigentlich fühle er sich nicht für einen Ministerpräsidenten geboren. Deshalb habe er eine Kandidatur bisher immer abgelehnt. Auch familiäre Gründe spielten eine große Rolle. Doch es sei eine neue Situation entstanden. Und wenn Stock auf seinem Vorschlag Wulff beharre, dem er gegen Schröder keine Chance gab, müsse er es eben selbst versuchen.

Gansäuer lässt Wulff den Vortritt

Am 6. November 1992 fand in Hannover die mit Spannung erwartete Sitzung des Landesvorstands statt, auf der ein endgültiger Vorschlag über die Spitzenkandidatur für den Sonderparteitag am 30. Januar 1993 verabschiedet werden sollte. „Die letzten Tage und Wochen sind für uns alle schwer gewesen. Ich nehme hier keinen von uns aus, ausdrücklich auch nicht Jürgen Gansäuer. Jeder, der mich kennt, weiß, was diese Tage auch für mich bedeutet haben. Wir haben es uns auch selbst schwer gemacht." Das erklärte der Landesvorsitzende Josef Stock zu Beginn seiner Ausführungen, in denen er noch einmal ausführlich darlegte, was er zur Findung eines Spitzenkandidaten auftragsgemäß getan hatte. „Als ich intern davon ausgehen mußte, daß weder Josef Stock, noch Jürgen Gansäuer, weder Rita Süßmuth, noch Rudolf Seiters, ebenso wenig Prof. Schreiber zur Verfügung standen, habe ich deutliche Präferenzen für Christian Wulff artikuliert", bekannte Stock. Sein Kandidat sei nach wie vor Christian Wulff. Er spreche ein breites Wählerspektrum an, insbesondere auch die jungen Wähler, außerdem brauche die CDU einen Kandidaten der „Zug in den Kamin bringt" und auf Medieninteresse stoße, bei dem man nicht groß begründen müsse, dass sich die Partei personell und sachpolitisch erneuert habe. Abschließend sagte der Landesvorsitzende: „Wenn wir vernünftige Politik für Niedersachsen machen wollen, brauchen wir nicht nur Christian Wulff, wir brauchen Jürgen Gansäuer, wir brauchen Josef Stock, und wir brauchen alle anderen Spitzenleute der Fraktion und der Partei."

Und dann kam die große Überraschung, die ihren Niederschlag in der Abschlusserklärung fand: „Der Landesvorstand der CDU in Niedersachsen hat in einer sehr eingehenden Diskussion die Frage der Spitzenkandidatur erörtert und die Arbeit von Jürgen Gansäuer und Christian Wulff gewürdigt.

Jürgen Gansäuer hat dabei seine persönliche Entscheidung mitgeteilt, zur Lösung innerparteilicher Probleme für eine Kandidatur nicht zur Verfügung zu stehen. Christian Wulff ist nunmehr der Kandidat für die Spitzenkandidatur auf dem Landesparteitag, der am 30. Januar 1993 stattfinden wird."

Damit war „die Kuh vom Eis". Der Landesvorstand zollte dem Fraktionsvorsitzenden Gansäuer für seine honorige Entscheidung große Anerkennung. Er sagte später in einem Gespräch, er habe damals schwer mit sich gerungen, nachdem er sich von der Fraktion hatte in die Pflicht nehmen lassen. Nach eingehenden Gesprächen mit Freunden und nach gründlichen Überlegungen sei er zu der Überzeugung gekommen, dass es der CDU nicht gut täte, wenn durch eine Kampfabstimmung die Spaltung der Partei riskiert würde. Außerdem wollte er das Amt des Fraktionsvorsitzenden nicht beschädigen. Sein persönliches Interesse sei es, wie er immer wieder betont habe, ohnehin nicht gewesen, Ministerpräsident zu werden. „Dafür bin ich nicht geboren", sagte er. So habe er im Interesse der Partei seine Kandidatur für den Spitzenplatz zur Landtagswahl 1994 zurückgezogen.

Josef Stock sagte: „Jürgen Gansäuer hat viel dazu beigetragen, daß die CDU in Niedersachsen wieder zueinander gefunden hat." Und Christian Wulff meinte später in einem Gespräch, er habe es äußerst generös gefunden, dass Jürgen Gansäuer den Weg für ihn frei gemacht habe. Er sei allerdings überrascht gewesen, dass der Fraktionsvorsitzende nicht gleich gesagt habe, jetzt müsse Wulff auch Ministerpräsident werden. „Es hat viele Jahre gedauert, bis wir uns endlich einmal ausgesprochen und wirklichen Frieden miteinander geschlossen haben." Wulff erinnerte sich weiter, in einem Gespräch mit Dr. Ernst Albrecht bei ihm zu Hause in Beinhorn habe ihm der frühere Ministerpräsident gesagt, er rate ihm ab, für 1994 zu kandidieren, weil Schröder auf dem Höhepunkt seiner Macht und Popularität gewesen sei. Das würde vermutlich auch noch bis 1998, zur nächsten Landtagswahl in Niedersachsen, anhalten. „Wenn Sie dann wieder verlieren, sind Sie weg vom Fenster. Und das wäre zu schade für Sie selbst und für die CDU in Niedersachsen", habe Dr. Albrecht damals gesagt. Aber er, Wulff, habe ihm geantwortet, er sei überzeugt, dass er es packen könnte. Er habe die Risiken und auch die Chancen gesehen, das Land regieren zu können. „Ich traute mir das zu."

Christian Wulff zum Spitzenkandidaten gewählt

Auf dem Sonderparteitag der CDU in Niedersachsen am 30. Januar 1993 erklärte Josef Stock, er schlage dem Landesparteitag vor, Christian Wulff zum Spitzenkandidaten für die Landtagswahl 1994 zu wählen. Seine Nominierung solle ein Signal zum Aufbruch mit Kompetenz für die Union in Niedersachsen sein. Der Landesparteitag wählte Christian Wulff mit 96 % der abgegebenen Stimmen. „Ich bin gern und mit großer Motivation bereit, das Amt des Spitzenkandidaten zu übernehmen", sagte Christian Wulff. Die Delegierten hörten es gern und applaudierten stehend.

Wulff sprach anschließend von einem Dreier-Gestirn, bestehend aus dem Parteivorsitzenden Josef Stock, dem Landtagsfraktionsvorsitzenden Jürgen Gansäuer und ihm als dem Spitzenkandidaten für die Landtagswahl 1994. Dabei sei er allerdings in bestimmten Punkten Chef im Ring: „Wenn es um die letzte Entscheidung und die letzte Verantwortung geht, ruht das jetzt auf meinen Schultern." Die aufgetretenen Irritationen empfand Christian Wulff nicht als gegen sich persönlich gerichtet, sondern gegen das Verfahren der Kandidatennominierung und Kandidatenfindung. Für die CDU in Niedersachsen war das der erste Schritt auf dem Weg zu einer neuen Ära.

7. REVOLUTIONÄRER REFORMKURS DER CDU IN NIEDERSACHSEN

Bei dem Streit über die Spitzenkandidatur zur Landtagswahl 1994 und um die Nominierung von Christian Wulff zum neuen Hoffnungsträger der niedersächsischen CDU sollte nicht vergessen werden, dass sich die CDU in Niedersachsen im Herbst 1992 zu einer umfassenden, teilweise geradezu revolutionären Partei- und Parlamentsreform entschlossen hatte. Der Landesausschuss, das höchste Gremium zwischen den Parteitagen, hatte dazu im November 1992 mit großer Mehrheit die „Leitlinien für eine lebendige Niedersachsen-CDU" beschlossen. Unter dem Stichwort „Erneuerung und mehr innerparteiliche Demokratie" sah das von einer neunköpfigen Arbeitsgruppe „Partei- und Parlamentsreform" unter der Leitung des hannoverschen Landtagabgeordneten Dr. Hans Ulrich Schneider erarbeitete Papier eine Öffnung der Parteiarbeit für Nichtmitglieder und auch eine stärkere Rotation unter den Parlamentsabgeordneten vor. Das Papier sah ferner vor, dass jedes Mitglied höchstens zwei Parteivorständen angehören und diese Ämter nicht länger als acht Jahre wahrnehmen darf, um die Zahl der Vorstandsämter und Mandate einzelner Politiker zu begrenzen. Auch an die Qualifikation der Vorstandsmitglieder und Mandatsträger sollten nach dem Reformpapier veränderte Ansprüche gestellt werden. So sollten fachliche Kompetenz und außerparteiliche Aktivitäten der Bewerber stärker berücksichtigt werden.

Das Reformpapier „Leitlinien für eine lebendige Niedersachsen-CDU" wurde vom „Kleinen Parteitag" gegen eine Stimme verabschiedet. Es war bindend für den gesamten Landesverband der CDU in Niedersachsen.

Schatzmeister Prewo sanierte die Finanzen

Vorstandswahlen standen nicht auf dem Programm des CDU-Landesparteitages in Braunschweig am 4./5. Juni 1993. Lediglich der Schatzmeister musste neu gewählt werden, nachdem Dietrich Hoppenstedt verärgert zurückgetreten war und nicht mehr zur Verfügung stand. Die Delegierten wählten mit großer Mehrheit den Hauptgeschäftsführer der Industrie- und Handelskammer Hannover, Dr. Wilfried Prewo, zum neuen Landesschatzmeister. Nach dieser „außerplanmäßigen" Wahl wurde er beim nächsten Landesparteitag 1994 in Osnabrück mit einem nicht gerade berauschenden Wahlergebnis bei rund hundert Gegenstimmen oder Enthaltungen in seinem Amt „offiziell" bestätigt. Die Mehrheit der geschockten Delegierten, die offenbar die dramatische Verschlechterung der Finanzen nicht wahr haben wollte, mochte den radikalen Sparkurs und das langfristige Sanierungskonzept nicht mitmachen und verlangte eine Streckung der Maßnahmen über einen längeren Zeitraum.

Der neue Landesschatzmeister hatte sich die Sanierung der durch die Änderung des Parteienfinanzierungsgesetzes und den Mitgliederschwund in Unordnung geratenen Finanzen der CDU in Niedersachsen als oberstes Ziel gesetzt. Dazu gehörte zunächst ein „Aufräumen" in der Landesgeschäftsstelle. Die Zahl der Beschäftigten wurde von 21 auf 14 reduziert. Opfer waren in erster Linie einige Geschäftsführer der Vereinigungen. Nicht jede müsse einen eigenen Geschäftsführer haben, sondern einer könne auch mehrere Vereinigungen betreuen, meinte der neue Schatzmeister. Er wurde dabei vom neuen Generalsekretär Hartwig Fischer unterstützt. Die zweite Sparmaßnahme Prewos war ein „Sonderopfer", das er von den Kreisverbänden forderte: 10 D-Mark für jedes Mitglied. Damit kam bei etwa 100.000 Mitgliedern rund eine Million Mark in die Kasse der CDU. Als dritte Maßnahme wurden die Wahlkampfkosten für die Landtagswahl 1994 von 7,5 Millionen DM 1990 auf jetzt 4,8 Millionen DM gekürzt. Ausgegeben wurden schließlich 4,5 Millionen DM. Und nachdem noch eine Million DM an Spenden hereingeholt worden waren, konnte der Landesschatzmeister Prewo beim Parteitag 1998 stolz verkünden, die Finanzen der CDU in Niedersachsen seien saniert. „Die Partei läuft finanziell jetzt auf Autopilot, und wenn man schwarze Zahlen schreibt, dann hat man als Schatzmeister nichts mehr zu sagen", erklärte Prewo zur Begründung, dass er nun nicht weiter für das Amt des Landesschatzmeisters kandidieren wolle.

Neutrale Beobachter waren sich nach dem Landesparteitag in Braunschweig einig, die CDU in Niedersachsen habe wieder Tritt gefasst. Sie sei mit ihrem neuen Spitzenmann Christian Wulff dem SPD-Ministerpräsidenten Schröder „auf den Fersen", wie CDU-Landeschef Stock es ausdrückte. „Wir haben Orientierung gegeben und empfangen", hatte er zum Abschluss der Tagung gesagt. Nun müsse man die Aufbruchstimmung aus Braunschweig in die Partei und in das ganze Land hinaustragen. In alle Regionen Niedersachsens wollte auch Spitzenkandidat Christian Wulff auf seiner „Sommertour" reisen, um seine Popularität zu erhöhen.

Zu dieser Zeit wurde auch die Pressearbeit der CDU in Niedersachsen in der CDU-Parteizentrale in der hannoverschen Böttcherstraße belebt. Mit Eckart von Klaeden, dem Landesvorsitzenden der Jungen Union und Landesvorstandsmitglied der CDU in Niedersachsen, wurde ein Pressesprecher eingestellt. Der neue Pressesprecher wusste, wo es in Niedersachsen lang gehen sollte und brachte frischen Wind in die Partei. Sein „Gastspiel" in der Böttcherstraße dauerte allerdings nicht allzu lange, denn Eckart von Klaeden wurde 1994 in den Deutschen Bundestag gewählt. Damit begann für ihn eine steile Karriere, die ihn bis zum Parlamentarischen Geschäftsführer der CDU/CSU-Bundestagsfraktion, zum außenpolitischen Sprecher der Fraktion sowie zum Bundesschatzmeister der CDU Deutschlands führte und ihn damit zu einem der einflussreichsten niedersächsischen Abgeordneten in Berlin machte.

„Kleiner Parteitag“ verabschiedet Regierungsprogramm

Anfang November 1993 trat noch einmal der Landesausschuss der CDU in Niedersachsen in Hannover zusammen. Der „Kleine Parteitag“ verabschiedete ein Regierungsprogramm, mit dem die CDU auch den Landtagswahlkampf bestreiten wollte. Der Landesausschuss hatte sich ferner in einer eingehenden Debatte mit dem Thema der „Eingleisigkeit“ befasst, also der Zusammenlegung der Ämter des Bürgermeisters und Gemeinde- bzw. Stadtdirektors, des Landrats und Oberkreisdirektors in der Hand eines Hauptamtlichen. Während sich der Bundestagsabgeordnete Reinhard von Schorlemer und der Landtagsabgeordnete Rolf Reinemann für die Beibehaltung der von der britischen Besatzungsmacht nach dem letzten Krieg in ihrer Besatzungszone eingeführten und nach Meinung der Abgeordneten erfolgreichen „Zweigleisigkeit“ aussprachen, ließ sich die Mehrheit von den Argumenten Christian Wulffs, des Bundestagsabgeordneten Horst Eylmann und des Landesvorsitzenden der Jungen Union, Eckart von Klaeden, überzeugen, dass mit der im übrigen Deutschland praktizierten hauptamtlichen Leitung der Kommunen die Demokratie lebendiger werde. Für seine Absicht, auf dem Umweg über ein Volksbegehren eine Direktwahl der kommunalen Verwaltungschefs zu erzwingen, erhielt Christian Wulff die breite Unterstützung der Partei.

V. Die Ära Wulff beginnt 1994–2000

1. Kohl: „Eines der größten politischen Talente"

Christian Wulff wurde am 19. Juni 1959 in Osnabrück geboren. Seine Kindheit und Jugend waren von großen familiären Problemen überschattet. Als er zwei Jahre alt war, verließ der Vater die Familie. Auch die zweite Ehe der Mutter hielt nur sieben Jahre. Dann trennte sich auch der Stiefvater. Ein ganz schlimmer Schicksalsschlag traf die Familie 1975, als die Ärzte bei der Mutter die tückische Krankheit Multiple Sklerose feststellten, die schon nach drei Jahren zur Lähmung führte. Der junge Gymnasiast Christian Wulff musste die Verantwortung, Betreuung und Pflege für die Mutter und für die neun Jahre jüngere Schwester übernehmen. Die Politik wurde dann ein gewisser „Ersatz" für den vaterlos aufgewachsenen Jungen.

Christian Wulff wurde Schulsprecher des Gymnasiums, gehörte dem ersten Landesschülerrat in Niedersachsen an und war 1978 als 18-jähriger Bundesvorsitzender der Schüler Union, die gerade in ihren Anfängen steckte, mit Sitz im Bundesvorstand der CDU. Sein Idol war damals Helmut Kohl, der sein politischer Ziehvater werden sollte. Dieser sagte, er erkenne sich in dem jungen Mann wieder, der so sei, wie er es war, als er noch Fraktionschef im Landtag von Rheinland-Pfalz war. „Der redet nicht jedem nach dem Munde", sagte Kohl. Er hielt Christian Wulff für „eines der größten politischen Talente der Union". Nach Abitur und während des Jura-Studiums ging seine Karriere weiter steil nach oben. Von 1979 bis 1983 war er Mitglied des Bundesvorstands der Jungen Union. Die Nachfolge des JU-Bundesvorsitzenden Matthias Wissmann lehnte er ab, wurde aber 1983 Landesvorsitzender der JU Niedersachsen und ein Jahr später Mitglied des Landesvorstands der CDU in Niedersachsen.

Der angehende Politiker scheute sich auch nicht vor der „Ochsentour" in der Partei. 1986 wurde er zum Ratsherrn seiner Heimatstadt Osnabrück gewählt, drei Jahre später war er CDU-Fraktionsvorsitzender im Rat der Stadt und blieb es bis 1994. Das Amt des Landesvorsitzenden der Jungen Union hatte er 1985 abgegeben, um sich ganz dem Studium und einem „richtigen" Beruf zu widmen. 1990, als junger Rechtsanwalt in einer renommierten Osnabrücker Anwaltskanzlei, nahm er den erneuten Vorschlag des CDU-Bezirksvorsitzenden Osnabrück-Emsland, Dr. Werner Remmers, an, sein Nachfolger zu werden. Wulff wurde mit einem überwältigenden Vertrauensbeweis gewählt und ein Jahr später mit fast hundert Prozent der Stimmen bestätigt. Das war sicher mit ausschlaggebend, ihn 1993 unter dem CDU-Landesvorsitzenden Josef Stock zum Spitzenkandidaten für die Landtagswahl 1994 zu nominieren. Inzwischen hatte Christian Wulff auch seine Studenten-Liebe, die Juristin Christiane, geheiratet. Im November 1993 wurde Tochter Annalena geboren.

Der Wahlkampf stand unter keinem guten Stern

Schon nach dem Landesparteitag der CDU in Niedersachsen 1993 in Braunschweig begann der Wahlkampf für die Landtagswahl am 13. März 1994.

Bevor es in den Wahlkampf ging, machte Christian Wulff im Sommer 1993 eine Woche Urlaub in Südfrankreich, gemeinsam mit dem früheren baden-württembergischen Ministerpräsidenten Lothar Späth. Der allenthalben als das „Cleverle" bekannte und mit allen Wassern gewaschene Politiker wurde sein Lehrmeister. Er sagte ihm: „Du mußt immer wieder dasselbe sagen, jedoch auf die jeweilige Situation bezogen. Nimm Dir ein Beispiel an den Staubsaugervertretern, die können das perfekt." Wie sich schon bald herausstellte, war es ein guter Rat. Wulffs Reden wurden immer besser.

Christian Wulffs erster Wahlkampf 1993/94 für die Landtagswahl am 13. März 1994 stand unter keinem guten Stern. Er war zwar in der Kommunalpolitik zu Hause, aber ein Neuling auf der landespolitischen Bühne, jung und unerfahren, kaum jemand kannte ihn im Lande, nur wenige wussten etwas von seinen politischen Zielen. Außerdem war die CDU in Deutschland im Stimmungstief, und der Bundestrend war gegen ihn. In Niedersachsen hatte der Spitzenkandidat auf dem Landesparteitag zwar nach außen hin ein Spitzenergebnis erzielt. Doch das täuschte. Viele, insbesondere die Mehrheit der Landtagsfraktion mit ihrem Vorsitzenden Jürgen Gansäuer und die Hasselmann-Anhänger, akzeptierten den jungen, unerfahrenen Kandidaten nur zähneknirschend. Die Unterstützung war nur halbherzig. Die Parteifinanzen waren, gelinde gesagt, nicht rosig, die Kasse war ziemlich leer. Der neue Landesschatzmeister Prewo kürzte den Wahlkampfkostenetat auf etwa die Hälfte. Wulff und seine Mannschaft hatten nicht einmal fünf Millionen Mark zur Verfügung. Aus dem Stand musste ein neues Wahlprogramm zusammengestellt werden.

Nach 14 Jahren CDU-Regierungszeit in Niedersachsen war die Partei fast in Vergessenheit geraten. Es lief ja alles mit dem Regierungsapparat „wie geschmiert". Daher gab es für die CDU in Niedersachsen als Partei kaum eine Infrastruktur. In der Landesgeschäftsstelle herrschte mit dem Generalsekretär Hartwig Fischer ein Adlatus von Hasselmann und Gansäuer. Dazu kamen als Stock-Vertrauter und Landesgeschäftsführer Dr. Hermann Kues sowie der junge Jura-Student Eckart von Klaeden. Zur jungen Garde gehörte neben Wulffs festem Mitarbeiter Hans-Christian Vollmer und Ute Levin ein weiterer Jura-Student: David McAllister, der es bald zu höheren Weihen bringen sollte. Es war eine begeisterte junge, allerdings auch recht unerfahrene Mannschaft, die sich für ihren ebenso jungen 34-jährigen „Chef" in die Wahlschlacht stürzte, Plakate klebte, Fahrdienste organisierte und Wulff in einer Marathon-Tour durch ganz Niedersachsen in nahezu alle Kreisverbände chauffierte. Und tatsächlich lernte Christian Wulff in ziemlich kurzer Zeit Land und Leute in Niedersachsen kennen, so wie auch er immer mehr bekannt wurde. „Er besuchte in jener Zeit wirklich jede Milchkanne im Land", zitierte ein Beobachter einen Mitstreiter von damals.

Zu allem Überfluss passierten dann auch noch solche Pannen wie die mit einem Brief Hasselmanns an vertraute Par-

teifunktionäre. Der Ehrenvorsitzende der CDU in Niedersachsen, der ohnehin von der Nominierung Wulffs als Spitzenkandidat nicht viel gehalten hatte, beklagte sich in diesem Schreiben über den laschen Wahlkampf von Christian Wulff. Offensichtlich war es durch eine Indiskretion dem landespolitischen Redakteur der Oldenburger Nordwest-Zeitung in die Hand geraten. Der parteipolitisch unabhängige Olaf Glaeseker erfüllte seine Chronistenpflicht und veröffentlichte das brisante Schreiben Hasselmanns in der Nordwest-Zeitung. Das war drei Tage vor der Landtagswahl.

In die Pannenserie zum Ende des Wahlkampfes gehört auch die Geschichte mit einem Wahlplakat. Irgendjemand war auf die Idee gekommen, jetzt könnte der längst verstorbene, aber immer noch unvergessene und populäre erste CDU-Parteivorsitzende und Bundeskanzler Konrad Adenauer noch das Steuer herumreißen. In Großformat prangte das Plakat mit dem faltigen Gesicht des „Alten von Rhöndorf" überall in Hannovers Straßen, aber Namen und Konterfei des CDU-Spitzenkandidaten Christian Wulff standen nur klein unten links. Die Presse fragte, ob Schröder jetzt gegen Adenauer kämpfen sollte.

Das Schattenkabinett

Die Präsentation des Wahlprogramms war noch einigermaßen gut verlaufen. Es stand unter dem Motto „Ehrlich. Oder gar nicht". Aber dann kam im November 1993 die Vorstellung des „Schattenkabinetts". Wie üblich, war in der Presse schon vorher viel spekuliert worden. Viele hörten, wie immer, das Gras wachsen und waren enttäuscht, wenn es nicht nach ihren Vorstellungen lief. Allerdings blieben diesmal größere Überraschungen aus. Zu sehr hatte der Spitzenkandidat Rücksicht nehmen müssen auf Besitzstände in der Partei und auf die Landtagsfraktion, auf die Frauenquote und die in Niedersachsen immer noch wichtigen regionalen Interessen. Dazu hatte Wulff angekündigt, in einer von ihm geführten Landesregierung wolle er mindestens zwei Ministerien einsparen. Gedacht war vor allem an das Bundesratsministerium, dessen Aufgaben größtenteils von der Staatskanzlei wahrgenommen werden könnten, sowie an ein eigenständiges Frauenministerium, das möglicherweise in das Sozialministerium eingegliedert werden könnte, und an eine Zusammenlegung von Kultus- und Wissenschaftsministerium. Außerdem war sich Wulff sicher, dass er nur gemeinsam mit der FDP werde regieren können. Sie würde dann also sicher zwei Ministerien beanspruchen.

Ende November 1993 wurde das „Schattenkabinett“ präsentiert, auf 16 Seiten in einer Hochglanzbroschüre mit der hoffnungsvollen Titelseite „Die neue Landesregierung 1994“. Auf jeder Seite wurde ein vorgesehener Minister oder eine Ministerin (drei Frauen waren ausersehen) mit Foto in Postkartengröße, einem Kurzlebenslauf und einem Schlagwort vorgestellt, dazu jeweils ein Kurzkommentar von Christian Wulff zur Person des Kandidaten.

An Ernst-Henning Jahn, dem innenpolitischen Sprecher der CDU-Landtagsfraktion, sowie an dem CDU-Landtagsfraktionsvorsitzenden Jürgen Gansäuer, am Landesvorsitzenden der CDU in Niedersachsen, Josef Stock, und an Hans Eveslage, dem stellvertretenden Landtagsfraktionsvorsitzenden und Mitglied des CDU-Landesvorstands Oldenburg, kam Christian Wulff offensichtlich nicht vorbei. Anneliese Zachow, Apothekerin aus Wolfsburg, hatte sich als Mitglied des Sozialausschusses des Landtags und als Vorsitzende der Regierungsprogramm-Kommission der Niedersachsen-CDU empfohlen. Prof. Dr. Schreiber, Präsident der Universität Göttingen, war von 1987 bis 1990 Staatssekretär im niedersächsischen Wissenschaftsministerium gewesen. Rechtsanwalt und Notar Horst Eylmann, Bürgermeister in Stade, galt bundesweit als anerkannter Rechtspolitiker. Dr. Godelieve Quisthoudt-Rowohl, Chemikerin aus Hildesheim, jahrelange Europa-Abgeordnete und Vorstandsmitglied der Europäischen Volkspartei, war forschungspolitische Sprecherin der CDU/CSU-Gruppe im Europa-Parlament. Die einzige nicht aus Niedersachsen stammende Kandidatin und große Überraschung in Wulffs Schattenkabinett war ohne Zweifel Dr. Annette Schavan, Bonn, Leiterin des bischöflichen Cusanuswerks und davor Bundesgeschäftsführerin der CDU Frauen Union.

Wie immer, gab es auch diesmal viel Ärger um die Aufstellung der Landesliste für die Landtagswahl am 13. März 1994. Sie schien in diesem Jahr sehr wichtig, weil sich nicht viele Kandidaten ein Direktmandat ausrechnen konnten. Besonders unzufrieden waren die Frauen, weil es dem Spitzenkandidaten nicht gelungen war, ein Drittel der Listenplätze, wie vorgesehen und versprochen, mit Frauen zu besetzen. Beobachter berichteten, dass die Vorsitzende der Frauen Union nur mit Mühe von einem Amtsrücktritt zurückgehalten werden konnte. Auch Rita Süßmuth zeigte sich öffentlich enttäuscht, dass Wulff sein Versprechen nicht eingehalten habe. Dabei wusste jeder halbwegs Eingeweihte, dass die Landesliste auf ganz andere Weise zustande kommt und ein einsamer Spitzenkandidat ein „ganz armer Hund" ist, wenn er seine Bataillone nicht in allen Kreisverbänden sitzen hat. So nahm das Schicksal seinen Lauf, bis zum Wahltag.

2. ALS AUFTAKT DIE VERLORENE LANDTAGSWAHL 1994

Der 13. März 1994 war ein schwarzer Tag in der Geschichte der CDU in Niedersachsen. Die Landtagswahl ging mit Pauken und Trompeten verloren. Die CDU erreichte nur 36,4 % der Stimmen. Das waren 5,6 % weniger als bei der vorhergehenden Landtagswahl 1990. Es war auch das schlechteste Wahlergebnis, das die niedersächsische CDU, sieht man von der Anfangszeit der 50er Jahre mit der damals noch selbständigen Deutschen Partei ab, je erzielt hat. Selbst 1963 waren es 37,7 %. Von da an gab es nur noch Ergebnisse über 40 %, 1982 sogar über 50 %. Die regierende SPD mit Ministerpräsident Schröder kam 1994 auf 44,3 %, die GRÜNEN erhielten 7,4 % der Stimmen, die FDP, die sich zum Schluss des Wahlkampfes noch der SPD angebiedert hatte, flog mit 4,4 % wieder einmal aus dem Landesparlament.

Bei dieser Konstellation reichte es für Schröder und die SPD zur absoluten Mehrheit der Sitze, allerdings, wie schon so oft in Niedersachsen, gerade mal wieder mit nur einer einzigen Stimme Vorsprung: 81 zu 80 Mandate. Schröder war am Ziel seiner Träume. Jetzt konnte er schalten und walten, wie er wollte. Die GRÜNEN, die er vier Jahre zuvor mit in die Regierung nehmen musste, durften wieder auf den Bänken der Opposition Platz nehmen, obwohl, wie der SPD-Fraktionsvorsitzende Joke Bruns sagte, aus der ursprünglich als rot-grüne Vernunftehe geschlossenen Partnerschaft jetzt Liebe geworden sei.

Wahlprognosen und Realisten hatten der CDU für 1994 eine Niederlage vorausgesagt. Dass sie allerdings so deftig ausfallen würde, hat viele überrascht. Die CDU-Wahlkampfmannschaft meinte dennoch, angesichts der katastrophalen Voraussetzungen sei das Ergebnis mindestens als passabel zu bezeichnen. Und sie feierten es auch entsprechend. Christian Wulff sagte später: „Wenn ich heute daran denke, wie unprofessionell und laienhaft wir den Wahlkampf 1993 gemacht haben, dann ist es erstaunlich, daß wir doch so viele Stimmen bekommen haben. Ich hatte keine professionelle Beratung und stand mit eineinhalb Mitarbeitern aus Osnabrück, Hans-Christian Vollmer und Ute Levin, gegen Schröder und seine hochprofessionelle Armada mit Frank-Walter Steinmeier (heute Bundesaußenminister), Brigitte Zypries (heute Bundesjustizministerin), Sigrid Krampitz (lange Jahre Chefsekretärin der Kanzlers) oder Uwe Carsten Heye (langjähriger Regierungssprecher) und vielen anderen. Aber irgendwie haben wir es doch überraschend gut gemacht." Ein kleines Trostpflaster war auch, dass der Spitzenkandidat in seiner Heimatstadt Osnabrück, dort, wo er bekannt war, als einziger aller niedersächsischen CDU-Kandidaten der SPD das Direktmandat abgenommen hatte und den größten Stimmenzuwachs für die CDU in allen hundert Wahlkreisen verzeichnen konnte. Aber sonst stellten die Wahlforscher fest, dass nur 34 % der Befragten glaubten, die CDU stehe geschlossen hinter Christian Wulff, und nur 63 % der CDU-Anhänger identifizierten sich mit ihrem Spitzenkandidaten. Ausschlaggebend für den Wahlverlust war auch, dass die CDU ihre Wähler offensichtlich nicht erreicht oder nicht überzeugt hatte. 80.000 gingen nicht zur Wahl und 75.000 Stimmen wanderten von der CDU zur SPD. Dem Spitzenkandidaten Christian Wulff wurden allerdings keine großen Vorwürfe gemacht, weder in Hannover noch in Bonn.

Der Kampf um den Vorsitz der Landtagsfraktion

Doch der innerparteiliche Frieden war längst noch nicht hergestellt. Im Gegenteil. Noch am Wahlabend machte Bundestagspräsidentin Rita Süßmuth in einer ersten Stellungnahme zur Überraschung vieler Anhänger Gansäuers, mit niemandem abgesprochen, den Vorschlag, jetzt müsse der Spitzenkandidat der CDU in Niedersachsen bei der konstituierenden Sitzung der neuen CDU-Landtagsfraktion auch zum Vorsitzenden der Fraktion gewählt werden. Dabei wusste sie genau, dass der bisherige Fraktionschef Jürgen Gansäuer schon einen Tag nach der Vorstellung von Wulffs Schattenkabinett, in dem er, Gansäuer, als Finanzminister vorgesehen war, im November 1993 erklärt hatte, im Falle einer Wahlniederlage wolle er auf jeden Fall Fraktionsvorsitzender bleiben. Nun war es für Gansäuer keine Frage, dass er, der altgediente, erfahrene und erfolgreiche Vorsitzende der Fraktion, für einen jungen Wahlverlierer nicht kampflos das Feld räumen würde. Er hoffte natürlich darauf, auch in der neuen 67-köpfigen CDU-Fraktion genügend Rückhalt zu haben.

Wulff setzt sich in der Kampfabstimmung durch

Dann kam es zur Wahl des CDU-Fraktionsvorsitzenden. Selten hat es in der Fraktion so vor Spannung geknistert, wie an diesem 15. März 1994. Nie zuvor hatte es eine derartige, emotional aufgeheizte Kampfabstimmung um den Fraktionsvorsitz gegeben. Das Ergebnis: 39 Stimmen für Wulff, 28 Stimmen für Gansäuer. Der Sieger und neue Oppositionsführer hieß also Christian Wulff. Seine größten Kontrahenten, Jürgen Gansäuer und Ernst-Henning Jahn, wurden immerhin auf Vorschlag des neuen Fraktionsvorsitzenden zu Vizepräsidenten des Landtags gewählt. Stellvertretende Fraktionsvorsitzende wurden Hans Eveslage, zugleich Parlamentarischer Geschäftsführer, Horst Horrmann, Josef Stock, Rita Pawelski und Anneliese Zachow.

Gleichzeitig begann für den Parlamentsneuling auch nach außen eine harte Zeit. Zum ersten Male Landtagsabgeordneter und dann gleich Fraktionsvorsitzender und auch Oppositionsführer, und das gegen einen SPD-Ministerpräsidenten Schröder auf dem Gipfel seiner Macht und Popularität in Niedersachsen. Er regierte mit absoluter Mehrheit. Wulff wurde vom Regierungschef weder beachtet, geschweige denn geachtet, kaum mit Namen angesprochen – „der da", hieß es meistens herablassend. Das war für den 35-jährigen CDU-Politiker das Härteste, was er bisher erlebt hatte. Aber er hat den Kampf angenommen. Dazu auch den Kampf in den eigenen Reihen. Schon damals bewies er Machtbewusstsein und Mut, den politischen Erfolg zu wollen.

Christian Wulff wird Landesvorsitzender der CDU in Niedersachsen

Auf dem Landesparteitag am 4. Juni 1994 in seiner Heimatstadt Osnabrück wurde Christian Wulff erstmals zum Landesvorsitzenden der CDU in Niedersachsen gewählt. Er war in der fast 50-jährigen Geschichte der Partei in Niedersachsen nach Adolf Cillien, Dr. Otto Fricke, Wilfried Hasselmann und Josef Stock erst der fünfte Chef des nach Nordrhein-Westfalen zweitgrößten Landesverbandes der CDU in Deutschland. Der bisherige Landesvorsitzende, der 55-jährige Josef Stock, hatte schon vor geraumer Zeit angekündigt, nach vierjähriger Amtszeit zurücktreten und sein Amt in jüngere Hände legen zu wollen. Als Nachfolger kam für ihn nur Christian Wulff in Frage. Der junge 34-jährige Rechtsanwalt hatte nach seiner Nominierung als Spitzenkandidat für die Landtagswahl und nach seiner Wahl als Vorsitzender der CDU-Fraktion im Niedersächsischen Landtag mit der Wahl zum niedersächsischen CDU-Vorsitzenden in nur eineinhalb Jahren seine Führungsposition gefestigt und nun in der Partei „alle Macht der Welt" in den Händen. Auch das hatte es in der Geschichte der CDU in Niedersachsen bisher noch nicht gegeben.

Der Parteitag in Osnabrück wählte Christian Wulff mit 88,5 % der abgegebenen Stimmen in sein neues Amt. Von 481 gültigen Stimmen der Delegierten stimmten 426 für ihn, 46 gegen ihn, neun enthielten sich der Stimme. Sein Vorgänger Josef Stock wurde vom Parteitag mit lang anhaltendem Beifall verabschiedet. Der Dank galt ihm für seine Weichenstellung in Richtung Erneuerung der Partei und für seine Feststellung, die Demokratie vergebe Ämter nur auf Zeit, und es sei immer wieder neu zu entscheiden, wer jeweils am besten an die Spitze tritt. Die Verknüpfung der Funktion des Landes- und Fraktionsvorsitzenden seien in Niedersachsen zweckmäßig und erfolgversprechend.

Der neue CDU-Landesvorsitzende Christian Wulff erklärte anschließend in seiner Antrittsrede, Aufgabe der CDU in Niedersachsen müsse es sein, ein Bild von der Zukunft des Landes aufzuzeigen. Die Partei solle sich mehr öffnen und überall dort präsent sein, „wo Bürgerengagement ist". Die Geschäftsstellen der CDU müssten zu Bürgeranlaufstellen werden. Sein Ziel sei es, sagte Wulff weiter, die SPD in vier Jahren abzulösen und wieder Regierungsverantwortung in Niedersachsen zu übernehmen. Denn die Sozialdemokraten führten das Land in den Ruin. Dem SPD-Ministerpräsidenten Schröder warf er großangelegten Wahlbetrug vor. Wulff gab die Losung aus, die CDU müsse „die modernste und spannendste Partei in Niedersachsen" werden und sich für Nichtmitglieder öffnen. Er bedauerte allerdings, dass die Partei gerade bei jüngeren und weiblichen Wählern Stimmen verloren habe.

Bei den Wahlen zum engeren Landesvorstand schnitt Landesschatzmeister Prewo bei 481 gültigen Stimmen mit 369 Jastimmen, 83 Neinstimmen und 29 Enthaltungen am schlechtesten ab. Als stellvertretende Landesvorsitzende wurden Rudolf Seiters (MdB) mit 450 Stimmen, Walter Link, MdB, mit 387 Stimmen und Prof. Dr. Rita Süßmuth (MdB) mit 375 Stimmen wiedergewählt. Mit 422 Stimmen erzielte Generalsekretär Hartwig Fischer (MdL) nach Christian Wulff das zweitbeste Ergebnis. Bei den Wahlen als Beisitzer für den Landesvorstand war von 457 abgegebenen gültigen Stimmen Hans Eveslage (MdL, stellvertretender Landesvorsitzende des CDU-Landesverbandes Oldenburg) mit 406 Stimmen „einsame Spitze", gefolgt von Gertrud Dempwolf (MdB, Hannover) mit 366 Stimmen, Dr. Godelieve Quisthoudt-Rowohl, (Mitglied des Europa-Parlaments, Hildesheim) mit 359 Stimmen, Rita Pawelski (MdL, Hannover) mit 356 Stimmen und Lutz Stratmann (Oldenburg) mit 339 Stimmen. Am Ende landeten die noch in Wulffs Schattenkabinett als Sozialministerin vorgesehene Anneliese Zachow (MdL, Wolfsburg) mit 284 Stimmen und der Neuling Norbert Böhlke (MdL, Seevetal) mit 270 Stimmen. „Abgestraft" wurde Dr. Hans Ulrich Schneider (MdL, Isernhagen) mit 258 Stimmen.

Im Sommer 1994 hatte die Parteizentrale in der hannoverschen Böttcherstraße Zuwachs bekommen. Hans Leveling, der schon von 1982 bis 1991 amtiert hatte, wurde wieder Geschäftsführer der CDU in Niedersachsen. Er kann sich noch gut daran erinnern, dass er kurze Zeit später zu seinem Geburtstag am 2. September 1994 auch die beiden Kontrahenten Christian Wulff und Jürgen Gansäuer eingeladen hatte: „Bei der Gartenparty saßen die beiden an einem Tisch. Aber viel zu sagen hatten sie sich nicht."

„Kommunale Brüder" gegen Wulff und die Eingleisigkeit

Eine wirkliche Niederlage musste der neue Landesvorsitzende der CDU in Niedersachsen dann auf dem Landesparteitag im Juni 1995 in Delmenhorst einstecken. Christian Wulff und die Mehrheit des Landesvorstands hatten einen Leitantrag zur Änderung der Kommunalverfassung vorgelegt mit dem Ziel, auch in Niedersachsen, als letztem Bundesland, die von den britischen Besatzungstruppen nach dem Krieg eingeführte „Zweigleisigkeit" mit ehrenamtlichem Bürgermeister oder Landrat und hauptamtlichen Verwaltungschefs, Gemeindedirektor oder Oberkreisdirektor, zugunsten der „Eingleisigkeit" einzuführen. Aber über die Hälfte der Delegierten, insbesondere die „kommunalen Brüder", zusammengeschlossen in der Kommunalpolitischen Vereinigung (KPV) unter ihrem Vorsitzenden Jochen Konrad Fromme und unterstützt vom Ehrenvorsitzenden der CDU in Niedersachsen, Wilfried Hasselmann, sowie vom stellvertretenden Fraktionsvorsitzenden und Bürgermeister Hans Eveslage, deren Bedenken mit stürmischem Applaus bedacht wurden, war dagegen. Befürworter und Gegner hatten in der lebhaften Debatte durchaus ehrenwerte Gründe für ihre jeweiligen Meinungen. Um ihrem neuen Landesvorsitzenden aber eine Abfuhr und öffentliche Blamage zu ersparen, wurde ein Kompromiss gefunden und ein Vorschlag zur Bestätigung der geltenden Gemeindeordnung, in der der Begriff von der Direktwahl des Bürgermeisters oder des Landrats nicht auftaucht, zum weitestgehenden Antrag erklärt. Damit brauchte über Wulffs Antrag nicht mehr abgestimmt zu werden. Der Parteichef entging der Peinlichkeit, und alle waren mehr oder weniger zufrieden.

Erste Wiederwahl auf dem Parteitag in Celle

Doch wie grausam und ungerecht Politik und Wähler sein können, wenn sie nicht Leistung belohnen, sondern nach völlig anderen Kriterien und rein äußerlichen Stimmungen entscheiden, zeigte sich schon bald. Zunächst aber konnte sich der Landesvorsitzende der CDU in Niedersachsen über einen Erfolg freuen. Auf dem Landesparteitag am 14./15. Juni 1996 in Celle wurde er mit 94 % der abgegebenen Stimmen zum ersten Mal seit seiner Wahl vor zwei Jahren zum Parteivorsitzenden in Niedersachsen wiedergewählt. Einen schöneren Vertrauensbeweis hätte er sich nicht wünschen können. Von 430 Delegierten stimmten 402 für ihn. Ein besseres Ergebnis erzielte nur der stellvertretende Landesvorsitzende Rudolf Seiters mit 97,3 %. Von den beiden anderen Stellvertretern kam Walter Link auf 88,4 %. Prof. Dr. Rita Süßmuth, Bundestagspräsidentin, wurde mit 70,3 % „abgewatscht", wie sie selbst zugab. Sie hatte, wie schon bei früheren Vorstandswahlen, wiederum den Widerstand gegen ihre frauen- und familienpolitischen Vorstellungen zu spüren bekommen. Auch Generalsekretär Hartwig Fischer konnte mit 87,7 % Zustimmung zufrieden sein, während der seit drei Jahren amtierende Landesschatzmeister Dr. Wilfried Prewo auch nur auf 76,7 % Zustimmung kam. Das war kein Wunder bei den Spar- und Sanierungsmaßnahmen, die er den Parteimitgliedern in Niedersachsen zumuten musste.

Bei den Beisitzer-Wahlen gab es einige saftige Überraschungen. Prominentestes Opfer war der Stader Horst Eylmann, Vorsitzender des Rechtsausschusses im Deutschen Bundestag und noch als Justizminister im Schattenkabinett von Wulff zur vorherigen Landtagswahl nominiert. Er fiel mit dem zweitschlechtesten Ergebnis ebenso durch wie sein Bundestagskollege Eckart von Klaeden. Die Delegierten nahmen den drei Bundestagsabgeordneten, einschließlich Rita Süßmuth, sicher übel, dass sie sich nachhaltig für eine Erhöhung der Bundestagsdiäten eingesetzt hätten. Rita Süßmuth schimpfte, dass ihr Einsatz für die Frauen nicht honoriert worden sei. Dagegen stellte der Landesvorsitzende Wulff fest, dass alle Frauen, die kandidiert hätten, auch in den Vorstand gekommen seien. Ein Drittel des Führungsgremiums bestehe nun aus Frauen. So war vor allem Rita Pawelski, Hannover, „einsame Spitze" beim Wahlergebnis für die Beisitzer. Unmittelbar nach dem Parlamentarischen Geschäftsführer der Landtagsfraktion, Hans Eveslage, der bei 452 gültigen Stimmen von 421 Delegierten gewählt wurde, kam Rita Pawelski auf 420 Stimmen. Erst mit weitem Abstand und 373 Stimmen folgte mit der Europa-Abgeordneten Dr. Godelieve Quisthoudt-Rowohl auf dem dritten Platz eine weitere Frau, während es Anneliese Zachow am Ende der Beisitzerliste nur auf 298 Stimmen brachte.

Der wiedergewählte Landesvorsitzende Christian Wulff stellte die Finanz-, Wirtschafts- und Sozialpolitik in den Mittelpunkt seiner Parteitagsrede. Deutschland drohe im globalen Wettbewerb zurückzufallen, wenn es nicht seine Staatsausgaben, die Steuern und die sozialen Sicherungssysteme der Leistungskraft von Staat und Wirtschaft anpasse, sagte er mit dem Hinweis, dass das Programm der Bundesregierung für mehr Wachstum und Beschäftigung den richtigen Weg weise. Wulff warnte aber auch vor einer zunehmenden Spaltung der Gesellschaft in Arm und Reich. Er forderte, keinen Zweifel aufkommen zu lassen, „daß wir für soziale Gerechtigkeit sind".

Und noch ein erfreuliches Ereignis gab es im Herbst 1996, das der CDU in Niedersachsen und ihrem neuen Landesvorsitzenden Mut machte: Das hervorragende Ergebnis der Kommunalwahlen in Niedersachsen. Die CDU kam landesweit auf 41 %, die SPD nur auf 38,5 %, die GRÜNEN holten 6,7 %, die FDP 6,2 %. Christian Wulff wertete das als erste Bewährungsprobe und Bestätigung seines Konsolidierungskurses seit seinem Amtsantritt als CDU-Landesvorsitzender.

3. OPTIMISMUS VOR DER LANDTAGSWAHL

Im Frühjahr 1997 fühlte sich die CDU in Niedersachsen wieder im Aufwind. Drei Jahre nach der katastrophalen Niederlage bei der Landtagswahl, die die Partei fast in der Agonie versinken ließ, hatte sie Tritt gefasst. Der Landes- und Fraktionsvorsitzende Christian Wulff hatte sich durchgekämpft und die Partei aus dem Tal der Orientierungslosigkeit herausgeführt. Die *Hannoversche Allgemeine Zeitung* kritisierte im Mai 1997 allerdings: „Wulff hat aus den fähigen und ausbaufähigen Leuten in der Union bisher noch keine Mannschaft geformt." Es war aber auch weit und breit niemand zu sehen, der ihn hätte ablösen können. Auch der Ehrenvorsitzende der CDU in Niedersachsen, Wilfried Hasselmann, hatte die Realitäten und Wulff akzeptiert. Bislang hatte er ihn immer kritisiert und gegen ihn gestimmt, weil er ihn für zu jung, zu unerfahren und nicht durchsetzbar in der Partei hielt, weil die Zeit für ihn noch nicht reif sei und weil er zu schade sei, vorzeitig verschlissen zu werden. Nun fragte er die Altvorderen: „Habt ihr einen besseren?" Es gab keinen. Jürgen Gansäuer und Josef Stock waren „aus dem Rennen", für die „junge Garde" wie Uwe Schünemann oder David McAllister war es noch zu früh.

Auf dem Landesparteitag am 20. Juni 1997 in Oldenburg, einen Tag nach seinem 38. Geburtstag, ging Christian Wulff wieder als Sieger hervor. Die Delegierten wählten ihn mit 97,2 % der Stimmen erneut zum Spitzenkandidaten und Herausforderer von SPD-Ministerpräsident Schröder für die nächste Landtagswahl am 1. März 1998. 411 Delegierte stimmten für Wulff, zwölf gegen ihn und sechs enthielten sich der Stimme. Damit verbuchte er sogar ein noch besseres Ergebnis als bei seiner ersten Nominierung 1993, als 95,1 % für ihn gestimmt hatten. Das war für Christian Wulff ein großer Vertrauensbeweis, aber auch ein großer Vertrauensvorschuss. Die Delegierten waren hoffnungsvoll, dass er es im zweiten Anlauf packen würde, Regierungschef in Niedersachsen zu werden.

In seiner Parteitagsrede zeigte sich der Landesvorsitzende außerordentlich optimistisch: „Wir setzen nicht auf Platz, sondern auf Sieg!" Dazu bestehe eine „exzellente Chance". Den Mut zum Optimismus gab ihm auch das glänzende Ergebnis der

Kommunalwahlen im September 1996. Die CDU hatte landesweit 41 % der Stimmen errungen, die SPD nur 38,5 %. „Noch zwei Prozent mehr und dazu die FDP wieder im Landtag – das müsste gegen Schröder reichen“, glaubten damals viele in der CDU, zumal die SPD-Alleinregierung in den vergangenen drei Jahren wirklich keine Bäume ausgerissen hatte. Wulff warf dem SPD-Ministerpräsidenten schwere Versäumnisse vor allem in den Bereichen Finanzen, Bildung und innere Sicherheit vor. „Es wird in diesem Lande nicht mehr gehandelt und auch nicht wirklich geführt“, sagte der Oppositionsführer.

Josef Stock nimmt Abschied von der Landespolitik

Es war der 9. Juli 1997, zwei Tage vor seinem 59. Geburtstag, als Josef Stock, Kaufmann aus Melle und ehemaliger Landesvorsitzender der CDU in Niedersachsen, sein Landtagsmandat niederlegte und sich von der Landespolitik verabschiedete. Zu einem großen Abschiedsempfang im hannoverschen Leineschloss war alles zusammengekommen, was in der Landespolitik Rang und Namen hatte – der amtierende SPD-Ministerpräsident Gerhard Schröder und sein Vorgänger Dr. Ernst Albrecht, der Landtagspräsident Horst Milde und der Vorsitzende der CDU-Landtagsfraktion und Oppositionsführer Christian Wulff, dazu viele Wegbegleiter, Freunde und Gegner. 23 Jahre lang war der CDU-Politiker Josef Stock Abgeordneter des Niedersächsischen Landtags gewesen und damit ein „Urgestein“. Er hatte in seiner Karriere in Niedersachsen (fast) alles erreicht. Zunächst war er wirtschaftspolitischer Sprecher der CDU-Landtagsfraktion, von 1982 bis 1986 stellvertretender Vorsitzender und von 1986 bis 1988 Vorsitzender der Fraktion – ein „Traumjob“, wie er später sagte –, von 1988 bis 1990 niedersächsischer Innenminister und von 1990 bis 1997 wieder stellvertretender Fraktionsvorsitzender der CDU-Landtagsfraktion. 1997 wurde er in seiner Heimatstadt Melle zum ersten hauptamtlichen Bürgermeister gewählt, ein Amt, das ihm den Abschied von der landespolitischen Bühne in Hannover „versüßte“ und, wie er sagte, keinen Abschiedsschmerz aufkommen ließ.

Niedersachsen-Zeitung wieder ins Leben gerufen

Im Sommer 1997 ist die *Niedersachsen-Zeitung*, das Mitteilungsblatt der Landespartei, wieder zu neuem Leben erweckt worden, um, wie der Landesvorsitzende der CDU in Niedersachsen, Christian Wulff, erklärte, „einen verbesserten und effektiveren Informationsfluss in der Partei zu gewährleisten". Das erste Heft der Neuauflage kam unmittelbar nach dem Oldenburger Parteitag mit einer außerordentlich informativen und aktuellen Berichterstattung heraus. Diese Zeitung sollte im vierteljährlichen Turnus aktuell über das Geschehen innerhalb der Niedersachsen-CDU berichten, aktuelle politische Themen aufgreifen, Diskussions- und Meinungsforum und Plattform für die innerparteiliche Kommunikation sein. „Ich würde mich freuen, wenn möglichst viele Parteimitglieder dieses Angebot aktiv mitgestalten, sich mit Beiträgen in Artikel- oder Leserbriefform beteiligen und die *Niedersachsen-Zeitung* zu ihrer Zeitung machen", schrieb Christian Wulff im „Editorial" - ein Begriff, der damals Modernität ausdrücken sollte, aber doch nur ein Hinterherhecheln hinter dem Zeitgeist war. Man hätte getrost den guten alten deutschen „Leitartikel" weiter verwenden können. Dafür wurde versucht, im Inhalt der Zeitung möglichst deutsch zu sprechen und damit zu dokumentieren, dass die Wertediskussion mit der Sprache beginnt. Die *Niedersachsen-Zeitung* wollte aber auch ein Mittel zur Auseinandersetzung mit den politischen Gegnern sein. Im Impressum wurden Andreas Wedekind für die Redaktionsleitung und Ingrid Köhn für die Redaktion ausgewiesen.

Hasselmann fordert „Lufthoheit über den Stammtischen"

Der Sonderparteitag der CDU in Niedersachsen am 1. November 1997 in Stade, exakt vier Monate vor der Landtagswahl am 1. März 1998, bildete mit der Verabschiedung des Wahlprogramms „Neues Denken – Neues Handeln", das gleichzeitig das Regierungsprogramm für die nächste Legislaturperiode unter dem künftigen Ministerpräsidenten Christian Wulff sein sollte, den Beginn des harten Wahlkampfes. Der CDU-Landesvorsitzende, Oppositionsführer, Spitzenkandidat und Herausforderer des SPD-Ministerpräsidenten stimmte die 415 Delegierten in einer kämpferischen Rede darauf ein. Christian Wulffs ehrgeiziges Ziel waren 43 % der Stimmen. Und wenn dann die FDP wieder in den Niedersächsischen Landtag einzog, müsste es für eine bürgerliche Koalition reichen.

Der Herausforderer war auf dem Stader Parteitag kein Einzelkämpfer. Die Delegierten begrüßten mit besonderer Herzlichkeit den Ehrenvorsitzenden der CDU in Niedersachsen, Wilfried Hasselmann, und den ehemaligen Ministerpräsidenten Dr. Ernst Albrecht, den Wulff ostentativ auf das Podium holte und neben sich platzierte. Damit wollte er seine enge Verbundenheit mit Dr. Albrecht herausstellen. „Ernst Albrecht greift zwar nicht aktiv in die Tagespolitik ein und auch nicht in den Wahlkampf, aber es ist doch gut, dass er mir immer wieder mit Rat und Tat zur Seite steht", sagte Christian Wulff. Dagegen war Wilfried Hasselmann, inzwischen über 70 Jahre alt, wie eh und je in seinem Element, wenn es um Wahlkampf ging. Tatkräftiger und engagierter als viele junge Leute feuerte er die Parteimitglieder an: „Wir müssen die Lufthoheit über den Stammtischen erringen. Wenn das nicht klappt, wird es am 1. März verdammt schwer." Und dann lief er zu großer Form auf: „Wir müssen Kampfeswillen zeigen, unsere Geschlossenheit demonstrieren, und wir müssen selbst wollen, dann können wir es schaffen!" Dem Landesvorsitzenden riet er, wieder eine Mannschaft um sich zu scharen, die Arbeit auf mehrere Schultern zu verteilen und nicht alles allein machen zu wollen.

Beobachter stellten große Unterschiede zwischen den Wahlkampfauftakten von 1994 und 1998 fest. Einerseits sei aus dem damaligen unbekannten, noch profillosen, in der Landespolitik völlig unerfahrenen Kandidaten, der ganz auf sich allein gestellt war, jetzt ein selbstbewusster, auf den Oppositionsbänken gestählter, erfahrener Politiker geworden. Andererseits hatte er die Partei hinter sich geschart und stand unumstritten an ihrer Spitze. Selbst viele ehemalige Kritiker, voran der Ehrenvorsitzende Hasselmann, hatten längst ihren Frieden mit ihm geschlossen und unterstützten ihn, wo es nur ging. Auf der Bundesebene zählte Christian Wulff nicht nur zu den hoffnungsvollen „jungen Wilden" und Schrittmachern bei der Steuer- und Rentenreform, er war sogar inoffiziell ihr Kopf.

CDU in Niedersachsen mit 89.000 Mitgliedern „gut aufgestellt"

Der Landesvorsitzende sagte zum Jahresende 1997 über den inneren Zustand der Partei: „Die CDU in Niedersachsen hat in den letzten Jahren erkannt, daß es nicht einfach so weitergehen kann wie bisher, sondern daß wir einige Veränderungen und Einschnitte vollziehen müssen. Wir haben uns personell nachhaltig erneuert, wir haben ein gutes Einvernehmen zwischen dem Landesvorstand und den Vorständen in unserer Partei und wir haben ein geschlossenes inhaltliches und personelles Konzept. Das sind gute Voraussetzungen für die Zukunft."

Mit der Mitgliederentwicklung konnte die CDU in Niedersachsen sehr zufrieden sein. Unter den 17 Landesverbänden in der Bundesrepublik hatten ganze drei einen Zuwachs zu verzeichnen: Braunschweig, Oldenburg und die CDU in Niedersachsen. Generalsekretär Fischer betonte, dass 10.000 neue Mitglieder für die niedersächsische CDU geworben wurden, 1.500 von ihnen waren jünger als 24 Jahre. Trotz eines beträchtlichen Mitgliederschwundes durch Tod und Austritte bliebe eine deutliche Nettozunahme. Die CDU in Niedersachsen zählte 1997 mehr als 89.000 Mitglieder. Dass auch die Geschäftsstelle der CDU in Niedersachsen mit der Zeit ging, zeigte ihr Online-Auftritt. Seit 1997 ist sie mit einem eigenen Angebot im Internet vertreten.

4. ZUM ZWEITEN MAL GESCHEITERT

Anfang 1998 lief der Wahlkampf für die Landtagswahl am 1. März 1998 schon auf Hochtouren. Die niedersächsischen CDU-Wahlkämpfer waren durchweg optimistisch. „Schröderland war abgebrannt" – Christian Wulff hatte politisch die eindeutig besseren Karten. Allerdings forderte der in vielen Wahlschlachten wie kein anderer erprobte und ergraute professionelle Wahlkämpfer Wilfried Hasselmann, diesmal auch den lieben Gott nicht zu vergessen: „In den nächsten Wochen immer ins Gebet einbeziehen: Wir wollen gewinnen!" Vielleicht war dieser Beistand auch nötig, denn aus Bonn kamen in jener Zeit keine lauen Frühlingswinde, sondern eher rauer Gegenwind.

Auf der Bonner Bühne braute sich inzwischen etwas zusammen. Die SPD suchte für die Bundestagswahl im September einen Kanzlerkandidaten. Dabei ging es drunter und drüber. Der vormalige SPD-Vorsitzende Rudolf Scharping war längst aus dem Rennen. Sein Nachfolger Oskar Lafontaine wollte es werden. Der niedersächsische Ministerpräsident Gerhard Schröder auch. Da fiel der SPD-Spitze der geniale Schachzug ein, den Diadochenkampf indirekt durch die niedersächsische Landtagswahl entscheiden zu lassen. Schröder tönte, wenn er mehr als zwei Prozent gegenüber der letzten Landtagswahl verlöre, wolle er kein Kanzlerkandidat werden. Wer also Schröder wählte, wählte nicht nur einen Niedersachsen in das höchste deutsche Regierungsamt, sondern der verhinderte auch den eher ungeliebten Lafontaine als Herausforderer von Helmut Kohl. Wer weder Wulff in Niedersachsen noch Kohl oder Lafontaine wollte, musste also Schröder wählen.

Wahlplakat von Christian Wulff zur Landtagswahl 1998

Für die Wahlentscheidung zur Landtagswahl spielten die Landespolitik und die schlechte Hinterlassenschaft des SPD-Ministerpräsidenten Schröder und seines Kabinetts auf einmal überhaupt keine Rolle mehr. Und CDU-Herausforderer Christian Wulff stand da und konnte nichts dagegen machen. Er konnte nur den SPD-Wählern sagen, ihr wählt doch einen Kandidaten, der überhaupt nicht Ministerpräsident und nicht in Hannover bleiben will. Am Sonnabend vor der Wahl war zu allem Überfluss in allen niedersächsischen Tageszeitungen auf einer riesigen zweiseitigen Anzeige zu lesen: „Ein Niedersachse muß Kanzler werden". Die Anzeige war anonym geschaltet worden. Später fand der *Stern* heraus, dass der hannoversche Finanzdienstleister AWD von Carsten Maschmeyer, ein alter Spezi von Schröder, der Auftraggeber war. David McAllister, später Vorsitzender der CDU-Landtagsfraktion und vorher Generalsekretär der CDU in Niedersachsen, erinnerte sich: „Als ich morgens beim Frühstück die Annonce gesehen habe, war für mich klar, daß die Wahl verloren ist. Das war wie ein Schlag in die Magengrube; da hat Schröder uns k.o. gehauen. Wieder waren wir so euphorisch gewesen und wieder lag die Partei am Boden."

Ein schwarzer Tag für die Schwarzen

Dann kam der Schicksalstag, der 1. März 1998. Es wurde ein schwarzer Tag für die CDU. Sie erhielt bei einer Wahlbeteiligung von 73,8 % und 4,3 Millionen Wählerstimmen 35,9 % der Stimmen: Das waren noch einmal 0,5 % weniger, als vier Jahre zuvor, als es das seit Jahrzehnten schlechteste Wahlergebnis gegeben hatte. Die SPD errang mit 47,9 % das höchste Ergebnis, das sie je in der Nachkriegszeit erzielt hatte. Damit war klar: Gerhard Schröder wird Kanzlerkandidat der SPD für die Bundestagswahl im kommenden September. Die GRÜNEN kamen auf 7,0 %, das waren 0,4 % weniger als 1994, und die FDP scheiterte mit 4,953 % wegen weniger hundert Stimmen wiederum an der Fünf-Prozent-Klausel, obwohl sie über 0,5 % zugelegt hatte.

Aber die nackten Zahlen sagen ja nichts über die verrückteste Situation, die es je bei einer Landtagswahl in Niedersachsen gegeben hat. Denn es ging überhaupt nicht um eine Niedersachsen-Wahl, sondern einzig und allein darum, ob die Niedersachsen Gerhard Schröder zum Kanzlerkandidaten und damit zum Herausforderer des Bundeskanzlers Helmut Kohl machen konnten und wollten. So wählten selbst uralte CDU-Stammwähler die SPD und Schröder, damit ja ein Niedersachse Bundeskanzler wurde.

Natürlich hatte die zweite verlorene Wahl den Herausforderer Wulff tief getroffen. Man hatte mit einer Niederlage rechnen können, ja, müssen. Dass sie allerdings so deprimierend ausfallen würde, war von vielen doch nicht erwartet worden. Aber noch am Wahlabend sagte der enttäuschte und zerknirschte Verlierer: „Ich mache weiter!" Er wollte seine Verantwortung als Partei- und Fraktionsvorsitzender wahrnehmen. Einen Vorwurf wegen dieses Wahldebakels machte ihm niemand. Freunde und Gegner in der Partei wussten, dass das Debakel nicht die Schuld des Vorsitzenden war. Bei dieser Konstellation hätte auch jeder andere „alt" ausgesehen.

Ein kleiner persönlicher Trost blieb Christian Wulff. Er hatte in seinem Wahlkreis Osnabrück, den er vier Jahre zuvor zum ersten Male für die CDU erobert hatte, jetzt den Vorsprung vor seinem Konkurrenten mehr als vervierfacht und mit 47 % der Erststimmen gewonnen. Es zeigte sich einmal mehr: Wo er bekannt ist, wird er gewählt. Von den hundert niedersächsischen Wahlkreisen hatte die CDU nur 17 direkt gewonnen, so dass die Landesliste diesmal bis zum Platz 45 „zog". Damit kamen Abgeordnete in das Parlament, die vorher im Traum nicht daran gedacht hätten, während viele Direktkandidaten, die nicht auf der Landesliste abgesichert waren, in sonst „todsicheren" CDU-Wahlkreisen auf der Strecke blieben. Auch das war eine Folge von Schröders Machtanspruch auf die Kanzlerschaft. Der bisherige SPD-Ministerpräsident konnte also wieder allein regieren, dieses Mal sogar mit einer komfortablen Mehrheit von 83 Mandaten gegen 74 der Opposition, davon CDU 62 und GRÜNE zwölf. Gerhard Schröder regierte noch einen Sommer – den letzten in Niedersachsen.

Die CDU-Landtagsfraktion wählte zwei Tage nach der verlorenen Wahl ihren Fraktionsvorsitzenden Christian Wulff mit großer Mehrheit wieder. Zu Stellvertretern wurden Bernd Busemann, Hans Eveslage, Hartmut Möllring und Rita Pawelski gewählt. Auf den Sesseln der Vizepräsidenten des Niedersächsischen Landtags durften von der CDU wieder Jürgen Gansäuer und Ernst-Henning Jahn Platz nehmen. Die Stimmung in der

CDU-Landtagsfraktion war gedämpft, aber trotzig: „Wir werden noch kämpferischer auftreten als bisher."

Am Montag nach der Landtagswahl musste der Landesvorsitzende der CDU in Niedersachsen nun schon zum zweiten Male als Verlierer beim Bundesvorstand der CDU in Bonn antreten. Es wurde für Christian Wulff allerdings kein „Gang nach Canossa", sondern er wurde auch in diesem höchsten CDU-Gremium mehr getröstet als getadelt. Wulff bekam dabei allerdings zu spüren, dass Mitleid manchmal schlimmer sein kann als Kritik. „Die verlorene Niedersachsen-Wahl, die ja eigentlich als Signalwahl für die am 27. September 1998 anstehende Bundestagswahl gelten sollte, hat die CDU-Spitze samt Kohl hoffentlich wachgerüttelt und gezeigt, daß man bei Schröder immer auf etwas anderes gefaßt sein muß, als man gemeinhin denkt", meinte ein Bundesvorstandsmitglied aus Niedersachsen.

Der Wolfsburger Landesparteitag wählt Wulff wieder

Beim nächsten Landesparteitag der CDU in Niedersachsen am 26./27. Juni 1998 in Wolfsburg gab es zu Jubel und Euphorie keinen Anlass. Es gab aber auch kein Scherbengericht. Es herrschte immer noch Enttäuschung über die auf eine ungewöhnliche Art und Weise verlorene Landtagswahl. Das drückte sich auch im Wahlergebnis für Christian Wulff aus. Er wurde mit dem überraschend guten Ergebnis von 90,1 % als Landesvorsitzender der CDU in Niedersachsen wiedergewählt. Von 431 Delegierten stimmten 388 für ihn, 43 gegen ihn, drei enthielten sich der Stimme. Zwei Jahre zuvor hatte das Ergebnis noch 93,5 % gelautet. Christian Wulff war und blieb unangefochten. Es gab niemanden weit und breit, der ihn hätte herausfordern oder ablösen können.

Drei neue Stellvertreter und ein neuer Schatzmeister

Eine Wachablösung gab es jedoch bei den Stellvertretern. Schon im Vorfeld hatten Partei und Öffentlichkeit, insbesondere die

Presse, gefordert, dass sich im Umfeld des Parteivorsitzenden personell etwas ändern müsse. So brachte es die *Hannoversche Allgemeine Zeitung* auf den Punkt: „Rita Süßmuth, Rudolf Seiters und Walter Link hatten gewiß in Bonn ihre Verdienste, aber in Niedersachsen treten sie wie ergraute Großeltern auf – gütig und freundlich, aber harmlos und nicht mehr sonderlich in der Parteiarbeit engagiert." Deshalb hatte sich Christian Wulff auf die Suche begeben. Und er wurde fündig. Der erste Kandidat war der 43-jährige hannoversche Bundestagsabgeordnete Dr. Friedbert Pflüger. Während des Studiums der Politikwissenschaften, Staatsrecht und Volkswirtschaft, unter anderem an der Harvard-Universität in den USA, war er Bundesvorsitzender des Ringes Christlich-Demokratischer Studenten (RCDS) und Bundesvorstandsmitglied der Jungen Union, dann viele Jahre an der Seite von Bundespräsident Richard von Weizsäcker, zuletzt Leiter dessen persönlichen Büros und bis 1989 dessen Pressesprecher, seit 1990 Bundestagsabgeordneter, zuletzt abrüstungspolitischer Sprecher der CDU/CSU-Bundestagsfraktion. Dann fand Wulff den 54-jährigen Landwirt und Vorsitzenden des CDU-Landesverbandes Braunschweig, Heinrich-Wilhelm Ronsöhr, Mitglied des Bundestages, und er holte schließlich auch eine bis dato auf der politischen Bühne noch völlig unbekannte 34-jährige Journalistin und Wirtschaftsreferentin mit Namen Dr. Martina Krogmann aus Stade. Sie hatte nach dem Studium der Politikwissenschaften und Volkswirtschaft, unter anderem in Florenz und in den USA, ein Promotionsstipendium der VW-Stiftung in der „Arbeitsstelle Transatlantische Außen- und Sicherheitspolitik" der Freien Universität Berlin und am „Center for International and Security Studies" der Universität Maryland (USA) absolviert, bevor sie nach einer kurzen Redakteurszeit bei verschiedenen Tageszeitungen als Wirtschaftsreferentin beim Generalkonsulat der USA in Hamburg anheuerte. Von dort holte Wulff die ein Jahr vorher in die CDU eingetretene junge Frau in seine Mannschaft. Schon für die nächste Bundestagswahl im September 1998 bewarb sie sich um ein Bundestagsmandat in Stade als Nachfolgerin des Vorsitzenden des Bundestagsrechtsausschusses, Horst Eylmann. Sie wurde über die Landesliste gewählt, wurde Internetbeauftragte und ist mittlerweile Parlamentarische Geschäftsführerin der CDU/CSU-Bundestagsfraktion in Berlin.

Diese drei Kandidaten wurden auf dem Wolfsburger Parteitag zu den drei neuen Stellvertretern gewählt, auch wenn nicht bei allen Delegierten große Begeisterung über „Wulffs Wahl" herrschte. So erhielt Dr. Friedbert Pflüger, gegen den völlig unvorhergesehenen Dr. Max Matthiesen, gerade mal 58,5 % der Stimmen, Dr. Martina Krogmann immerhin 73 % und der alte Haudegen Heinrich-Wilhelm Ronsöhr beachtliche 82 % der Stimmen.

Der Landesvorsitzende konnte auch noch einen weiteren großen Erfolg auf seiner Suche nach personeller Veränderung und Verstärkung des Landesvorstandes verbuchen. Er fand, weil der Schatzmeister Dr. Wilfried Prewo nach fünfjähriger erfolgreicher Tätigkeit und Sanierung der Parteifinanzen sich nicht wieder zur Wahl stellte, einen neuen Schatzmeister: den Celler Oberstadtdirektor Martin Biermann, der 1985/86 schon einmal Generalsekretär der CDU in Niedersachsen gewesen war. Der engste Vertraute von Wilfried Hasselmann war zunächst sehr überrascht, als der Landesvorsitzende Wulff ihn anrief und ihm sagte, er würde es als außergewöhnlichen Gewinn ansehen, wenn er mit ihm in Zukunft zusammenarbeiten und ihn als Schatzmeister der CDU in Niedersachsen gewinnen könnte. „Warum ausgerechnet mich, einen aus der abgewirtschafteten Clique von Wilfried Hasselmann?" fragte Martin Biermann. Gerade durch und wegen Hasselmann, der Wulff inzwischen akzeptiert hatte und ihn massiv unterstützte, wollte er dessen ehemaligen persönlichen Referenten und äußerst erfahrenen und langjährigen Chef der Landesvertretung Niedersachsen beim Bund in den Landesvorstand holen, erklärte Wulff. Wenn er kein Proporzkandidat sei und das absolute Vertrauen des Vorstands und der Partei habe, würde er sich gern der CDU in Niedersachsen zur Verfügung stellen, antwortete Martin Biermann. Er wurde mit der überwältigenden Mehrheit von 94,9 % der Delegierten-Stimmen zum neuen Schatzmeister gewählt. Seit der Zeit nimmt er sein Amt hervorragend wahr, was die große Zustimmung bei jeder Wiederwahl zeigte. Der Vollständigkeit halber sei gesagt, dass natürlich auch der Generalsekretär der CDU in Niedersachsen, Hartwig Fischer, mit 86,7 % wiedergewählt wurde.

Das Debakel mit der Bundestagswahl 1998

Nach kurzer Sommerpause stürzte sich die CDU in Niedersachsen in den nächsten Wahlkampf. Es ging um die Bundestagswahl am 27. September 1998. Der CDU-Bundesvorsitzende und langjährige Bundeskanzler Dr. Helmut Kohl hatte erklärt, er wolle „es noch einmal wissen" und werde als Bundeskanzler kandidieren. Und das ausgerechnet gegen den Medienstar Gerhard Schröder, der nach seinem furiosen Sieg bei der Niedersachsen-Wahl am 1. März 1998, die als Test- und Signalwahl für die Bundestagswahl gelten sollte, dem Höhepunkt seiner Macht zustrebte, nachdem er die SPD-Bundesvorsitzenden Rudolf Scharping und dann Oskar Lafontaine kalt lächelnd aus dem Felde geschlagen hatte und als Kanzlerkandidat nominiert worden war.

Es kam, wie es kommen musste. Die CDU/CSU stürzte bei der Bundestagswahl auf einen bisher nie gekannten Tiefpunkt ab: 35,1 %. Die SPD erhielt 40,9 %. Vier Jahre zuvor hatte Helmut Kohl noch mit 41,3 % gegen 40,6 % der SPD gewonnen. Die FDP verlor 1,3 % und kam auf 6,2 %, die GRÜNEN verloren 1,2 % und kamen auf 6,7 % der Stimmen. Strahlender Sieger war der künftige Bundeskanzler Gerhard Schröder.

Es war weiß Gott kein gutes Jahr für Christian Wulff. Doch er empfahl seiner Partei dringend, das Wahlergebnis zu akzeptieren und es nicht als „Betriebsunfall" zu verharmlosen. Er erklärte, nach dem Ende der großen Ära von Helmut Kohl müsse die Parole lauten, die Informationsstränge von unten nach oben statt von oben nach unten zu nutzen. Im Übrigen sparte er nicht mit Kritik an der Kohl-Regierung, die bei ihrer Verabschiedung von der politischen Bühne eine zunehmend orientierungsbedürftige Union hinterlassen habe. Wulff empfahl seiner Partei für die Zukunft mehr Selbstbewusstsein.

5. CHRISTIAN WULFF IM BUNDESVORSTAND

Während 1998 ein verpasstes und verlorenes Jahr war, wie Christian Wulff sagte, sollte 1999 ein Jahr des Aufbruchs und der Zukunftshoffnung werden. Zweimal hatte er gegen den

Medienstar und Blender Schröder die Landtagswahl verloren. Jetzt war Schröder Bundeskanzler und am Ziel seiner Träume. Er war weg aus Niedersachsen. Mit seinen Nachfolgern in Hannover würde es Christian Wulff noch allemal aufnehmen. Die Landtagswahl 2003 war seine letzte Chance. Schon im Winter 1998 hatte Wulff dafür eine Strategiekommission bestehend aus den stellvertretenden Vorsitzenden der Landespartei und dem Vorstand der CDU-Landtagsfraktion gebildet. Zuvor hatte er sich schon auf die Suche nach „neuen Köpfen" begeben, um die Führungsspitze der Union in Niedersachsen zu verjüngen. Und schließlich schaffte er sich noch einen Beraterkreis mit Persönlichkeiten aus Wirtschaft und Wissenschaft und anderen Bereichen der Gesellschaft. Er nannte ihn „Futureminds".

Als Christian Wulff jeweils nach den Wahlniederlagen 1994 und 1998 am nächsten Tag mit hängendem Kopf im CDU-Präsidium antreten musste, damals als kooptiertes Vorstandsmitglied, hatte er sich geschworen: Das muss anders werden. Die erste Erkenntnis war ihm schon in der Zeit von 1990 bis 1994 gekommen. Man braucht den Partei- und Fraktionsvorsitz, um im Land bekannt zu sein und um Erfolg zu haben. Nach 1998 war in ihm die Erkenntnis gereift, man braucht ein bundespolitisches Amt, um bundesweit stattfinden zu können. Denn während er abends auf einem Hoffest sprach, erschien sein Kontrahent Schröder im Fernsehen in der Tagesschau. Da wusste er, wenn er Erfolg haben wollte, und 2003 war seine letzte Chance, musste er jetzt auch in der Liga auf höchster Parteiebene mitspielen.

Schon vor der Bundestagswahl 1998 hatte Christian Wulff deshalb mit dem CDU-Bundesvorsitzenden Helmut Kohl ein intensives Gespräch gehabt und entsprechende Aufmunterung bekommen. Er hatte inzwischen auch gelernt, wie man seine Bataillone zusammenholt und hinter den Kulissen „kungelt". Mit der ihm eigenen Zielstrebigkeit scharte er auf einem Treffen der norddeutschen CDU-Landesverbände deren Vorsitzende, ferner die alten Seilschaften der Jungen Union, die „jungen Wilden" wie Peter Müller, Roland Koch, Günther Oettinger, Dieter Althaus und andere Freunde hinter sich zusammen. Und da sich auch Kohls Nachfolger Wolfgang Schäuble, dem Wulffs Vorstöße zur Parteireform und zur „Kabinettsumbildung" aufgefallen waren, hinter den Kulissen für Wulff stark gemacht hatte, um eine Verjüngung der Führungsebene zu erreichen, standen seine Chancen für einen Stellvertreterposten im Bundesvorstand der CDU nicht schlecht. Weil Norbert Blüm und Erwin Teufel zwar erneut kandidieren wollten und nur Christoph Bergner zurücktrat und Angela Merkel als neue Generalsekretärin vorgesehen war, und weil es Schäuble doch noch gelang, Teufel dazu zu bewegen, nicht erneut anzutreten, konnte er seine beiden norddeutschen Kandidaten Volker Rühe und Christian Wulff als stellvertretende Bundesvorsitzende durchdrükken.

Christian Wulff hatte also einen wesentlichen Schritt geschafft. Kurzzeitig war er auch als neuer Generalsekretär im Gespräch. Aber das war nicht „sein Ding". Er blieb lieber in Hannover. Wie eng und vertrauensvoll seine Zusammenarbeit mit seinem neuen Chef Schäuble war, mag die Tatsache zeigen, dass er schon bald in wichtige „geheime Kommandosachen" einbezogen wurde, beispielsweise in die von Schäuble betriebene Kandidatur der thüringischen Kultusministerin Dagmar Schipanski für das Amt des Bundespräsidenten im Mai 1999. Christian Wulff erinnert sich auch heute noch gern an jene erste Zeit im Bundesvorstand und an die Zusammenarbeit mit Wolfgang Schäuble, mit Angela Merkel, die er später als Bundesvorsitzende vorschlug, und auch mit Friedrich Merz, die ihm später bei seinem Wahlsieg 2003 sehr geholfen haben.

Landesparteitag 1999: Politik macht wieder Spaß

Da die rot-grüne Bundesregierung unter ihrem „Brioni-Kanzler", tituliert nach seinen zur Schau gestellten italienischen Anzügen, einen klassischen Fehlstart hingelegt hatte, rutschte sie in den Umfragewerten in den Keller. Dagegen konnte die Union auf Bundesebene einen geradezu sensationellen Neustart hinlegen. Unter diesen äußeren Bedingungen fand am 28./29. Mai 1999 in Braunschweig der Landesparteitag der CDU in Niedersachsen statt. „Nur acht Monate nach der vernichtendsten Niederlage ihrer Geschichte bei einer Bundestagswahl präsentierte sich die niedersächsische CDU in unerwartet guter Verfassung", stellte ein journalistischer Beobachter fest. Andere bemängelten allerdings, dass von 478 eingeladenen Delegierten nur 376 gekommen waren. So viel Desinteresse hatte es in der Partei schon lange nicht mehr gegeben. Vielleicht war der Schock der verlorenen Landtagswahl und vor allem der verlorenen Bundestagswahl mit dem Ende der Ära Kohl doch noch nicht überwunden.

Niedersachsen feierte Hasselmanns 75. Geburtstag

Der Ehrenvorsitzende der CDU in Niedersachsen, Wilfried Hasselmann, rief – und alle, alle kamen: Über 500 seiner politischen Weggefährten, Freunde und Mitstreiter drängten sich am 23. Juli 1999 zum 75. Geburtstag im Hof des historischen Celler Schlosses. Celles Oberstadtdirektor Martin Biermann konnte mit dem Jubilar und seiner Familie alles, was in der Politik und im gesellschaftlichen Leben Niedersachsens Rang und Namen hatte, begrüßen, darunter die Spitzen der niedersächsischen CDU mit dem Landesvorsitzenden Christian Wulff und Generalsekretär Hartwig Fischer, ferner den ehemaligen Ministerpräsidenten Dr. Ernst Albrecht mit seinem nahezu vollzähligen früheren Kabinett, Bundestagsvizepräsident Rudolf Seiters, viele aktive und noch mehr „pensionierte" Bundestags- und Landtagsabgeordnete, vor allem auch Spitzenvertreter der Bundeswehr, der Landwirtschaft und der Kommunen, viele auch aus Sachsen-Anhalt. Die SPD war mit einem einzigen Repräsentanten vertreten – aber ihrem höchsten: Ministerpräsident Gerhard Glogowski, dem Nachfolger Schröders.

Dr. Albrecht sagte angesichts so vieler Prominenz, er sei überwältigt von der Art „unseren Wilfried zu feiern". Er erinnerte an die Regierungszeit von 1976, als mit den beiden CDU-Politikern das „Gespann von zwei Mann an einer Deichsel" begann. Eine solche einmalige politische Konstellation könne nur funktionieren, „wenn es eine wirkliche Männerfreundschaft gibt und wenn keiner das Amt des anderen will". Wilfried Hasselmann sei von der Kriegsgeneration geprägt: Erst kommt das Vaterland, dann ich. Er sei jahrzehntelang der Motor der niedersächsischen CDU gewesen und habe sie zu einer echten

Volkspartei mit Landtagswahlergebnissen von über 50 % gemacht. CDU-Landesvorsitzender Christian Wulff nannte Hasselmann die Stimme des Volkes und den Anwalt der kleinen Leute. Er sei seiner Zeit immer voraus gewesen, ob es die Frage der Renten, der Jugend – „wir brauchen Großeltern für die Enkel statt Schulpsychologen" –, des Schutzes der Schöpfung oder der Wiedervereinigung war. Überall im Lande seien noch heute die Spuren des Wirkens dieses hervorragenden Politikers zu erkennen. SPD-Ministerpräsident Glogowski betonte, Wilfried Hasselmann habe jahrzehntelang das politische Leben Niedersachsens mitgeprägt und „als Minister des Landes ehrenvoll gearbeitet". Das war eine deutliche Rehabilitation für Hasselmanns 1988 erzwungenen Rücktritt als Innenminister. „Ich habe Respekt vor dem, was Sie geleistet haben."

Der Glücksgriff mit dem Pressesprecher

Im vorigen Kapitel haben wir gesehen, wie der CDU-Landesvorsitzende Christian Wulff auf seiner Suche nach neuen Personen zur Verjüngung der Führungsspitze der CDU in Niedersachsen fündig geworden war. Im Mai 1999 gelang ihm auf diesem Wege mit Olaf Glaeseker, dem früheren Niedersachsen-Korrespondenten der Oldenburger *Nordwest-Zeitung* (NWZ) und späteren Bonner Korrespondenten der *Augsburger Allgemeinen*, ein echter Glücksgriff. Er konnte den ausgesprochen versierten Journalisten als Pressesprecher der niedersächsischen CDU gewinnen. Die beiden kannten sich aus früheren hannoverschen Tagen, waren sich eine Zeit lang nicht grün, weil Glaeseker 1993 einen Brief Hasselmanns mit nicht sehr freundlichen Äußerungen über Wulff zugespielt erhielt und, seiner Chronistenpflicht genügend, in der Zeitung veröffentlichte. Beide lernten sich dennoch näher kennen und schätzen. Und weil Olaf Glaeseker und seine Frau Vera, ebenfalls Journalistin, den Umzug des Büros von Bonn nach Berlin nicht mitmachen mochten, kam ihnen das Angebot für Hannover gerade recht. Wulff und Glaeseker haben sich, wie man so sagt, gesucht und gefunden. Die Chemie stimmte, Glaeseker wurde bald mehr als „nur" Pressesprecher. Er wurde Wulffs engster Berater und Vertrauter, Lenker und

Wegbereiter auf dem oft sehr glitschigen Parkett der Presse. Olaf Glaeseker kam zustatten, dass er sich in der journalistischen Szene sowohl in Hannover als auch auf Bundesebene gut auskannte und bei den Journalisten hier wie dort bekannt und vor allem anerkannt war.

Wulff spürt Nachwuchstalente auf

Schon im Wahlkampf 1994 war Christian Wulff ein junger, pfiffiger, außerordentlich engagierter und eloquenter Student in seiner Wahlkampftruppe aufgefallen. Es war David McAllister. Seine deutsche Mutter hatte in Berlin einen schottischen Offizier geheiratet. Als Wulff ihm für die Landtagswahl 1998 einen sicheren Landeslistenplatz verschaffte, hatte der junge Mann sein zweites juristisches Staatsexamen bestanden und war mit 27 Jahren Rechtsanwalt in Bad Bederkesa. Aber David McAllister, der schon mit 15 Jahren in die Junge Union eingetreten, von 1991 bis 1994 Vorsitzender ihres Kreisverbandes Cuxhaven war und seit 1988 der CDU angehörte, deren Vorsitzender des Samtgemeindeverbandes Bederkesa er war, hatte sich seit 1996 schon in der Kommunalpolitik engagiert. Als Ratsherr des Fleckens Bad Bederkesa sowie der Samtgemeinde Bederkesa und als CDU-Fraktionsvorsitzender im Rat sowie seit 1996 CDU-Kreistagsabgeordneter im Landkreis Cuxhaven, hatte er die ersten Sprossen der politischen Leiter erklommen. Schon damals war Landrat Martin Döscher sein politischer Ziehvater und väterlicher Berater.

Eine ebenso atemberaubende Karriere hat die von Christian Wulff „entdeckte" Dr. Ursula von der Leyen hingelegt, die später zur Bundesministerin avancierte. Die 1958 geborene Ärztin und Mutter von sieben Kindern aus Sehnde bei Hannover, Tochter des früheren Ministerpräsidenten Dr. Ernst Albrecht, war zwar seit 1990 Mitglied der CDU, aber politisch hatte sie sich erst engagiert, als sie den damaligen Oppositionsführer Christian Wulff auf einer Wahlkampfveranstaltung erlebt, sich hinterher in der Kneipe zu ihm an den Tisch gesetzt und mit ihm diskutiert hatte. Ein Jahr später liefen sie sich bei einer Reiterveranstaltung in Verden wieder über den Weg. Beide waren von einander beeindruckt und angetan. Wulff lud die Ärztin in seinen Beraterkreis „Futureminds" als Gesundheitsexpertin ein. Sie übernahm sogar bald Führungsaufgaben in diesem Expertengremium. „Röschen", wie ihr Vater seine Tochter unter seinen sechs Kindern liebevoll nannte, entdeckte ihr Herz für die Politik und fing ganz unten an. Sie wurde 2001 Ratsfrau und Vorsitzende der CDU-Fraktion ihrer Heimatstadt Sehnde und Mitglied der Regionsversammlung Hannover. Als der CDU-Landesvorsitzende Christian Wulff sie unbedingt in den Niedersächsischen Landtag holen wollte, musste erst ein Wahlkreis für sie gefunden werden. Es wurde zwar immer wieder propagiert, die CDU brauche Fachleute und Seiteneinsteiger, aber ohne Wahlkreis lief in den Köpfen der für die Aufstellung des Landeslistengremiums Verantwortlichen nichts. Dr. von der Leyens Heimatwahlkreis war von Jürgen Gansäuer besetzt. Auch anderenorts wollte niemand seinen Wahlkreis freiwillig für einen völlig unbekannten Neuling, auch nicht für die Tochter des früheren Ministerpräsidenten, räumen. Da kam die Idee für eine Urabstimmung in der heimischen CDU auf. Ursula von der Leyen ging mit knapper Mehrheit als Siegerin hervor. Sie erhielt den Wahlkreis Lehrte und gewann ihn bei der Landtagswahl 2003 direkt.

Drei SPD-Ministerpräsidenten in 14 Monaten

Zum Nachfolger des Ministerpräsidenten war am 28. Oktober 1998 Schröders Kronprinz, der seit 1990 amtierende Innenminister Gerhard Glogowski aus Braunschweig, gewählt worden. Er regierte indessen mehr schlecht als recht gerade mal knapp 14 Monate. Dann fegte ihn eine spektakuläre Affäre – in der Presse als „Braunschweiger Edelsause" tituliert – aus dem Amt. Kanzler Schröder reiste an, und sein Nachfolger Ministerpräsident Glogowski, der bis zuletzt alle Vorwürfe bestritt, nahm am 14. Dezember 1999 seinen Hut. Schon am nächsten Tag stand der bullige, umtriebige SPD-Fraktionsvorsitzende Sigmar Gabriel, gerade mal vier Monate jünger als Wulff, auf der Matte und sollte mit Schröders Segen der dritte Ministerpräsident in 14 Monaten werden.

CDU-Landeschef Christian Wulff forderte dagegen als sauberste Lösung die Auflösung des Parlaments und Neuwahlen, damit nicht zum zweiten Male innerhalb so kurzer Zeit ein Ministerpräsident ohne Legitimation durch die Wähler regieren könne. „Ich fordere die SPD auf, den Weg zu Neuwahlen freizumachen, weil das Land jetzt einen politischen Neuanfang braucht. Die SPD ist nach neun Regierungsjahren verbraucht", sagte Wulff. Er halte es für richtig, die Bevölkerung zu fragen, und es nicht allein den SPD-Zirkeln zu überlassen, wer Niedersachsen regieren soll. Doch die SPD-Mehrheit im Landtag setzte die Wahl Gabriels zum Ministerpräsidenten im Parlament durch. Christian Wulff und die niedersächsische CDU sahen die ganze Angelegenheit mit gemischten Gefühlen. Bei Glogowski als Gegner im Wahlkampf um die nächste Landtagswahl hätte sich der Oppositionsführer sicher keine großen Gedanken zu machen brauchen. Viele, auch SPD-Leute, sahen im glücklosen SPD-Regierungschef eher einen Wahlkampfhelfer für die CDU. Gabriel war ein etwas anderes Kaliber. Doch dass er, wie damals in vielen Zeitungen zu lesen war, „jeden Tag eine andere Sau durchs Dorf trieb", machte ihn zwar bekannter, aber nicht gerade populärer.

Später Frieden

In diese Zeit gehört noch eine erwähnenswerte Begebenheit. Rund neun Jahre hat es gedauert, bis zwei einstige politische Kontrahenten und ehemalige niedersächsische Ministerpräsidenten späten Frieden miteinander schlossen: Dr. Ernst Albrecht, der von 1976 bis 1990 Niedersachsen regierte, und Gerhard Schröder, der von 1990 bis 1998 Landeschef war. Beide erhielten 1999 im Landesmuseum in Hannover aus der Hand des niedersächsischen SPD-Ministerpräsidenten Gerhard Glogowski die höchste Auszeichnung, die das Land Niedersachsen zu vergeben hat – die 1956 vom damaligen DP-Ministerpräsidenten Heinrich Hellwege gestiftete und nur an 30 gleichzeitig lebende Träger zu verleihende Landesmedaille für „Verdienste um Niedersachsen". Schon Dr. Albrechts Nachfolger Gerhard Schröder wollte seinem Vorgänger die höchste Auszeichnung verleihen. Aber der CDU-Politiker wollte sie nicht aus den Händen Schröders entgegen nehmen. Zu tief saßen offenbar die Verletzungen, die der SPD-Linke seinem Vorgänger am Ende von dessen Amtszeit unter anderem mit den angeblichen „Skandalgeschichten" zugefügt hatte. Nun bezeichnete Dr. Albrecht bei der Verleihung diese gemeinsame Ehrung mit Schröder als „etwas ungewöhnlich" und sprach von „Zwiespältigkeit beim Entgegennehmen dieser Auszeichnung". Es sei jedoch erfreulich, dass es bei allen Auseinandersetzungen im Kampf um die Macht doch noch die Gemeinsamkeit der Demokraten gebe. Und Schröder, inzwischen zum Bundeskanzler aufgestiegen, entgegnete, in der Politik gebe es zwar Gegner im Machtkampf, aber keine Feindschaften. Damit wurde eine langjährige politische und persönliche Rivalität begraben.

Der CDU-Spendenskandal

Es ist sicher nicht die Aufgabe dieses Buches, den Spendenskandal der CDU um die Jahreswende 1999/2000 eingehend darzustellen. Doch der niedersächsische CDU-Landesvorsitzende Christian Wulff hatte in der gesamten Spendenaffäre wie kein anderes CDU-Führungsmitglied gemeinsam mit der Generalsekretärin Angela Merkel eindeutig Stellung bezogen und eine lückenlose Aufklärung im Interesse der Glaubwürdigkeit der CDU gefordert. Wulff, dessen Bekanntheitsgrad und Ansehen sich in Deutschland schlagartig erhöhte, stand damit in der Öffentlichkeit als Garant für Aufklärung und Verlässlichkeit. Aber leider nicht in der eigenen Partei. Für die eingefleischten Kohl-Anhänger war er sogar ein Nestbeschmutzer. Sie wollten die Realitäten einfach nicht wahrhaben, sie wollten nicht, dass ihr großes Idol Helmut Kohl demontiert und beschädigt wird. Schon ein Vierteljahr später, im April 2000, auf dem Bundesparteitag in Essen, bekam Christian Wulff das schmerzhaft zu spüren, als er für seine Aufklärungsarbeit in der Spendenaffäre geradezu abgestraft und mit gerade 62 % soeben als stellvertretender Bundesvorsitzender wiedergewählt wurde.

Wulffs Enttäuschung über Helmut Kohl, den auch er einst bewundert und verehrt hatte, konnte und wollte er nicht verbergen. Dafür wurde seine Zustimmung zu Angela Merkel immer größer. Christian Wulff war es, der sie schließlich zur neuen Bundesvorsitzenden der CDU Deutschlands vorschlug. Sie wurde die neue Hoffnungsträgerin der CDU, aber an Wulff ließ das Parteivolk seine Wut aus. Seine Versöhnung mit Helmut Kohl dauerte bis zum Tag des Wahlsieges 2003 in Niedersachsen.

6. DER CDU-LANDESVORSITZENDE AUF RAUER SEE

Das Jahr 2000 wurde für den Landesvorsitzenden der CDU in Niedersachsen das „verflixte siebte Jahr". Zumindest im ersten Halbjahr gab es für den seit 1994 amtierenden CDU-Chef eine Reihe von Rück- und Tiefschlägen zu überstehen. Er wurde unversehens zum Sündenbock und musste ausbaden, was andere angerichtet hatten. In der Bundes-CDU war die Stimmung nach dem Spendenskandal auf dem Tiefpunkt. Die Affäre mit den erzwungenen Rücktritten der obersten Parteiführer beherrschte die Partei, die Medien und das Volk. Sachpolitik fand nicht mehr statt. Die CDU lag am Boden, ihre Umfragewerte waren im Keller. Helmut Kohl informierte nicht das Parteipräsidium, sondern die Öffentlichkeit über das Fernsehen Stück für Stück und instrumentalisierte damit die Partei auch gegen die Parteiführung. Den niedersächsischen CDU-Chef, der dies ganz offen als Machtkampf in der Union bezeichnete, erboste das sehr. Infolge der Affäre musste Wolfgang Schäuble als Vorsitzender der CDU und der CDU/CSU-Bundestagsfraktion zurücktreten.

Über die Nachfolge im Parteivorsitz hatte der Bundesparteitag im April 2000 zu entscheiden. Um gleich Nägel mit Köpfen zu machen, erörterte Christian Wulff in Berlin die Lage mit der niedersächsischen Landesgruppe im Bundestag. Sein Vorschlag, Angela Merkel für die Partei und Friedrich Merz für die Fraktion, ein schlagkräftiges Team, dem seine ganze Sympathie gehöre, fand ungeteilte Zustimmung.

Am Tag des Rücktritts von Schäuble fand in Hannover eine Plenarsitzung des Niedersächsischen Landtags statt. Nachdem der Rücktritt über den Sender „PHOENIX" ausgestrahlt war, rief

Wulff die CDU-Fraktion zu einer Sondersitzung zusammen, um sich Zustimmung und Rückendeckung für seinen Vorschlag Merkel und Merz zu holen, den er dann öffentlich machen wollte. Die Fraktion stimmte zu, und um 15 Uhr tagte die Landespressekonferenz. Vor Journalisten in Hannover sagte Christian Wulff, er selbst werde sich weder um den Parteivorsitz noch um das Amt des Generalsekretärs bewerben. Er favorisiere jedoch als Nachfolger von Schäuble für den Fraktionsvorsitz den stellvertretenden Vorsitzenden der CDU/CSU-Bundestagsfraktion, Friedrich Merz, und Generalsekretärin Angela Merkel für den Parteivorsitz. Damit waren die entscheidenden Personalvorschläge erstmals öffentlich gemacht.

Als im März widersprüchliche Gerüchte durch die Medien schwirrten, Wulff werde von einer Gruppe „jüngerer CDU-Spitzenpolitiker" gedrängt, unter einer neuen CDU-Bundesvorsitzenden Angela Merkel Generalsekretär zu werden, hatte er, wie sich sein Pressesprecher Olaf Glaeseker erinnerte, für einen Augenblick diesen Posten interessant gefunden, dann aber klar und deutlich erklärt, seine Aufgabe liege in Niedersachsen, wo er nach der nächsten Landtagswahl die Regierungsverantwortung übernehmen wolle. Der *Spiegel* hatte geschrieben: „Wulff soll, will aber nicht."

So waren die Weichen für die wichtigsten Personalentscheidungen auf dem Bundesparteitag am 10. April 2000 in Essen gestellt. Er stand unter dem Versuch, die Turbulenzen der letzten Monate zu vergessen und zur sachlichen Politik zurückzukehren. Angela Merkel wurde mit dem sensationellen Ergebnis von 95,9 % der Delegiertenstimmen als neue Hoffnungsträgerin der Partei zur neuen Vorsitzenden der CDU Deutschlands gewählt.

Die Landtagsfraktion „bröckelte"

Schon vorher hatte Christian Wulff in Niedersachsen schwere Nackenschläge einstecken müssen. Am 14. März 2000 musste er sich als Vorsitzender der CDU-Landtagsfraktion zur Wiederwahl stellen. Auch hier gab es ein „kleines Debakel". Von 61 Abgeordneten der Fraktion erhielt er nur 45 Stimmen, 14 stimmten gegen ihn und zwei enthielten sich der Stimme. Das war ein Schuss vor den Bug. Wulff selbst wertete die Abstimmung als „enttäuschendes Ergebnis", obwohl auch wieder klar wurde, dass es für ihn keinen ernstzunehmenden Gegner in der Führung der Fraktion gab.

Landesparteitag wählt den Vorsitzenden wieder

Am 26./27. Mai 2000 fand der Landesparteitag der CDU in Niedersachsen in Osnabrück statt. Die Stimmung war, wie allgemein in der CDU, immer noch gedämpft. Der Spendenskandal und seine weitreichenden personellen Folgen ließen keine Freude aufkommen. Im Mittelpunkt des Parteitages standen die Reden des Landesvorsitzenden Christian Wulff und, am zweiten Tag, der neuen CDU-Bundesvorsitzenden Angela Merkel. Außerdem gab es die Vorstandswahlen. Sie wurden diesmal mit besonderer Spannung angesichts der Ereignisse des vergangenen halben Jahres erwartet. Nach den Dämpfern und schmerzhaften „Denkzetteln" bei den Wahlen zum Vorsitzenden der CDU-Landtagsfraktion im März, als Wulff nur von dreiviertel der Abgeordneten gewählt wurde, und zum stellvertretenden CDU-Bundesvorsitzenden auf dem Parteitag in Essen im April mit relativ bescheidenen 62,07 %, konnte der Landesvorsitzende jetzt in seiner Heimatstadt Osnabrück zufrieden sein. Er erhielt 88,3 % der Delegiertenstimmen. 371 stimmten mit Ja, 49 mit Nein und vier mit Enthaltung. Gemessen an der taktisch niedrig vorgegebenen Formel 75 plus x war es sogar eine eindrucksvolle Bestätigung, auch wenn sie nicht an die Ergebnisse der drei vorhergehenden Vorstandswahlen seit 1994 herankam. Vor allem blieb Christian Wulff eine weitere Enttäuschung erspart. „Auf dieses Ergebnis habe ich gehofft, aber ich konnte es nach all den schweren Monaten nicht erwarten. Ich nehme die Wahl gern an", sagte er mit strahlendem Gesicht.

Das Wahlergebnis für den Landesvorsitzenden bedeutete nach seiner Einschätzung auch, dass die in Bund und Land zerstrittene und niedergeschlagene CDU wieder auf dem Kurs der Besinnung und Vernunft war. Es war vor allem auch eine gute

Grundlage, bei der nächsten Landtagswahl 2003 zum dritten Mal als Ministerpräsidenten-Kandidat in Niedersachsen anzutreten. Es gab niemanden, der ihm die Spitzenkandidatur noch hätte streitig machen können. Der alte und neue CDU-Landeschef hatte vor dem Wahlgang von den Delegierten ein Signal der Geschlossenheit verlangt. „Vielleicht ein bißchen geschlossener, vielleicht ein bißchen entschlossener als in den zurückliegenden Monaten sollte die CDU in Niedersachsen auftreten", mahnte Wulff.

Bei den weiteren Vorstandswahlen gab es keine Überraschungen. Die drei stellvertretenden Landesvorsitzenden wurden mit passablen Ergebnissen wiedergewählt; von 417 Stimmen erhielten Heinrich-Wilhelm Ronsöhr 369, Dr. Martina Krogmann 351 und Dr. Friedbert Pflüger 345 Stimmen. Wie immer erzielte der Landesschatzmeister Martin Biermann mit 392 von 397 Stimmen bei fünf Gegenstimmen das weitaus beste Ergebnis. Zur Wahl der 18 Beisitzer hatten sich 19 Kandidaten beworben. Nur einer fiel durch. An der Spitze der 414 abgegebenen Stimmen rangierten mit größerem Abstand Dr. Godelieve Quisthoudt-Rowohl (387), Hans Eveslage (384), Katrin Neumann (377), Ewa Klamt (374) und Ulf Thiele (370), der zum ersten Male auf sich aufmerksam machte.

„Club der 1000" soll Wahlkampf finanzieren

In Sachfragen hatte der wiedergewählte Landesvorsitzende die Weichen gestellt. Jetzt ging es noch um die Finanzierung. Zunächst musste die Landespartei künftig pro Jahr zusätzlich etwa eine Million Mark nach Berlin zur Sanierung der arg gebeutelten Parteikasse überweisen. Die 440 Delegierten folgten trotz der großen Belastung, vor allem der CDU-Kreisverbände, dem Landesvorstand in dieser Frage. Dann machte Christian Wulff einen recht ungewöhnlichen Vorschlag: Es sollte ein „Club der 1000" gegründet werden. Mindestens tausend Freunde der CDU in Niedersachsen sollten drei Jahre lang monatlich je 100 Mark aufbringen, um so einen Grundstock von rund vier Millionen Mark als Basis für den Landtagswahlkampf zum Regierungswechsel im Jahr 2003 zu schaffen.

Am zweiten Tag des Landesparteitages ging ein Ruck durch die Reihen der Delegierten, als die gerade neu ins Amt gewählte Bundesvorsitzende der CDU Deutschlands, die bisherige Generalsekretärin Angela Merkel, in ihrer Rede betont kämpferische Töne anschlug und dafür mit stehenden Ovationen gefeiert wurde. Zunächst hatte sie Christian Wulff für seine Haltung in der Spendenaffäre gedankt und keinen Zweifel daran gelassen, dass der niedersächsische Landesvorsitzende entscheidenden Anteil an der raschen Aufarbeitung der Angelegenheit und am personellen Neuanfang der CDU hatte. Dann sprach sie davon, dass sich die CDU ändern müsse. Dazu brauche die Partei Klarheit im Kopf und einen Kompass. Klarheit über die Grundwerte der CDU hieß das und Orientierung an einem Gesellschaftsbild, das Freiheit, Gerechtigkeit und Solidarität in ihrem Sinne Raum gab. Mit dem Kompass in der Hand zeigte die Bundesvorsitzende, welche Wege bei der Rentenreform mit der SPD gegangen werden könnten und welche bei der Steuer- und Gesundheitsreform in die Sackgasse führten. Die *Frankfurter Allgemeine Zeitung* kommentierte: „Nachdenklich und selbstkritisch können Parteitagsreden also auch sein. Diese riß die Delegierten gleich von den Stühlen."

VI. Mit Christian Wulff in das neue Jahrtausend

1. Es geht wieder aufwärts

Der Landesparteitag der CDU in Niedersachsen am 22./23. Juni 2001 in Hildesheim mit rund 600 Delegierten und Gästen war das gelungene Aufbruchsignal für die bevorstehenden niedersächsischen Kommunalwahlen am 9. September 2001 und damit für eine entscheidende Etappe auf dem Weg zur Übernahme der Regierungsverantwortung nach der Landtagswahl 2003. Der eigentliche Wahlkampf wurde in Hildesheim allerdings durch zwei ebenso aktuelle wie brisante Themen etwas in den Hintergrund gedrängt. Es ging um die Kooperation von SPD und PDS im Berliner Abgeordnetenhaus und um die parteiinternen Querelen in der Spitze der Union. Dabei ließ der Parteitag keinen Zweifel daran, dass Christian Wulff und die CDU in Niedersachsen geschlossen hinter der neuen CDU-Bundesvorsitzenden Angela Merkel, die anwesend war, stehen. Mit einer kämpferischen Rede, die im Mittelpunkt des Landesparteitages stand, sagte sie den Niedersachsen ihrerseits die volle Unterstützung für die bevorstehenden entscheidenden Wahlkämpfe zu.

Erfolgreiche Kommunalwahlen geben neue Hoffnung

Es ging gleich gut los mit dem Wahl-Marathon. Am 9. September 2001 gewann die niedersächsische CDU die Kommunalwahlen mit 42,6 % vor der SPD mit 37,9 %, den GRÜNEN mit 5,0 % und der FDP mit 4,7 % sowie den Wählergemeinschaften und „Sonstigen" mit 9,9 %. Interessant war dabei, dass die CDU mehr Mandate errang als SPD, GRÜNE und FDP zusammen, und vor allem, dass sie nicht nur in der Fläche großen Zuwachs erzielen konnte, sondern dieses Mal auch in den Großstädten. Nur in der Landeshauptstadt Hannover konnte sie die seit dem Kriegsende regierende SPD und den fast 30 Jahre lang amtierenden Oberbürgermeister Herbert Schmalstieg wieder nicht ablösen. Die CDU in Niedersachsen und ihr Landesvorsitzender Christian Wulff sahen die niedersächsischen Kommunalwahlen 2001 als Wende in der miesen Stimmung seit der Spendenaffäre und als Hoffnung für die bevorstehenden nächsten Wahlen. Sie nahmen den Schwung und die Siegeszuversicht gleich mit in den sofort anschließenden Wahlkampf für die Bundestagswahl im folgenden September 2002.

Zuvor aber gab es am 3. November 2001 eine Sitzung des Landesausschusses der CDU in Niedersachsen in Hannover. Auf dem „Kleinen Parteitag" rechnete sich der Landesvorsitzende Christian Wulff nach den Wahlerfolgen der CDU bei den Kommunalwahlen in Niedersachsen und nach den geschwundenen Mehrheiten für Rot-Grün in Hamburg und Berlin auch für die nächste Landtagswahl in Niedersachsen eine reelle Chance aus. Er hoffe auf ein Ergebnis von „40 Prozent plus x", sagte Wulff. Zum zentralen Wahlkampfthema erklärte er die innere Sicherheit, die schlechte wirtschaftliche Lage und die Bildungspolitik. Gerade bei der inneren Sicherheit zeigte sich, dass dieses Thema „bei diesem Ministerpräsidenten Gabriel und dieser Landesregierung nicht in guten Händen" war.

Mit großer Mehrheit, gegen neun Stimmen, beschlossen die 85 Delegierten des Landesausschusses das zum Jahresende auslaufende Frauen-Quorum – bei der Besetzung von Parteiämtern und Mandaten jeder dritte Platz für eine Frau – in der Satzung der Bundespartei um weitere drei Jahre bis zum Reformparteitag der CDU zu verlängern. Dieser Beschluss sollte auf dem CDU-Bundesparteitag Anfang Dezember in Dresden offensiv vertreten werden. Der Antrag der Jungen Union, das Frauen-Quorum abzuschaffen, hatte erwartungsgemäß keine Mehrheit gefunden. Vor allem die Vorsitzende der Frauen Union, Irmgard Vogelsang, betonte, in vielen ländlichen Verbänden hätten die Frauen ohne Quote keine Chancen.

Erste Konturen für das Schattenkabinett 2003

In Niedersachsen gingen zum Jahresende die Vorbereitungen zur Bundestagswahl mit den Kandidatenaufstellungen verstärkt weiter. Mitten hinein platzte das Gerücht, Christian Wulff wolle sich um ein Bundestagsmandat bemühen. Aber es gelang ihm ziemlich schnell, die Gerüchteküche dicht und der Öffentlichkeit deutlich zu machen, dass sein Platz in Niedersachsen ist, wo er 2003 die Regierung übernehmen wolle. Bei der Kandidatenauswahl wurden auch schon erste Konturen für Christian Wulffs Mannschaft zur Landtagswahl 2003 sichtbar. Für Rita Pawelski, die ein Bundestagsmandat anstrebte, sollte Ursula von der Leyen, die Tochter des ehemaligen Ministerpräsidenten Ernst Albrecht und Mitglied des Beraterkreises von Wulff, in die Bresche springen, um im „Schattenkabinett" für Sozial- und Familienpolitik, Hochschul- und Gesundheitspolitik, ihre bisherigen Schwerpunkte, zuständig zu werden. Für die Innenpolitik standen Uwe Schünemann, für die Finanzpolitik Hartmut Möllring und für die Bildungspolitik Bernd Busemann auf Christian Wulffs Wunschliste.

2. NACH DER WAHL IST VOR DER WAHL

Das Jahr 2002 kann man für die CDU in Niedersachsen getrost unter die Überschrift stellen: „Nach der Wahl ist vor der Wahl." Denn die Partei kam aus den Wahlkämpfen gar nicht heraus. Nach den Kommunalwahlen am 9. September 2001 ging es gleich weiter zur Bundestagswahl am 22. September 2002 und nahezu nahtlos zur Landtagswahl am 2. Februar 2003.

David McAllister wird Generalsekretär

In dieser Zeit des Doppelwahlkampfes traf der CDU-Landesvorsitzende Christian Wulff im Hinblick auf die kommenden Aufgaben, insbesondere auf die 2003 anstehende alles entscheidende Landtagswahl, eine ganz besondere Personalentscheidung: Der 30-jährige Landtagsabgeordnete, Kommunalpolitiker und denkbare neue Landrat des Kreises Cuxhaven, David McAllister, Rechtsanwalt in Bad Bederkesa, sollte Generalsekretär der CDU in Niedersachsen werden. Christian Wulff brauchte gerade für die „letzte, entscheidende Schlacht" einen politischen Generalsekretär, einen selbständig denkenden und handelnden Wahlkämpfer mit Biss. Wulff, der McAllister für das größte Nachwuchstalent in der niedersächsischen CDU hielt, hatte gerade mit großem Interesse den außerordentlich erfolgreichen, polarisierenden Wahlkampf des jungen Politikers für die Kommunalwahl beobachtet und seine Wahl getroffen. Seit dem Einzug als jüngster Abgeordneter in den Niedersächsischen Landtag 1998 gehörte er zu den auffälligsten und aktivsten Neulingen. Wulff war bald überzeugt, dass McAllister als „sein Mann" für die schwierigsten Aufgaben und für das Amt des Generalsekretärs geradezu prädestiniert war.

McAllister erinnert sich noch gut daran, als eines Tages ein Anruf vom „großen Vorsitzenden" kam und er zum Gespräch nach Bremen-Vegesack gebeten wurde. In banger Erwartung fuhr er mit seinem Auto zur „Strandlust" und sah dort Christian Wulff auf der Terrasse, mit Blick auf die Weser, sitzen und Kaffee trinken. Es wurde gleich ein offenes, vertrauliches Gespräch. Der Landesvorsitzende machte ihm das Angebot, Generalsekretär der CDU in Niedersachsen zu werden, erläuterte seinen Plan, wies aber auch darauf hin, dass der Posten nach einer eventuell unerwartet verlorenen Landtagswahl auch zum Schleudersitz werden könnte und fragte ihn, ob er sich die Aufgabe für die CDU in Niedersachsen zutraue. McAllister schluckte und sagte „ja". Allerdings hätte er vorher gern noch zwei „kleine Probleme" gelöst. Einmal wollte er mit seiner Freundin sprechen, die bald darauf seine Frau wurde, und dann bat er Wulff, vorher die Parteifreunde, die ihn zum hauptamtlichen Landrat von Cuxhaven machen wollten, zu überzeugen, dass das Amt in der hanno-

Wahlplakat zur Landtagswahl 2003

verschen Parteizentrale für die Landes-CDU wichtiger sei als das kommunale Mandat. Dazu genügte dem Landesvorsitzenden ein Anruf bei Landrat Martin Döscher, sie trafen sich zum Frühstück in Cuxhaven und die Sache war bereinigt.

Vom „General" zum Bundestagsabgeordneten

Es gab allerdings noch eine Schwierigkeit, die zu regeln Christian Wulff nicht gerade angenehm war. Der seit 1986 amtierende Generalsekretär Hartwig Fischer, der sein Amt zur allseitigen Zufriedenheit ausgeübt hatte, musste überzeugt werden, dass dies kein Posten auf Lebenszeit war. Hartwig Fischer erreichte dann bei einer Urwahl zum Bundestagskandidaten im Wahlkreis Göttingen, den bisher die Bundestagspräsidentin Rita Süßmuth innehatte, ein Spitzenergebnis: von 243 CDU-Mitgliedern sprachen sich 237 für ihn aus. Offiziell wurde die Stabübergabe erst im August 2002 auf dem Landesparteitag der CDU in Niedersachsen in Celle vorgenommen.

Pflüger und Wulff führten die Landeslisten an

Die Liste für die Bundestagswahl 2002 führte der stellvertretende Landesvorsitzende Dr. Friedbert Pflüger, MdB, (Bezirksverband Hannover), an; auf den nächsten Plätzen folgten der Braunschweiger Landesvorsitzende Heinrich-Wilhelm Ronsöhr, MdB, (Landesverband Braunschweig), Dr. Martina Krogmann, MdB, (Bezirksverband Stade), der Oldenburger Landesvorsitzende Manfred Carstens, MdB, (Landesverband Oldenburg), Eckart von Klaeden, MdB, (Bezirksverband Hildesheim) und dann als erster „Neuling" im Bundestag Rita Pawelski, MdL, (Bezirksverband Hannover).

An der Spitze der Landesliste für die Landtagswahl 2003 stand der CDU-Landesvorsitzende Christian Wulff, MdL, (Bezirksverband Osnabrück-Emsland). Dahinter folgten Landtagsvizepräsident Jürgen Gansäuer, MdL, (Bezirksverband Hannover), Dr. Ursula von der Leyen (Bezirksverband Hannover), Hartmut Möllring, MdL, (Bezirksverband Hildesheim), Heidemarie Mundlos, MdL, (Landesverband Braunschweig), Hermann Dinkla, MdL, (Bezirksverband Ostfriedland), Inse-Marie Ortgies, MdL, (Landesverband Oldenburg), Uwe Schünemann, MdL, (Bezirksverband Hildesheim), Friedrich Pörtner, MdL, (Bezirksverband Hannover), Astrid Vockert, MdL, (Bezirksverband Stade).

Parteitag in Celle wie ein Mann hinter dem Landesvorsitzenden

In diesem Sommer 2002 schwamm die CDU in Niedersachsen auf einer Woge des Optimismus und der Zuversicht. Das wurde auf dem Landesparteitag am 9. und 10. August in Celle besonders deutlich. Er war praktisch ein doppelter Wahlparteitag. Aus allen Reden klang die Zuversicht, nicht nur die Bundestagswahl am 22. September 2002 mit dem Kanzlerkandidaten Edmund Stoiber zu gewinnen, sondern in diesem Sog auch bei der Landtagswahl am 2. Februar 2003 mit dem CDU-Landesvorsitzenden Christian Wulff endlich wieder die Regierung in Niedersachsen zu übernehmen. In Celle aufgestellte Großflächenplakate mit den überdimensionalen Köpfen von Stoiber und Wulff waren dafür ein äußeres Zeichen.

Die innere Haltung der CDU in Niedersachsen wurde dadurch dokumentiert, dass die 423 Delegierten mit 393 gegen 26 Stimmen, also mit 93,8 %, ihren seit acht Jahren amtierenden Landesvorsitzenden Christian Wulff wiederwählten. Es war sein bis dahin bestes Wahlergebnis. Auch seine Stellvertreter hatten bei den Vorstandswahlen hohe Zustimmung bekommen: Dr. Friedbert Pflüger (Hannover), Spitzenkandidat der niedersächsischen CDU für die Bundestagswahl, 91 %, Heinrich-Wilhelm Ronsöhr (Braunschweig) 85 %, Dr. Martina Krogmann (Stade) 84 %. Fast einstimmig, mit knapp 99 %, wurde Schatzmeister Martin Biermann (Celle) wiedergewählt. Die Riege der 18 Beisitzer im Landesvorstand wurde nahezu komplett wiedergewählt. Die besten Wahlergebnisse erzielten die Landtagsabgeordnete Rita Pawelski (Hannover), Dr. Godelieve Quisthoudt-Rowohl, Europa-Abgeordnete aus Hildesheim, und die 26-jährige Katrin Neumann aus Verden als Vertreterin der Jungen Union. Mit dem Wahlergebnis für Christian Wulff wurde deutlich, dass die niedersächsische CDU „wie ein Mann" hinter ihrem Vorsitzenden und Spitzenkandidaten stand.

Die Parteitagsrede des Landesvorsitzenden unter dem Titel „Zeit für Taten – Zeit für Niedersachsen", teils kämpferisch, teils nachdenklich, wurde als doppelte Wahlkampfrede eine Abrechnung mit Kanzler Schröder und der Bundesregierung sowie mit Ministerpräsident Gabriel und der Landesregierung. Beide Regierungschefs sollten bei den nächsten Wahlen aus dem Amt gejagt werden. Generalsekretär Hartwig Fischer, 16 Jahre lang die Seele der CDU-Landesgeschäftsstelle, sagte in seiner Abschiedsrede, Spitzenpolitiker müssten vor allem „eine Burg in den Herzen der Menschen bauen". Und als der Ehrenvorsitzende Wilfried Hasselmann in den Saal rief, jetzt sei kein Platz mehr für Zweifel und Misstrauen, „wir brauchen jetzt keine Bedenkenträger mehr", da kannten Jubel und Beifall kaum noch Grenzen.

Aber dann war da ja noch die Vorstellungsrede des neuen Generalsekretärs der CDU in Niedersachsen, David McAllister. Wie dieser junge, 31-jährige Landtagsabgeordnete, der „junge Spund" aus dem Landkreis Cuxhaven, nach anfänglicher Nervosität im mucksmäuschenstillen Tagungssaal sich immer mehr steigerte, wie er mit seiner Eloquenz und Begeisterung die Zuhörer geradezu von den Sitzen riss, das hatten selbst im Dienst ergraute altgediente Mitglieder noch nicht erlebt. 97,8 % Wahlergebnis waren die Quittung für seine Rede.

Wer ist McAllister?

Das fragten sich viele in der CDU, als der junge Mann mit dem schottischen Namen, von Journalisten als „Sonnyboy der Cuxhavener Politszene" bezeichnet, unbekümmert und selbstbewusst begann, die Partei „aufzumischen". David McAllister ging in Berlin zur Schule und erinnert sich noch gut daran, dass er in der Grundschule 1980 mit einer Rede für Franz Josef Strauß „Wahlkampf gespielt" hat und 1986, die Familie war nach der Pensionierung des Vaters nach Bad Bederkesa gezogen, als 15-jähriger in die Junge Union eintrat, „um den Wahlkampf gegen Gerhard Schröder mitzumachen". Zwei Jahre später wünschte er sich zu seinem 17. Geburtstag von seinen Eltern die Mitgliedschaft in der CDU, weil er sich den Beitrag von seinem Taschengeld nicht leisten konnte. Auch weiterhin waren Wahlkämpfe, meistens an der Seite von Martin Döscher, seine Vorliebe. Groß war die Enttäuschung über die verlorene Landtagswahl 1990. Umso eifriger war sein Einsatz in der Wahlkampfmannschaft von Christian Wulff 1994, besonders als Fahrer für die „Schatten-Ministerin" Annette Schavan.

Inzwischen hatte der Abiturient McAllister von 1989 bis 1991 als Zeitsoldat beim Panzerbataillon 74 Cuxhaven-Altenwalde gedient und dann als Stipendiat der Konrad-Adenauer-Stiftung sein Studium der Rechtswissenschaften aufgenommen. Nach dem ersten Staatsexamen fand er Zeit, sich endlich auch aktiv in die Politik einzumischen. Christian Wulff und Martin Döscher erkannten das große Talent des jungen Nachwuchspolitikers und ermutigten ihn, sich um ein Landtagsmandat zu bemühen. 1998 zog David McAllister als jüngster Abgeordneter in den Niedersächsischen Landtag ein. Seine ersten Sporen verdiente er sich als Vorsitzender des Ausschusses für Jugend und Sport und als stellvertretendes Mitglied im Untersuchungsausschuss gegen den damaligen SPD-Ministerpräsidenten Gerhard Glogowski. McAllister fühlte sich schon damals vom CDU-Fraktionsvorsitzenden Christian Wulff geehrt, weil er in der erlesenen Truppe als Stellvertreter mitwirken durfte, in der Bernd Busemann, Hartmut Möllring und Uwe Schünemann ordentliche Mitglieder sowie Lutz Stratmann und Bernd Althusmann auch Stellvertreter waren. Aber das war erst der Anfang einer steilen, einmaligen politischen Karriere, wie sie nur Ausnahmetalente erreichen. Mit Bravour nahm er die nächste Sprosse auf der Karriereleiter, den Posten des Generalsekretärs und damit des Wahlkampfleiters für Christian Wulff auf dem Weg zum niedersächsischen Regierungschef.

Der Dämpfer durch die Bundestagswahl

Zunächst aber ging es um die Bundestagswahl am 22. September 2002. Der Wahlkampf lief auf vollen Touren. In Niedersachsen wurde er noch unter der Regie des bisherigen Generalsekretärs Hartwig Fischer vorangetrieben. Sein Nachfolger David McAllister war noch „Lehrling und Gehilfe", wie ein Vorstandsmitglied sagte. Die Zusammenarbeit zwischen beiden, die sich gut verstanden, klappte sehr gut.

Am Wahlabend sah es zunächst für die Union gar nicht so schlecht aus. Spitzenkandidat Edmund Stoiber wähnte sich nach den ersten Hochrechnungen im Fernsehen sogar schon als Sieger. Doch dann wurde es spannend wie selten bei einer Bundestagswahl. Am Ende lag die SPD bei einer Wahlbeteiligung von 79,1 % mit 18,48 Millionen Stimmen um ganze 6.027 Stimmen vor der Union. Schröder konnte für die SPD 251 Mandate, Stoiber für die Union 248 Mandate verbuchen. Bundesweit war die SPD auf 38,5 % der Zweitstimmen gekommen, 2,4 % weniger als vier Jahre zuvor. Die CDU gewann 1,1 % und kam auf 29,5 %, die CSU gewann sogar 2,2 % mehr und erreichte 9,0 %; die Union zusammen also ebenfalls 38,5 %. Die GRÜNEN zogen mit 8,6 % und die FDP mit 7,4 % ins Bundesparlament ein.

Am Tag nach der Wahl schickte Christian Wulff seinen stellvertretenden Landesvorsitzenden Friedbert Pflüger und Generalsekretär David McAllister in die Landespressekonferenz. Er selbst begab sich in das CDU-Präsidium nach Berlin. Er hoffte, damit vermeiden zu können, dass ihm in der heimischen Presse so kurz vor der Landtagswahl ein Verliererimage angehängt werden könnte. Pflüger verkaufte den Journalisten in Hannover die Botschaft: Jetzt erst recht. Und McAllister hatte plötzlich einen Einfall, den er, ohne jegliche Absprache oder Rükkendeckung, der verblüfften Presse spontan preisgab: Die CDU in Niedersachsen habe bis zur Landtagswahl einen „Masterplan", in dem eine mögliche Niederlage bei der Bundestagswahl ohnehin einkalkuliert gewesen sei. Die Journalisten hatten eine Botschaft, die sie halbwegs von der Bundestagswahl ablenkte. Die große Überraschung gab es allerdings in der Partei und bei ihrem Vorsitzenden Christian Wulff. Denn niemand wusste etwas von einem Masterplan. Es gab ihn ja gar nicht. Doch in den eigenen Reihen sorgte die Nachricht für Aufbruchstimmung, Christian Wulff war aus der Schusslinie und zufrieden.

3. CHRISTIAN WULFF ENDLICH REGIERUNGSCHEF

Nach der unglücklichen Niederlage bei der Bundestagswahl am 22. September 2002 machten die Strategen der CDU in Niedersachsen zunächst eine Analyse der Ursachen, um dieselben Fehler nicht noch einmal zu machen, sondern um im bevorstehenden entscheidenden Landtagswahlkampf alle Möglichkeiten für einen Regierungswechsel in Niedersachsen auszunutzen. Ein Ergebnis der Untersuchungen war, dass die große Mehrheit der Wähler nicht politisch denkt, nicht rational, sondern emotional wählt – auf deutsch: aus dem Bauch heraus, nicht mit dem Verstand. Im Wahlkampf brauchte man deshalb Schlagworte und Visionen statt intellektuelle Erklärungen und Vergangenheitsbewältigung.

Der Landesvorsitzende der CDU in Niedersachsen, Christian Wulff, hatte sich für die Wahlkampfführung der nächsten Monate ein schlagkräftiges Dreiergespann ausgesucht: Den neuen Generalsekretär David McAllister zusammen mit dem erfahrenen Wahlkampfkoordinator Prof. Dr. Markus Karp und dem gewieften Pressesprecher der niedersächsischen CDU, Olaf Glaeseker. In der Parteizentrale koordinierte der Geschäftsführer Thomas Etzmuß. Der Generalsekretär war für das „Grobe" zuständig, für das Austeilen und Polarisieren, das Aufputschen und Vorführen des politischen Gegners. Er musste attackieren und zubeißen, damit der Spitzenkandidat in wohldosierten Worten und „staatsmännisch" auftreten konnte. Diese Arbeitsteilung hat sich hervorragend bewährt.

Eines war allen klar: Die nächste Landtagswahl war die letzte Chance für Christian Wulff. Zweimal hatte er verloren, zweimal hatte ihm die Partei die Stange gehalten. Ein drittes Mal würde er eine Niederlage politisch nicht überleben. Es musste also alles auf eine Karte gesetzt werden. Zuerst ging es darum, ein Regierungsprogramm zu erarbeiten, aus dem gleichzeitig ein Kurzprogramm als Wahlprogramm entstehen sollte, mit einer zündenden Aussage und einem „schlagkräftigen" Schlagwort. Schon am 7. Oktober 2002 konnte der Landesvorsitzende der Öffentlichkeit sein Regierungsprogramm vorstellen. Mit über 100 Seiten war das Regierungsprogramm, das in vielen Fällen sehr ins Detail ging, außerordentlich umfangreich und anspruchsvoll. David McAllister erinnert sich noch sehr gut daran, als das Wahlkampfteam daraus ein Kurzprogramm von zehn Seiten machen sollte. Als das gelungen war, musste daraus ein Faltblatt mit dem Text von höchstens einer DIN A 4-Seite fabriziert werden. Auch das gelang. Aber der Ehrgeiz ging noch weiter: Ein Satz und ein Wort sollten den Wahlkampf prägen. Das war die (wahl)politische Kunst. Heraus kam der Satz: „Wir können es besser!" Und das eigentliche Schlagwort wurde das Wort „besser". Die „Besser"-Kampagne kam an, sie ist inzwischen vielerorts kopiert worden.

Für den jungen Generalsekretär kam jetzt, wie er sagte, die intensivste Phase seines noch jungen Politikerlebens: Jede Woche sieben Tage rund um die Uhr, tagsüber gemeinsam mit Prof. Markus Karp, Olaf Glaeseker und Thomas Etzmuß strategische Planung, Organisation und Koordination, abends und nachts unterwegs in Niedersachsen auf Wahlversammlungen, Dorffesten, Informationsständen, Stammtischen, Gesprächsrunden. Aber es lief gut. Nie war die allgemeine Stimmung für die CDU in Niedersachsen so günstig, nie gab es so viel Rükkenwind aus der Bundespolitik. Hinzu kamen die taktischen Fehler der SPD-Landespolitiker.

Erst Bundesparteitag in Hannover – dann Landesparteitag in Oldenburg

Dann ging es Schlag auf Schlag. Am 13. November 2002 fand in Hannover der Bundesparteitag der CDU Deutschlands statt. Er stand ganz im Zeichen der Niedersachsen-Wahl. Wenn auch die verlorene Bundestagswahl mit Edmund Stoiber noch nicht „verdaut" war, so hatte sich die Bundes-CDU doch wieder gefunden und stand einmütig hinter ihrer Vorsitzenden Angela Merkel. Sie wurde mit knapp 94 % der Delegiertenstimmen erneut zur Bundesvorsitzenden der Union gewählt. Auch der niedersächsische CDU-Landesvorsitzende Christian Wulff wurde eindrucksvoll in seinem Amt als stellvertretender Bundesvorsitzender bestätigt. Mit 82,2 % der rund tausend Delegiertenstimmen bekam er das zweitbeste Wahlergebnis der Stellvertreter. Zwei weitere Niedersachsen wurden wieder als Beisitzer in den CDU-Bundesvorstand gewählt: die Hildesheimer Europa-Abgeordnete Godelieve Quisthoudt-Rowohl und der stellvertretenden niedersächsische CDU-Landesvorsitzende Dr. Friedbert Pflüger aus Hannover.

Zehn Tage später, am 23. November 2002, trafen sich die niedersächsischen CDU-Delegierten wieder, diesmal zum Landesparteitag der CDU in Niedersachsen in Oldenburg. Zwei Monate nach der Wahlniederlage der Bundestagswahl und zehn Wochen vor der Landtagswahl machte sich schon wieder Optimismus breit in den Reihen der niedersächsischen CDU. Dazu trug auch die neueste Emnid-Umfrage bei, nach der die SPD von Niedersachsens Ministerpräsident Gabriel in der Wählergunst auf 34 % abstürzte, während die CDU unter Christian Wulff auf 43 % kletterte. Bei den „Schröder-Wahlen" 1998 hatte die SPD 47,9 % und die CDU nur 35,9 % erreicht. Mit diesem schon euphorischen Glücksgefühl und der sicheren Hoffnung, dass der Stimmungsumschwung in der Partei auch die Wähler ergreifen würde, ging die niedersächsische CDU in ihren eintägigen Landesparteitag in Oldenburg. Im Mittelpunkt standen die Wahlreden der Vorsitzenden der CDU Deutschlands, Angela Merkel, und des Vorsitzenden der CDU in Niedersachsen, Christian Wulff. Die Bundesvorsitzende meinte, gerade die Niedersachsen seien enttäuscht von der Politik „ihres" Kanzlers. „Dieses Bundesland, das Gerhard Schröder immer wieder die Treue gehalten hat, wird sich am 2. Februar von der SPD abwenden", sagte sie prophetisch voraus. Christian Wulff, der die rund 300 Delegierten auf Gegenkurs zu Rot-Grün einschwor, rief unter dem Jubel der Teilnehmer aus: „Wir können es besser! Wir machen es besser! Darum wird es auch besser für Niedersachsen!" Immer wieder hatten die im Saal verteilten Mitglieder der Jungen Union ihre Schilder mit dem Aufdruck „Besser" in die Höhe gereckt und für überschäumende Wahlkampfstimmung gesorgt.

Geschlossenheit demonstrierten die Delegierten des Landesparteitages in Oldenburg bei der Abstimmung über das Regierungsprogramm. Nach Beratung über insgesamt 341 Änderungsanträge wurde das Programm einstimmig, ohne Gegenstimme und ohne Enthaltung, verabschiedet.

Die Regierungsmannschaft

Inzwischen hatte Spitzenkandidat Christian Wulff auch seine künftige Regierungsmannschaft zusammengestellt. Sie bestand aus sieben Männern und zwei Frauen. Fünf Kandidaten waren Mitglieder der CDU-Landtagsfraktion und bewährte Landespolitiker, drei hatten ihre Politikfelder bereits als Mitglieder des Fraktionsvorstands oder als Ausschussvorsitzende betreut und sich damit profiliert: Bernd Busemann (Kultus), Uwe Schünemann (Innen), Hartmut Möllring (Finanzen). Unumstritten war auch Hans-Heinrich Ehlen (Landwirtschaft), der die Agrarpolitik glaubwürdig vertreten hatte, wenn auch nicht in der ersten Reihe der Oppositionsfraktion. Fragwürdig schien die geplante Betreuung des Rechtspolitikers Lutz Stratmann mit dem Umweltressort. Die bisher weitgehend unbekannte Helmstedter Stadtdirektorin Elisabeth Heister-Neumann für das Justizressort zu benennen, war offenbar eine Konzession an die Frauenquote. Sicher nicht wegen der Frauenquote und auch nicht unbedingt, weil sie die Tochter des bisher einzigen niedersächsischen CDU-Ministerpräsidenten Ernst Albrecht war, wurde Ursula von der Leyen in das „Schattenkabinett" aufgenommen, sondern weil sie sich in der relativ kurzen Zeit ihrer politischen Karriere bereits einen Namen gemacht und es verstanden hatte, überall im Lande Aufmerksamkeit zu erregen. Schließlich war da noch ein aufsehenerregender Quereinsteiger: Michael Buback, der Sohn des von RAF-Terroristen ermordeten Generalbundesanwalts, ein anerkannter Wissenschaftler, für das Wissenschaftsressort vorgesehen. Der Harburger Dr. Josef Schlarmann sollte Wirtschaftsminister werden. Es war jedoch ausgemachte Sache, dass im Falle einer CDU/FDP-Koalition die Freien Demokraten die letztere Position mit ihrem Spitzenkandidaten Walter Hirche besetzen würden.

Niedersachsens CDU trauerte um Wilfried Hasselmann

Mitten in der Aufbruchstimmung und in der berechtigten Aussicht, nach 13 Jahren SPD-Herrschaft endlich wieder die Regierungsverantwortung in Niedersachsen übernehmen zu können, traf die CDU in Niedersachsen ein außerordentlich harter Schlag. In der Nacht zum 9. Januar 2003 war ihr Ehrenvorsitzender und ehemaliger langjähriger Landesminister Wilfried Hasselmann auf seinem Bauernhof in Nienhof bei Celle verstorben. Der Krebs war stärker als alle menschliche Kraft und alle ärztliche Kunst. Nach nur wenigen Monaten hatte die tückische Krankheit dem Leben des bis zuletzt kämpfenden und hoffenden Politikers ein Ende gesetzt. Die CDU in Niedersachsen und Millionen Bürger des Landes trauerten um diesen einzigartigen Menschen.

Mit Wilfried Hasselmann, der 78 Jahre alt geworden war, verlor das Land Niedersachsen einen der profiliertesten, tüchtigsten und beliebtesten Politiker der Nachkriegszeit. Die CDU in Niedersachsen verlor ihre Seele. Über Jahrzehnte hat er die Partei geprägt, 22 Jahre lang hat er sie geführt, 12 Jahre war er ihr Ehrenvorsitzender. Unvergessen ist, wie er für Ernst Albrecht den Weg zum Amt des Ministerpräsidenten frei gemacht hat und wie er dann, ein einmaliges Beispiel in der deutschen Parteienlandschaft und ein einmaliger Glücksfall für die niedersächsische CDU, zusammen mit ihm als „Gespann: Zwei an einer Deichsel" die Geschicke der Partei und des Landes wesentlich mitgestaltet und geprägt hat. „Ernst im Schaufenster, ich an der Theke", wie er selbst gesagt hat. Unvergessen ist auch seine Zeit als niedersächsischer Minister für Bundesangelegenheiten, ein Amt, das ihm „auf den Leib geschneidert" war. Es verschaffte ihm in der Bundeshauptstadt Bonn als herausragender Botschafter Niedersachsens im Konzert der Länder einen Stellenwert, der heute noch seines Gleichen sucht. Unvergessen ist, wie er der CDU in Niedersachsen ein Selbstbewusstsein und den Niedersachsen wieder ein Landesbewusstsein verschaffte.

Der Sieg – Die Erlösung

Trotz aller Trauer musste der Wahlkampf unerbittlich weitergehen. Als am Wahlabend des 2. Februar 2003 um 18.16 Uhr die ersten Hochrechnungen über die Bildschirme des Fernsehens flimmerten, war die Überraschung perfekt und die Spannung dahin. Die eigentliche Sensation war nur der riesige Unterschied des Wahlergebnisses zwischen den beiden großen Parteien CDU und SPD: 48,3 % der Wählerstimmen, und damit 12,4 % mehr als bei der Wahl 1998, für die CDU, nur noch 33,4 % gegenüber 47,9 % vor vier Jahren, also minus 14,5 %, für die SPD. Die CDU in Niedersachsen hatte unter Führung ihres Landesvorsitzenden Christian Wulff einen ihrer größten Wahlsiege in ihrer über 60-jährigen Geschichte errungen. Die absolute Mehrheit wurde nur um einen einzigen Sitz verpasst. Genauso sensationell war allerdings, dass die CDU von den 100 niedersächsischen Wahlkreisen allein 91 in direkter Wahl gewonnen hatte. Das hatte es noch nie gegeben. Die Zahl der Sitze im neuen Landtag musste wegen der Überhang- und Ausgleichsmandate auf die Rekordzahl von 183 aufgestockt werden.

Wahlsieger Christian Wulff kann sich nicht erinnern, dass er jemals so gefeiert worden ist und selbst so gefeiert hat, wie an jenem Wahlabend des 2. Februar 2003. Die Anhänger der niedersächsischen CDU ließen ihren strahlenden Gewinner immer wieder hochleben, nahmen ihn auf ihre Schultern und stimmten aus vollen Kehlen das Niedersachsen-Lied an. Mit fulminanten 48,3 % konnte Christian Wulff in den neuen Landtag einziehen. Dass die absolute Mehrheit hauchdünn verpasst wurde, kam dem Vorsitzenden gar nicht mal so ungelegen. Denn mit der FDP sollte es ja eine Koalition geben. Sie war unter ihrem Landesvorsitzenden Minister a. D. Walter Hirche mit 8,1 % der Wählerstimmen (+ 3,2 %) erstmals seit 1994 wieder in den Landtag eingezogen und mit 15 Mandaten vor den GRÜNEN mit 7,6 % (+ 0,6 %) und 14 Mandaten drittstärkste Partei geworden. „Lieber eine satte Mehrheit mit der FDP als eine knappe Alleinregierung", sagte Wulff. Und so wurde am 2. Februar im Alten Rathaus in Hannover und auf CDU-Wahlpartys im ganzen Land nicht nur das überragende Ergebnis der Union, sondern auch eine künftige bürgerliche Regierung gefeiert.

Christian Wulff versprach schon an diesem Abend, Brücken bauen zu wollen. „Wer gute Vorschläge macht, dem hören wir zu, auch wenn sie aus der Opposition kommen", sagte er. Den anstrengenden Wahlkampf sah man ihm in diesen Stunden nicht mehr an. „Meine Schwächen sind meine Stärken geworden", verriet er und meinte damit seine ausgleichende, konzentrierte Art, die dem politischen Gegner nicht viel Angriffsfläche bot.

„Schon einige Jahre, seit der Spendenaffäre, hatten Christian Wulff und Helmut Kohl kein einziges Wort mehr miteinander gesprochen. Erst am Nachmittag des Wahltages, als klar war, dass der Niedersachse die Wahl haushoch gewonnen hatte, rief er bei Helmut Kohl in Oggersheim an. Der „Dicke" war vorbereitet, denn Wulff hatte wenige Wochen vorher Kohls Fahrer Eckhard Seeber bei einem zufälligen Aufeinandertreffen um die Privatnummer Kohls gebeten, was der natürlich sofort seinem Chef weitergemeldet hat. „Ich möchte Ihnen sagen, daß Sie einen Anteil an meinem Wahlsieg haben", sagte Wulff dem Alt-Kanzler am Telefon. Das war ein Friedensangebot, das Kohl auch annahm. Zwei Männer, die als nachtragend gelten und mit dem Gedächtnis eines Elefanten ausgestattet sind, rauften sich in der Stunde des Sieges wieder zusammen. Sie warfen keinen Blick zurück, sondern verabredeten sich zu einem Treffen."
(Armin Fuhrer)

Der große Einbruch in die SPD-Hochburgen

Das Ausmaß dieses Wahlsieges der CDU darf wohl getrost als historisch betrachtet werden. Bis dato wurde die Landtagswahl 1982 als größter Sieg der Landes-CDU betrachtet, als es ihr gelang, mit 50,7 % der Wählerstimmen die absolute Mehrheit zu erringen. Aber auch vor 20 Jahren hatte die CDU nicht so viele Wahlkreise gewinnen können wie am 2. Februar 2003. Nur neun Wahlkreise hatte sie diesmal den bislang dominierenden Sozialdemokraten gelassen – 1982 waren es immerhin 13.

Das war die zweite große Sensation an diesem Wahlabend, dass die CDU 91 von 100 Wahlkreisen direkt gewonnen hatte und damit in sämtliche SPD-Hochburgen eingebrochen war, in den Großstädten ebenso wie in dem als uneinnehmbar geltenden Ostfriesland. Selbst in Wilhelmshaven, einer Stadt, die mit dem geplanten Tiefwasserhafen eine konkrete Aussicht auf neue Arbeitsplätze und einen Konjunkturaufschwung haben durfte, war für die SPD nichts mehr zu holen. In Braunschweig gingen alle vier Wahlkreise an die CDU. In der Stadt und der Region Hannover – bislang ebenso fest in der Hand der Sozialdemokraten – verblieben ihr nur zwei Wahlkreise mit nahezu lupenreiner SPD-Klientel. Lupenrein „rot" war bislang auch der Wahlkreis Salzgitter gewesen, der jetzt von der CDU geholt wurde. Für Christian Wulff gab es noch einen besonderen Triumph: Er gewann seinen Wahlkreis Osnabrück-West mit 55,6 % der Wählerstimmen; das waren neun Prozent mehr als bei der vorherigen Landtagswahl.

1. Kabinett von Christian Wulff (v. l.): Hartmut Möllring, Uwe Schünemann, Elisabeth Heister-Neumann, Hans-Heinrich Ehlen, Christian Wulff, Lutz Stratmann, Walter Hirche, Hans-Heinrich Sander, Ursula von der Leyen, Bernd Busemann

Koalition und erstes Kabinett Wulff

Nach 13 Jahren SPD-Herrschaft wurde Niedersachsen jetzt wieder von der CDU regiert. Sie hatte zusammen mit der FDP mit 106 gegen die 77 Stimmen von SPD (63) und GRÜNEN (14) eine komfortable Mehrheit im Landtag der 15. Wahlperiode. Für die Koalitionsverhandlungen bot die CDU eine fünfköpfige Kommission auf, der neben Christian Wulff als Verhandlungsführer noch David McAllister, Hartmut Möllring, Uwe Schünemann und Ursula von der Leyen angehörten. Die FDP kam ebenfalls mit ihrem Landesvorsitzenden Walter Hirche sowie mit Philipp Rösler, Hans-Heinrich Sander, Ulrike Kuhlo und Carl-Ludwig Thiele.

Und so sah das erste Kabinett Wulff aus: Ministerpräsident Christian Wulff (43, CDU); Wirtschaftsminister und stellvertretender Ministerpräsident Walter Hirche (62, FDP); Innenminister Uwe Schünemann (38, CDU); Finanzminister Hartmut Möllring (51, CDU); Kultusminister Bernd Busemann (50, CDU); Minister für Wissenschaft und Kultur Lutz Stratmann (42, CDU); Sozialministerin Ursula von der Leyen (44, CDU); Justizministerin Elisabeth Heister-Neumann (47, CDU); Landwirtschaftsminister Hans-Heinrich Ehlen (53, CDU); Umweltminister Hans-Heinrich Sander (57, FDP).

Christian Wulff niedersächsischer Ministerpräsident

Der Vorsitzende der CDU in Niedersachsen, Christian Wulff, wurde am 4. März 2003 in der konstituierenden Sitzung des Landtags der 15. Wahlperiode in geheimer Wahl zum neuen Ministerpräsidenten des Landes Niedersachsen gewählt. Von 181 Abgeordneten (zwei Mitglieder der GRÜNEN fehlten) erhielt er 105 Stimmen der Koalitionsfraktionen CDU und FDP; SPD und GRÜNE stimmten offensichtlich geschlossen gegen ihn. Es gab, wie schon am Wahlabend, wieder riesigen Jubel bei der CDU, Gratulationen von der FDP, Freude bei Christian Wulff. Der neue Ministerpräsident wurde umringt, von Gratulanten, Kamerateams und Fotografen fast erdrückt. Es blieb kaum die Möglichkeit zur Umarmung von Ehefrau Christiane und Tochter Annalena oder für einen Händedruck von Ernst Albrecht.

Die Amtsübergabe vom bisherigen Ministerpräsidenten Sigmar Gabriel an seinen Nachfolger Christian Wulff im Amtszimmer des Regierungschefs in der Staatskanzlei bezeichneten manche Teilnehmer als heikel oder gar als dramatisch. Gabriel sollen beim Abschied die Tränen in den Augen gestanden haben. Aber auch Wulffs Stimme habe gezittert, hieß es, als er in einer kurzen Ansprache vor den Mitarbeitern der Staatskanzlei sagte, er setze auf ihre Loyalität. Nicht das Parteibuch zähle, sondern Fähigkeiten und Einsatz.

Jürgen Gansäuer wird Landtagspräsident

Bei der konstituierenden Sitzung des Landesparlaments am 4. März 2003 wurde Jürgen Gansäuer, Vorsitzender des CDU-Bezirks Hannover, dienstältester Abgeordneter des Niedersächsischen Landtags seit 1974 und bisher Vizepräsident, auf Vorschlag der CDU-Fraktion in offener Wahl mit den Stimmen der CDU, FDP und SPD zum neuen Präsidenten gewählt. Nach einem ungeschriebenen Gesetz stellt die stärkste Fraktion den Landtagspräsidenten. Die GRÜNEN versagten ihm jedoch ihre Stimmen und enthielten sich. Gansäuer löste den seit zwei Legislaturperioden amtierenden Präsidenten Prof. Rolf Wernstedt (SPD) ab, der nicht wieder in den Landtag gewählt worden war.

Dass mit dem neuen Präsidenten auch ein „neuer Geist" in das Landesparlament im hannoverschen Leineschloss eingezogen ist, zeigte sich schon daran, dass auf seine Initiative hin zu Beginn der konstituierenden Sitzung zum ersten Male die deutsche Nationalhymne gesungen wurde. Dazu erklärte Gansäuer: „Wir singen unsere Nationalhymne nicht, um zu demonstrieren, wie national wir sind, sondern wir singen sie, weil wir aus der Vergangenheit gelernt haben, daß es ohne eine ethisch fundierte geschichtliche Reflektion nicht möglich ist, eine an Werten orientierte Zukunft für unser Land zu gestalten."

Traumergebnis für den neuen CDU-Fraktionsvorsitzenden McAllister

Die neue 91-köpfige CDU-Fraktion wählte als Nachfolger für den bisherigen Oppositionsführer und jetzt zum Ministerpräsidenten gekürten Christian Wulff den 32-jährigen Generalsekretär der CDU in Niedersachsen, David McAllister. Mit 84 von 89 anwesenden CDU-Abgeordneten erzielte er ein Traumergebnis.

Das war eine Zustimmung von 94 %. „Ich freue mich riesig über das Ergebnis, weiß aber um die Herausforderung dieses Amtes", sagte McAllister nach seiner Wahl.

In derselben Sitzung wählte die Fraktion auch die übrigen Mitglieder ihres Vorstands. Nachfolger des zum Minister aufgerückten Uwe Schünemann als Parlamentarischer Geschäftsführer wurde der 36-jährige Lüneburger Bernd Althusmann. Bei der Wahl der Stellvertreter erhielt Hermann Dinkla aus Ostfriedland das beste Ergebnis, gefolgt von Karl-Heinz Klare aus Diepholz, Heinz Rolfes aus dem Emsland, Friedhelm Biestmann aus Vechta und Heidemarie Mundlos aus Braunschweig. Astrid Vockert aus dem Landkreis Cuxhaven wurde als Kandidatin für das Amt der Landtagsvizepräsidentin nominiert.

Bei den Wahlen ging es durchweg harmonisch und zustimmend zu. Nur einmal muckte die Frauengruppe auf, weil sie sich schlecht repräsentiert fühlte. Doch die neue Sozialministerin Ursula von der Leyen griff den Unmut auf und richtete einen eindringlich, doch humorvoll vorgetragenen Appell an die männlichen Kollegen, doch bitte die Frauen nicht auf halber Strecke zurückzulassen.

4. DIE CDU REGIERT WIEDER DAS LAND

Rund hundert Tage nach dem sensationellen Sieg bei der Landtagswahl in Niedersachsen am 2. Februar 2003 zog die CDU in Niedersachsen erste Bilanz. Die neue CDU/FDP-Landesregierung unter Führung des CDU-Ministerpräsidenten Christian Wulff hatte in nur wenigen Wochen gezeigt, dass sie zu handeln verstand. Sofort wurde damit begonnen, die Wahlversprechen zügig umzusetzen und das Land voranzubringen, um den Menschen eine echte Perspektive für Leben und Arbeit, Sicherheit und Wohlstand anzubieten.

Wachablösung in der Parteizentrale

Die Frage, ob eine Partei, die die Regierung stellt, eigentlich einen Generalsekretär braucht, wurde in der CDU in Niedersachsen im Sommer 2003 beantwortet, als sich herausgestellt hatte, dass die Partei natürlich auch in der Zeit der Regierungsverantwortung weiter existiert und eigene Aufgaben hat. Und es wurde immer deutlicher, dass der seit einem Jahr amtierende Generalsekretär David McAllister als neuer Vorsitzender der CDU-Landtagsfraktion alle Hände voll zu tun hatte und mehr als ausgelastet war, so dass für die Parteiarbeit nicht mehr genügend Zeit blieb. So war sich der Landesvorstand bald einig, dass der bereits seit geraumer Zeit als heißester Anwärter auf das Amt des Generalsekretärs „gehandelte" Lüneburger CDU-Bezirkschef Friedrich-Otto Ripke auf dem nächsten Landesparteitag von CDU-Chef Christian Wulff zur Wahl vorgeschlagen werden sollte. Der noch amtierende „General", David McAllister, würde für Ripke kein leichter Vorgänger sein. Auch wenn McAllister nur ein Jahr im Amt war, war es ihm in dieser Zeit doch gelungen, die Herzen der Christdemokraten zu gewinnen.

Der „Bürger"-General

Friedrich-Otto Ripke, der parteipolitische Erfahrungen auf nahezu allen Ebenen und ein hohes Maß an Bodenständigkeit aus der Heide mitbrachte, traf auf eine Partei, die mit sich selbst und ihrem derzeitigen Zustand außerordentlich zufrieden war. Möglicherweise zu zufrieden, wie Parteichef Wulff fürchtete. Trotz der für die CDU erfreulichen Mitgliederentwicklung, die sie die SPD sogar überflügeln ließ, brauchte die Partei neben der Regierungsverantwortung auch ein Eigenleben, fand Wulff. Gerade in diesen Zeiten dürften Grundsatzfragen nicht von der Tagesordnung verschwinden.

Nach seiner Wahl gab Ripke eine Reihe seiner derzeitigen Ämter und Funktionen auf. Dazu zählte sein Bürgermeisteramt im Flecken Ahlden ebenso wie der Fraktionsvorsitz im Kreistag Soltau-Fallingbostel; schweren Herzens wollte er sich baldmöglichst auch vom Vorsitz im CDU-Bezirk Lüneburg trennen.

Ripke, der der Landtagsfraktion angehörte, hatte sich hohe Ziele gesteckt für seine Amtszeit. Ganz oben stand dabei die Entwicklung der Partei zu einer „Bürger-CDU", ein Projekt, das auf Bundesebene erst noch beschlossen werden sollte. Dazu gehörte nach seiner Vorstellung, dass sich die Partei themenbezogen für andere Bevölkerungsgruppen öffnet, beispielsweise für Bürgerinitiativen oder Verbände. Dabei sollte die Erkenntnis umgesetzt werden, dass sich die Menschen immer seltener bereit finden, sich an eine Partei zu binden, sondern sich lieber in bestimmten gesellschaftlichen Projekten engagieren. Zur „Bürger-CDU" gehörte aber auch die Schaffung einer Kreisvorsitzendenkonferenz, die Ripke einführen wollte. Sie sollte unter dem Motto „Das ist unsere Zeit" die Regierungspolitik kritisch begleiten. Geradezu revolutionär mutete es an, wenn der zukünftige „General" ankündigte, die eingefahrenen Parteiregularien auf den Prüfstand stellen zu wollen. So wollte er die einzelnen Parteigremien von der Pflicht befreien, sich in regelmäßigen Abständen zu Sitzungen zusammen zu finden. Stattdessen sollte man dort jeweils nur nach inhaltlicher Notwendigkeit tagen.

Landesparteitag als Familientreffen

Ende August 2003 fand in Cuxhaven der erste Landesparteitag der CDU in Niedersachsen nach der gewonnenen Landtagswahl und nach der Regierungsübernahme durch die CDU in Niedersachsen statt. Er stand ganz im Zeichen des Blicks in die Zukunft und erinnerte teilweise an „alte Zeiten", als es der CDU gut ging und als man zu recht vom „Familientreffen" der Partei sprach. Die 360 Delegierten hatten auf dem für einen Tag angesetzten Parteitag, der unter dem Motto stand „Aufbruch für Niedersachsen und die CDU", ein strammes Programm zu bewältigen. Sie berieten und verabschiedeten den Leitantrag der niedersächsischen CDU zur Europa-Wahl und brachten selbst zwei konfliktträchtige Anträge, die vorher entschärft worden waren, zügig über die Bühne. So wurde über die Frage, ob Gemeinden in Zukunft Frauenbeauftragte nicht mehr hauptamtlich beschäftigen sollen, nicht abgestimmt, sondern der CDU-Landtagsfraktion zur Erledigung überwiesen, desgleichen ein Antrag, den Landtag von 155 auf 135 Sitze zu verkleinern. Fraktionsvorsitzender McAllister versprach: „Die Fraktion greift dies auf – noch in dieser Wahlperiode."

Ein gut gelaunter Landesvorsitzender Christian Wulff hielt vor einem gut gelaunten Parteitag eine schwungvolle, teils witzige Rede und erntete immer wieder Beifall. In seiner positiven Bilanz nach einem halben Jahr Regierungsverantwortung sagte er: „Die beste Politik ist die, die das macht, was sie vorher angekündigt hat." Und das heiße sparen, sparen und noch mal sparen. So erhielt Wulff selbst für die Passage Beifall, als er die Kürzungen der Bezüge von Beamten verteidigte. Dies sei die bisher schwierigste Entscheidung seiner Regierung gewesen. „Aber wenn wir nicht kürzen, wird das Land bald zahlungsunfähig sein." Angefangen hatte der Ministerpräsident in seiner eigenen Behörde: In der Staatskanzlei wurde die Zahl der Abteilungen von fünf auf vier und die der Referate von 33 auf 29 gekürzt. Das Ergebnis des knallharten Sparkurses war, dass Niedersachsen als einziges Bundesland im ersten Halbjahr 2003 weniger neue Schulden als im vergleichbaren Vorjahreszeitraum gemacht hatte.

Eine Folge des Sparkurses war aber auch eine Demonstration von Beamten, vorwiegend Polizisten, die mit Flugblättern und Trillerpfeifen die Parteitagsteilnehmer vor der Tagungshalle mit ohrenbetäubendem Krach empfingen. Hier war der neue Innenminister Uwe Schünemann gefragt, zu beruhigen und zu beschwichtigen und vor allem zu erklären.

Friedrich-Otto Ripke zum neuen „General" gewählt

Und dann gab es noch die Wahl des neuen Generalsekretärs der CDU in Niedersachsen. Der 50-jährige Friedrich-Otto Ripke wurde als Nachfolger von David McAllister mit 357 gegen vier Stimmen bei zwei Enthaltungen, das waren 96,2 %, gewählt. Der scheidende Generalsekretär und jetzige CDU-Landtagsfraktionsvorsitzende McAllister dankte der Partei und den Delegierten für das ihm entgegengebrachte Vertrauen. Er wies darauf hin, dass die Partei die Stütze aller christdemokratischen Politiker in kommunalen und überregionalen Ämtern sei. „Denkt an die Partei, pflegt die Partei", rief er aus. Das galt dem Vorsitzenden und dem neuen Generalsekretär. Dieser versprach, alle Kräfte dafür einzusetzen, um aus der Mitglieder- und Volkspartei eine moderne und starke Bürgerpartei zu machen.

Grund zum Feiern

„Jedes neue Mitglied ist ein Grund zum Feiern – und wir haben Hunderte davon!“ Unter diesem Motto veranstaltete die CDU in Niedersachsen am 5. Dezember 2003 ein Fest für alle neuen Mitglieder und ihre Werber im Werkhof Hannover.

Vom 1. Juni bis 31. Oktober 2003 waren im Rahmen einer Mitgliederwerbeaktion fast 1.000 neue Mitglieder für die CDU in Niedersachsen geworben worden. Rund 300 Neu-Mitglieder und ihre Werber feierten in der Nacht vor dem Nikolaustag gemeinsam mit dem niedersächsischen CDU-Landesvorsitzenden Christian Wulff, Generalsekretär Friedrich-Otto Ripke und Innenminister Uwe Schünemann ihren Eintritt in die Gemeinschaft der Christlich-Demokratischen Union.

Und dann ist noch eine Personalie zu vermelden: Am 1. Januar 2004 hat die Journalistin Vera Glaeseker, die vorher zwei Jahre lang für das Parteiorgan *Niedersachsen-Kurier* gearbeitet hatte, das Amt der Pressesprecherin der CDU in Niedersachsen übernommen.

Die Niedersachsen sind mit neuer Landesregierung zufrieden

Die ersten Umfrageergebnisse im Jahr 2004 zeigten, dass die Niedersachsen mit der seit einem Jahr amtierenden CDU/FDP-Koalition unter dem neuen CDU-Ministerpräsidenten Christian Wulff zufrieden oder sogar sehr zufrieden waren. Obwohl die neue Landesregierung durch ihr rigoroses Sparprogramm der Bevölkerung Einschränkungen staatlicher Leistungen in einem Umfang zumutete, wie es die Bürger bisher nicht gekannt hatten, zeigte die Mehrheit Verständnis für diese Maßnahmen. Denn es ging um den Schuldenabbau und damit um die Zukunft der kommenden Generationen. Die SPD-Opposition, die den riesigen Schuldenberg angehäuft hatte, warf der Nachfolgeregierung zwar „Eiseskälte und Unbarmherzigkeit“ vor, doch 44 % der Befragten sprachen der CDU und sieben Prozent der FDP ihr Vertrauen aus. Und vier von fünf Niedersachsen gaben an, mit Christian Wulffs Arbeit an der Spitze der Landesregierung zufrieden zu sein.

Das drückte sich auch in der Zustimmung zur CDU in Niedersachsen aus. Mitte des Jahres 2004 hatte die Union in Niedersachsen mit 81.500 Mitgliedern erstmals mehr als die seit Jahrzehnten in Niedersachsen führende SPD. Sie konnte nur 79.000 Mitglieder melden. In den Vereinigungen der CDU gehörten 18.500 der Frauen Union an, 8.500 der Senioren-Union, fast 10.000 der Jungen Union, 2.200 der Ost- und Mitteldeutschen Vereinigung, 1.300 der Kommunalpolitischen Vereinigung, jeweils rund 800 der Mittelstandsvereinigung und dem Wirtschaftsrat. Landesgeschäftsführer Thomas Etzmuß sah die CDU in Niedersachsen nach der gewonnen Landtagswahl geradezu in einer Hochphase.

CDU siegte bei den Europa-Wahlen

Bei den am 13. Juni 2004 abgehaltenen Wahlen zum Europa-Parlament konnte die CDU einen geradezu sensationellen Erfolg verbuchen. In Niedersachsen kam die Union bei einer Wahlbeteiligung von 40,1 % auf 45,5 % der Wählerstimmen. Die SPD rutschte auf 27,8 % ab. Die GRÜNEN erreichten 12,1 % und die FDP 6,3 %. Dieses unerwartet deutliche Ergebnis wird noch dadurch unterstrichen, dass die CDU in allen niedersächsischen Wahlkreisen die klare Mehrheit errang – bis auf die Landkreise Aurich und Emden, die die einzigen „roten“ Festungen in Niedersachsen blieben.

Landesparteitag in Harmonie und Selbstbewusstsein

Der Landesparteitag der Niedersachsen-CDU am 28./29. August 2004 in Hannover war geprägt von Harmonie und Selbstbewusstsein. Der Landesvorsitzende und Ministerpräsident Christian Wulff, der bei seiner fünften Wiederwahl mit einem sensationellen Wahlergebnis von 97,3 % der Delegiertenstimmen gewählt wurde, richtete den Blick nach vorn. Er sprach von einer persönlichen „Vision“ Niedersachsen im Jahr 2015: Über die neue Küstenautobahn fahren voll beladene Lastwagen zum Tiefwasserhafen in Wilhelmshaven; von Amsterdam

„schwebt" über Niedersachsen die Magnetschwebebahn „Transrapid" in den Osten; Niedersachsen gehört zu den wachstumsstärksten Bundesländern mit der niedrigsten Arbeitslosigkeit und schuldenfreien Haushalten; Schüler machen das Abitur nach zwölf Jahren und gehen auf die exzellenten Universitäten des Landes; im PISA-Vergleichstest der Leistungen an Schulen liegt Niedersachsen ganz vorn. Aber dazu müssten unbedingt die Finanzen des Landes durch eisernes Sparen in Ordnung gebracht werden. Er bat um Zustimmung, „wenn auch manchmal mit geballter Faust in der Tasche".

Eingehend legten Generalsekretär Friedrich-Otto Ripke für die Landespartei und David McAllister für die CDU-Landtagsfraktion auf dem Landesparteitag Rechenschaft ab. Sie hatten allen Grund, auf das, was die CDU in Niedersachsen in den vergangenen zwei Jahren erreicht hatte, einschließlich des grandiosen Wahlsieges bei der Landtagswahl 2003, stolz zu sein. Sie appellierten an die Delegierten, weiterhin Geschlossenheit zu bewahren, und mahnten die Minister, (Spar)Kurs zu halten.

Das Wahlergebnis von 97,3 % für den Landesvorsitzenden Christian Wulff war nicht nur das persönlich beste Ergebnis seiner Amtszeit; bislang hatte überhaupt noch kein CDU-Landesvorsitzender ein vergleichbares Delegiertenvotum bekommen. Angesichts des sich allmählich formierenden Protestes, zunächst bei der Polizei und den Blindenverbänden, gegen die Sparpolitik der Landesregierung, wurde das Ergebnis vor allem als Bestätigung für den Konsolidierungskurs der Koalition sowie die Arbeit der gesamten Landesregierung gewertet.

Für zehn Jahre gute Führung eine zehn Jahre alte Eiche

Generalsekretär Ripke sagte, ein verdienter Mann habe ein verdientes Ergebnis bekommen. Er überreichte Christian Wulff als Dank für seine zehnjährige erfolgreiche Führung der Landespartei eine zehnjährige Eiche, gleichsam als Sinnbild für Standhaftigkeit und Gradlinigkeit, für feste Verwurzelung, kraftvoll und auf Dauerhaftigkeit angelegt, was er Wulff ebenfalls zuordnete.

Gute Ergebnisse erhielten auch Wulffs Stellvertreter, die Bundestagsabgeordneten Friedbert Pflüger (knapp 90 %), Martina Krogmann (rund 87 %) und Heinrich-Wilhelm Ronsöhr (knapp 83 %). Eine erneut hohe Zustimmung bekam auch Schatzmeister Martin Biermann, Oberbürgermeister in Celle, mit fast 96 %. Noch nicht zur Wiederwahl stand Generalsekretär Ripke, der erst vor einem Jahr in das Amt gekommen war. Bei den 18 Beisitzern gab es keine wesentlichen Veränderungen. Neu dazu gekommen waren die hannoversche Bundestagsabgeordnete Dr. Maria Flachsbarth, der Landesvorsitzende der Jungen Union, Kristian Tangermann, auf Platz 14 sowie aus dem Landkreis Osnabrück der Sprecher der CDU-Landtagsfraktion, Thomas Spieker, der noch knapp als 18. in das Gremium gewählt wurde.

Mit breiter Mehrheit wurde der Leitantrag „Den Norden stärken" verabschiedet, mit dem sich die CDU in Niedersachsen neben der Landesregierung als Wegbereiter einer intensiveren grenzüberschreitenden Zusammenarbeit aller norddeutschen Länder definierte.

Neuer Rekord von Parteieintritten

Das Jahr 2004 schloss für die CDU in Niedersachsen mit einer sehr erfreulichen Meldung ab: Mit 2.700 Anmeldungen gab es einen neuen Rekord von Eintritten in die Partei. Das waren über 1.700 mehr als im Jahr zuvor. Generalsekretär Friedrich-Otto Ripke bezeichnete das „sensationelle" Ergebnis als Beweis dafür, „dass wir von den Niedersachsen offensichtlich als Partei wahrgenommen und geschätzt werden. Wir sind eindeutig die Niedersachsen-Partei und haben mit über 80.000 Mitgliedern die SPD weit hinter uns gelassen." Die meisten Neuaufnahmen meldeten die Kreise Hannover-Land mit 217 und Vechta mit 211. Jedes zweite neue Mitglied war zwischen 30 und 50 Jahren alt. Damit konnte auch das Durchschnittsalter der Mitglieder der CDU in Niedersachsen wieder gesenkt werden.

5. DIE BUNDESPOLITIK BESTIMMT DAS BILD

Kanzlerkandidatin Angela Merkel

Die CDU in Niedersachsen hatte die einstimmige Nominierung der CDU-Bundesvorsitzenden Angela Merkel zur Kanzlerkandidatin der Union für die kommende Bundestagswahl mit Freude und Genugtuung aufgenommen. Der niedersächsische CDU-Landesvorsitzende Christian Wulff hatte in seiner Gratulation die Schwesterparteien CDU und CSU aufgerufen, „die großen Aufgaben, die vor uns liegen, geschlossen anzupacken." Dazu zähle, schon im Wahlprogramm ehrlich zu sagen, was nach dem Wahlsieg getan werden soll. Generalsekretär Friedrich-Otto Ripke erklärte, dass Neuwahlen angestrebt würden, sei die beste Idee, die Schröder je gehabt habe. „Wir sind auf den Wahlkampf vorbereitet, inhaltlich und personell."

Deutschland stand vor einer historischen Wende: Zum ersten Male war eine Frau Kanzlerkandidatin. Zum ersten Male in der Geschichte Deutschlands könnte eine Frau Bundeskanzlerin werden. Nach sieben Jahren katastrophaler Politik unter SPD-Kanzler Schröder war es höchste Zeit für einen Wechsel. Wenn am 18. September 2005 tatsächlich Neuwahlen für den Deutschen Bundestag stattfinden könnten, wäre Angela Merkel und der Union nach damaligem Stand der Umfragen der Sieg nicht zu nehmen gewesen.

Landesparteitag in Emden als „Aufbruch für Berlin"

Vor dieser Kulisse fand am 9. Juli 2005 der Landesparteitag der CDU in Niedersachsen in Emden statt. Obwohl sein lange vorher festgelegtes Motto „Vorfahrt für Arbeit und Beschäftigung" hieß, stand er unter der Devise „Aufbruch nach Berlin". In seiner Rede stimmte der CDU-Landesvorsitzende Christian Wulff die rund 400 Delegierten und Gäste auf den bevorstehenden Wahlkampf ein. „Bei allem Respekt vor dem Bundespräsidenten – Deutschland hat eine Neuwahl verdient. Schröder rüttelte am Zaun des Kanzleramtes, aber Merkel weiß, was man drinnen machen muss", sagte der stellvertretende CDU-Bundesvorsitzende. Er warnte seine Partei aber gleichzeitig vor Selbstüberschätzung und überzogener Siegessicherheit. Es bestehe jedoch viel Anlass für Siegeszuversicht.

Den atmosphärischen Höhepunkt des Landesparteitages bildete der Auftritt der CDU-Bundesvorsitzenden und Kanzlerkandidatin, die wie immer ein Heimspiel in Niedersachsen hatte. „Ich bin gern in Niedersachsen, denn wo die CDU regiert, geht es den Menschen besser", betonte sie. Mit minutenlangen stehenden Ovationen war die Bundesvorsitzende begrüßt worden. In ihrer kämpferischen Rede schwor sie die Landespartei auf die heiße Phase des Bundestagswahlkampfes ein.

Festakt zum 75. Geburtstag von Dr. Ernst Albrecht

Der 75. Geburtstag des früheren CDU-Ministerpräsidenten Dr. Ernst Albrecht am 29. Juni 2005 war Anlass für die CDU in Niedersachsen, ihren bedeutenden Politiker und sein Werk und Wirken am gleichen Tag mit einem Festakt im „Wilfried-Hasselmann-Haus" in Hannover zu ehren und zu würdigen. 150 Ehrengäste, Wegbegleiter aus den verschiedenen Epochen seines Lebens und viele Mitglieder seiner großen Familie waren gekommen, um zu gratulieren und Dank zu sagen, für das, was er für Niedersachsen und für die CDU in Niedersachsen getan hat. Der CDU-Landesvorsitzende Christian Wulff, nach Dr. Albrecht der zweite CDU-Ministerpräsident in der Geschichte des Landes Niedersachsen, hob in seiner Geburtstagsrede die großen politischen Verdienste seines Vorgängers hervor: Die Einführung des privaten Rundfunks in Deutschland, die Entwicklung der ländlichen Räume, den konsequenten Einsatz für die Wiedervereinigung, die gerade auch für das Grenzland Niedersachsen so wichtig war, die Weltausstellung EXPO 2000 in Hannover, die soziale Erneuerung für Niedersachsen und die Prägung eines neuen Niedersachsenbewusstseins, das er gemeinsam mit seinem engsten Freund und Mitstreiter Wilfried Hasselmann den Menschen dieses Landes gegeben hatte.

Auf zur letzten Etappe

Mitte des Jahres 2005 lief der Wahlkampf auf vollen Touren. Die Voraussetzungen für eine Neuwahl des Deutschen Bundestages waren geschaffen. Die Bundestagswahl war für den 18. September 2005 angesetzt. Die Union setzte ihre Erwartungen auf ihre große Hoffnungsträgerin Angela Merkel. Die Kanzlerkandidatin stand für einen grundlegenden Wechsel der Politik. Die Zeichen standen gut für die Union. In allen Umfragen lag sie bisher klar vorn.

Die große Enttäuschung der Bundestagswahl 2005

Dann kam die denkwürdige Bundestagswahl am 18. September 2005. Es gab eine riesige Enttäuschung für Angela Merkel und lange Gesichter bei der Union: Sie kam nur auf 35,2 % (- 3,3 % gegenüber 2002); dabei hatten die CDU 27,8 % und die CSU 7,4 % erreicht. Die CDU/CSU-Fraktion bekam 226 Mandate (- 22). Die SPD erreichte 34,2 % (- 4,3 %) und 222 (- 29) Mandate, die FDP 9,8 % (+ 2,5 %) und 61 (+ 14) Mandate, PDS/DIE LINKE 8,7 % (+ 4,7 %) und 54 (+ 52) Mandate, GRÜNE 8,1 % (- 0,4 %) und 51 (- 4) Mandate. Die sicher geglaubte schwarz-gelbe Koalition von Union und FDP hatte keine Mehrheit bekommen. Allerdings wurde die Union stärkste Kraft und konnte den Bundestagspräsidenten und die neue Kanzlerin stellen.

Das Wahlergebnis bedeutete: Die rot-grüne Bundesregierung war abgewählt, Union und FDP (Schwarz-Gelb) hatten mit 287 von insgesamt 614 Mandaten im 16. Deutschen Bundestag keine Mehrheit. Die Wähler ließen keine andere Wahl: Es blieb offensichtlich nur eine Große Koalition von Union und SPD.

In Niedersachsen konnte die CDU bei den Erststimmen um 1,5 % auf 39 % zulegen; sie verlor aber bei den Zweitstimmen knapp ein Prozent. Die SPD verlor in Niedersachsen mit 47,3 % der Erststimmen gegenüber 2002 knapp drei Prozent; bei den Zweitstimmen sogar 4,6 %; dennoch war es das höchste Zweitstimmenergebnis aller Bundesländer. Die GRÜNEN verloren bei den Erststimmen leicht um 0,4 % und blieben bei den

Zweitstimmen mit 7,4 % stabil. Die FDP hatte bei den Erststimmen zwar 1,5 % verloren, bei den Zweitstimmen aber 1,8 % zugelegt. Die Linkspartei erreichte in Niedersachsen 4,3 % der Zweitstimmen. Die Wahlbeteiligung lag mit 79,4 % ähnlich hoch wie 2002 (81 %), bei der Landtagswahl 2003 hatte sie nur 67 % betragen.

21 niedersächsische CDU-Abgeordnete im neuen Bundestag

Die CDU in Niedersachsen war nun im neuen Bundestag mit 21 Abgeordneten, darunter sechs Frauen, vertreten. Das war ein Sitz weniger als bisher. Nur vier Wahlkreise konnten direkt gewonnen werden: Gitta Connemann (Unterems), Dr. Hermann Kues (Mittelems), Franz-Josef Holzenkamp (Cloppenburg-Vechta) und Georg Schirmbeck (Osnabrück-Land). Die gesamte CDU-Prominenz von Dr. Friedbert Pflüger auf Platz 1 über Eckart von Klaeden bis zu Dr. Martina Krogmann, Dr. Maria Flachsbarth, Enak Ferlemann, Dr. Eva Möllring und Rita Pawelski kam über die Landesliste in den Bundestag. Sie „zog" bis zum Listenplatz 20. Von den 20 Abgeordneten gehörten bisher bereits 16 dem Deutschen Bundestag an. Neulinge waren Hans-Werner Kammer (Friesland-Wilhelmshaven), die Landesvorsitzende der niedersächsischen Frauen Union, Dr. Eva Möllring (Gifhorn-Peine), sowie Carsten Müller (Braunschweig) auf Platz 14, 15 und 20. Als einziger bisheriger Bundestagsabgeordneter kam Kurt-Dieter Grill (Lüchow-Dannenberg-Lüneburg) auf Listenplatz 23 nicht wieder ins Bundesparlament.

6. NACH DER BUNDESTAGSWAHL 2005

Das neue Bundeskabinett

Nach ihrer Wahl zur Bundeskanzlerin stellte Angela Merkel ihr Kabinett vor: aus der Union: Kanzleramtsminister Thomas de

Maizière (Sachsen); Minister für Wirtschaft, Technologie und Europafragen Michael Glos (CSU, Bayern) im letzten Augenblick anstelle des zunächst vorgesehenen bayerischen Ministerpräsidenten Edmund Stoiber; Innenminister Wolfgang Schäuble (Baden-Württemberg); Verteidigungsminister Franz-Josef Jung (Hessen); Ministerin für Bildung und Forschung Annette Schavan (Baden-Württemberg); Ministerin für Familien, Senioren, Frauen und Jugend Ursula von der Leyen (Niedersachsen); Minister für Ernährung, Landwirtschaft und Verbraucherschutz Horst Seehofer (CSU, Bayern). Sowie aus der SPD: Vizekanzler und Arbeitsminister Franz Müntefering (Nordrhein-Westfalen); Außenminister Frank-Walter Steinmeier (Berlin); Finanzminister Peer Steinbrück (Nordrhein-Westfalen); Justizministerin Brigitte Zypries (Hessen); Gesundheitsministerin Ulla Schmidt (Nordrhein-Westfalen); Ministerin für Entwicklungshilfe Heidemarie Wieczorek-Zeul (Hessen); Minister für Verkehr, Bau und Ostfragen Wolfgang Tiefensee (Sachsen); Umweltminister Sigmar Gabriel (Niedersachsen).

In der neuen Bundesregierung war jedoch aus Niedersachsen mit Ursula von der Leyen, bisher Sozialministerin in Hannover, nicht nur die neue Bundesministerin für Familie, Senioren, Frauen und Jugend vertreten, sondern sie hatte auch ihren bisherigen Staatssekretär Gerd Hoofe und ihre Pressesprecherin Iris Bethge gleich nach Berlin mitgenommen. Zum Parlamentarischen Staatssekretär für ihr Ministerium wurde Hermann Kues, MdB, (Emsland) berufen. Dazu kamen aus Niedersachsen noch der bisherige Staatssekretär im Landwirtschaftsministerium, Gert Lindemann, als beamteter Staatssekretär in Horst Seehofers Bundesministerium für Ernährung, Landwirtschaft und Verbraucherschutz, und Friedbert Pflüger, MdB, (Hannover), Spitzenkandidat der Niedersachsen-CDU, als Parlamentarischer Staatssekretär im Bundesministerium der Verteidigung unter dem neuen Minister Franz-Josef Jung.

Neuer Vorsitzender der 21-köpfigen CDU-Landesgruppe Niedersachsen im Deutschen Bundestag, der darüber hinaus auch Ministerin von der Leyen angehörte, wurde als Nachfolger für den neuen Staatssekretär Hermann Kues der 42-jährige Enak Ferlemann aus Cuxhaven.

In Niedersachsen drehte sich das Personalkarussell

Die massive Abwanderung niedersächsischer CDU-Spitzenpolitiker zur neuen Bundesregierung in Berlin hatte naturgemäß zu einer Reihe von Personalverschiebungen in der CDU in Niedersachsen geführt. Ministerpräsident Christian Wulff bestellte als Nachfolgerin für Ursula von der Leyen die Landtagsabgeordnete Mechthild Ross-Luttmann zur neuen Sozialministerin. Die studierte Juristin, Mutter von drei Kindern, bringe durch eine Kombination von Erfahrungen im Landesparlament und in der Kommunalpolitik sowie durch menschliche Qualitäten gute Voraussetzungen für das neue Amt mit, sagte der Ministerpräsident. Der Vorsitzende der CDU-Landtagsfraktion, David McAllister, betonte, sie habe zunächst als Mitglied des Innenausschusses und anschließend als sozialpolitische Sprecherin der Fraktion hervorragende Arbeit geleistet. Darüber hinaus zeichne sie eine langjährige Erfahrung als Sozialdezernentin im Landkreis Rotenburg/Wümme aus. Ihre neue Staatssekretärin Dr. Christine Hawighorst, die im Landkreis Emsland Kreisrätin und zuständig für die Fachbereiche Arbeit, Soziales, Jugend, Sport und Gesundheit war, galt als außerordentlich qualifizierte Persönlichkeit. Sie durfte auch die, mit Ausnahme der Leiterin der Staatskanzlei, Dr. Gabriele Wurzel, bislang nur von Männern beherrschte Riege der Staatssekretäre „aufmischen". Für den ebenfalls nach Berlin entschwundenen Landwirtschafts-Staatssekretär Gert Lindemann, eine der anerkanntesten Persönlichkeiten auf der Staatssekretärsebene, hatte der Ministerpräsident auf Wunsch von Landwirtschaftsminister Hans-Heinrich Ehlen den bisherigen Generalsekretär der CDU in Niedersachsen und Landtagsabgeordneten Friedrich-Otto Ripke berufen. Damit bekam der Landwirtschaftsminister einen ausgewiesenen Agrarpolitiker an die Hand.

Ulf Thiele wird neuer Generalsekretär der CDU in Niedersachsen

Die CDU in Niedersachsen brauchte mit dem Wechsel Friedrich-Otto Ripkes ins niedersächsische Landwirtschaftsministerium nun wieder einen neuen Generalsekretär. Die Suche dauerte nicht lange. Der Landesvorstand war sich bald einig und schlug zu Ripkes Nachfolger den 34-jährigen Landtagsabgeordneten Ulf Thiele aus Uplengen im Landkreis Leer vor. Der Verlagskaufmann, Ratsherr und stellvertretende Bürgermeister seiner Heimatgemeinde und Kreistagsabgeordnete des Landkreises Leer, studierter Betriebswirt mit Schwerpunkt Controlling und Banken, Finanzierung und Investitionsrechnung, war nicht nur ein ausgewiesener Fachmann, sondern eines der jungen Nachwuchstalente der Landespartei.

Der Anruf von Christian Wulff und dessen Angebot überraschten ihn jedoch außerordentlich. Er musste um Bedenkzeit bitten, insbesondere weil er sich gerade erst von einem Kreislaufzusammenbruch erholt hatte, den er aus Erschöpfung bei einer Veranstaltung der Jungen Union erlitten hatte. Nach zehn Tagen, die mit Gesprächen mit Christian Wulff, Friedrich-Otto Ripke, David McAllister und einigen Freunden ausgefüllt waren, kam beim Abschlussgespräch mit dem Landesvorsitzenden die positive Entscheidung: Ulf Thiele wurde zum neuen Generalsekretär der CDU in Niedersachsen nominiert.

Am 21. Januar 2006 tagte der Landesausschuss der CDU in Niedersachsen, der „Kleine Parteitag", in Hannover. Erwartungsgemäß wählten die rund hundert Delegierten den ostfriesischen Landtagsabgeordneten Ulf Thiele zum neuen Generalsekretär. Er bekam bei zwei Enthaltungen ein einmütiges Votum. Thiele sollte das Amt zunächst bis zum ordentlichen CDU-Landesparteitag Anfang September 2006 in Braunschweig ausüben und sich dann dort der Wahl für die reguläre Amtsperiode von vier Jahren stellen.

Der neue „General" der CDU in Niedersachsen

Ulf Thiele ist der neunte Generalsekretär der CDU in Niedersachsen. Nachdem Hartwig Fischer die Parteizentrale über ein Dutzend Jahre geleitet hatte, wurde das Amt von seinen beiden Nachfolgern, David McAllister und Friedrich-Otto Ripke, nur kurz bekleidet. Sie konnten es, ohne dass es ihre Absicht war, als Sprungbrett für andere, höhere politische Aufgaben nutzen.

Der eine wurde Vorsitzender der CDU-Landtagsfraktion, der andere wurde Staatssekretär im Landwirtschaftsministerium. Mit Ulf Thiele kam wieder ein Vertreter der jungen Generation auf diesen verantwortungsvollen Parteiposten. Der 35-jährige Landtagsabgeordnete ist ein echter Ostfriese, fest verankert in der Familie und tief verwurzelt in seiner Heimatgemeinde, Mitglied in über einem Dutzend Vereinen und Verbänden, vom VfB Uplengen über den Schützenverein und den Kinderschutzbund bis zum Verein junger Kaufleute.

Da Ulf Thiele mit dem Landesgeschäftsführer Thomas Etzmuß einen hervorragenden Organisator und Fachmann für die Administration an seiner Seite hatte, sah er sich als „General" vor allem für die strategischen und visionären Aufgaben der Partei zuständig: für den Wahlkampf, für eine langfristige personalpolitische Entwicklung der Partei und ihrer Gliederungen mit der Nachwuchsarbeit, auch für die künftigen Kommunalpolitiker der CDU, sowie für eine moderne, schlagkräftige Parteiorganisation und für die Weiterentwicklung der CDU in Niedersachsen hin zu einer offenen, modernen Volkspartei.

Die Junge Union Niedersachsen zeigte sich hoch erfreut über die Entscheidung vom CDU-Landesvorstand, mit Ulf Thiele nach David McAllister erneut ein Mitglied des CDU-Nachwuchsverbandes für das Amt des niedersächsischen CDU-Generalsekretärs zu nominieren, erklärte der JU-Landesvorsitzende Kristian Tangermann.

Landesparteitag in Braunschweig in Geschlossenheit und Harmonie

Am 1./2. September 2006 fand in Braunschweig der Landesparteitag der CDU in Niedersachsen unter dem Motto „Für ein menschliches Niedersachsen" statt. Es wurde eine Veranstaltung in großer Geschlossenheit und Harmonie. Letztere war schließlich so groß, dass der Landesvorsitzende Christian Wulff vor dem Überschwang warnen musste: „Wir sind zufrieden, aber nicht selbstzufrieden." Die große Zufriedenheit und Geschlossenheit drückte sich auch darin aus, dass nahezu alle Kandidaten für die Führungspositionen der Landespartei mit über 90 % Stimmenanteil gewählt wurden. Christian Wulff, der seit zwölf Jahren CDU-Parteichef in Niedersachsen war, erzielte mit 96,6 % der abgegebenen Stimmen wiederum ein Spitzenergebnis, das nur wenig unter seinem „Rekord" von 2004 mit 97,3 % lag. Zum ersten Male in der Geschichte der CDU in Niedersachsen bestand die Riege der Stellvertreter nur aus Frauen. Der bisherige stellvertretende Landesvorsitzende Friedbert Pflüger, der als Spitzenkandidat der CDU für die Wahlen zum Berliner Abgeordnetenhaus nominiert worden war, trat ebenso nicht an wie der andere Stellvertreter, der langjährige Braunschweiger CDU-Landesvorsitzende Heinrich-Wilhelm Ronsöhr. Damit kandidierten neben Martina Krogmann, Bundestagsabgeordnete aus Stade und bereits seit 1998 stellvertretende Landesvorsitzende, die niedersächsische Justizministerin Elisabeth Heister-Neumann aus Helmstedt und die Bundestagsabgeordnete Maria Flachsbarth (Hannover-Land). Das beste Ergebnis erzielte Heister-Neumann mit 94,3 % vor Flachsbarth mit 91,5 % und Krogmann mit 84,2 %. Wie gewohnt konnte der Landesschatzmeister, Celles Oberbürgermeister Martin Biermann, mit 96,9 % hervorragend abschneiden. Selbst bei der Wahl der Beisitzer gab es keine Kampfkandidatur: Für 18 Plätze traten 18 Bewerber an. Die besten Ergebnisse erzielten die beiden Landesminister Lutz Stratmann aus Oldenburg mit 96,9 % und Bernd Busemann aus dem Emsland mit 95,3 % sowie der neue Landrat des Landkreises Grafschaft Bentheim, Friedrich Kethorn, mit 95,6 %.

Und dann hatten die rund 400 Delegierten auch noch ihren neuen Generalsekretär der CDU in Niedersachsen, Ulf Thiele zu wählen. Mit 332 von 346 gültigen Stimmen, das waren 95,9 %, erhielt Ulf Thiele bei seiner ersten Wahl eine außerordentlich hohe Akzeptanz. In seiner Jungfernrede vor dem Landesparteitag sagte der neue „General": „Wir wollen im Land und in den Kommunen beweisen, dass wir es besser können als die Sozialdemokraten." Dazu forderte er eine feste Verwurzelung in der Bevölkerung, in Vereinen und Verbänden. Er verwies auf die alte Forderung des früheren langjährigen CDU-Vorsitzenden Wilfried Hasselmann: Die CDU muss in jedem Verein mindestens den Kassenführer stellen. Der neue Generalsekretär sagte weiter mit dem Hinweis, dass seit Jahresbeginn 3.500 neue

Mitglieder aufgenommen worden seien und die CDU in Niedersachsen über 80.000 Mitglieder zähle: „Wir müssen das Ohr an den Bürgern haben und dem Volk aufs Maul schauen. Wir müssen eine Mitgliederpartei sein, die ihren Nachwuchs fördert, die für Quereinsteiger offen ist, die für Neumitglieder interessant ist, in der die Mitglieder nicht Zuschauer sind, sondern entscheiden können." Nur so seien die Herausforderungen der kommenden Jahre zu lösen. Die CDU müsse auch künftig in der Gesellschaft Brücken bauen. „Wir vertrauen den Menschen, die SPD misstraut den Menschen", sagte Ulf Thiele. Er forderte die CDU-Mitglieder auf, sich mit allen Kräften für die in zwei Wochen stattfindenden Kommunalwahlen und schon jetzt für die nächste Landtagswahl einzusetzen. „Es geht um jede Stimme. Die Zukunft unserer Gemeinden, Städte und Landkreise ist die Zukunft unseres Landes." Mit großem Beifall für seine erste Rede wurde der neue Generalsekretär begleitet.

Der Landesvorsitzende Christian Wulff zog in seiner Rede eine positive Bilanz der Arbeit der Landesregierung. „Die Wahrheit ist den Menschen zumutbar", begründete er seine Politik und fügte hinzu, man dürfe nicht klein beigeben, wenn es ungemütlich wird. In der Landespolitik sei weiterhin die Konsolidierung des Landeshaushalts vorrangig.

Landesschatzmeister Martin Biermann erklärte in seinem Rechenschaftsbericht, die CDU in Niedersachsen sei nicht nur politisch, sondern auch finanziell für die nächste Landtagswahl im Jahr 2008 gut vorbereitet. Es sei heute möglich, Rücklagen zu bilden, um daraus den größten Teil der Wahlkampfkosten finanzieren zu können. Das sei eine völlig neue Erfahrung nach vielen Jahrzehnten der knappen Kassen. Der Umzug der Parteizentrale in Hannover von der Böttcherstraße in die Hindenburgstraße sei, auch dank der „Bausteine-Aktion" der Mitglieder, „verkraftet". Der zusätzliche Bundestagswahlkampf 2005 habe durch Spenden einigermaßen ausgeglichen werden können. „Nur wenn es uns gelingt, vertrauensvoll mit den Geldern der Mitglieder umzugehen, schaffen wir das Vertrauen unserer Mitglieder", sagte Schatzmeister Biermann.

Der Höhepunkt des zweiten Tages des Braunschweiger Landesparteitages war die Rede der CDU-Bundesvorsitzenden und Bundeskanzlerin Angela Merkel. Sie lobte ihrerseits den Politikstil ihrer niedersächsischen Parteifreunde. Wenn die CDU die Sorgen der Menschen ernst nehme, könne sie es schaffen, Volkspartei zu bleiben, sagte die Kanzlerin. Sie unterstrich dann erneut ihre politischen Zielsetzungen: Wachstum und Beschäftigung seien auf einem guten Weg, aber die Trendwende sei noch nicht gesichert. Deshalb seien weitere Reformen notwendig. Angela Merkel, die sich in ihrer Rede immer mehr steigerte, erhielt zum Schluss viel Beifall. Von der am Tag zuvor, besonders auf dem „Braunschweiger Abend", geübten Kritik am schlechten Ruf der Berliner Koalition und an den schlechten Umfrageergebnissen der CDU, war nichts mehr zu spüren, als Christian Wulff ihr zum Abschied zurief: „Auf Niedersachsen kannst Du Dich verlassen!"

CDU bei Kommunen stärkste Kraft in Niedersachsen

Die Kommunalwahlen am 10. September 2006 haben bewiesen, dass die CDU in Niedersachsen weiterhin die mit Abstand stärkste kommunale Kraft in unserem Bundesland ist. Die CDU hatte mit einem durchschnittlichen Stimmenanteil von 41,3 % zwar 1,3 % schlechter als bei den vorhergehenden Kommunalwahlen 2001 abgeschnitten, sie lag aber wiederum mit großem Abstand vor der SPD, die mit 36,6 % erneut zwei Prozent gegenüber 2001 verloren hatte. Damit hatte sich der Vorsprung der CDU vor der SPD weiter vergrößert. Die GRÜNEN und die FDP, die schon im Wahlkampf von den Querelen in der Großen Koalition in Berlin profitierten, konnten bei den Kommunalwahlen in Niedersachsen leichte Gewinne verzeichnen. Die GRÜNEN kamen bei den Kreiswahlen auf 7,8 % (2001 = 6,7 %) und bei den Gemeindewahlen auf 5,7 % (5,0 %); die FDP erzielte mit 6,7 % (6,2 %) bei den Kreis- und 5,1 % (4,7 %) bei den Gemeindewahlen ihr bestes Ergebnis seit 30 Jahren.

Neben vielen erfreulichen Ergebnissen für die CDU bei den Wahlen der Oberbürgermeister und Landräte, beispielsweise in Braunschweig, Oldenburg, Salzgitter, Wolfsburg, gab es auch eine Reihe von Enttäuschungen vor allem wieder in der Landeshauptstadt Hannover sowie in der Region Hannover, wo sich die CDU-Kandidaten nicht durchsetzen konnten.

7. NIEDERSACHSEN WIRD WEITER VON DER CDU REGIERT

Das Jahr 2007 begann für die niedersächsische CDU mit einer außerordentlich erfreulichen Nachricht: Ein niedersächsischer CDU-Politiker wurde Präsident des Europäischen Parlaments. Prof. Dr. Hans-Gert Pöttering (61) aus Bersenbrück, bereits seit 1999 Fraktionsvorsitzender der Europäischen Volkspartei (Christliche Demokraten) und Europäischen Demokraten (EVP-ED), wurde am 16. Januar 2007 in dieses höchste europäische Parlamentsamt gewählt. Hans-Gert Pöttering, der „große Europäer" in der Niedersachsen-CDU, gehörte dem Europäischen Parlament schon seit der ersten Direktwahl 1979 an. Vorher war er unter anderem von 1976 bis 1980 europapolitischer Sprecher der Jungen Union Niedersachsen, von 1981 bis 1991 Landesvorsitzender der Europa-Union Niedersachsen und von 1997 bis 1999 Präsident der Europa-Union Deutschland. Als Mitglied des Präsidiums und des Bundesvorstands der CDU Deutschlands hat die CDU in Niedersachsen mit dem Präsidenten des Europäischen Parlaments, Hans-Gert Pöttering, einen der prominentesten Christdemokraten Niedersachsens und Deutschlands in ihren Reihen.

Landespolitisch stand das Jahr 2007 ganz im Zeichen der nächsten Landtagswahl in Niedersachsen. Die Landesregierung hatte sie so früh wie möglich terminiert: Auf den 27. Januar 2008. Der eigentliche Wahlkampf war deshalb mit knapp vier Wochen außerordentlich kurz, dafür umso heftiger und fand wegen der winterlichen Witterung natürlich vorwiegend „im Saale" statt. Generalsekretär und Wahlkampfleiter Ulf Thiele sagte: „Das wird eine echte Herausforderung; denn wir müssen nach der Weihnachtspause aus dem Stand von null auf hundert hochfahren."

Das Ziel war klar: Die CDU in Niedersachsen wollte mit ihrem unangefochtenen Spitzenkandidaten Christian Wulff nach dem sensationellen Landtags-Wahlergebnis von 2003 mit 48,3 % der Wählerstimmen und 91 Direktmandaten die Koalition mit der FDP fortsetzen können. Die Umfragen standen gut. Allerdings war auch klar, dass eine ganze Reihe von Landtagsabgeordneten im nächsten Landesparlament nicht mehr dabei sein würde, da der Landtag auf 135 Sitze verkleinert worden war.

Wahlplakat zur Landtagswahl 2008

Die Zeit der Vorwahlkampf-Phase im Frühjahr 2007 zeichnete sich insbesondere durch eine veränderte bundespolitische Stimmungslage aus: Während der CDU-geführten Bundesregierung von Bundeskanzlerin Dr. Angela Merkel besonders hohe Zustimmung für ihre Führungsstärke im Rahmen der deutschen EU-Ratspräsidentschaft im ersten Halbjahr 2007 sowie der G8-Präsidentschaft 2007 entgegenschlug, war die politische Debatte in den zentralen innenpolitischen Politikfeldern der Sozialversicherungs- und Steuerpolitik von langwierigen Auseinandersetzungen mit dem Koalitionspartner und vielfältigen Kompromisslösungen geprägt. Da für die Bundespolitik der Großen Koalition insofern nicht immer die einhellige Zustimmung aller CDU-Mitglieder vorausgesetzt werden durfte, zielte die Strategie der Landes-CDU insbesondere darauf ab, den Ministerpräsidenten und Spitzenkandidaten in den Mittelpunkt der Kampagnenführung zu stellen. In der inhaltlichen Debatte wurden vor allem die Erfolge der CDU-geführten Landesregierung seit Regierungsübernahme im Februar 2003 – namentlich in der Haushaltskonsolidierung, der wirtschaftlichen Entwicklung und der Schulpolitik – hervorgehoben.

Im Rückblick auf die Landtagswahl überraschte das erfolgreiche Abschneiden der SED-Nachfolgerpartei „DIE LINKE", denn auch die Kampagnenführung der CDU hatte von jeder Reaktion auf den Wahlkampf der Linken abgesehen. Vor diesem Hintergrund kann der Einzug der Linken in den Niedersächsischen Landtag vor allem auch durch die Haltung der niedersächsischen SPD erklärt werden, die eine parlamentarische Zusammenarbeit mit der Linken während des gesamten Wahlkampfes nicht explizit ausschloss und deren Kampagne auch starke Überschneidungen mit den politischen Forderungen der Linken aufwies.

„Vom Land des Schwächelns zum Land des Lächelns"

Am 21./22. September 2007 fand der Landesparteitag der CDU in Niedersachsen in Oldenburg statt. Er war gekennzeichnet durch die einmütige Verabschiedung des Regierungsprogramms „Zukunftsland Niedersachsen" für die bevorstehende Legislaturperiode des Landtags von 2008 bis 2013, vor allem aber durch die kämpferische Rede des Landesvorsitzenden und CDU-Spitzenkandidaten Christian Wulff, durch die angriffslustige, mitreißende Rede des Landtagsfraktionsvorsitzenden David McAllister und durch die staatstragende, aufmunternde Rede der CDU-Bundesvorsitzenden, Bundeskanzlerin Angela Merkel. Die zuversichtliche, teilweise euphorische Stimmung wurde neben der Kampfeslust der Redner noch angeheizt durch den neuen, außerordentlich rhythmischen Wahlkampfsong „Zukunftsland", die neue „Parteihymne" der CDU in Niedersachsen.

In seiner einstündigen Rede schwor der Parteivorsitzende Christian Wulff die Delegierten auf den bevorstehenden Wahlkampf ein. „Wir haben den Karren aus dem Dreck gezogen", rief er stolz aus und fügte hinzu: „Niedersachsen ist vom Land des Schwächelns zum Land des Lächelns geworden." Er werde mit den Niedersachsen „gemeinsam unser Land bewegen", sagte er und erklärte als Ziel, Bayern und Baden-Württemberg als innovative und wirtschaftsstarke Länder ein- und überholen zu wollen. Die Koalition mit der FDP sollte auf jeden Fall fortgesetzt werden.

Mit unnachahmlicher Eloquenz und Temperament versetzte der CDU-Landtagsfraktionsvorsitzende David McAllister die Delegierten in euphorische Stimmung. „Dieser Ministerpräsident ist ein Glücksfall für die Menschen in Niedersachsen. Das wollen wir zur Landtagswahl am 27. Januar 2008 beweisen", rief McAllister aus, mit dem Hinweis: „Wir haben in dieser Wahlperiode mehr erreicht, als Rot-Grün von 1990 bis 2003. Das waren verlorene Jahre für Niedersachsen."

Die CDU-Wahlkampagne setzte dagegen gezielt auf eine Gewinner-Vision, gekennzeichnet durch das stolz anmutende neue heraldische Wappenpferd der CDU in Niedersachsen und den Slogan „Zukunftsland Niedersachsen". Generalsekretär Ulf Thiele hatte frühzeitig das Wahlkampfteam im „Wilfried-Hasselmann-Haus" personell aufgestockt. Zum engeren Wahlkampfteam gehörten neben Landesgeschäftsführer Thomas Etzmuß als Organisationsleiter, den Büroleitern des Landesvorsitzenden und des Generalsekretärs, Dr. Georg Nienaber bzw. Martin Vahl, dem Bereichsleiter der CDU-Landesgeschäftsstelle für Medien und Kommunikation Stephan Lerch sowie dem Pressesprecher Thomas Phillip Reiter auch der stellvertretende Bundesvorsitzende der Jungen Union Deutschlands Johannes Pöttering, der Bereichsleiter der CDU-Bundesgeschäftsstelle für die Bund-Länder-Koordination in Wahlkämpfen Oliver Röseler sowie die Mitarbeiterin der CDU-Bundesgeschäftsstelle Rita Haßdenteufel für den Kandidatenservice. Für die vielfältige Korrespondenz mit Bürgerinnen und Bürgern hatte Generalsekretär Ulf Thiele bereits im Frühjahr 2007 das „Team Bürgerservice" unter der Leitung von Andreas May im „Wilfried-Hasselmann-Haus" eingerichtet. Alle graphischen Werbeelemente der Kampagne wurden in Abstimmung des Wahlkampfleiters Ulf Thiele mit der leitenden Agentur von Mannstein, namentlich mit Prof. Coordt und Inge von Mannstein als Inhaber sowie dem Projektleiter Dr. Jochen Wagner, getroffen.

Mit der Eröffnung der kampagnengerecht umgestalteten CDU-Landesgeschäftsstelle zur „Arena für Niedersachsen" startete die CDU in Niedersachsen im September 2007 ein – gegenüber bisherigen Wahlkämpfen - neues Kampagnenelement: Parallel zur Hauptkampagne wurde die so genannte „Gemeinsam"-Kampagne, eine auf den Spitzenkandidaten zugeschnittene Unterstützerinitiative „Gemeinsam unser Land bewegen - Gemeinsam mit Christian Wulff" eingeführt, mit der erfolgreich auf die hohen Popularitätswerte des Spitzenkandidaten reagiert und die Wahlkampfkampagne der CDU auch für außerhalb der Partei stehende Unterstützer von Christian Wulff geöffnet wurde. Dafür wurde ein landesweit operierendes Studententeam in der „Arena für Niedersachsen" zusammengezogen, das auf Messen und Großveranstaltungen bis zur Landtagswahl mehr als 4.000 Unterstützerinnen und Unterstützer gewann, die sich zu Christian Wulff als Niedersächsischem Ministerpräsidenten bekannten und aktiv unterstützten. Zum Abschluss der „Gemeinsam"-Kampagne konnte der Öffentlichkeit im Januar 2008 ein Großporträt Christian Wulffs, das aus tausenden einzelnen Unterstützer-Porträts komponiert war, vorgestellt werden.

Wahlkampf ganz im Zeichen des Spitzenkandidaten Christian Wulff

Der Vorwahlkampf endete mit einem ersten Höhepunkt - dem Bundesparteitag der CDU Deutschlands vom 2. bis 4. Dezember 2007 auf dem Messegelände in Hannover. Ein besonderer Schwerpunkt war natürlich die bevorstehende Landtagswahl in Niedersachsen. Die Reden der CDU-Bundesvorsitzenden, Bundeskanzlerin Angela Merkel, und des CDU-Landesvorsitzenden, Ministerpräsident Christian Wulff, sowie das große bundesweite Medien-Echo gaben der CDU in Niedersachsen noch einmal einen kräftigen Schub.

Am 27. Dezember 2007 begann die eigentliche heiße Wahlkampfphase mit dem unter den Parteien vereinbarten Termin der Plakatierung. Die CDU in Niedersachsen stellte ihren Wahlkampf ganz klar auf die Person ihres Spitzenkandidaten, Ministerpräsident Christian Wulff, ab. Die erste CDU-Großveranstaltung der heißen Wahlkampfphase fand am 12. Januar 2008 in der Volkswagen-Halle in Braunschweig statt. Der Landes- und die Bundesvorsitzende der CDU, Christian Wulff und Angela

Angela Merkel und Christian Wulff auf dem Landesparteitag 2007 in Hannover (2.–4. Dezember 2007)

Merkel, rissen mehr als 9.000 Besucher zu minutenlangen Beifallsstürmen hin. Die Stimmung war euphorisch, die Siegeszuversicht war ungebrochen. Sie wurde nur noch von der Kundgebung zum Start für den Wahlkampfendspurt am 24. Januar 2008 in der Eilenriedehalle des hannoverschen Congress Centrums mit 5.000 Teilnehmern übertroffen.

Die Landtagswahl 2008

Die Landtagswahl in Niedersachsen am 27. Januar 2008 brachte den erwarteten Sieg der CDU. Christian Wulff kann mit der FDP, die sich als drittstärkste Kraft nach der SPD in Niedersachsen etablierte, erfolgreich weiter regieren. In nüchternen Zahlen: Die CDU erhielt 42,5 % der Wählerstimmen und 68 (2003 = 91) Mandate; SPD 30,3 % und 48 (63) Mandate; FDP 8,2 % und 13 (15) Mandate; GRÜNE 8,0 % und zwölf (14) Mandate; DIE LINKE 7,1 % und elf (-) Mandate.

Der Einzug der SED-Nachfolgepartei „DIE LINKE", die ein Mitglied der DKP in ihren Reihen hatte, das jedoch aus der

Fraktion ausgeschlossen werden musste, und die katastrophal niedrige Wahlbeteiligung - mit 57,1 % die niedrigste in der über 60-jährigen Geschichte des Landes - waren die so nicht erwarteten Überraschungen dieser Landtagswahl. Im Niedersächsischen Landtag gab es erstmals wieder fünf Fraktionen.

Während des Wahlkampfes hatte Ministerpräsident Christian Wulff beim niedersächsischen privaten Rundfunksender „ffn" behauptet, die Wahlbeteiligung werde höher sein als bei der Landtagswahl 2003. Die Redaktion hielt dagegen und schloss eine Wette ab: Wenn Christian Wulff verlöre, müsse er sich einen Bart wachsen lassen. Und tatsächlich, der Landesvater verlor, ließ sich in den Osterferien einen Bart stehen, kam zum Fototermin, machte gute Miene zum bösen Spiel und ließ sich den Bart wieder abrasieren. Beobachter meinten: „Der Bart stand ihm gut. Er machte ihn etwas „landesväterlich".

Koalition besiegelt

Schon einen Tag nach der Landtagswahl beschloss der Landesvorstand der CDU in Niedersachsen, in Koalitionsverhandlungen mit der FDP einzutreten. Der CDU-Landesvorsitzende Christian Wulff und der FDP-Landesvorsitzende Philipp Rösler führten die Verhandlungsdelegationen. Für die CDU waren in diesem Koalitionsvertragsausschuss der Vorsitzende der CDU-Fraktion im Niedersächsischen Landtag David McAllister, MdL, die Niedersächsische Justizministerin Elisabeth Heister-Neumann, Generalsekretär Ulf Thiele, MdL, der Niedersächsischen Finanzminister Hartmut Möllring, MdL, sowie der Parlamentarischen Geschäftsführer der CDU-Fraktion im Niedersächsischen Landtag Bernd Althusmann, MdL, vertreten. Sie waren sich gleich mit der FDP einig, „den 2003 gemeinsam eingeschlagenen Erfolgskurs mit Geradlinigkeit, Verlässlichkeit, Gründlichkeit und Sparsamkeit fortzusetzen". Nach weniger als einem Monat war der Koalitionsvertrag unterschriftsreif. Er stieß bei der Parteibasis von CDU und FDP auf ungeteilte Zustimmung.

Die CDU-Fraktion im Niedersächsischen Landtag hatte sich bereits am 29. Januar 2008 mit der Wahl David McAllisters zum Fraktionsvorsitzenden und Bernd Althusmanns zum Parlamentarischen Geschäftsführer neu konstituiert und stellte damit ihre Arbeitsfähigkeit nur zwei Tage nach der Landtagswahl sicher. Das Vertrauen der Abgeordneten in ihre Fraktionsspitze drückte sich in den Traum-Wahlergebnissen von 95,6 % für David McAllister und 94,0 % für Bernd Althusmann aus. Wenige Wochen danach bestimmten die Mitglieder der CDU-Landtagsfraktion dann auch den geschäftsführenden Fraktionsvorstand. Seitdem gehören ihm neben dem Fraktionsvorsitzenden und dem Parlamentarischen Geschäftsführer als stellvertretende Fraktionsvorsitzende die Abgeordneten Karl-Heinz Klare (Diepholz), Karl-Heinrich Langspecht (Celle), Heidemarie Mundlos (Braunschweig), Heinz Rolfes (Lingen), Björn Thümler (Wesermarsch) sowie als Schatzmeister Wilhelm Heidemann (Neustadt am Rübenberge) an.

Christian Wulff als Ministerpräsident wiedergewählt

In der konstituierenden Sitzung des neuen Niedersächsischen Landtags der 16. Wahlperiode erhielt Christian Wulff in geheimer Abstimmung alle 81 Stimmen der CDU- und FDP-Fraktion. Der alte und neue Ministerpräsident, der sich wegen einer verschleppten schweren Virusgrippe vom Krankenbett ins Parlament geschleppt hatte und äußerlich sichtbar gezeichnet war, nahm die Wahl unter minutenlangem Jubel und Beifall der CDU- und FDP-Abgeordneten gerührt und dankbar an. Anschließend bestätigte die Mehrheit des Landtags in offener Abstimmung die vom Regierungschef vorgeschlagene Landesregierung.
Auf Vorschlag der CDU als der stärksten Fraktion wurde ihr bisheriger 65-jähriger stellvertretender Fraktionsvorsitzender Hermann Dinkla aus Westerholt in Ostfriesland bei einigen Enthaltungen der GRÜNEN zum Landtagspräsidenten und damit zum Nachfolger des nicht wieder kandidierenden Jürgen Gansäuer gewählt. Das Landeskabinett blieb in seiner alten personellen Zusammensetzung erhalten. Allerdings tauschten Kultusminister Bernd Busemann (CDU) und Justizministerin

Elisabeth Heister-Neumann (CDU) ihre Ressorts. Der Ministerpräsident begründete diese Entscheidung damit, dass beide aus ihren bisherigen Ministerien einen großen Erfahrungsschatz für ihre zukünftigen Aufgaben mitbrächten und damit wichtige Impulse in zentralen Feldern der Landespolitik geben könnten.

Christian Wulff verzichtet auf den Parteivorsitz

Nach wenigen Wochen wartete Wulff mit einer großen Überraschung auf, ein Paukenschlag, der wie eine Bombe wirkte. Am 11. April 2008 teilte Christian Wulff seiner Partei und der Öffentlichkeit mit, dass er sich nach 14-jähriger Amtszeit beim nächsten CDU-Landesparteitag am 14. Juni 2008 in Celle nicht mehr um den Vorsitz der CDU in Niedersachsen bewerben werde. Er wolle damit einen eigenen Beitrag zur Verbreiterung der niedersächsischen CDU-Spitze und zur Erneuerung der CDU in Niedersachsen leisten, begründete der Parteivorsitzende seinen Schritt. „Die kontinuierliche Erneuerung der CDU in Niedersachsen ist unser aller Anliegen und eine zentrale Aufgabe. Ich möchte mich jetzt nach meiner Wiederwahl als Ministerpräsident des Landes Niedersachsen ganz auf das Land, auf die Regierungsarbeit, meinen Osnabrücker Wahlkreis und meine Aufgabe als stellvertretender Bundesvorsitzender der CDU Deutschlands konzentrieren. Mit David McAllister schlage ich meiner Partei einen kommunal- und landespolitisch erfahrenen und erfolgreichen Nachfolger vor. Die Zukunft hat begonnen. Im Hinblick auf die anstehenden Wahlen zum Europäischen Parlament und zum Deutschen Bundestag 2009 und die Kommunalwahlen 2011 ist der Wechsel im Amt des Landesvorsitzenden der CDU in Niedersachsen der richtige Schritt zum jetzigen, richtigen Zeitpunkt. Andernfalls wäre ich in Kürze der dienstälteste Landesvorsitzende der CDU Deutschlands.“

Christian Wulff gibt den Landesvorsitz ab – Ein neues Kapitel in der über 60-jährigen Geschichte der CDU in Niedersachsen

David McAllister erklärte vor dem Landesvorstand der CDU in Niedersachsen: „Für mich ist es eine große Ehre, von Christian Wulff als neuer Landesvorsitzender der CDU in Niedersachsen vorgeschlagen zu werden. Ich bin dem CDU-Landesvorsitzenden dankbar für diesen großen Vertrauensbeweis. Ich möchte, dass die CDU in Niedersachsen eine attraktive, spannende, diskussionsfreudige Partei ist. Ich bin bereit, die Verantwortung als Landesvorsitzender der CDU in Niedersachsen zu übernehmen und mich am 14. Juni 2008 auf dem Landesparteitag in Celle zur Wahl zu stellen."

David McAllister wird eine CDU in Niedersachsen übernehmen, eine Landespartei, die hervorragend dasteht. Sie hat hier die meisten Mitglieder aller Parteien, sie ist der zweitgrößte Landesverband der CDU Deutschlands, sie hat geordnete Finanzen und eine neue Parteizentrale.

David McAllister neuer CDU-Landesvorsitzender

Am 14. Juni 2008 hat es dann bei der CDU in Niedersachsen den entscheidenden Wechsel gegeben. Der 37-jährige Vorsitzende der CDU-Landtagsfraktion, David McAllister aus Bederkesa, wurde beim Landesparteitag in Celle von den knapp 400 Delegierten mit der überwältigenden Mehrheit von 98,9 %, bei nur vier Gegenstimmen, zum neuen Vorsitzenden der CDU in Niedersachsen gewählt.

Der nicht wieder zur Wahl angetretene Christian Wulff und David McAllister wollten, wie sie betonten, nunmehr gemeinsam als „Tandem" die Partei und die Politik in Niedersachsen weiter auf Kurs halten und voranbringen. Ihr Vorbild war das „Gespann" Albrecht/Hasselmann – „Zwei an einer Deichsel", wie der Bauer Hasselmann damals sagte. Von 1976 bis 1990 hatten diese beiden CDU-Politiker, Dr. Ernst Albrecht als Ministerpräsident und Wilfried Hasselmann als Vorsitzender der CDU in Niedersachsen, außerordentlich erfolgreich das Land regiert und die Partei geführt – zum Wohle der Menschen in

Niedersachsen. Allerdings betonte McAllister, er wolle und könne sich mit Wilfried Hasselmann nicht mal im Ansatz vergleichen. Der werde für die CDU immer einzigartig bleiben. Aber er werde für ihn immer das Vorbild sein.

Ministerpräsident Christian Wulff verabschiedete sich aus dem Amt als Landesvorsitzender mit einer staatstragenden Rede und einer positiven Bilanz seiner 14-jährigen Vorstandstätigkeit sowie seiner fünfjährigen Regierungszeit. „Ich war neun Jahre Fraktionsvorsitzender, 14 Jahre Parteivorsitzender und begeisterter Ministerpräsident. Das möchte ich noch lange Zeit bleiben. Doch ich wollte nie dienstältester Landesvorsitzender sein", sagte er. Sein Erbe wolle er einem jungen und zugleich erfahrenen und vielversprechenden Politiker anvertrauen. David McAllister werde eine CDU in Niedersachsen übernehmen, eine Landespartei, die hervorragend dasteht. Sie stellt den Präsidenten des Europäischen Parlaments Prof. Dr. Hans-Gert Pöttering und fünf Europa-Abgeordnete, die Bundesministerin Dr. Ursula von der Leyen und zwei Parlamentarische Staatssekretäre sowie vier Mitglieder des Präsidiums der CDU Deutschlands, so viele, wie noch nie zuvor; ferner stellt sie in Niedersachsen mit Hermann Dinkla den Landtagspräsidenten, den Ministerpräsidenten, sieben Minister und 68 Landtagsabgeordnete, kommunalpolitisch ist sie die stärkste Kraft im Land. Die CDU in Niedersachsen ist mit rund 75.000 Mitgliedern der zweitgrößte Landesverband der CDU Deutschlands und hat in Niedersachsen die meisten Mitglieder aller Parteien. Sie hat geordnete Finanzen, mit dem „Wilfried-Hasselmann-Haus" eine neue Parteizentrale in Hannovers Hindenburgstraße und eine hoch angesehene Mitgliederzeitung.

Abschließend sagte Christian Wulff, die jetzige Staffelübergabe aus eigenem Antrieb und zur rechten Zeit sei ein wohl bedachter und richtiger Schritt in die Zukunft, um die Spitze der Partei zu verbreitern und schon heute die Weichen für morgen zu stellen. Er selbst könne und wolle sich nun mehr und „voll einbringen an der Seite von Angela Merkel" in der Bundespolitik.

Mit minutenlangem Beifall und stehenden Ovationen, wie sie Christian Wulff in dieser Form kaum erlebt hat, dankten die

Delegierten und vielen Gäste dem aus dem Amt scheidenden Landesvorsitzenden. Generalsekretär Ulf Thiele fasste es in die Worte: „Diese Partei liebt Dich, weil Du ihr Kraft, Mut und Selbstvertrauen gegeben hast."

Der neue Landesvorsitzende David McAllister kündigte in seiner ebenso staatstragenden wie kämpferischen Rede einen „Wechsel in der Kontinuität" an. Er würdigte die Entscheidung seines Vorgängers, die Modernisierung und personelle Erneuerung aus dem Amt heraus betrieben zu haben. Er werde besonders an vier Fronten für die Mitarbeit in der CDU werben: bei den jungen Menschen, bei der noch verbesserungswürdigen Frauenförderung, bei der besonders wichtigen und wachsenden Gruppe der Senioren und vor allem bei der Integration von Migranten. Bei der Integrationspolitik, einem Kernanliegen der Bundeskanzlerin Angela Merkel, sei fördern und fordern der Leitspruch der Politik. Er werde mit offenen Armen auf die Zuwanderer zugehen. Die CDU sollte ihnen das Angebot machen, in der Partei mitzuarbeiten, und zur nächsten Kommunalwahl sollten ihnen schon Angebote für Sitze in den Gemeindevertretungen gemacht werden.

Die niedersächsische CDU werde die niedersächsische Regierungspolitik konstruktiv begleiten, sagte McAllister weiter. Mit dem Landes- und Fraktionsvorsitzenden der FDP, Philipp Rösler, seinem „echten Freund", wolle er Seite an Seite das Land voranbringen. „Wir planen bereits über das Jahr 2013 hinaus mit Christian Wulff als Ministerpräsidenten, weil ich ihn für den besten Ministerpräsidenten halte, den wir in Deutschland haben und den wir uns vorstellen können. Christian Wulff ist und bleibt die Nummer 1 in Niedersachsen." Der Parteitag quittierte seine wiederum eloquent und mitreißend vorgetragene Rede, die staatsmännisch war und Herz und Verstand der Delegierten ansprach, mit minutenlangen stehenden Ovationen.

Tandem: Wulff am Lenker, McAllister hinten zum Treten

Nachdem vom alten und vom neuen Landesvorsitzenden immer wieder das Bild vom „Tandem" für die zukünftige gemeinsame

Arbeit bemüht worden war, erhielt Christian Wulff als Dank und Anerkennung von der Partei als symbolisches Geschenk ein Tandem-Fahrrad. Es wurde beim Parteitag unter dem Jubel der

Christian Wulff und David McAllister auf dem Landesparteitag 2008 (14. Juni 2008)

Delegierten überreicht. Bevor Christian Wulff und David McAllister sich im Blitzlichtgewitter der Fotografen auf das Gefährt setzten, wurde geklärt, wer vorn und wer hinten sitzt. Der neue Parteichef sagte: „Christian, Du darfst selbstverständlich am Lenker sitzen. Aber wir sollten vorher immer absprechen, wohin die Reise gehen soll." Und Wulff sagte: „Ich bin sehr froh, dass ich vorn lenken darf und hinter mir einen zum Treten habe."

Die Wahlen zum Landesvorstand

Bei der Vorstandswahl erhielt David McAllister von 375 abgegebenen Stimmen 371, das sind 98,9 %, vier Delegierte stimmten mit nein. Als stellvertretende Landesvorsitzende wurden Dr. Maria Flachsbarth, MdB, mit 84,2 % und Kultusministerin Elisabeth Heister-Neumann mit 90,2 % wiedergewählt, für die nicht wieder kandidierende Dr. Martina Krogmann, MdB, rückte der Parlamentarische Staatssekretär im Bundesfamilienministerium, Dr. Hermann Kues, mit 91 % nach. Das wiederum herausragendste Ergebnis erhielt der Landesschatzmeister Dr. Martin Biermann, Oberbürgermeister in Celle, den der Parteitag mit 98,5 % im Amt bestätigte.

Die Ära Wulff ging nach 14 Jahren zu Ende. Mit David McAllister begann 2008 ein neues Kapitel in der über 60-jährigen erfolgreichen Geschichte der CDU in Niedersachsen. Nach Adolf Cillien (1950 bis 1960), Dr. Otto Fricke (1960 bis 1968), Wilfried Hasselmann (1968 bis 1990), Josef Stock (1990 bis 1994) und Christian Wulff (1994 bis 2008) ist David McAllister der sechste Landesvorsitzende der CDU in Niedersachsen.

ANHANG

DIE CDU-LANDESGESCHÄFTSSTELLEN

Von der Wilhelmstraße zur Hindenburgstraße

Die Chronik der CDU in Niedersachsen wäre nicht vollständig, wenn man nicht die Landesgeschäftsstelle erwähnen würde. Sie war und ist die Parteizentrale. Von hier aus wird die Partei geführt, hier werden die parteipolitischen Entscheidungen getroffen. In der CDU-Landesgeschäftsstelle ist das Zentrum der Macht. Hier wirken neben den Politikern, dem Landesvorsitzenden und dem Landesvorstand, der Generalsekretär mit seinem Landesgeschäftsführer und vor allem auch die Schar der Mitarbeiterinnen und der Mitarbeiter, ohne deren Engagement und Sachverstand eine große Partei nicht zu führen ist.

Wo und wie die CDU in Niedersachsen mit ihrer Parteizentrale in mehr als 60 Jahren jeweils residiert hat, wie sich die Standorte und die Verhältnisse im Laufe der Zeit geändert haben, das soll im Nachfolgenden dargestellt werden.

Wilhelmstraße 3

Es begann im Spätsommer 1945. In der Gründungszeit der hannoverschen CDU suchte und fand der erste Geschäftsführer der gerade von der britischen Besatzungsmacht genehmigten „Christlich-Demokratischen Partei", der 55-jährige Hans Wellmann, in der Weimarer Republik hauptamtlicher Sekretär in der christlichen Gewerkschaftsbewegung und 1945 einer der ersten, die wieder politisch aktiv wurden, in der hannoverschen Wilhelmstraße 3 das erste CDU-Domizil. Es war eine ehemals vornehme Villa. Sie war in der im gerade beendeten Krieg durch alliierte Bombenangriffe völlig zerstörten Südstadt, nahe dem Aegidientorplatz sehr beschädigt erhalten geblieben. Einige wieder hergerichteten Räume waren wenigstens notdürftig bewohnbar. Hier gab es für die Partei zunächst ein winziges

Arbeitszimmer. Nach und nach wurde der frühere „Saal" des ehemals herrschaftlichen Hauses repariert. Dort konnten dann die ersten Sitzungen und auch Versammlungen abgehalten werden.

Arnold Fratzscher, der erste Generalsekretär der CDU in Niedersachsen, erinnert sich: „Ein einstmals sehr repräsentatives Haus in der Wilhelmstraße in Hannover, das den Krieg wenigstens mit heilem Dach überstanden hatte, nahm die erste Geschäftsstelle auf, in der Hans Milzow und Oberstleutnant a. D. Fritz Danzl für die Büroleitung und die Finanzen verantwortlich waren. Von den Schwierigkeiten, mit denen die ersten Mitarbeiter damals zu kämpfen hatten, macht sich heute kaum jemand eine Vorstellung. Eine Schreibmaschine und ein Auto waren Schätze, Benzinmarken wurden wie Goldstücke gehandelt. Im Winter mußte jeder das tägliche Heizmaterial für den Kanonenofen mitbringen, wenn er es warm haben wollte, und als eines Tages prominente Gäste aus Bayern nach einer langen beschwerlichen Fahrt über vereiste Straßen in der Wilhelmstraße vorfuhren und als erstes nach einem stillen Ort fragten, konnte man sie nur mit großer Geste auf die umliegenden Trümmergrundstücke verweisen; die sanitären Anlagen waren den Bombenangriffen und dem Frost zum Opfer gefallen. Man war im Kriege Schlimmeres gewohnt gewesen, und dem freundlichen Einvernehmen zwischen bayerischer CSU und niedersächsischer CDU konnte es keinen Abbruch tun."

Marienstraße 30

Nach und nach wurden in der Wilhelmstraße 3 noch weitere Räume hergerichtet. Doch mit dem Steigen der Mitgliederzahlen wurde auch der Geschäftsbetrieb größer, der Platz reichte nicht mehr aus. Nach sieben Jahren erfolgte 1952 der Umzug der CDU-Geschäftsstelle aus der drangvollen Enge in der Wilhelmstraße in ein wenige hundert Meter entferntes Mietshaus in der Marienstraße 30. Im zweiten Stock konnte die Landesgeschäftsstelle auf rund 60 Quadratmetern samt Toilette und einziger Kaltwasserzapfstelle bezogen werden. Im Erdgeschoss wurde bald das Ladengeschäft angemietet, in dem Redaktion und Verlag des offiziellen Parteiorgans der CDU in Niedersachsen, die *Niederdeutschen Stimmen*, untergebracht wurden. Das dreimal im Monat erscheinende Blatt arbeitete mit einem Angestellten als Verlags- und Vertriebsleiter und einer Halbtagssekretärin. Die Redaktion leitete Generalsekretär Fratzscher.

Im Treppenhaus in der Marienstraße 30 konnten zwei Personen gerade aneinander vorbeigehen, ohne sich zu behindern. Das erste Stockwerk hatten die CDU-Kreisverbände Hannover-Stadt und Hannover-Land gemietet. In der Landesgeschäftsstelle im zweiten Stock residierte der Generalsekretär. Er hatte von hier aus die drei Landesverbände Hannover, Braunschweig und Oldenburg zu betreuen, ferner die sechs Bezirksverbände des hannoverschen Landesverbandes: Aurich, Hannover, Hildesheim, Lüneburg, Osnabrück und Stade. Dazu kamen bis Anfang 1955 die Kreisverbände und die Vereinigungen auf Landesebene. Sieben Angestellte, einschließlich Fahrer, davon zwei Halbtagskräfte standen dem Generalsekretär zur Seite. Ihre Ausrüstung bestand aus zwei mechanischen Schreibmaschinen und einer älteren Typs, einem handgetriebenen Vervielfältigungsgerät, einer Frankiermaschine, zwei Telefonen und einem Radioapparat. Außerdem besaß die Partei einen VW-Käfer. Der Verlagsleiter fuhr ein eigenes Auto. Viele Kreisgeschäftsstellen waren damals wesentlich besser ausgerüstet als die „Parteizentrale".

Ein interessantes Stimmungsbild über den Generalsekretär Fratzscher und sein „Büro" verdanken wir den Autoren Helmut Beyer und Klaus Müller in ihrem Werk „Der Niedersächsische Landtag in den fünfziger Jahren": „Vor Beginn des Niedersachsen-Wahlkampfes 1955 wurde Fratzscher wieder einmal mit Klagen darüber behelligt, die ‚ganze CDU Niedersachsen' werde in einer Aktenmappe, in der Aktenmappe Fratzschers nämlich, herumgetragen. Dies hörte Fratzscher nicht zum erstenmal, er hätte – wie bei den Bundestagswahlen 1949 und 1953 oder wie bei den Wahlen zum I. und II. Niedersächsischen Landtag – fragen können, wo er die Akten hätte ablegen sollen: in seinem Zimmer, das er mit dem CDU-Landesgeschäftsführer Hannover (Dr. Fritz Leser) teilte, wo Schreibtisch, Stühle, Aktenböcke, Fensterbretter pfundweise mit Schriftstücken – gebündelt und lose gestapelt – ohnehin ständig überhäuft waren? Im Zimmer des Bürovorstehers etwa, der nicht einen Quadratzentimeter hergab, weil neben den Routine-Akten dort auch die Plakatentwürfe, zur Absendung vorbereitete Postsendungen etc. lagerten? Fratzscher pflegte solche Vorwürfe – „wie üblich" meinten seine Kritiker – mit verschmitzt-hämisch-gequältem Lächeln zu übergehen. Er stopfte die für den Tag benötigten Papiere in seine Aktentasche, ließ die für den nächsten Tag erforderlichen Schriftstücke bündeln und auf die Rücksitze des VW-Käfers bringen und sortierte nachts diese Schriftstücke daheim in eine Ordnung, die nur er bei den nachfolgenden Sitzungen zu benutzen vermochte."

Goethestraße 1

Schon nach weiteren drei Jahren erwies sich die CDU-Landesgeschäftsstelle auch in der Marienstraße 30 als zu klein, und die Landes-CDU zog 1955 um zum hannoverschen Steintor. Im Haus Goethestraße 1 konnten zwei Etagen gemietet werden. Hier muss erwähnt werden, dass die CDU in Niedersachsen in jener Zeit, als Dr. Otto Fricke Präsidierender Vorsitzender der CDU in Niedersachsen war, weitgehend von seiner Heimatstadt Goslar aus „regiert" wurde. „Kaiser Otto", dem Grandseigneur der Partei, war es immer ein Gräuel, nach Hannover zu fahren und in der Parteizentrale zu „arbeiten". Er hatte ja Arnold Fratzscher. Und der fühlte sich ohne seinen „Herrn und Meister" im Nacken natürlich viel wohler.

Dass sich das hannoversche „Rotlichtviertel" am Steintor so schnell und so weit ausdehnen würde, auch weit in die Goethestraße hinein, konnte damals, Anfang der 60er Jahre, niemand ahnen. Aber nicht nur des „Milieus" wegen, sondern auch weil die Geschäftsstelle bald „aus allen Nähten platzte", wurde das Quartier 1969 nach 14 Jahren geräumt.

An dieser Stelle lassen wir den damals frisch ins Amt gekommenen Generalsekretär Dieter Haaßengier zu Wort kommen: „Am 9. Dezember 1968 wurde ich vom neu gewählten Landesvorsitzenden Wilfried Hasselmann als Generalsekretär in der CDU-Landesgeschäftsstelle in Hannovers Goethestraße 1 eingeführt. Meine damalige Sekretärin Gunda Petermann empfing mich mit den Worten: ‚Einen Stuhl für Ihren Schreibtisch in Ihrem Zimmer müssen wir noch besorgen. Der alte ist kaputt und das durchgesessene Sofa muss auch entsorgt werden.' Die Geschäftsstelle war mehr als spartanisch eingerichtet. Zwar zählen auch die Stimmen der leichten Mädchen aus dem Rotlichtviertel bei der Wahl schwer, aber ich wollte so schnell wie möglich die Landesgeschäftsstelle an einen ‚gut bürgerlichen' Ort verlagern. Von meinen Plänen konnte ich den damaligen Landesschatzmeister Ferdinand Wallbrecht überzeugen. Wir gingen auf die Suche und wurden fündig: Wallbrecht kaufte für 380.000 DM von Frau Eilers in Hannover-Herrenhausen eine alte Villa in der Böttcherstraße 7. Das war damals für die CDU in Niedersachsen viel Geld, und im Lande fragten viele Parteifreunde, ob denn das eigentlich nötig sei.

Mit der SPD und deren Parteizentrale in Hannover verband man damals den Namen Odeonstraße. Sie war im politischen Leben der Landeshauptstadt ein Begriff. Gleiches wollten Wilfried Hasselmann und ich mit der Böttcherstraße erreichen. In den nachfolgenden Jahren ist das auch gelungen. Ferdinand Wallbrecht gab mir als Generalsekretär damals zu verstehen, daß er als Schatzmeister kein Geld mehr für die Renovierung und für die Einrichtung des Hauses in der Böttcherstraße habe. Da haben wir die Einrichtung bei Firmen erbettelt. Ich kann mich noch gut daran erinnern, als ich beim jordanischen Honorarkonsul Uihlein, der in Hannover ein Tapetengeschäft und eine Einrichtungsfirma betrieb, Gardinen und Tapeten besorgt habe."

Böttcherstraße 7

Am 15. Juli 1969 erfolgte mitten im Bundestagswahlkampf der Umzug von der Goethestraße 1 in die Böttcherstraße 7 in Herrenhausen. In der *Niedersachsen-Korrespondenz* in Hannover hieß es damals: „Im historisch bedeutsamen Stadtteil Herrenhausen, dem einstigen Zentrum des früheren Königreiches Hannover, wurde eine ehemalige große Industriellen-Villa gekauft und zum Partei- und Bürohaus eingerichtet. Alle Parteidienststellen und -organisationen sind nun hier unter einem Dach: die CDU in Niedersachsen und der CDU-Landesverband Hannover, die Sozialausschüsse und die Junge Union; demnächst kommt auch noch der Wirtschaftsrat der CDU in Niedersachsen dazu. Von den rund 30 Räumen des Hauses sind etwa 25 als Büros, Tagungs- und Sitzungszimmer eingerichtet. Über 20 Mitarbeiter, Referenten und Bürokräfte sind hier beschäftigt. Ein großer Sitzungssaal, der über 60 Personen Platz bietet, dient allen parteiinternen Veranstaltungen; ein kleiner Sitzungssaal eignet sich für Vorstandssitzungen oder Tagungen der Arbeitskreise. Außerdem ist auch der parteieigene Verlag „Niederdeutsche Stimmen" mit der *Niedersachsen-Zeitung* hier mit untergebracht.

Mit dem Einzug in das eigene Parteihaus ging für die niedersächsische CDU eine nahezu ein Vierteljahrhundert dauernde Periode des Umherziehens der Parteizentrale, eine Zeit der Enge und Behelfsmäßigkeit zu Ende."

Der „Hausherr" in der Böttcherstraße, Generalsekretär Dieter Haaßengier, erinnert sich noch gut daran, dass er mit seinem Landesvorsitzenden Wilfried Hasselmann und viel politischer Prominenz, aber auch mit einer großen Zahl von Mitgliedern, Freunden und Gästen etliche politische Höhen und Tiefen in der Böttcherstraße 7 erlebt hat. „Viele Freunde sind in der Böttcherstraße ein- und ausgegangen. Dazu zählt auch der jetzige Ministerpräsident Christian Wulff, damals als Vorsitzender der Schüler Union." Nur ungern denkt Dieter Haaßengier an das Jahr 1972 mit den verlorenen Kommunalwahlen im Oktober und der Bundestagswahl im November zurück. „Jene Wahlabende waren für uns in der Parteizentrale eine politische Katastrophe, besonders als Willy Brandt und die SPD auf breiter Front siegten und wir als CDU Bundestagswahlkreise verloren, die bis dahin als Hochburgen der Union galten. Viele glaubten damals, der Sozialismus käme nun so sicher wie das Amen in der Kirche."

Noch einmal kehrte der Generalsekretär jedoch als „Hausherr" wieder in die Böttcherstraße 7 zurück. Nach der mit Franz Josef Strauß 1980 verlorenen Bundestagswahl wurde Dieter Haaßengier von Wilfried Hasselmann und Ministerpräsident Ernst Albrecht gebeten, sich noch einmal für das Amt des Generalsekretärs der CDU in Niedersachsen und als Wahlkampfstratege zur Verfügung zu stellen. So übernahm er von Januar 1981 bis Juni 1982 noch einmal das Kommando in der Parteizentrale. Bei der Landtagswahl im März 1982 kam die CDU auf über 50 %. „Da ging in der Böttcherstraße die Post ab", erinnert sich Haaßengier.

In einem Rückblick auf seine Zeit als Chef der Landesgeschäftsstelle in der hannoverschen Böttcherstraße sagte Dieter Haaßengier: „Die Böttcherstraße 7 ist im Land für die CDU in Niedersachsen zu einem politischen Markenzeichen geworden. Viele engagierte Mitarbeiter haben das durch ihre Arbeit möglich gemacht. Viele Tränen der Freude aber auch der Enttäuschung sind dabei geflossen. Ich bin stolz, dass auch ich an der Seite von Wilfried Hasselmann, der wie kein anderer die CDU in Niedersachsen geprägt hat, in dieser Parteizentrale in der Böttcherstraße viele Jahre politisch mitarbeiten durfte. Als die CDU 1969 aus dem Rotlichtmilieu in der Goethestraße in die Villa nach Herrenhausen zog, hatte sie knapp 27.000 Mitglieder. Honoratioren bestimmten damals den Kurs der Partei. Das wollten wir mit dem Parteivorsitzenden Wilfried Hasselmann ändern. Dazu wurden die Weichen in der Böttcherstraße gestellt. Die Mitgliederzahl erhöhte sich in knapp zehn Jahren auf über 100.000. Ich habe mich daher sehr gefreut, als nach seinem Tod ihm zu Ehren die Landesgeschäftsstelle in der Böttcherstraße im Juli 2003 den Namen ‚Wilfried-Hasselmann-Haus' erhielt."

36 Jahre dauerte die „Herrlichkeit" in der Böttcherstraße 7. Sie hat in dieser Zeit ein halbes Dutzend Generalsekretär als Hausherren erlebt, von Dieter Haaßengier über Eberhard Wikke, Hans-Dierk Bobzien, Martin Biermann, Hartwig Fischer, David McAllister bis Friedrich-Otto Ripke. Sie alle haben ihre Zeit auf ihre Weise geprägt. Jeder hat versucht, der Landesgeschäftsstelle seinen eigenen Stempel aufzudrücken und ihr ein eigenes Gepräge zu geben. Niemand konnte sich dem Charme der verbauten Villa mit ihren vielen Ecken und Winkeln auf den verschiedensten Etagen – manche sprachen spöttisch vom „Fuchsbau" – entziehen. Für Besucher war es nicht immer leicht, sich in dem Haus zurechtzufinden. Und auch die Mitarbeiter brauchten ihre Zeit, um sich einzugewöhnen. Aber wer

sich an die intime Atmosphäre gewöhnt hatte, mochte nicht mehr tauschen.

Allerdings, mit einem modernen Bürohaus hatte die Villa aus der Gründerzeit nichts zu tun. Im Laufe der Zeit genügten die Arbeitsabläufe nicht mehr den aktuellen Anforderungen eines modernen Bürobetriebs. Der unbedingt erforderliche Einbau moderner Technik stieß bald an seine Grenzen. Für die 22 Mitarbeiter der CDU in Niedersachsen und ihrer Vereinigungen reichte der Platz vorn und hinten nicht. Gleichzeitig gab es einen nicht unerheblichen Sanierungsbedarf. Und das bei einem Gebäude, das nach dem letzten Umbau 1982 von außen und von innen unter Denkmalschutz gestellt worden war. Außerdem erschien die Lage in Herrenhausen, praktisch vor den Toren der Stadt, den Vertretern der heutigen Generation nicht unbedingt ideal. Dazu stellte sich der Vorstand die Frage, ob man mit einem veränderten Angebot eine solche Geschäftsstelle mit neuem Leben erfüllen könne, um sie für die Öffentlichkeit stärker zu nutzen. Gedacht war an öffentliche Veranstaltungen mit Diskussionsforen, Lesungen, Ausstellungen und andere Aktivitäten. „Dafür Räumlichkeiten zu schaffen, war eine große Herausforderung, aber auch eine große Chance für einen neuen Dialog mit den Menschen. Die CDU als interessante, spannende Partei zu präsentieren, die Politik nicht verwaltet, sondern gestaltet, das war ein weiterer wichtiger Aspekt", sagte Generalsekretär Friedrich-Otto Ripke. So reifte dann Anfang des neuen Jahrhunderts der Entschluss, ein neues Domizil für die Parteizentrale der CDU in Niedersachsen zu suchen.

Hindenburgstraße 30

Längere Zeit hatten der Landesvorstand und die Geschäftsführung unter Leitung des Landesgeschäftsführers Thomas Etzmuß versucht, ein geeignetes – und preiswertes – Grundstück zu finden. Verschiedene Projekte unterschiedlichster Art wurden geprüft und diskutiert. Im vornehmen hannoverschen Zoo-Viertel wurden sie endlich fündig. In der Hindenburgstraße stand ein rund 40 Jahre altes großes Bürohaus zum Kauf an. Nach eingehender Prüfung sagte es dem CDU-Landesvorstand zu. Das Grundstück mit 1.200 Quadratmetern Büro- und Lagerfläche, mit Hinterhof und Stellplätzen wurde über die CDU-eigene Verwaltungs- und Verlagsgesellschaft erworben. Das Haus hatte noch den Vorteil, dass es durch die unmittelbare Nähe zum Zoo und zum Congress Centrum Hannover sowie zum Stadtzentrum im Blickpunk der Menschen liegt. Landesschatzmeister Martin Biermann und Thomas Etzmuß hatten aber noch fast zwei Jahre zu tun, bis das alte Grundstück in der Böttcherstraße verkauft, alle Formalitäten geregelt und damit rund 40 % Eigenkapital zusammengebracht waren. Eine Aktion „Bürger-Bausteine", bei der eine Vielzahl von Mitgliedern und Förderern sich für das neue Haus engagierte, trug ferner zur Finanzierung der neuen Parteizentrale bei.

Sieben Monate dauerte dann die völlige Renovierung, Sanierung und der teilweise Umbau des Hauses in der Hindenburgstraße 30. Im Mittelpunkt der Umgestaltung des Erdgeschosses stand vor allem der Aufgang mit einer großen Freitreppe und die Schaffung eines modernen Foyers in einer einladenden Eingangshalle mit Empfangstresen. Gleich im Eingang prangt der Spruch von Konrad Adenauer: „Jede Partei ist für das Volk da und nicht für sich selbst". Eine Reihe von Porträtfotos im Foyer erinnert an den unvergessenen langjährigen CDU-Landesvorsitzenden Wilfried Hasselmann.

Viel Altbausubstanz konnte durch Farbauffrischung und geschickte Tischlerarbeiten erhalten werden. Dabei ging der Anspruch nicht verloren, mit dem Haus auch einen modernen Auftritt zu verbinden. Eine gute Planung und der intensive Einsatz aller Mitarbeiter der Landesgeschäftsstelle trugen dazu dabei, dass der Umzug reibungslos und ohne Pannen in kurzer Zeit vonstatten ging. Rund 900 Umzugskisten wurden im November 2004 innerhalb einer Woche in das neue Domizil gebracht. Die Geschäftsstelle war sofort wieder voll einsatzfähig, erinnern sich die Mitarbeiter.

Dann wurde am 3. Dezember 2004 der Umzug „von der Villa ins Bürgerhaus" gefeiert. In einer festlichen Einweihung fand die Schlüsselübergabe durch die Bauleitung an die CDU in Niedersachsen statt. Beide Kirchen segneten das neue Haus. Im Beisein der gesamten CDU-Prominenz des Landes und vieler Freunde, Förderer und Gäste hielt der Landesvorsitzende, Ministerpräsident Christian Wulff, die Einweihungsrede und gab der neuen Parteizentrale wiederum den stolzen Namen „Wilfried-Hasselmann-Haus“, den auch schon die Geschäftsstelle in der Böttcherstraße getragen hatte. Einen Tag später, am 4. Dezember 2004 zum „Tag der offenen Tür“ strömten über tausend Besucher aus nah und fern durch das Haus.

Die Parteizentrale in der Hindenburgstraße 30 verfügt nun neben den erforderlichen Büroräumen auf drei Etagen auch über einen großen Veranstaltungssaal, der auf 125 Quadratmetern Fläche bis zu 150 Personen Platz bietet und für vielerlei Aktivitäten der Partei und ihrer Vereinigungen sowie für Bürgerveranstaltungen benutzt und, bei Bedarf, unterteilt werden kann. Außer der Landesgeschäftsstelle der CDU in Niedersachsen haben auch alle Vereinigungen der Landespartei von der Christlich-Demokratischen Arbeitnehmerschaft über den Evangelischen Arbeitskreis der CDU, die Frauen Union, den Landesarbeitskreis Christlich-Demokratischer Juristen, die Junge Union, die Kommunalpolitische Vereinigung, die Mittelstands- und Wirtschaftsvereinigung, die Ost- und Mitteldeutsche Vereinigung, den Ring Christlich-Demokratischer Studenten, die Schüler Union bis zur Senioren-Union und den Wirtschaftsrat der CDU in der neuen Parteizentrale ihr Domizil mit ihren Geschäftsstellen gefunden.

Bereits im ersten Jahr nach dem Einzug fanden mehr als 250 Sitzungen, Veranstaltungen und Ausstellungen im „Wilfried-Hasselmann-Haus“ statt. Eine Vielzahl von Besuchergruppen der Abgeordneten des Niedersächsischen Landtags, die im Rahmen von Besuchen des Landesparlaments aus dem ganzen Land nach Hannover kamen, nutzten die Möglichkeit, sich in der Hindenburgstraße über die Arbeit der CDU in Niedersachsen zu informieren. Die bedeutendste Veranstaltung war sicher der große Festakt aus Anlass des 75. Geburtstags des früheren Ministerpräsidenten Ernst Albrecht am 29. Juni 2005. Über 150 prominente Gäste, unter ihnen die gesamte Landesregierung und viele Minister und Staatssekretäre der früheren Albrecht-Regierung sowie ehemalige Wegbegleiter und Freunde und viele Familienangehörige hatten sich zur Gratulationscour eingefunden. Der CDU-Landesvorsitzende und zweite CDU-Ministerpräsident Niedersachsens in der Geschichte des Landes,

Christian Wulff, dankte dem ersten niedersächsischen CDU-Ministerpräsidenten, Ernst Albrecht, im Namen der gesamten CDU und vieler Niedersachsen für seine hervorragende Lebensleistung im Interesse dieses Landes. „Der Anspruch, ein Ort der Begegnung und des Austauschs zu sein, der mit dem Namen ‚Wilfried Hasselmann‘ untrennbar verbunden ist, ist weit über unsere Erwartungen hinaus erfüllt worden. Die CDU in Niedersachsen hat ein neues Zuhause gefunden, das von der Partei voll angenommen worden ist. Und außerdem können durch die Tagungen in eigenen Räumen auf die Dauer viele Kosten eingespart werden“, sagte Generalsekretär Friedrich-Otto Ripke.

Seit Januar 2006 arbeitet hier sein Nachfolger Ulf Thiele als Hausherr und als neunter Generalsekretär der CDU in Niedersachsen.

VORSITZENDE, GENERALSEKRETÄRE UND LANDESGESCHÄFTSFÜHRER

Vorsitzende

1950 – 1960	Adolf Cillien
1960 – 1968	Dr. Otto Fricke
1968 – 1990	Wilfried Hasselmann
1990 – 1994	Josef Stock
1994 – 2008	Christian Wulff
seit 2008	David McAllister

Generalsekretäre

1950 – 1968	Arnold Fratzscher
1968 – 1976	Dieter Haaßengier
1976 – 1977	Eberhard Wicke
1977 – 1980	Hans-Dierk Bobzien
1981 – 1982	Dieter Haaßengier
1982 – 1985	Hans-Dierk Bobzien
1985 – 1986	Martin Biermann
1986 – 2002	Hartwig Fischer
2002 – 2003	David McAllister
2003 – 2005	Friedrich-Otto Ripke
seit 2005	Ulf Thiele

Landesgeschäftsführer

1950 – 1952	Dr. Erich Oestreich
1952 – 1956	Dr. Fritz Leser
1956 – 1968	Carl von Münster
1968 – 1977	vakant
1977 – 1982	Hans-Dierk Bobzien
1982 – 1991	Hans Leveling
1991 – 1994	Dr. Hermann Kues
1994 – 1999	Hans Leveling
seit 1999	Thomas Etzmuß

WAHLEN UND REGIERUNGSBILDUNGEN IN NIEDERSACHSEN 1947–2008

	1947		1951		1955		1959	
	%	Sitze	%	Sitze	%	Sitze	%	Sitze
Wahlbeteiligung	65,1	149	75,8	158	77,5	159	78,0	157
CDU	19,9	30	23,7[3]	35	26,6	43	30,8	51
SPD	43,4	65	33,7	64	35,2	59	39,5	65
FDP	8,8	13	8,3	12	7,9	12	5,2	8
(KPD) DKP[1]	5,7	8	1,8	2	1,3	2	–	–
(DRP) NPD[2]	0,2	–	2,2	3	3,8	6	3,6	–
GRÜNE	–	–	–	–	–	–	–	–
GB/BHE	–	–	14,9	21	11,0	17	8,3	13
DP	–	–	–[3]	–	12,4[4]	19	12,4	20
Zentrum	4,1	6	3,3	4	1,1	1	–	–
NLP	17,9	27	–	–	–[4]	–	–	–
SRP	–	–	11	16	–	–	–	–
Sonstige	–	–	1,1[5]	1	0,7	–	0,2	–

	1963		1967		1970		1974	
	%	Sitze	%	Sitze	%	Sitze	%	Sitze
Wahlbeteiligung	76,9	149	75,8	149	76,7	149	84,4	155
CDU	37,7	62	41,7	63	45,7	74	48,8	77
SPD	44,9	73	43,1	66	46,3	75	43,1	67
FDP	8,8	14	6,9	10	4,4	–	7,0	11
(KPD) DKP[1]	–	–	–	–	0,4	–	0,4	–
(DRP) NPD[2]	1,5	–	7,0	10	3,2	–	0,6	–
GRÜNE	–	–	–	–	–	–	–	–
GB/BHE	3,7	–	–	–	–	–	–	–
DP	2,7	–	–	–	–	–	–	–
Zentrum	–	–	–	–	–	–	–	–
NLP	–	–	–	–	–	–	–	–
SRP	–	–	–	–	–	–	–	–
Sonstige	0,7	–	1,3	–	–	–	0,1	–

[1] Ab 1970 DKP.
[2] Ab 1967 NPD.
[3] „Niederdeutsche Union" (NU), Wahlbündnis von CDU und DP (gegr. 1947).
[4] Zusammen mit „Niedersächsische Landespartei" (NLP).
[5] Darin: „Deutsche Soziale Partei" (DSP) 0,8 %, 1 Sitz.

	1978		1982		1986		1990	
	%	Sitze	%	Sitze	%	Sitze	%	Sitze
Wahlbeteiligung	78,5	155	77,7	171	77,3	155	74,6	155
CDU	48,7	83	50,7	87	44,3	69	42,0	67
SPD	42,2	72	36,5	63	42,1	66	44,2	71
FDP	4,2	–	5,9	10	6,0	9	6,0	9
(KPD) DKP	0,3	–	0,3	–	0,1	–	–	–
(DRP) NPD	0,4	–	–	–	–	–	0,2	–
GRÜNE	3,9[1)]	–	6,5	11	7,1	11	5,5	8
GB/BHE	–	–	–	–	–	–	–	–
DP	–	–	–	–	–	–	–	–
Zentrum	–	–	–	–	–	–	–	–
NLP	–	–	–	–	–	–	–	–
SRP	–	–	–	–	–	–	–	–
Sonstige	0,3	–	0,1	–	0,4	–	2,1	–

	1994		1998		2003		2008	
	%	Sitze	%	Sitze	%	Sitze	%	Sitze
Wahlbeteiligung	73,8	161	73,8	157	67,0	183	57,1	152
CDU	36,4	67	35,9	62	48,3	91	42,5	68
SPD	44,3	81	47,9	83	33,4	63	30,3	48
FDP	4,4	–	4,9	–	8,1	15	8,2	13
(KPD) DKP	–	–	–	–	–	–	–	–
(DRP) NPD	–	–	–	–	–	–	–	–
GRÜNE	7,4	13	7,0	12	7,6	14	8,0	12
GB/BHE	–	–	–	–	–	–	–	–
DP	–	–	–	–	–	–	–	–
Zentrum	–	–	–	–	–	–	–	–
NLP	–	–	–	–	–	–	–	–
SRP	–	–	–	–	–	–	–	–
PDS / DIE LINKE[4)]	–	–	–	–	0,5	–	7,1	11
Sonstige	7,5[2)]	–	4,3[3)]	–	2,0	–	4,0	–

[1)] „Grüne Liste Umweltschutz" (GLU).
[2)] Darunter REP 3,7 %.
[3)] Darunter REP 2,8 %.
[4)] Ab 2007 DIE LINKE.

Regierungs-bildung	Regierungsparteien	Ministerpräsident
	Braunschweig:	
1945	SPD, CDU, KPD	Alfred Kubel (SPD)[1)]
	Oldenburg:	
1945	FDP, CDU, SPD	Theodor Tantzen (FDP)[1)]
	Hannover:	
1945	SPD, FDP, KPD, NLP	Hinrich Wilhelm Kopf (SPD)[1)]
	Niedersachsen:	
1946 (Dez.)	SPD, CDU, FDP, NLP, KPD	Hinrich Wilhelm Kopf (SPD)[1)]
1947	SPD, CDU, DP, DZP, FDP, KPD	Hinrich Wilhelm Kopf (SPD)
1948	SPD, CDU, DZP	Hinrich Wilhelm Kopf (SPD)
1950	SPD, DZP	Hinrich Wilhelm Kopf (SPD)
1951	SPD, BHE, DZP	Hinrich Wilhelm Kopf (SPD)
1953	SPD, BHE	Hinrich Wilhelm Kopf (SPD)
1955	DP, CDU, FDP, GB/BHE	Heinrich Hellwege (DP)
1957	DP, CDU, SPD	Heinrich Hellwege (DP)
1959	SPD, FDP, GB/BHE	Hinrich Wilhelm Kopf (SPD)
1961 (Dez.)	SPD, FDP, GB/BHE	Georg Diederichs (SPD)
1963	SPD, FDP	Georg Diederichs (SPD)
1965 (Mai)	SPD, CDU	Georg Diederichs (SPD)
1967	SPD, CDU	Georg Diederichs (SPD)
1970	SPD	Alfred Kubel (SPD)
1974	SPD, FDP	Alfred Kubel (SPD)
1976 (Jan.)	CDU (Minderheitsregierung)	Ernst Albrecht (CDU)
1977 (Jan.)	CDU, FDP	Ernst Albrecht (CDU)
1978	CDU	Ernst Albrecht (CDU)
1982	CDU	Ernst Albrecht (CDU)
1986	CDU, FDP	Ernst Albrecht (CDU)
1990	SPD, GRÜNE	Gerhard Schröder (SPD)
1994	SPD	Gerhard Schröder (SPD)
1998	SPD	Gerhard Glogowski (SPD)
1999 (Nov.)	SPD	Sigmar Gabriel (SPD)
2003	CDU, FDP	Christian Wulff (CDU)
2008	CDU, FDP	Christian Wulff (CDU)

[1)] Von der britischen Militärregierung ernannt.

LITERATUR

BEYER, Helmut/MÜLLER, Klaus: Der Niedersächsische Landtag in den fünfziger Jahren. Voraussetzungen, Ablauf, Ereignisse und Folgen der Landtagswahl 1955. Düsseldorf 1988.

BIERMANN, Martin (Hg.): Jahre an seiner Seite. Wilfried Hasselmann zum 60. Geburtstag. Celle 1984.

BRESE, Wilhelm: Erlebnisse und Erkenntnisse des langjährigen Bundestagsabgeordneten Wilhelm Brese von der Kaiserzeit bis heute. Marwede 1976.

CHRISTLICH-DEMOKRATISCHE UNION / LANDESVERBAND OLDENBURG: 60 Jahre CDU-Landesverband Oldenburg. Ein Rückblick in Lebensbildern. Oldenburg 2006.

FÖRSTERLING, Reinhard: 50 Jahre Christlich-Demokratische Union des Landesverbandes Braunschweig. Salzgitter 1996.

FRATZSCHER, Arnold: Die CDU in Niedersachsen. Demokratie der ersten Stunde. Hannover 1971 (Hg. v. d. Niedersächsischen Landeszentrale für Politische Bildung).

KRÜGER, Henning: 60 Jahre Landesverband Oldenburg. Hg. vom CDU-Landesverbnand Oldenburg. Oldenburg 2006.

Weiterführende Literatur zur CDU-Geschichte

BUCHSTAB, Günter/KLEINMANN, Hans-Otto (Hg.): In Verantwortung vor Gott und den Menschen. Christliche Demokraten im Parlamentarischen Rat 1948/49. Freiburg 2008.

BUCHSTAB, Günter (Hg.): Brücke in eine neue Zeit. 60 Jahre CDU. Freiburg 2005.

BUCHSTAB, Günter/KAFF, Brigitte/KLEINMANN, Hans-Otto (Hg.): Christliche Demokraten gegen Hitler. Aus Verfolgung und Widerstand zur Union. Freiburg 2004.

BECKER, Winfried/BUCHSTAB, Günter/DOERING-MANTEUFFEL, Anselm/MORSEY, Rudolf (Hg.): Lexikon der Christlichen Demokratie in Deutschland. Paderborn 2002.

KLEINMANN, Hans-Otto: Geschichte der CDU von 1945–1982. Stuttgart 1993.

ABKÜRZUNGSVERZEICHNIS

a. D.	außer Dienst
AG	Arbeitsgemeinschaft
AWD	Allgemeiner Wirtschaftsdienst
BHE	Bund der Heimatvertriebenen und Entrechteten
CDA	Christlich-Demokratische Arbeitnehmerschaft
CDU	Christlich Demokratische Union in Deutschland
CSU	Christlich-Soziale Union in Bayern e.V.
D.	Doktor der Theologie ehrenhalber
DDP	Deutsche Demokratische Partei
DDR	Deutsche Demokratische Republik
DKP	Deutsche Kommunistische Partei
DIN	Deutsches Institut für Normung e.V. / Deutsche Industrienorm
D-Mark	Deutsche Mark
DP	Deutsche Partei
DRP	Deutsche Reichspartei
DSP	Deutsche Soziale Partei
DVP	Deutsche Volkspartei
DZP	Deutsche Zentrumspartei
EU	Europäische Union
EVP-ED	Europäische Volkspartei-Europäische Demokraten
EWG	Europäische Wirtschaftsgemeinschaft
FDP	Freie Demokratische Partei
ffn	Funk & Fernsehen Nordwestdeutschland
G8	Gruppe der Acht
GB	Gesamtdeutscher Block
GDP	Gesamtdeutsche Partei
IHK	Industrie- und Handelskammer

JU	Junge Union in Deutschland
Juso	Arbeitsgemeinschaft der Jungsozialistinnen und Jungsozialisten in der SPD
KPD	Kommunistische Partei Deutschlands
MdB	Mitglied des Bundestags
MdL	Mitglied des Landtags
med.	medicarum (Doktor der Medizinwissenschaften)
LEP	Landesentwicklungsplan
NLP	Niedersächsische Landespartei
NPD	Nationaldemokratische Partei Deutschlands
nrp	Nord-Report
NS	Nationalsozialismus
nsk	Niedersachsen-Korrespondenz
PDS	Partei des Demokratischen Sozialismus
PISA	Programme for International Student Assessment
RAF	Rote Armee Fraktion
RCDS	Ring Christlich-Demokratischer Studenten
rer. pol.	rerum politicarum (Doktor der Wirtschafts- und Sozialwissenschaften)
SAT.1	SatellitenFernsehen GmbH
SED	Sozialistische Einheitspartei Deutschlands
SPD	Sozialdemokratische Partei Deutschlands
USA	United States of America
VfB	Verein für Bewegungsspiele
VW	Volkswagen

PERSONENREGISTER

Adenauer, Konrad 19f., 22, 32f., 36, 43–45, 47, 51f., 57–62, 64, 70–76, 79f., 82–85, 87f., 90, 94, 99f., 102, 106–109, 114f., 119, 134, 199, 216, 236, 331
Ahrens, Hermann 70, 97, 111
Albrecht, Ernst 133, 146, 150–152, 155, 158, 161, 166f., 169–175, 178, 180–188, 190, 193f., 196, 198–203, 205–215, 217, 219f., 222f., 228, 247, 249, 260, 262, 264f., 273, 283f., 288, 299, 318, 328, 332f., 335
Althaus, Dieter 258
Althusmann, Bernd 278, 290, 315f.
Argendorf, Wilhelm 22

Bafile, Corrado 123
Bahr, Egon 151
Barlage, Heinrich 27
Barschel, Uwe 200, 208
Behr, Freiin von 41
Beitzen, Hans 26
Benedix, Ursula 176
Benke, Volker 178
Bennemann, Otto 111
Bergner, Christoph 259
Bethge, Iris 302
Beyer, Helmut 78, 111, 325
Biedenkopf, Kurt 183
Biermann, Martin 159, 166f., 174, 192–197, 204f., 217, 256, 260, 269, 276, 297, 306f., 322, 329, 331, 334
Biester, Karl 40
Biestmann, Friedhelm 290
Bismarck, Otto von 81
Bismarck, Philipp von 135, 140, 176
Bitter, Hermann 28
Blank, Christian 33, 36
Blank, Herbert 22
Blanke, Edzard 157, 196
Blüm, Norbert 259
Blume, Franz 22
Bobzien, Hans-Dirk 179, 186, 190, 192, 329, 334
Bockenkamp, Walter 66
Böhlke, Norbert 243
Bosse, Helmut 193
Bosselmann, Gustav 122, 125, 130, 135–140, 173, 178, 181
Boyken, Martin 26
Brandes, Bruno 122, 126, 130f., 136f., 140, 147–149, 153, 179, 189, 196
Brandt, Willy 150f., 157, 159, 193f., 328
Braunschweig-Lüneburg, Herzog Ernst-August von 41
Braunschweig-Lüneburg, Herzogin Viktoria Luise von 41
Braunschweig-Lüneburg, Prinz Welf Heinrich von 121
Brese, Wilhelm 26, 39, 42, 61, 102
Breuel, Birgit 181, 189
Briese, Reinhard 216, 225
Brökelschen, Else 24, 31, 39
Brüning, Heinrich 60
Brunckhorst, Heinrich 117
Bruns, Joke 208, 239
Buback, Michael 283
Burchard, Christian 148, 152, 154
Burgemeister, Alfred 141
Busemann, Bernd 253, 273, 278, 283, 287f., 306, 316

Carstens, Manfred 275
Cassens, Johann-Tönjes 189, 195
Chruschtschow, Nikita 108

Cillien, Adolf 21, 32, 34f., 37, 44, 46, 54, 56, 59, 62, 65f., 68, 73–76, 83, 93, 96, 106, 108, 113–115, 120, 126, 129, 134, 141, 241, 322, 334
Connemann, Gitta 301
Conring, Hermann 71
Cramm, Wilhelm-Ernst Freiherr von 121
Cramm, Gottfried Freiherr von 121

Danzl, Fritz 324
Dehler, Thomas 89
Dempwolf, Gertrud 242
Diederichs, Georg 101, 111, 118, 120, 122–124, 126, 143, 147, 150, 335
Diedrich, Karl 27
Diekmann, Walther 30
Dinkla, Hermann 276, 290, 316, 319
Dobelmann, August 28
Doehring, Johannes 86
Döring, Willi 27
Döscher, Martin 262, 275, 278
Drape, Heinz-Detleff 216
Dziedziezak, Heinz 154, 178

Edelhagen, Kurt 174
Egbring, Carl 28
Ehlen, Hans-Heinrich 283, 287f., 303
Ehlers, Hermann 30, 32, 39, 63, 66f., 72f., 75, 80, 82–86, 101, 129, 141
Ehrhard, Franz 27
Ehrich, Emil 66
Eickmeier, Anton 96
Eilers 327
Engler, Arthur 140
Erhard, Ludwig 28, 45, 50, 58, 72, 79f., 108, 119
Ernst, Gustav 168
Etzmuß, Thomas 280f., 295, 305, 312, 330f., 334
Eveslage, Hans 223f., 237, 240, 242f., 245, 253, 269
Eylmann, Horst 232, 237, 244, 255

Fenske, Klaus-Jürgen 176f.
Ferlemann, Enak 301f.
Fischer, Hartwig 197, 219f., 223f., 230, 235, 242, 244, 250, 256, 260, 275, 277, 279, 304, 329, 334
Flachsbarth, Maria 297, 301, 306, 322
Franke, Egon 151
Franz, Günther 73
Fratzscher, Arnold 12, 20–22, 24, 26f., 30, 32f., 36, 42f., 47–49, 53f., 56f., 66, 71f., 76, 80, 83f., 86, 93–96, 98f., 108, 114, 133, 142–146, 154, 177, 324–326, 334
Fricke, Hans-Joachim 71
Fricke, Otto 24–26, 30, 43f., 58–60, 65, 70f., 76–81, 92, 95, 106–108, 115, 120, 126, 129–133, 135, 137, 139, 141f., 144, 153, 241, 322, 326, 334
Fromme, Jochen Konrad 243
Fuchs, Anke 193f.
Fuhrer, Armin 286

Gabriel, Sigmar 263f., 272, 277, 282, 288, 302, 335
Gansäuer, Jürgen 189, 195, 205, 213, 215–219, 221–229, 235, 237, 240, 243, 246, 253, 263, 275, 289, 316
Geißler, Heiner 195
Geldern, Wolfgang von 218, 307
Genscher, Hans-Dietrich 185, 191
Gereke, Günther 30, 37, 42–44, 46, 53, 60–63, 65

Gerstenmaier, Eugen 75, 108
Glaeseker, Olaf 236, 261f., 267, 280f.
Glaeseker, Vera 261, 294
Globke, Hans 94
Glogowski, Gerhard 208, 260f., 263f., 278, 335
Glos, Michael 302
Glup, Gerhard 131, 139, 142, 158, 173, 181f., 189
Graaff, Carlo 110, 120
Greulich, Helmut 165
Grill, Kurt-Dieter 225, 301
Groß, Rötger 168, 178
Guillaume, Günter 159

Haaßengier, Dieter 136f., 142-147, 150, 152, 154f., 161-164, 173, 177, 179, 186, 189f., 195, 205, 217, 326, 328f., 334
Hagemann, Eberhard 41
Hardt, Felix 24
Hasenfuß, Robert 24
Haßdenteufel, Rita 312
Hasselmann, Marianne 184
Hasselmann, Wilfried 122, 125, 130, 133, 137, 139f., 142, 144-148, 150-156, 158-162, 164-167, 172-177, 180f., 183f., 186, 188, 190-193, 195, 198, 201-207, 209, 213-215, 217-220, 222-225, 235f., 241, 243, 246, 248f., 251, 256, 260f., 277, 283f., 299, 306, 318, 322, 326-329, 331, 333f.
Hawighorst, Christine 303
Hedergott, Winfried 124
Hedrich, Klaus-Jürgen 218
Heidemann, Wilhelm 316
Heister-Neumann, Elisabeth 283, 287f., 306, 315, 317, 322
Hellwege, Heinrich 20, 40, 42f., 62, 64, 66, 68, 70, 74, 82f., 89, 94-98, 100-102, 104-107, 109f., 116, 119f., 125, 264, 335
Hermes, Andreas 32f.
Heuss, Theodor 52, 86
Heye, Uwe Carsten 239
Hildebrandt, Martin 224
Hindenburg, Paul von 62
Hirche, Walter 195, 206, 283, 285, 287f.
Höck, Wilhelm 24
Höft, Albert 101
Hoegner, Wilhelm 94
Höppner, Johannes 183f.
Hofmeister, Werner 24, 30, 51-54, 56, 65, 71, 73, 87, 93, 95, 97, 101, 106-108, 110
Hogrefe, Wilhelm 225
Holsten, Hinrich 26
Holzapfel, Friedrich 36, 59
Holzenkamp, Franz-Josef 301
Hoofe, Gerd 302
Hoppenstedt, Dietrich 222-224, 230
Hornhues, Karl-Heinz 158
Horrmann, Horst 196, 225, 240
Huck, Bernd 225
Huckschlag, Bernd 140
Hüper, Ernst-Georg 168
Hunger, Albin 26

Jahn, Ernst-Henning 187, 196, 224f., 237, 240, 253
Jörns, Auguste 31
Jürgens, Heinrich 195f., 206
Jung, Franz-Josef 302

Kaiser, Jakob 59
Kalinke, Margot 31, 83, 102, 140
Kammer, Hans-Werner 301
Karp, Markus 280f.
Kasimier, Helmut 165, 168-171
Kasimier, Juliane 169
Kather, Linus 92
Keller, Gottfried 71

Kessel, Friedrich von 69f., 89, 91f., 97
Kethorn, Friedrich 306
Kiep, Walther Leisler 173, 176, 178f., 181
Klaeden, Eckart von 220, 222, 231f., 235, 245, 275, 301
Klamt, Ewa 269
Klare, Karl-Heinz 290, 316
Klepsch, Egon 142
Knies, Wolfgang 196
Koch, Helmut Andreas 97, 101
Koch, Roland 258
Köhn, Ingrid 248
Kohl, Helmut 160f., 175, 183, 185, 191–193, 195, 210f., 214f., 223, 233, 251f., 254, 257f., 260, 265f., 286
Kopf, Hinrich Wilhelm 18, 30, 37f., 41–46, 50, 52f., 64–66, 68–70, 72–74, 82f., 85, 89–93, 96, 101, 104–107, 110f., 117–120, 335
Kraft, Waldemar 69
Krampitz, Sigrid 239
Krapp, Otto 66
Kreibohm, Bernhard 171
Krogmann, Martina 255f., 269, 275f., 297, 301, 306, 322
Krone, Heinrich 114
Kubel, Alfred 44f., 69f., 88, 92, 101, 111, 118, 120, 151, 153, 157, 161f., 165, 167, 170f., 335
Kues, Hermann 220, 223, 235, 301f., 322, 334
Küpker, Erich 168, 178
Kuhlemann, Christian 90
Kuhlo, Ulrike 288
Kuntscher, Ernst 39
Kwiecinski, Wolfgang 40

Lafontaine, Oskar 251, 257
Landwehr, Ludwig 45
Langeheine, Richard 97, 101, 116, 120, 124, 131f., 135–139, 142f., 145, 160, 181
Langspecht, Karl-Heinz 316
Laves, Georg Ludwig 119
Lehners, Richard 117, 168
Lerch, Stephan 312
Leser, Fritz 325, 334
Leveling, Hans 190, 243, 334
Levin, Ute 235, 239
Leyen, Ursula von der 262f., 273, 275, 283, 287f., 290, 302f., 319
Lindemann, Gerd 302f.
Lilje, Hanns 29, 74, 86, 117
Lingham, John 43f.
Link, Walter 222, 242, 244, 255
Lübke, Friedrich Wilhelm 85

Mälzig, Konrad 96f.
Maier, Reinhold 90
Maizière, Thomas de 301f.
Mannstein, Coordt von 193f., 312
Mannstein, Inge von 312
Marahrens, August 21, 35
Maschmeyer, Carsten 252
Mast, Curt 24
Matthiesen, Max 256
May, Andreas 312
McAllister, David 235, 246, 252, 262, 273f., 277–281, 288–293, 296, 303–305, 311f., 315–322, 329, 334
Mende, Erich 119
Menge, Arthur 23, 42
Mensing, Fritz 39
Merkatz, Hans-Joachim von 102, 116
Merkel, Angela 259, 265–268, 270f., 281f., 298, 300f., 307f., 310f., 313f., 319
Merz, Friedrich 259, 266f.
Metz, Georg 58

Meyer, Otto 24
Meyer-Sevenich, Maria 98
Miessner, Herwart 90
Milde, Horst 212f., 247
Milzow, Hans 324
Möcklinghoff, Egbert 180, 189, 195
Möller, Eduard 28
Möller, Karl 125
Möllring, Eva 301
Möllring, Hartmut 225, 253, 273, 275, 278, 283, 287f., 315
Montgomery, Bernard Law 15
Mühlenfeld, Hans 123f.
Müller, Carsten 301
Müller, Heinz 103
Müller, Klaus 73, 75, 77f., 86, 88, 106, 111, 325
Müller, Peter 258
Münch, Werner 218
Münster, Carl von 334
Müntefering, Franz 302
Mundlos, Heidemarie 275f., 290, 316

Naegel, Wilhelm 32f., 36, 39, 47
Naujek, Kurt 49
Neddenriep, Hermann 118
Neumann, Katrin 269, 276
Nieberg, Wilhelm 30
Nienaber, Georg 312
Nottbeck, Arvid von 110
Nowak, Josef 88

Oberländer, Theodor 92
Oertzen, Peter von 149, 151, 157, 167, 170
Oesterlen, Dieter 119
Oestreich, Erich 334
Oettinger, Günther 258
Ollenhauer, Erich 69
Ortgies, Inse-Marie 276
Oschatz, Georg-Berndt 162–164, 189, 195
Otto, Paul 27, 33, 36

Partzsch, Kurt 118
Pawelski, Rita 240, 242, 245, 253, 273, 275f., 301
Pestel, Eduard 179, 189
Petermann, Gunda 152, 327
Pfad, Bernhard 20–23, 27, 30f., 33, 36, 61
Pfad, Martha 21, 31, 49
Pflüger, Friedbert 255f., 269, 275f., 279, 282, 297, 301f., 306
Pistorius, Boris 208
Pörtner, Friedrich 276
Pöttering, Hans-Gert 309, 319
Pöttering, Johannes 312
Prewo, Wilfried 230f., 235, 242, 244, 256
Puvogel, Hans 173

Quisthoudt-Rowohl, Godelieve 237, 242, 245, 269, 276, 282

Radunski, Peter 193
Rasch, Emil 27
Rath, Lazlo Maria von 202f.
Rau, Johannes 195
Ravens, Karl 165, 171f., 193
Recker, Clemens 24–26
Reden, Baron von 41
Reden, Wulbrand von 216
Rehwinkel, Edmund 85, 90
Reinemann, Rolf 232
Reinke, Leo 105f.
Reiter, Thomas Philipp 312
Remmers, Walter 188f., 195
Remmers, Werner 158, 173, 175, 181, 188f., 196, 214, 219, 223, 234
Rieger, Helmut 78
Ripke, Friedrich-Otto 291–294, 296–298, 303f., 329f., 333f.
Rißling, Kurt 24, 30, 101
Ritz, Burkhard 189

Rock, Edelhard 26, 141
Rönneburg, Heinrich 24–26, 36, 51
Röseler, Oliver 312
Rösler, Philipp 288, 315, 320
Rolfes, Heinz 290, 316
Ronsöhr, Heinrich-Wilhelm 24, 255f., 269, 275f., 297, 306
Ross-Luttmann, Mechthild 303
Rühe, Volker 259
Rüschemeier, Philipp 27
Rudolph, Heinz 96f., 101

Sander, Hans-Heinrich 287f.
Sattler, Hans-Peter 224, 226
Schäuble, Wolfgang 258f., 266f., 302
Scharping, Rudolf 251, 257
Schavan, Annette 237, 278, 302
Scheel, Walter 150
Scheibe, Reinhard 169f.
Schellhaus, Erich 70, 97, 111
Scherf, Aloys 70, 108
Schipanski, Dagmar 259
Schirmbeck, Georg 301
Schlange-Schöningen, Hans 50
Schlarmann, Josef 283
Schleicher, Kurt von 60
Schliepack, Edda 225
Schlüter, Leonhard 95–99, 120
Schmalstieg, Herbert 271
Schmidt, Helmut 159f., 172, 183, 185
Schmidt, Theo 71
Schmidt, Ulla 302
Schmücker, Kurt 28, 39, 119, 160, 182
Schneider, Hans Ulrich 229, 243
Schnipkoweit, Hermann 140, 158, 173, 175f., 181, 189, 195, 201
Schöne, Günther 24
Schönfeld, Carl 24, 26, 36
Schönfelder, Werner 66, 120
Schorlemer, Reinhard von 232
Schreiber, Ludwig 223, 227, 237
Schröder, Gerhard 193f., 197, 200, 204f., 207–210, 212, 216, 224, 226, 228, 231, 236, 238f., 241f., 246f., 251–254, 257f., 260, 263–265, 277, 279, 282, 298, 335
Schünemann, Uwe 246, 273, 276, 278, 283, 287f., 290, 293f.
Schultheiß, Carl 26
Schumacher, Kurt 46, 69
Schuster, Paul Oskar 101
Schwind, Hans-Dieter 181, 188
Seeber, Eckhard 286
Seebohm, Hans-Christoph 43f., 82, 102, 116, 125, 129
Seehofer, Horst 302
Seiters, Rudolf 129, 131, 140, 142, 155, 158, 176, 179, 186, 192, 201, 214f., 222f., 227, 242, 244, 255, 260
Semjonow, Wladimir S. 62
Siemer, Hermann 28–30, 33, 36, 53, 56, 105
Simpfendörfer, Wilhelm 85
Söhlmann, Fritz 29, 33, 36, 56
Sonnenschein, Carl 32
Späth, Lothar 234
Spieker, Thomas 297
Stecker, Josef 125, 131, 137, 140, 145, 155
Steinbrück, Peer 302,
Steinhoff, Fritz 99
Steinmeier, Frank-Walter 239, 302
Stender, Herbert 148, 163f., 179
Steuvesandt 216
Stock, Josef 189, 196, 206, 213–215, 217–229, 231, 234f., 237, 240f., 246f., 322, 324f., 334
Stoiber, Edmund 276, 279, 281, 302
Stoltenberg, Gerhard 183

Storch, Anton 32f., 36, 39, 47
Stratmann, Lutz 242, 278, 283, 287f., 306
Strauß, Franz Josef 183–185, 277, 328
Strickrodt, Georg 24–26, 30, 36f., 60, 65
Strickstrack, Günter-Helge 25, 58, 60, 79
Süßmuth, Rita 191, 200f., 206, 210, 219, 222, 227, 238, 240, 242, 244f., 255, 275

Tangermann, Kristian 297, 305
Tantzen, Theodor 30, 335
Terra, Adolf de 143, 145
Teufel, Erwin 259
Thadden, Adolf von 149
Thiele, Carl-Ludwig 288
Thiele, Ulf 269, 303-307, 309, 312, 315, 320, 333f.
Thümler, Björn 316
Tiefensee, Wolfgang 302
Trittin, Jürgen 208

Uihlein, Kurt 327
Ulbricht, Walter 46, 63
Unverhau, Wilhelm 24

Vahl, Martin 312
Vockert, Astrid 276, 290
Vogelsang, Irmgard 272
Voigt, Richard 111
Vollmer, Hans-Christian 235, 239

Wackerzapp, Oskar 39
Wagner, Jochen 312
Wallbrecht, Ferdinand 82, 155, 327
Weber, Hermann 24
Weber, Werner 126, 156
Wedekind, Andreas 248
Wegmann, August 30, 87, 95, 97, 101, 104f., 108, 115, 134
Weizsäcker, Richard von 255
Wellmann, Hans 22, 32, 323
Wenzel, August 135
Werner, Otto 33
Wernstedt, Rolf 208, 289
Wicke, Eberhard 177–179, 329, 334
Wieczorek-Zeul, Heidemarie 302
Wilhelm II. 41
Windthorst, Ludwig 20
Winkelmann, Fritz 117
Wirmer, Ernst 51
Wirmer, Josef 51
Wissmann, Matthias 233
Woldering, Carla 27
Wulff, Annalena 234, 288
Wulff, Christian 200, 202, 213, 218, 223–229, 231–251, 253–276, 278–283, 285–291, 293–299, 303–309, 311, 313–322, 328, 332–335
Wulff, Christiane 234, 288
Wurzel, Gabriele 303

Zachow, Anneliese 237, 240, 243, 245
Zechlin, Walter 38
Zimmer, Aloys 57
Zypries, Brigitte 239, 302

DER AUTOR

Rolf Zick wurde am 16. April 1921 in Dransfeld bei Göttingen geboren, 1939 Abitur in Braunschweig, anschließend Reichsarbeitsdienst und Wehrdienst, Reserveoffizier, Kriegsteilnehmer vom ersten bis zum letzten Tag, anschließend sowjetische Kriegsgefangenschaft bis 1948. Verheiratet seit 1945, Ehefrau 2003 gestorben, zwei Kinder.

1949 Ausbildung als Journalist, zwölf Jahre Lokal- und Sportredakteur in Göttingen, seit 1960 Journalist für Landespolitik in Hannover: Chef vom Dienst einer Nachrichtenagentur, Chefredakteur des landespolitischen Korrespondenzdienstes *Niedersachsen-Korrespondenz* (nsk), 1974 Gründung eines eigenen Pressebüros, Herausgeber und Chefredakteur der landespolitischen Korrespondenz *Nord-Report* (nrp) und Gründung des nrp-Zeitungsausschnittdienstes. Die Tochter hat in den 90er Jahren die Redaktion des *Nord-Report* übernommen und inzwischen mit dem *rundblick* fusioniert, der Sohn führt den nrp-Zeitungsausschnittdienst weiter. Rolf Zick ist als freier Journalist und als Buchautor tätig.

Rolf Zick hat sich jahrzehntelang ehrenamtlich engagiert, unter anderem 30 Jahre im Vorstand, davon 20 Jahre Vorsitzender, der Landespressekonferenz Niedersachsen, heute Ehrenvorsitzender; 1994 Mitbegründer des Presse Club Hannover, heute Ehrenvorsitzender; über 20 Jahre im Vorstand des Deutschen Journalistenverbandes Niedersachsen, heute Ehrenmitglied; seit 1996 Mitglied des Landesvorstands der Senioren-Union Niedersachsen; seit 1986 zwei Legislaturperioden Vorsitzender des Programmausschusses der Landesmedienanstalt für privaten Rundfunk; Mitglied des Präsidiums des Niedersächsischen Rates der Europäischen Bewegung; Präsident des Clubs EXPO 2000; Mitglied des geschäftsführenden Landesvorstands der Landesverkehrswacht Niedersachsen; Vorstandsmitglied der Aktion Deutsche Sprache.

Publikationen u.a.: 25 Jahre Deutsche Verkehrswacht (1975); Die Hannover-Messe im Hohlspiegel (1978); Ich war dabei - und habe überlebt. Erlebnisse, Gedanken und Erinnerungen an zehn Jahre Krieg und Gefangenschaft (Eigenverlag 1995); Die Landespressekonferenz am Puls des Geschehens. Ein halbes Jahrhundert hinter der landespolitischen Bühne (1997); 50 Jahre Landesverkehrswacht Niedersachsen. Chronik und Dokumentation (2000); 10 Jahre EXPO 2000. Eine Dokumentation (2000).

Auszeichnungen u.a.: Großes Verdienstkreuz des Niedersächsischen Verdienstordens, Verdienstkreuz I. Klasse des Verdienstordens der Bundesrepublik Deutschland, Ehrenzeichen der deutschen Ärzteschaft, Christophorus-Preis des Gesamtverbands der deutschen Versicherungswirtschaft e.V.